厚大法考
Judicial Examination

理论卷

考点覆盖　知识精讲

商经法 51 专题

体系贯通　强化应试

鄢梦萱◎编著　｜　厚大出品

中国政法大学出版社

为学须刚与恒

厚大在线

硬核干货
八大学科学习方法、新旧大纲对比及增删减总结、考前三页纸等你解锁。

定期直播
备考阶段计划、心理疏导、答疑解惑，专业讲师与你相约"法考星期天"直播间。

免费课堂
图书各阶段配套名师课程的听课方式，课程更新时间获取，法考必备通关神器。

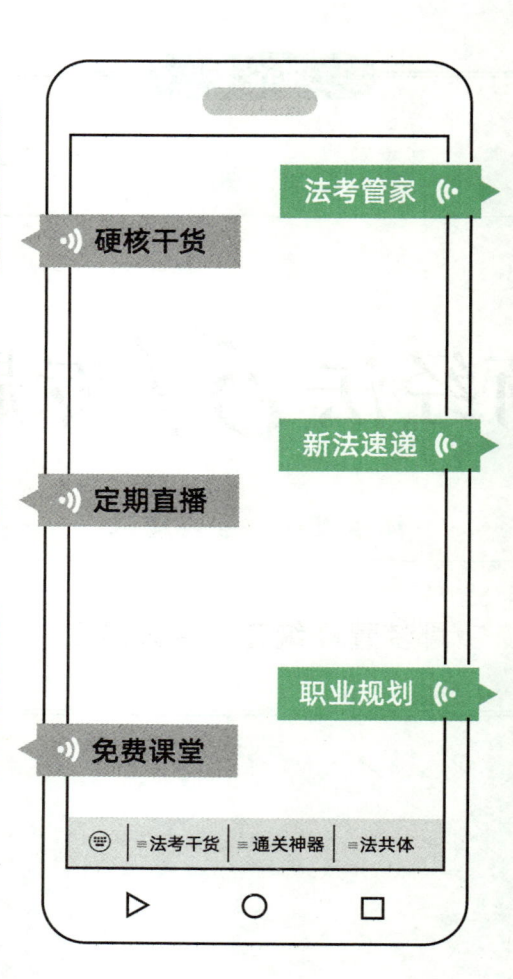

法考管家
法考公告发布、大纲出台、主客观报名时间、准考证打印等，法考大事及时提醒。

新法速递
新修法律法规、司法解释实时推送，最高院指导案例分享；牢牢把握法考命题热点。

职业规划
了解各地实习律师申请材料、流程，律师执业手册等，分享法律职业规划信息。

法考干货 | 通关神器 | 法共体

更多信息
关注厚大在线

HOUDA

代 总 序
GENERAL PREFACE

做法治之光
——致亲爱的考生朋友

如果问哪个群体会真正认真地学习法律，我想答案可能是备战法考的考生。

当厚大的老总力邀我们全力投入法考的培训事业，他最打动我们的一句话就是：这是一个远比象牙塔更大的舞台，我们可以向那些真正愿意去学习法律的同学普及法治的观念。

应试化的法律教育当然要帮助同学们以最便捷的方式通过法考，但它同时也可以承载法治信念的传承。

一直以来，人们习惯将应试化教育和大学教育对立开来，认为前者不登大雅之堂，充满填鸭与铜臭。然而，没有应试的导向，很少有人能够真正自律到系统地学习法律。在许多大学校园，田园牧歌式的自由放任也许能够培养出少数的精英，但不少学生却是在游戏、逃课、昏睡中浪费生命。人类所有的成就靠的其实都是艰辛的训练；法治建设所需的人才必须接受应试的锤炼。

应试化教育并不希望培养出类拔萃的精英，我们只希望为法治建设输送合格的人才，提升所有愿意学习法律的同学整体性的法律知识水平，培育真正的法治情怀。

厚大教育在全行业中率先推出了免费视频的教育模式，让优质的教育从此可以遍及每一个有网络的地方，经济问题不会再成为学生享受这些教育资源的壁垒。

最好的东西其实都是免费的，阳光、空气、无私的爱，越是弥足珍贵，越是免费的。我们希望厚大的免费课堂能够提供最优质的法律教育，一如阳光遍洒四方，带给每一位同学以法律的温暖。

没有哪一种职业资格考试像法考一样，科目之多、强度之大令人咂舌，这也是为什么通过法律职业资格考试是每一个法律人的梦想。

法考之路，并不好走。有沮丧、有压力、有疲倦，但愿你能坚持。

坚持就是胜利，法律职业资格考试如此，法治道路更是如此。

当你成为法官、检察官、律师或者其他法律工作者，你一定会面对更多的挑战、更多的压力，但是我们请你持守当初的梦想，永远不要放弃。

人生短暂，不过区区三万多天。我们每天都在走向人生的终点，对于每个人而言，我们最宝贵的财富就是时间。

感谢所有参加法考的朋友，感谢你愿意用你宝贵的时间去助力中国的法治建设。

我们都在借来的时间中生活。无论你是基于何种目的参加法考，你都被一只无形的大手抛进了法治的熔炉，要成为中国法治建设的血液，要让这个国家在法治中走向复兴。

数以万计的法条，盈千累万的试题，反反复复的训练。我们相信，这种貌似枯燥机械的复习正是对你性格的锤炼，让你迎接法治使命中更大的挑战。

　　亲爱的朋友，愿你在考试的复习中能够加倍地细心。因为将来的法律生涯，需要你心思格外的缜密，你要在纷繁芜杂的证据中不断搜索，发现疑点，去制止冤案。

　　亲爱的朋友，愿你在考试的复习中懂得放弃。你不可能学会所有的知识，抓住大头即可。将来的法律生涯，同样需要你在坚持原则的前提下有所为、有所不为。

　　亲爱的朋友，愿你在考试的复习中沉着冷静。不要为难题乱了阵脚，实在不会，那就绕道而行。法律生涯，道阻且长，唯有怀抱从容淡定的心才能笑到最后。

法律职业资格考试不仅仅是一次考试，它更是你法律生涯的一次预表。

我们祝你顺利地通过考试。

不仅仅在考试中，也在今后的法治使命中——

不悲伤、不犹豫、不彷徨。

但求理解。

厚大®全体老师　谨识

序 言

商经法就是一只纸老虎！

本书是为应对2025年法律职业资格考试"商经知劳环"精讲理论阶段的讲义，作为最重要也是最全面的精讲教材，本书意图达到的目的是"学明白、做对题、能通关"！

欧阳修有言："任其事必图其效；欲责其效，必尽其方。"为能提高学习效率，不盲目应考，避免或减少走弯路，我们需要先明了本学科的面貌。过关同学常评价："商经法就是一只纸老虎！"为何会有如此印象，且听我一一道来。

一 学科概况——是什么？

本书涉及商法（未含《海商法》[1]）、知识产权法、劳动与社会保障法、经济法、环境资源法五个特性各异的学科。根据参加法考同学的回忆，2018~2024年本学科的题型和分值如下：

（一）学科分值分布（2018~2024年）

科 目	题 型	分值分布情况
商 法	客观题	22~30分之间，平均分值24分。
	民商综合案例题	除2021年民法综合案例分析题中未出现商法案情外，其余年份民商综合案例题中，商法分值在12~25分之间，平均分值13分。
	商法案例选做题	27~28分之间。
	主、客观合计	平均分值65分。
知识产权法	客观题	5~12分之间，平均分值8分。
劳动与社会保障法	客观题	4~6分之间，平均分值5分。

[1]《海商法》绝大多数内容被国际经济法涵盖，如货物运输、共同海损等，请大家以殷敏老师的讲授为准。

续表

科　目	题　型	分值分布情况
经济法、环境资源法	客观题	平均分值20分（经济法15分左右，环境资源法5分左右）。
本学科主、客总计		平均分值98分（2021年约为82分）。

（二）商法主观题数据分析（2018~2024年）

商法主观题每年均有一道独立的案例分析题，该独立商法案例与行政法案例为选做题（选择一题作答）。商法类试题每年均为6个问题，每问分值区间为3~5分，总分值为27~28分。

自2018年法考元年至2024年的主观题中，民法案例中均出现1~3问关涉商法，分值为10分以上。其中，2019年民法试题中涉及商法考点达到3问，分值约为15分，加上独立的商法主观题27分，当年涉及商法的主观题分值约计达到了42分！

2021年情况略为特殊，民法案例未出现商法考点，但该年商法案例中出现民法"让与担保"案情，考查角度涉及"让与担保的认定、流质条款的效力"。同年，延考区商法案例中出现"增资协议无效，但增资行为是否有效"的案情，这需要考虑民法合同效力对商事行为的影响，深层次理论是商法作为民法特别法，其在遵循民法基本原则、基本制度的框架下，如何确定商事行为的效力。

上述分值数据表明，随着商事活动趋于复杂，涉及公司这一商事主体的经济纠纷呈现出"综合性、复杂性、特殊性"的特点，这也使得商法在法考中地位突出，总分值很高。

（三）科目概况

1. 2024年7月1日，修订后的《公司法》正式实施。

本次《公司法》修订是自1993年《公司法》颁布以来变动最大的一次修订，涉及众多规则的实质修改，包括但不限于下列六个方面：

（1）强化股东的出资责任，对认缴资本制加以限制。

（2）完善股东权。例如，完善股东的查阅、复制权，完善股东对全资子公司的董事、监事、高级管理人员等提起股东代表诉讼的程序。

（3）优化公司治理，简化公司组织机构设置，允许不设监事会的单层制设计。

（4）完善忠实和勤勉义务的具体内容，强化控股股东、实际控制人和董事、监事、高级管理人员的责任。

（5）新设"公司登记"一章，明确公司设立登记、变更登记、注销登记的事项和程序。

（6）完善国家出资公司的相关规定。

无疑，自 2024 年后，商法备考重点就是既作为商法的龙头，又处于重大转变中的《公司法》！尤其要特别关注其中的修订条款。2024 年法考的客观题和主观题中，均考查了《公司法》的修改点。

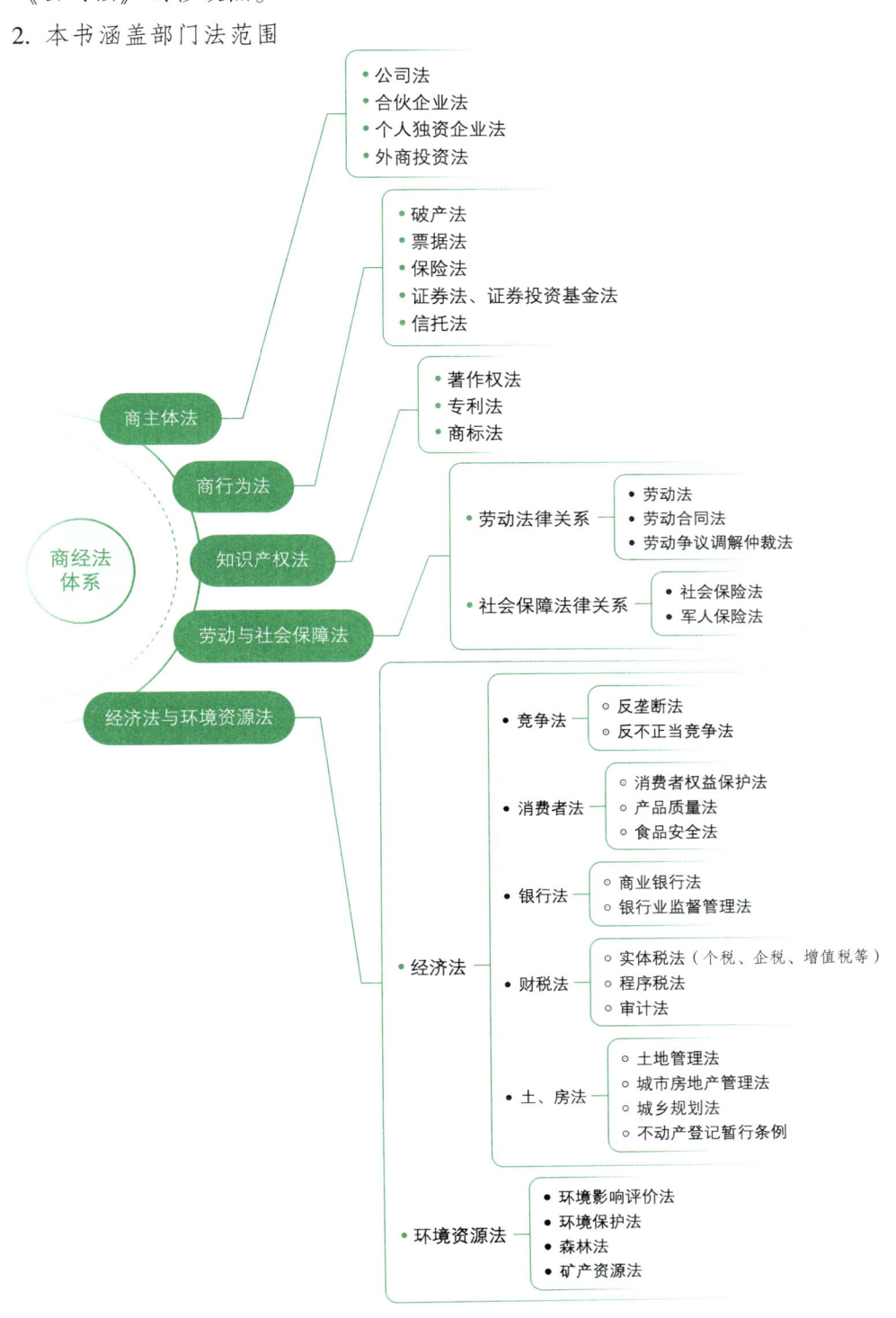

2. 本书涵盖部门法范围

- 商经法体系
  - 商主体法
    - 公司法
    - 合伙企业法
    - 个人独资企业法
    - 外商投资法
  - 商行为法
    - 破产法
    - 票据法
    - 保险法
    - 证券法、证券投资基金法
    - 信托法
  - 知识产权法
    - 著作权法
    - 专利法
    - 商标法
  - 劳动与社会保障法
    - 劳动法律关系
      - 劳动法
      - 劳动合同法
      - 劳动争议调解仲裁法
    - 社会保障法律关系
      - 社会保险法
      - 军人保险法
  - 经济法与环境资源法
    - 经济法
      - 竞争法
        - 反垄断法
        - 反不正当竞争法
      - 消费者法
        - 消费者权益保护法
        - 产品质量法
        - 食品安全法
      - 银行法
        - 商业银行法
        - 银行业监督管理法
      - 财税法
        - 实体税法（个税、企税、增值税等）
        - 程序税法
        - 审计法
      - 土、房法
        - 土地管理法
        - 城市房地产管理法
        - 城乡规划法
        - 不动产登记暂行条例
    - 环境资源法
      - 环境影响评价法
      - 环境保护法
      - 森林法
      - 矿产资源法

(四) 学习顺序

由于本学科的特点是：**分值高，科目多，但重点突出**。具体到学习顺序，可以做如下主次安排：

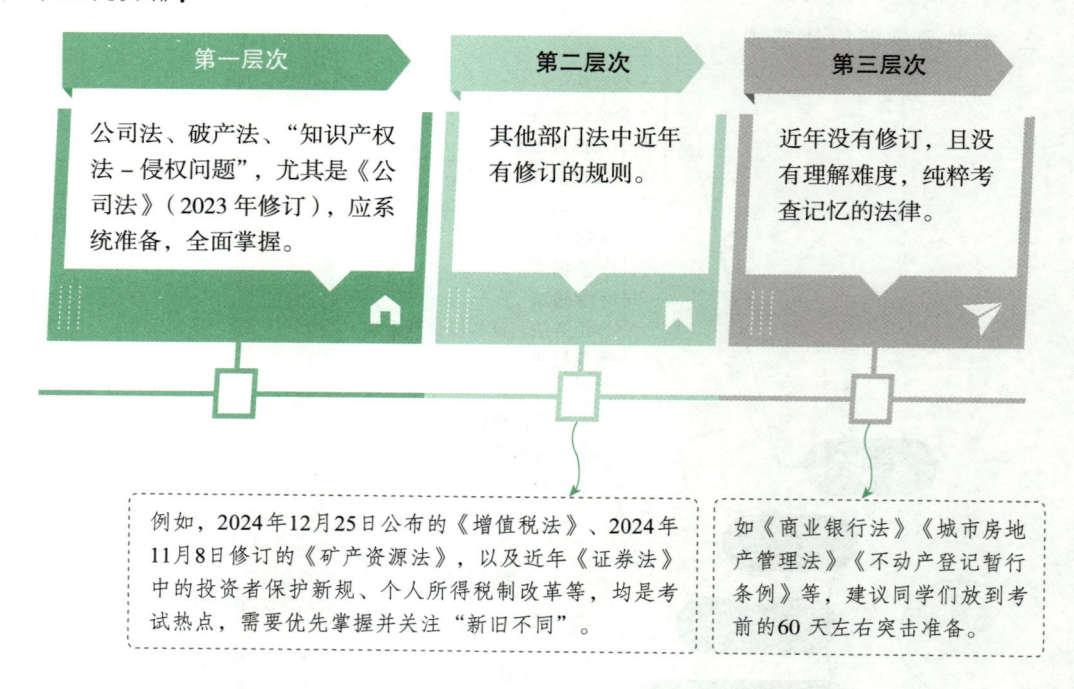

第一层次

公司法、破产法、"知识产权法－侵权问题"，尤其是《公司法》（2023年修订），应系统准备，全面掌握。

第二层次

其他部门法中近年有修订的规则。

第三层次

近年没有修订，且没有理解难度，纯粹考查记忆的法律。

例如，2024年12月25日公布的《增值税法》、2024年11月8日修订的《矿产资源法》，以及近年《证券法》中的投资者保护新规、个人所得税制改革等，均是考试热点，需要优先掌握并关注"新旧不同"。

如《商业银行法》《城市房地产管理法》《不动产登记暂行条例》等，建议同学们放到考前的60天左右突击准备。

二 考试特点——如何考？

（一）客观题

纵观近年的客观试题，难度适中、稳定，"考新、考重，考基础、重案例"特点突出。

- 考新·考重
- 考基础 重案例
- 重视"小法"

1. 考新、考重

再次强调2024年施行的《公司法》，特别是该法2023年有修订的知识，一定是重点！但是，由于《公司法》还是商法主观试题的考查重点，所以《公司法》在客观题中考查分值约为12~15分左右。（商法在客观题中考查分值在22~30分之间，平均分值24分）

2. 考基础、重案例

客观试题总体注重基础，但并非简单的"背法条、定对错"能解决的。本学科根植于现实经济运行和商业行为中的法律规范，许许多多精彩的案例为我们呈现出隐含的商法、经济法和知识产权法的规范或原理。近年客观卷考查了"百年老店——合川桃片"、食品标签瑕疵、网红店雇人排队、商业银行泄露储户个人信息等案例。这些题目已经鲜明地体现出"案例为王"的特点，所以同学们在学习阶段需要"知其然并知其所以然"。

3. 一定要重视"小法" ★

本书包含"商法、知识产权法、经济法、劳动法与社会保障法、环境资源法"五大部分，内容繁杂，各法自成体系，难以有统一的逻辑关系。往年备考时很多考生朋友只将重点放在"商法"，特别是《公司法》的学习上，而忽视其他部分。但根据前述可知，《公司法》在客观题中仅占12~15分左右，还有大量试题涉及其他"小法"，尤其是"经济法、环境资源法"，基本上每年客观题的试题中，<u>大纲中列出的各个部门法均会有试题（或仅一个选项）</u>涉及。这无疑加大了我们学习备考的广度和难度。

（二）主观题

主观题考试非常明显的趋势是"融合考查"，即"民法、商法、民事诉讼法"结合，需通盘考虑。商法的每年一道案例分析题，虽然以"公司"为主体，但全面考查一个公司的一生一世，除了《公司法》内部传统考点外，还包括公司在经营中的纠纷，如担保合同、股权让与担保、债权保全撤销、代持股法律关系中的股权转让纠纷、诉讼当事人、案外人执行异议等。这种高难度的综合性考查趋势，更需要同学们关注知识的系统性和对比性。

> **萱姑点睛**
> ○ 客观：考新考重考基础（更灵活）
> ○ 主观：民商诉融合

三 学习攻略——如何学？

（一）夯实基础，稳扎稳打

本学科的特征是"入门难，越学越简单"。首次接触时，有很多和日常生活脱节的概念、术语、原理，易让初学者陷入"不知所云"的境地。为解决之，建议同学们在本书——理论精讲学习阶段，就应明晰重要考点、易混点。虽然该阶段是系统全面学习，但也一定要标注出重点，做到心中有数。

本书在2025版修订时，将"易混""易错"单独标识，每个专题开篇列出"内容精要"，专题结束列出"常考角度总结"，力求帮助同学们在学习之初，做到"心中有数"，不留死角。

（二）主客一体，全盘规划

虽然我们这本《理论卷·商经法51专题》是在2025年和同学们见面的第一本图书，也是商法、知识产权法、劳动与社会保障法、经济法、环境资源法在全年备考所需最基础的教材，我一直相信，只要在客观题备考阶段扎实基础，理解法条背后的法理，那么在客观题通过之后，主观题通关就是水到渠成的结果。所以我一直建议同学们不要把客观题备考和主观题备考割裂开来，二者只是对同一法律的不同考查形式而已。

为了更好地理解规则，为主观题顺利地一次性通关打下基础，本书在2025版修订时增加了大量的案例以减少概念层面的真空，并通过"随堂小测"增加对抽象知识的理解和运用。通过具体的情形或案例，可以提高"知识-考点-案情"的关联度，更加形象化和直观化。在同学们理解并掌握重要原理和规则后，就会发现本学科是非常"友好"的，因为规则明晰，争议很少。

（三）制订计划，"学""思"结合

首先，在正式系统复习之前，建议同学们先制订全年的备考计划，要具体，忌笼统，可以细化到"小时"为学习单位，安排好全部复习科目的时间。

其次，听课时需结合做题，使用与本书配合练习的图书：《真题卷》《金题卷》。另外，我会在微博上以"直播""小图片"等形式和大家互动，收集学习中的问题并统一回答。

> **萱姑点睛**
> ○ 重基础·抓实务
> ○ 悟真题·多模拟
> ○ 有计划·有恒心

另外，本书得以顺利出版，要感谢为本书提供专业编辑的厚大图书部老师，以及为本书专题前知识结构图制作付出智慧的教学部老师！

鄢梦萱

2025年1月2日

修订说明 INSTRUCTIONS

本书 2025 版进行了如下调整和优化：

1. 从考试分值和学习优先级别考虑，调整全书逻辑结构，重新安排本书的篇章结构，全书共分为 51 个专题，顺序依次为：商法、知识产权法、劳动与社会保障法、经济法与环境资源法。其目的是使备考更具针对性，重点更为突出。

2. 全书内容以 539 个"知识点"的形式展开，力求全面涵盖可能的考试角度，为考生提供一本全面详细的"字典"。同时，本书标注出了重要知识点，方便考生在备考中，既能掌握本学科全貌，又更具有针对性。

3. 每个专题均在开篇增加"内容精要"，以总括形式展示该专题的主要内容。

4. 每个专题结尾增加"常考角度总结"，以方便课后回顾复习。

5. 全书商法贯彻"主客一体"思路，增加"随堂小测"板块，并增加经典案例和热点事例。

6. 优化图表、图示，力求更加清晰。

7. 全书依据最新法律加以修订，包括《增值税法》（2024 年 12 月 25 日公布）、《矿产资源法》（2024 年 11 月 8 日修订）、《公司登记管理实施办法》（2024 年 12 月 20 日公布）。

商经法鄢梦萱
扫一扫微博，关注萱姑

听萱姑讲商经　稳稳当当过法考

目 录 CONTENTS

第 1 编　商主体法

第 1 讲　公司法　002

专题 1　公司法总则 / 002

- 001 ▶ 公司的特征★ / 003
- 002 ▶ 股东有限责任原则★ / 003
- 003 ▶ 公司的分类：有限责任公司和股份有限公司★ / 004
- 004 ▶ 公司的分类：总公司-分公司、母公司-子公司★ / 005
- 005 ▶ 法定代表人★★ / 005
- 006 ▶ 公司法人人格否认★★ / 006
- 007 ▶ 公司法人人格否认的诉讼★★★ / 008
- 008 ▶ 股东权的分类 / 009
- 009 ▶ 股东的义务★★ / 009
- 010 ▶ 不成立的决议★★ / 010
- 011 ▶ 决议的有效、无效、可撤销★★★ / 011

专题 2　公司的设立和公司登记 / 013

- 012 ▶ 发起人 / 013
- 013 ▶ 注册资本★★ / 014
- 014 ▶ 公司章程★★ / 014
- 015 ▶ 其他设立条件 / 015
- 016 ▶ 设立责任★★ / 016
- 017 ▶ 设立方式：发起设立和募集设立 / 016
- 018 ▶ 公司形式变更★ / 018
- 019 ▶ 公司登记的类型和效力★ / 018
- 020 ▶ 公司登记事项的公示、登记程序★ / 019
- 021 ▶ 股东可查阅相关资料的范围★ / 020
- 022 ▶ 查阅会计账簿、会计凭证的特殊规则★★★ / 020
- 023 ▶ 查阅、复制权诉讼★★★ / 021

专题 3　股东的出资 / 023

- 024 ▶ 货币出资★ / 023
- 025 ▶ 实物、知识产权出资★★★ / 024
- 026 ▶ 土地使用权出资 / 024
- 027 ▶ 股权、债权出资★★★ / 024
- 028 ▶ 其他规则★★ / 025
- 029 ▶ 未按期足额缴纳出资★★★ / 025
- 030 ▶ 抽逃出资★★★ / 026
- 031 ▶ 股东对公司的责任★★★ / 026
- 032 ▶ 股东失权、股东除名★★★ / 027
- 033 ▶ 股东对公司债权人的责任★★★ / 028

专题 4　股东资格 / 030

- 034 ▶ 股东名册及其意义★ / 030
- 035 ▶ 出资证明书（股票）及其意义 / 030
- 036 ▶ 公司登记与股东资格★ / 031
- 037 ▶ 股权归属争议的解决★★★ / 031
- 038 ▶ "实际出资人-名义股东"的关系★ / 032
- 039 ▶ "实际出资人-公司"的关系★ / 033
- 040 ▶ "名义股东-第三人"的关系★★ / 033
- 041 ▶ 冒名股东★ / 034
- 042 ▶ 股权无权转让纠纷★★ / 034

专题 5　有限责任公司的股权转让 / 036

- 043 ▶ 股权对外转让的通知义务★★★ / 036
- 044 ▶ 其他股东的优先购买权★★★ / 036
- 045 ▶ 瑕疵股权转让、未届出资期限的股权转让★★★ / 038
- 046 ▶ 股权转让的变更程序 / 038
- 047 ▶ 异议股东的股权收购请求权★★★ / 039
- 048 ▶ 股权内部转让，股东离婚、死亡引起的股权转让★★ / 039
- 049 ▶ 股权被强制执行★ / 040

专题 6　股份有限公司的股份发行和转让 / 042

- 050 ▶ 股份、股票的概念和特征 / 042
- 051 ▶ 股票的类型★ / 043
- 052 ▶ 类别股制度★★★ / 043
- 053 ▶ 授权股份发行★ / 043
- 054 ▶ 股份转让的限制★★ / 044
- 055 ▶ 股份回购规则★★★ / 044
- 056 ▶ 异议股东的股份回购请求权★★ / 045
- 057 ▶ 禁止公司财务资助规则及例外★★ / 045

专题 7　公司的组织机构 / 047

- 058 ▶ 股东会的职权★★ / 047
- 059 ▶ 股东会会议的召集规则★★ / 048
- 060 ▶ 股东临时提案★★ / 049
- 061 ▶ 股东会会议的决议规则★★★ / 049
- 062 ▶ 董事会、监事会的职权★★★ / 051
- 063 ▶ 董事会、监事会的组成★★★ / 052
- 064 ▶ 审计委员会及其职责★★★ / 053
- 065 ▶ 任期和辞任★★★ / 053
- 066 ▶ 董事会和监事会的会议程序、决议规则★ / 055

专题 8　上市公司、国家出资公司组织机构的特别规定 / 057

- 067 ▶ 独立董事 ★ / 057
- 068 ▶ 审计委员会的职责 ★ / 057
- 069 ▶ 决议的特殊规则 ★ / 058
- 070 ▶ 禁止事项 ★★ / 058
- 071 ▶ 国家出资公司的概念和类型 ★ / 059
- 072 ▶ 国家出资公司组织机构的共同规定 ★ / 059
- 073 ▶ 国有独资公司组织机构的特殊规定 ★★ / 059

专题 9　公司董事、监事、高级管理人员的资格和义务 / 061

- 074 ▶ 对任职资格的法律限制 ★ / 061
- 075 ▶ 违反义务的具体行为 ★★ / 062
- 076 ▶ 董事、监事、高管的赔偿责任 ★★★ / 063
- 077 ▶ 董事责任保险 ★ / 064
- 078 ▶ 股东代表诉讼的原因 / 064
- 079 ▶ 股东代表诉讼的前置程序 ★★ / 065
- 080 ▶ 股东代表诉讼的诉讼规则 ★★ / 066

专题 10　公司的财务与会计、合并与分立、增资与减资、解散与清算 / 068

- 081 ▶ 公积金的种类 ★ / 068
- 082 ▶ 公积金的用途 ★ / 069
- 083 ▶ 公司收益分配顺序 ★★ / 069
- 084 ▶ 股东利润的分配 ★★★ / 070
- 085 ▶ 股东提起分红权诉讼的规则 ★★ / 070
- 086 ▶ 公司合并、分立的种类 ★ / 071
- 087 ▶ 公司合并、分立的程序 ★★ / 071
- 088 ▶ 公司的增资 ★★★ / 072
- 089 ▶ 公司的减资 ★★★ / 073
- 090 ▶ 违法减资的处理 ★★★ / 073
- 091 ▶ 公司解散的事由 / 074
- 092 ▶ 司法判决解散公司 ★★★ / 074
- 093 ▶ 股东重大分歧的解决规则 ★ / 076
- 094 ▶ 清算主体 ★★ / 076
- 095 ▶ 清算组的职责 ★ / 077
- 096 ▶ 清算人的义务和赔偿责任 ★★★ / 077
- 097 ▶ 公司的注销 ★★ / 078

专题 11　公司经营中的特殊合同 / 080

- 098 ▶ 正当的关联关系与抽逃出资的区别 ★ / 080
- 099 ▶ 利用关联关系损害公司利益的处理 ★★ / 081
- 100 ▶ 公司担保的决议程序 ★★★ / 081
- 101 ▶ 无需担保决议的五种情况 ★★★ / 082
- 102 ▶ 越权担保的处理 ★★★ / 082
- 103 ▶ 股权让与担保合同的效力 ★ / 084
- 104 ▶ 债权人享有优先受偿权的条件 ★ / 084
- 105 ▶ 以股权设定让与担保的特殊问题 ★★★ / 084
- 106 ▶ 合同效力 ★ / 085
- 107 ▶ 对赌协议的实际履行 ★★ / 086

第 2 讲　合伙企业法　087

专题 12　普通合伙企业 / 087

- 108 ▶ 普通合伙企业的设立条件 ★ / 088
- 109 ▶ 合伙企业财产份额 ★★ / 088

- 110 ▶ 离婚案件中的财产份额转让 ★ / 089
- 111 ▶ 合伙的利润分配与亏损分担 ★ / 089
- 112 ▶ 普通合伙事务的决议 ★★ / 090
- 113 ▶ 合伙事务的执行规则 ★★★ / 091
- 114 ▶ 经营管理人员 ★ / 092
- 115 ▶ 一般普通合伙企业债务的清偿 ★ / 092
- 116 ▶ 特殊的普通合伙企业 ★ / 092
- 117 ▶ 合伙人个人债务的清偿 ★ / 093
- 118 ▶ 入伙的程序和后果 ★ / 094
- 119 ▶ 退伙的情形 ★★ / 094
- 120 ▶ 退伙的时间、后果 ★ / 096

专题 ⑬ 有限合伙企业 / 098

- 121 ▶ 有限合伙企业的设立条件 ★ / 098
- 122 ▶ 有限合伙企业事务的执行 ★★★ / 099
- 123 ▶ 有限合伙人的权利 ★★ / 100
- 124 ▶ 有限合伙企业债务的清偿 ★ / 101
- 125 ▶ 个人债务的清偿 ★ / 101
- 126 ▶ 入伙、退伙的情形 ★ / 102
- 127 ▶ 合伙人之间的转换 ★★ / 102

第 3 讲 个人独资企业法与外商投资法 104

专题 ⑭ 个人独资企业与外商投资 / 104

- 128 ▶ 个人独资企业债务的清偿 ★ / 105
- 129 ▶ 个人独资企业的事务管理 ★ / 105
- 130 ▶ 外商投资的具体类型 ★ / 106
- 131 ▶ 对外商投资的促进措施 ★ / 106
- 132 ▶ 对外商投资的保护措施 ★ / 106
- 133 ▶ 对外商投资的管理措施 ★ / 107

第 2 编 商行为法

第 4 讲 破产法 110

专题 ⑮ 破产法总论（上）/ 110

- 134 ▶ 破产原因 / 111
- 135 ▶ 破产申请人 ★ / 112
- 136 ▶ 破产申请的撤回和救济 / 113
- 137 ▶ 破产案件受理后的法律效果 ★★ / 113
- 138 ▶ 破产案件受理的程序 / 115
- 139 ▶ 管理人的任命和资格 / 115
- 140 ▶ 管理人的职责 ★★★ / 115
- 141 ▶ 管理人的义务 ★★★ / 116
- 142 ▶ 债权人会议 ★★ / 116
- 143 ▶ 债权人委员会 ★★ / 117
- 144 ▶ 破产费用 ★ / 117
- 145 ▶ 共益债务 ★ / 118
- 146 ▶ 破产费用与共益债务的清偿 ★★ / 118

专题 16　破产法总论（下）／120

- 147 ▶ 破产债权的特征 ★／120
- 148 ▶ 破产债权的申报 ★／120
- 149 ▶ 债务人破产＋保证人正常 ★★★／121
- 150 ▶ 债务人破产＋保证人破产 ★★★／123
- 151 ▶ 债务人正常＋保证人破产 ★★★／123
- 152 ▶ 追回权 ★★／124
- 153 ▶ 撤销权 ★★／125
- 154 ▶ 抵销权 ★★／126
- 155 ▶ 管理人的取回权／128
- 156 ▶ 权利人的取回权 ★★／129
- 157 ▶ 出卖人对在途货物的取回权 ★★／130
- 158 ▶ 基于所有权保留买卖协议的取回权 ★／131

专题 17　破产法分论——重整、和解、破产清算程序／133

- 159 ▶ 重整原因和重整程序的启动 ★／133
- 160 ▶ 重整期间营业保护的特殊规定 ★★★／134
- 161 ▶ 重整程序的终止 ★★／135
- 162 ▶ 重整计划的内容 ★★／135
- 163 ▶ 重整计划草案的表决和强行批准 ★★／136
- 164 ▶ 重整计划的效力和执行 ★★／137
- 165 ▶ 和解申请／138
- 166 ▶ 和解协议的表决和效力 ★／139
- 167 ▶ 破产宣告对程序的影响／139
- 168 ▶ 别除权的清偿、破产清偿顺序 ★★／139

第 5 讲　票据法

专题 18　票据原理／141

- 169 ▶ 票据的种类／142
- 170 ▶ 票据的功能／142
- 171 ▶ 票据的特征 ★★／143
- 172 ▶ 票据上的法律关系／143
- 173 ▶ 票据关系当事人 ★／145
- 174 ▶ 票据权利概述／145
- 175 ▶ 票据权利的种类 ★★／145
- 176 ▶ 票据权利的取得 ★／146
- 177 ▶ 票据权利的消灭／147
- 178 ▶ 利益返还请求权／147
- 179 ▶ 票据权利的瑕疵 ★★★／147
- 180 ▶ 对物的抗辩 ★★★／149
- 181 ▶ 对人的抗辩、票据抗辩的限制 ★★★／149
- 182 ▶ 挂失止付、诉讼／150
- 183 ▶ 公示催告 ★／151

专题 19　票据行为（汇票）／153

- 184 ▶ 汇票的出票人／153
- 185 ▶ 出票记载事项 ★★★／154
- 186 ▶ 出票人记载"不得转让"字样 ★★★／154
- 187 ▶ 背书规则 ★★／155

188 ▶ 特殊类型的背书★★★ / 156
189 ▶ 票据贴现★ / 157
190 ▶ 票据质押行为★★ / 158
191 ▶ 票据保证的成立：字样+签章★★ / 159
192 ▶ 票据保证记载事项★★ / 159
193 ▶ 票据保证的法律效力★★ / 160
194 ▶ 承兑★ / 160
195 ▶ 付款 / 161

专题 20　本票与支票 / 162

196 ▶ 本票的出票规则 / 162
197 ▶ 本票的付款规则 / 163
198 ▶ 支票的出票规则★★ / 163
199 ▶ 支票的付款规则★★ / 163

第 6 讲　保险法　165

专题 21　保险法概述 / 165

200 ▶ 保险的概念和特征 / 165
201 ▶ 保险法的基本原则★ / 166
202 ▶ 保险合同的当事人和关系人★ / 167
203 ▶ 保险代理人、经纪人★ / 167
204 ▶ 保险合同内容冲突的处理★★ / 167

专题 22　人身保险合同 / 169

205 ▶ 人身保险合同的特征 / 169
206 ▶ 人身保险合同的保险利益★★★ / 170
207 ▶ 保险合同订立时，投保人的如实告知义务★★★ / 170
208 ▶ 投保人违反如实告知义务的处理★★★ / 171
209 ▶ 对上述保险人法定解除权的限制★★★ / 172
210 ▶ 保险人的说明义务★ / 173
211 ▶ 投保人未缴保费的处理：中止、复效★★ / 173
212 ▶ 投保人的自愿解除权★★ / 174
213 ▶ 保险人的法定解除权★★ / 174
214 ▶ 受益人指定和变更★★★ / 174
215 ▶ 受益人约定不明的处理★★★ / 175
216 ▶ 受益人先于被保险人死亡★★★ / 176
217 ▶ 年龄错误★★ / 176
218 ▶ 死亡险★★ / 177
219 ▶ 费用补偿型的医疗费用保险★ / 178
220 ▶ 故意造成的保险事故★★ / 179
221 ▶ 被保险人自杀★★ / 179
222 ▶ 第三人造成的人身保险事故★★ / 180
223 ▶ 保险金的给付★★ / 180

专题 23　财产保险合同 / 182

224 ▶ 财产保险的保险利益★ / 182
225 ▶ 保险标的转让的处理★★ / 183
226 ▶ 保险标的危险程度的变化★★★ / 183
227 ▶ 基本赔偿规则 / 184

| 228 ▶ 由保险人负担的费用 ★ / 184
| 229 ▶ 重复保险 / 185
| 230 ▶ 责任保险 ★★ / 185
| 231 ▶ "第三者"的范围 ★★★ / 187
| 232 ▶ 对"损害"的理解 ★★ / 187
| 233 ▶ 代位求偿权的诉讼 ★★★ / 187
| 234 ▶ 放弃求偿权的处理 ★ / 188
| 235 ▶ 获得双份赔偿的处理 ★ / 188
| 236 ▶ 获得部分赔偿的处理 ★ / 189

第7讲 证券业法律制度与信托法律制度 190

专题 24 证券业法律制度 / 190

| 237 ▶ 证券的概念、种类及其特征 / 191
| 238 ▶ 证券发行 ★★ / 192
| 239 ▶ 证券承销 ★ / 192
| 240 ▶ 证券交易的禁止和限制行为 ★★ / 193
| 241 ▶ 上市公司收购的程序和规则 ★★ / 194
| 242 ▶ 上市公司收购的法律后果 ★★ / 195
| 243 ▶ 信息披露 ★★★ / 196
| 244 ▶ 信息披露不实的法律后果 ★★ / 196
| 245 ▶ 投资者保护 ★★★ / 197
| 246 ▶ 投资者保护机构 ★★★ / 198
| 247 ▶ 证券机构 / 198
| 248 ▶ 公开募集的基金、非公开募集的基金 ★ / 199
| 249 ▶ 封闭式基金、开放式基金 ★ / 201
| 250 ▶ 基金份额持有人大会 / 201
| 251 ▶ 基金财产 ★★ / 202

专题 25 信托法律制度 / 203

| 252 ▶ 合法信托、信托无效 ★★ / 203
| 253 ▶ 信托的撤销 ★★ / 204
| 254 ▶ 信托的终止 ★★ / 204
| 255 ▶ 信托财产的独立性 ★★★ / 205
| 256 ▶ 受托人对信托财产的管理 ★★★ / 205
| 257 ▶ 委托人 ★ / 205
| 258 ▶ 受托人 ★ / 206
| 259 ▶ 受益人 / 206
| 260 ▶ 公益信托的范围 / 207
| 261 ▶ 公益信托的财产、当事人 / 207

第3编 知识产权法

第8讲 著作权法 209

专题 26 著作权概述 / 209

| 262 ▶ 对著作权的保护原则 ★ / 210
| 263 ▶ 著作权集体管理组织 ★ / 210

- 264 ▶ 作品的概念和特征★★ / 211
- 265 ▶ 作品的种类 / 211
- 266 ▶《著作权法》不予保护的对象★ / 212
- 267 ▶ 演绎作品★★ / 212
- 268 ▶ 汇编作品★★ / 213
- 269 ▶ 合作作品★★ / 213
- 270 ▶ 视听作品★★ / 214
- 271 ▶ 职务作品★★ / 214
- 272 ▶ 原件所有权转移的作品★★ / 215
- 273 ▶ 委托作品★★ / 215
- 274 ▶ 自传体作品★★ / 215
- 275 ▶ 其他作品★ / 215

专题 27 著作权的内容与侵权行为 / 217

- 276 ▶ 发表权★★ / 217
- 277 ▶ 署名权★ / 218
- 278 ▶ 修改权★ / 218
- 279 ▶ 保护作品完整权★★ / 218
- 280 ▶ 复制权、发行权★★ / 219
- 281 ▶ 出租权★★ / 219
- 282 ▶ 展览权★★ / 219
- 283 ▶ 表演权★★ / 219
- 284 ▶ 广播权、信息网络传播权★★ / 220
- 285 ▶ 其他权利★ / 220
- 286 ▶ 财产权的许可和转让★ / 220
- 287 ▶ 合理使用的概念★ / 221
- 288 ▶ 合理使用的具体情形★★ / 221
- 289 ▶ 著作权的保护期★★ / 223
- 290 ▶ 避开技术保护措施的侵权★★ / 224
- 291 ▶ 计算机软件著作权★★ / 225

专题 28 邻接权 / 226

- 292 ▶ 图书出版者的权利和义务★★★ / 227
- 293 ▶ 报刊出版者的权利和义务★★★ / 227
- 294 ▶ 表演者的义务★★★ / 228
- 295 ▶ 表演者的权利内容★★★ / 228
- 296 ▶ 录制者的权利和义务★★★ / 230
- 297 ▶ 广播电台、电视台（播放者）的义务★★★ / 231
- 298 ▶ 广播电台、电视台（播放者）的权利★★★ / 231

第 9 讲 专利法   233

专题 29 专利法概述 / 233

- 299 ▶ 发明、实用新型、外观设计的概念 / 234
- 300 ▶《专利法》不予保护的对象★ / 234
- 301 ▶ 发明和实用新型的授权条件★ / 235
- 302 ▶ 外观设计的授权条件 / 235
- 303 ▶ 不丧失新颖性的公开★ / 235
- 304 ▶ 发明人或设计人★ / 236
- 305 ▶ 发明人或设计人的单位★★ / 237
- 306 ▶ 专利申请的原则★ / 237
- 307 ▶ 专利申请文件、专利申请日 / 238
- 308 ▶ 专利申请的审批：发明专利★★ / 239

309 ▶ 发明的临时保护制度★★／239
310 ▶ 专利申请的审批：实用新型、外观设计专利／240
311 ▶ 专利的复审和无效宣告★★／240
312 ▶ 专利权人的权利★／241
313 ▶ 专利权的期限／241
314 ▶ 指定许可★★／242
315 ▶ 开放许可★★★／242
316 ▶ 强制许可★／243

专题 30　专利侵权行为／245

317 ▶ 专利权的保护范围★／245
318 ▶ 专利侵权行为的概念／245
319 ▶ 专利侵权行为的表现形式★★★／246
320 ▶ 现有技术抗辩，不构成侵权★★★／249
321 ▶ 专利权耗尽，不构成侵权★★★／249
322 ▶ 符合先用权原则，不构成侵权★★★／249
323 ▶ 临时过境使用，不构成侵权★／250
324 ▶ 非商业使用，不构成侵权★／250
325 ▶ 仿制药行政审批的需要，不构成侵权★／250
326 ▶ 药品专利侵权纠纷早期解决机制★／250
327 ▶ 侵权损害赔偿的顺序／250
328 ▶ 被许可人的诉讼地位★★／251
329 ▶ 专利侵权诉讼与专利无效制度的结合★★★／251

第10讲　商标法　253

专题 31　注册商标概述／253

330 ▶ 商标的分类★★／254
331 ▶ 注册商标的构成★★★／254
332 ▶ 禁用标志★★★／255
333 ▶ 禁注标志★★★／256
334 ▶ 驰名商标的认定／256
335 ▶ 驰名商标的保护★／257
336 ▶ 商标注册的原则★／257
337 ▶ 商标注册的申请、审查和核准★★★／258
338 ▶ 续展权★／259
339 ▶ 许可权★／259
340 ▶ 转让权★／260

专题 32　商标权的消灭和商标侵权行为／261

341 ▶ 商标无效的原因★★★／261
342 ▶ 商标无效宣告的后果★★★／262
343 ▶ 注册商标撤销的原因★★★／263
344 ▶ 注册商标撤销的后果★★★／263
345 ▶ 注册商标的注销★／263
346 ▶ 商标侵权行为的表现形式★★★／264
347 ▶ 商标权的限制★★／265

第4编 劳动与社会保障法

第11讲 劳动法律关系 267

专题 33 劳动法一般原理／267

- 348 ▶ 劳动法律关系★★／268
- 349 ▶《劳动法》的适用范围★／268
- 350 ▶ 工作时间★／269
- 351 ▶ 加班的法律规定★／269
- 352 ▶ 工资制度／270
- 353 ▶ 女职工的特殊保护★／270
- 354 ▶ 未成年工的特殊保护★／271
- 355 ▶ 职业培训和劳动保护★／271
- 356 ▶ 工会在劳动法上的地位★／271
- 357 ▶ 劳动行政部门在劳动法上的地位／272

专题 34 劳动合同的订立和特殊条款／273

- 358 ▶ 劳动合同的种类★★／273
- 359 ▶ 劳动合同的订立★★★／274
- 360 ▶ 劳动合同的无效／275
- 361 ▶ 试用期条款★★／275
- 362 ▶ 保密条款、竞业限制条款★★／276
- 363 ▶ 服务期条款★★／277
- 364 ▶ 违约金条款★★／277

专题 35 劳动合同的解除和终止／279

- 365 ▶ 劳动者单方解除★★／279
- 366 ▶ 用人单位单方解除★★／280
- 367 ▶ 用人单位裁员★★／280
- 368 ▶ 不得解除劳动合同的情形★★★／281
- 369 ▶ 支付经济补偿的情形★★★／281
- 370 ▶ 无需支付经济补偿的情形★★★／282
- 371 ▶ 经济补偿的标准★★／282
- 372 ▶ 劳动合同解除的赔偿金★★★／283

专题 36 特殊劳动关系／288

- 373 ▶ 集体合同的订立和生效★／288
- 374 ▶ 劳务派遣单位★★★／289
- 375 ▶ 劳务派遣关系中的"用工单位"★／290
- 376 ▶ 劳务派遣纠纷★★★／290
- 377 ▶ 非全日制用工的认定★／291
- 378 ▶ 非全日制用工与一般劳动关系的区别★／291

专题 37 劳动争议的认定和处理／293

- 379 ▶ 属于劳动争议的纠纷★★★／293
- 380 ▶ 不属于劳动争议的纠纷★★★／294

381 ▶ 解决方式 / 294
382 ▶ 处理程序：劳动争议仲裁 ★★★ / 295
383 ▶ 处理程序：劳动争议诉讼 ★★ / 297
384 ▶ 处理程序：申请支付令 ★★ / 298

第 12 讲　社会保险与军人保险法律关系 　　　　300

专题 38　社会保险与军人保险法律关系 / 300

385 ▶ 基本养老保险 ★★★ / 301
386 ▶ 基本医疗保险 ★ / 301
387 ▶ 工伤保险 ★★★ / 302
388 ▶ 职工因第三人的原因受到伤害 ★★★ / 304
389 ▶ 失业保险 ★ / 304
390 ▶ 生育保险 / 305
391 ▶ 社会保险待遇的衔接 ★ / 305
392 ▶ 军人伤亡保险 ★ / 305
393 ▶ 退役养老保险 ★ / 306
394 ▶ 退役医疗保险 ★ / 306
395 ▶ 随军未就业的军人配偶保险 ★ / 306
396 ▶ 军人保险基金、经办与监督 / 306

第 5 编　经济法与环境资源法

第 13 讲　经济法 　　　　308

专题 39　反垄断法 / 308

397 ▶ 垄断协议的认定 ★★★ / 309
398 ▶ 市场支配地位的认定 ★★★ / 311
399 ▶ 滥用市场支配地位行为的认定 ★★★ / 311
400 ▶ 经营者集中的认定 ★ / 312
401 ▶ 申报规则 ★★ / 313
402 ▶ 审查规则 ★ / 313
403 ▶ 救济手段 ★ / 313
404 ▶ 行为主体 ★ / 314
405 ▶ 行为方式 ★ / 314
406 ▶ 反垄断监管体系和调查措施 ★ / 315
407 ▶ 违反反垄断法的法律责任 ★★ / 316

专题 40　反不正当竞争法 / 318

408 ▶ 立法目的 / 318
409 ▶ 商业混淆行为 ★★★ / 319
410 ▶ 虚假宣传行为 ★★★ / 320
411 ▶ 诋毁商誉行为 ★★★ / 320
412 ▶ 侵犯商业秘密行为 ★ / 321
413 ▶ 互联网不正当竞争行为 ★★★ / 321
414 ▶ 商业贿赂行为 / 322
415 ▶ 不正当有奖销售行为 / 322
416 ▶ 法律责任 ★ / 323

· 011 ·

专题 ㊶　消费者权益保护法 / 324

- 417 ▶《消费者权益保护法》的适用对象★ / 325
- 418 ▶ 安全保障权★★ / 325
- 419 ▶ 自主选择权、公平交易权★★ / 325
- 420 ▶ 知情权★★ / 326
- 421 ▶ 消费者的其他权利 / 326
- 422 ▶ 保证商品和服务安全的义务★★ / 327
- 423 ▶ 召回的义务★★ / 327
- 424 ▶ 退货的义务★★★ / 328
- 425 ▶ 保护消费者个人信息的义务★★★ / 329
- 426 ▶ 经营者的其他义务★ / 330
- 427 ▶ 消费争议解决的途径、消费者组织★ / 330
- 428 ▶ 网购消费纠纷★★★ / 331
- 429 ▶ 网络直播购物纠纷★★★ / 331
- 430 ▶ 虚假广告消费纠纷★★★ / 331
- 431 ▶ 预收款纠纷★★★ / 332
- 432 ▶ 其他纠纷★ / 332
- 433 ▶ 欺诈的法律责任★★★ / 333
- 434 ▶ 故意侵权的加重责任★★ / 333

专题 ㊷　产品质量和食品安全法 / 335

- 435 ▶ "产品"的概念 / 335
- 436 ▶ 产品质量监督★ / 336
- 437 ▶ 产品质量的要求★ / 336
- 438 ▶ 产品标识的要求★ / 337
- 439 ▶ 产品责任的归责原则★★ / 337
- 440 ▶ 食品安全风险监测和评估★ / 338
- 441 ▶ 食品安全标准★★ / 339
- 442 ▶ 食品召回制度★★ / 339
- 443 ▶ 食品的标签、说明书和广告★ / 340
- 444 ▶ 特殊食品★★ / 340
- 445 ▶ 食品生产经营中的安全控制制度★★ / 342
- 446 ▶ 食品安全事故的处置★★ / 343
- 447 ▶ 违反食品安全的认定★★★ / 343
- 448 ▶ 食品生产者和经营者的民事责任★★★ / 344
- 449 ▶ 知假买假纠纷★★★ / 344
- 450 ▶ 其他主体的连带责任★★★ / 345

专题 ㊸　商业银行与银行业监督管理 / 347

- 451 ▶ 商业银行的经营原则★ / 347
- 452 ▶ 商业银行的设立★ / 347
- 453 ▶ 商业银行的业务规则★★ / 348
- 454 ▶ 商业银行的接管★★ / 350
- 455 ▶ 商业银行的破产清算★ / 350
- 456 ▶ 监督管理机构和管理对象★ / 350
- 457 ▶ 监督管理职责★★ / 351
- 458 ▶ 监督管理措施★★ / 352

专题 ㊹　税收征纳实体法 / 354

- 459 ▶ 实体税法分类★ / 354
- 460 ▶ 税法法律关系 / 355

461 ▶ 税法的基本原则 ★★ / 355
462 ▶ 纳税人与扣缴义务人 ★★★ / 356
463 ▶ 纳税事项：综合所得 ★★ / 357
464 ▶ 纳税事项：其他所得 / 357
465 ▶ 个人所得税的税收减免 ★ / 358
466 ▶ 纳税调整、税额抵免 ★ / 359
467 ▶ 纳税申报 / 359
468 ▶ 纳税人 ★ / 359
469 ▶ 纳税事项 ★★★ / 360
470 ▶ 税收优惠 ★★ / 362
471 ▶ 税收调整 ★★ / 362
472 ▶ 车船税 ★ / 363
473 ▶ 增值税 ★★ / 363
474 ▶ 消费税 / 365

专题 45　税收征收管理法律制度 / 366

475 ▶ 税务登记 ★ / 366
476 ▶ 账簿、凭证管理 ★ / 366
477 ▶ 纳税申报 ★ / 367
478 ▶ 税额核定 ★★ / 367
479 ▶ 税收保全、税收强制执行 ★★ / 367
480 ▶ 离境清税 ★ / 368
481 ▶ 税收优先权 ★★★ / 369
482 ▶ 税收代位权与撤销权 ★★★ / 369
483 ▶ 税款的追征 ★★★ / 370
484 ▶ 纳税争议与处罚争议 ★★ / 370

专题 46　审计法律制度 / 372

485 ▶ 审计机关 ★ / 372
486 ▶ 审计职责 ★★★ / 372
487 ▶ 审计权限 ★ / 374
488 ▶ 审计程序 / 374

专题 47　土地权属法律制度 / 376

489 ▶ 土地所有权 / 376
490 ▶ 土地使用权 ★ / 377
491 ▶ 土地用途管制 ★ / 377
492 ▶ 土地权属争议的处理 ★ / 377
493 ▶ 耕地保护的基本政策：占用补偿 ★ / 378
494 ▶ 永久基本农田保护 ★★★ / 378
495 ▶ 土地征收 ★ / 378
496 ▶ 农用地转用审批 ★ / 379
497 ▶ 临时用地管理 ★ / 380
498 ▶ 乡镇企业、公共设施、公益事业建设用地管理 ★ / 380
499 ▶ 宅基地 ★ / 380
500 ▶ 集体经营性建设用地 ★★★ / 380

专题 48　城市房地产管理法律制度 / 382

501 ▶ 房地产开发用地制度：土地使用权出让 ★ / 382
502 ▶ 国有建设用地使用权：划拨 ★★★ / 383
503 ▶ 房地产开发管理 ★ / 383
504 ▶ 房地产转让 ★★★ / 384
505 ▶ 房地产抵押 ★★★ / 385
506 ▶ 房屋租赁 ★ / 385
507 ▶ 商品房预售 ★ / 385

专题 49　城乡规划和不动产登记法律制度 / 387

- 508 ▶ 规划制定的共同要求 / 387
- 509 ▶ 城市规划和镇规划 ★★ / 388
- 510 ▶ 乡规划和村庄规划 / 388
- 511 ▶ 用地规划许可 ★★ / 388
- 512 ▶ 工程规划许可 ★ / 389
- 513 ▶ 不动产登记的机构 / 390
- 514 ▶ 不动产登记的对象 ★ / 390
- 515 ▶ 不动产登记的种类 ★★ / 391
- 516 ▶ 不动产登记簿 ★ / 392
- 517 ▶ 登记程序 ★★★ / 392

第 14 讲　环境资源法　394

专题 50　环境保护法律制度 / 394

- 518 ▶ 对规划的环境影响评价 / 394
- 519 ▶ 对建设项目的环境影响评价 ★★★ / 395
- 520 ▶ 规划环评与建设项目环评的关系 ★★ / 397
- 521 ▶ 重要制度 ★★★ / 397
- 522 ▶ 其他制度 / 399
- 523 ▶ 环境民事责任 ★★★ / 399
- 524 ▶ 环境行政责任 ★ / 400

专题 51　森林和矿产资源法律制度 / 402

- 525 ▶ 立法理念和制度支持 / 402
- 526 ▶ 森林资源权属制度 ★ / 403
- 527 ▶ 森林资源保护制度 ★ / 403
- 528 ▶ 森林资源管理制度 ★★ / 404
- 529 ▶ 矿产资源的国家所有权 / 406
- 530 ▶ 矿产资源督察 / 406
- 531 ▶ 矿业权的出让 / 406
- 532 ▶ 矿业权的物权登记 / 406
- 533 ▶ 矿业权人的权利 / 407
- 534 ▶ 矿业权的期限 / 408
- 535 ▶ 矿产资源的压覆管理 / 408
- 536 ▶ 勘查、开采的具体要求 / 408
- 537 ▶ 矿业用地制度 / 409
- 538 ▶ 矿区生态修复 / 409
- 539 ▶ 法律责任 / 409

第一编
PART 1

商主体法

01 第一讲 >> 公司法

专题 01 公司法总则

```
                          ┌─ 公司的概念和特征 ──• 公司的特征
                          │                    • 股东有限责任原则
                          │                    • 公司的分类：有限责任公司和股份有限公司
                          │                    • 公司的分类：总公司–分公司、母公司–子公司
                          │                    • 法定代表人
                          │
公司法总则 ──┤─ 公司法人人格否认制度 ──• 公司法人人格否认
                          │                    • 公司法人人格否认的诉讼
                          │
                          ├─ 公司股东的权利和义务 ──• 股东权的分类
                          │                    • 股东的义务
                          │
                          └─ 公司决议 ──• 不成立的决议
                                        • 决议的有效、无效、可撤销
```

考情提要 公司法堪称商法的龙头老大，客观题部分公司法的分值约为 12~15 分；主观题部分会有一道独立的案例分析选做题，分值约为 28 分。

一、公司的概念和特征

公司，是指依照法定的条件与程序设立的、有独立的法人财产、享有独立的法人财产权、独立承担责任、以营利为目的的商事组织。

知识点 001 公司的特征 ★

1. 公司的特征

01 法人性 公司是企业法人，有独立的法人财产，享有法人财产权。公司以其全部财产对公司的债务承担责任。（见下例）

02 社团性 公司是由股东出资组成的组织体。

03 营利性 公司是营利法人，以取得利润并分配给股东等出资人为目的而成立。

2. 公司的民事权利能力和民事行为能力

（1）法人的民事权利能力和民事行为能力，从法人成立时产生，到法人终止时消灭；（《民法典》第59条）

（2）内部实现方式：公司的民事行为能力必须通过公司的法人机关（股东会、董事会）来形成决议；

（3）外部实现方式：公司的行为由法定代表人来实施，其后果由公司承受。

[例] 股东张某听闻萱草公司陷入经营困境，无法清偿到期债务，故要求萱草公司返还其出资款10万元。

问：张某的请求能否得到法院支持？张某可以通过何种方式收回出资款？

答：

（1）不能。因为公司是独立法人，股东的出资款已经成为公司的独立法人财产，公司成立后股东不得抽回。

（2）张某可以通过行使股权的方式（如从萱草公司取得分红）收回出资款。

知识点 002 股东有限责任原则 ★

有限责任原则，是指有限责任公司的股东以其认缴的出资额为限对公司承担责任，股份有限公司的股东以其认购的股份为限对公司承担责任。

1. 该原则是为了解决"股东-公司-债权人"三者之间的关系，强调"股东"并不直接对"公司债务"承担清偿责任。

2. 股东承担有限责任的基础：认缴的出资额或者认购的股份。

> **萱姑点睛**
> 易错 ▶ 此处不是"实缴出资"，在认缴资本制度下，认缴出资≥实缴出资。

随堂小测

高某和刘某组建萱草贸易有限责任公司（以下简称"萱草公司"），公司注册资本为20万元，高某和刘某各认缴出资10万元。在高某和刘某各出资5万元后，萱草公司成立，并聘请陈某担任经理。

问1：萱草公司以20万元注册资本为限对萱草公司的债务负责，是否正确？

答：错误。公司以其全部财产对公司的债务承担责任，而不是以"注册资本"为限对公司的债务负责。

问2：高某和刘某各以实缴出资5万元为限对萱草公司的债务负责，是否正确？

答：错误。股东不是以"实缴"的数额，而是以各自认缴的出资额（10万元）为限对公司的债务负责。

问3：陈某对萱草公司的债务承担有限责任，是否正确？

答：错误。陈某只是萱草公司的经理，无需对萱草公司的债务承担责任。

知识点 003 公司的分类：有限责任公司和股份有限公司 ★

《公司法》所称公司，是指依照本法在中华人民共和国境内设立的有限责任公司（有限公司）和股份有限公司（股份公司）。

	有限责任公司（小企业）	股份有限公司（大企业）
资本是否股份化	公司资本不分为等额股份。（例如，股东甲持有A有限责任公司10%的股权）	公司资本分为等额股份。（例如，股东甲持有中国工商银行股份有限公司股票1000股）
股权转让的方式	股权不能在证券市场自由转让，具有"封闭性"。	股东转让其股份，应当在依法设立的证券交易场所进行或者按照国务院规定的其他方式进行。
股东和公司的关系	具有"人资两合性"[1]。	具有"资合性"。虽然非上市公司具有一定的人合性，但不能从根本上改变股份有限公司的资合性。
意思自治的程度	重视意思自治，允许"章程另有规定的，从其规定"。	强调监管，允许章程可意思自治的条款较少。

随堂小测

1. 请判断：有限公司体现更多的人合性，股份公司体现更多的资合性。

答：正确。例如，有限公司股权对外转让，其他股东享有同等条件下的优先购买权，这体现了有限公司的"人合性"；上市公司的股票可以自由转让，这体现了股份公司的"资合性"。

2. 请判断：有限公司具有更多的强制性规范，股份公司通过公司章程享有更多的意思自治。

---

[1] 人合性，是指公司的经营活动以股东的个人信用而非公司资本的多寡为基础。一般规模小的企业会更强调"人合性"。

资合性，是指公司的经营活动以公司的资本规模为企业的信用基础。一般规模大的企业会更注重"资合性"。

答：错误。例如，涉及有限公司的条款中，大量出现"……但公司章程另有规定的，从其规定"，这表明其更强调意思自治。

知识点 004　公司的分类：总公司-分公司、母公司-子公司 ★

依据公司间的关系，可将公司分为总公司-分公司、母公司-子公司。

	分公司	子公司
概念	其指在业务、资金、人事等方面受总公司管辖但不具有法人资格的分支机构。[1]	其指一定数额的股份被另一公司控制或依照协议被另一公司实际控制、支配的公司。[2]
民事责任	分公司不具有法人资格，其民事责任由总公司承担。	子公司具有法人资格，依法独立承担民事责任。
诉讼主体	（1）分公司应当申请登记，领取营业执照； （2）可为原告、被告。	（1）子公司应当申请登记，领取营业执照； （2）可为原告、被告。

随堂小测

A 公司为拓宽市场，分别设立甲分公司与乙分公司。

问 1：甲分公司的负责人在分公司的经营范围内，当然享有以 A 公司名义对外签订合同的权利。该说法是否正确？

答：正确。分公司归属于总公司，是总公司的分支机构。甲分公司在自己的经营范围内，以 A 公司（总公司）名义签订合同并无不妥。

问 2：A 公司的债权人在 A 公司直接管理的财产不能清偿债务时，能否主张强制执行各分公司的财产？

答：能。由于分公司没有独立财产权，其财产本应归属于总公司，因此，当总公司（A 公司）直接管理的财产不能清偿债务时，债权人主张以各分公司的财产清偿是合法的。

知识点 005　法定代表人 ★★

1. 产生和变更

（1）公司的法定代表人按照公司章程的规定，由代表公司执行公司事务的董事或者经理担任；

（2）担任法定代表人的董事或者经理辞任的，视为同时辞去法定代表人；

（3）法定代表人辞任的，公司应当在法定代表人辞任之日起 30 日内确定新的法定代表人；

（4）公司变更法定代表人的，变更登记申请书由变更后的法定代表人签署。

---

[1]　和"分公司"对应的概念是"总公司"。总公司，是指依法设立并管辖公司全部组织的具有企业法人资格的总机构。

[2]　和"子公司"对应的概念是"母公司"。母公司，是指拥有其他公司一定数额的股份或根据协议，能够控制、支配其他公司的人事、财务、业务等事项的公司。

2. 法定代表人越权行为的后果

（1）法定代表人以公司名义从事的民事活动，其法律后果由公司承受。

（2）公司章程或者股东会对法定代表人职权的限制，不得对抗善意相对人。

（3）法定代表人因执行职务造成他人损害的，由公司承担民事责任。公司承担民事责任后，依照法律或者公司章程的规定，可以向有过错的法定代表人追偿。

二、公司法人人格否认制度

[判断标准]是否构成"法人人格否认"，关键看公司是否具有独立意思和独立财产，是否丧失独立性，沦为控制股东的工具。

根据上文"股东有限责任原则"可知，作为公司的出资人，股东除按认缴出资或认购股份缴足出资款外，对公司的债务不承担清偿责任。但是，如果出现股东滥用公司法人独立地位和股东有限责任的情形，此时，有限责任制度会因过度保护股东而损害公司债权人的利益。为矫正有限责任制度对公司债权人保护失衡的现象，公司法确立了否认公司独立人格的规则，即"公司法人人格否认"。

知识点 006 公司法人人格否认 ★★★

1. 纵向法人人格否认

（1）常见情形

❶ 人格混同
公司的财产与股东的财产混同且无法区分。

例如，某夫妻开的公司，丈夫将公司当作自己的钱袋子，随意提取，构成人格混同。

❷ 过度支配与控制
控制股东对公司过度支配与控制，操纵公司的决策过程，使公司完全丧失独立性，沦为控制股东的工具。

❸ 资本显著不足
股东实际投入公司的资本数额与公司经营所隐含的风险相比明显不匹配。股东以较少的资本从事力所不及的经营，没有从事公司经营的诚意。

例如，A公司的注册资本为10万元，但A公司对外签订购买商业大飞机的合同，合同金额高达1亿元，后A公司因无力清偿债务而被债权人起诉。此为典型的"资本显著不足"。

（2）责任承担。公司股东滥用公司法人独立地位和股东有限责任，逃避债务，严重损害公司债权人利益的，应当对公司债务承担连带责任。（下图1）

随堂小测

甲公司持有萱草公司**70%**的股份并派员担任董事长，乙公司持股**30%**。后甲公司将萱草公司的资产全部用于甲公司的一个大型投资项目，待债权人丙公司要求萱草公司偿还货款时，发现萱草公司的资产不足以清偿。

问：甲公司是否对该笔债务承担清偿责任？乙公司是否对该笔债务承担清偿责任？

答：

（1）甲公司应承担连带清偿责任。甲公司持股比例高达70%，支配和操纵萱草公司的决策过程，构成滥用法人独立地位。

（2）乙公司没有滥用法人独立地位和股东有限责任，无需对萱草公司的债务承担连带清偿责任。

2. 横向法人人格否认

（1）认定：其指股东利用其控制的2个以上公司实施上述行为；

（2）责任承担：股东利用其控制的2个以上公司实施上述行为的，各公司应当对任一公司的债务承担连带责任。（下图2）

图1　甲公司与A公司的关系　　　图2　A、B、C公司三者的关系

3. 一人公司法人人格否认

只有一个股东的公司，股东不能证明公司财产独立于股东自己的财产的，应当对公司债务承担连带责任。（提示：一人公司的举证责任由股东承担）

> **争议问题**
>
> 是否承认"逆向人格否认"？
>
> 逆向人格否认，是指在出现股东滥用公司法人独立地位和股东有限责任的情况下，公司要对股东债务承担连带责任。
>
> 一般情况下，没有逆向否认法人人格的必要。目前，最高院有一份判决支持"一人公司"在法人人格混同这一特定情形下，以子公司财产为母公司债务承担责任。但需要强调的是，上述情况非常特殊，应仅限于法人人格混同这一特定情形。

经典案例

案情：甲公司与A公司签订《股权转让协议》，约定甲公司将其65%的股权有偿转让给A

---

[1] 观点来源：综合自最高院法答网精选答问（第9批，20240829）与（2020）最高法民申2158号。

公司，并完成了股权变更登记手续，但 A 公司未完全支付对价。另查明，A 公司现持有 B 公司 100% 的股权。A 公司无法提交证据证明其和 B 公司之间财产独立。甲公司诉至法院，要求 A、B 公司承担连带责任。

问题：B 公司是否应当对股东 A 公司的债务承担连带责任？

裁判要点：在目前的司法实践中，在股东与公司人格混同的情形下，公司亦可对股东债务承担连带责任。本案中，A 公司未提交证据证明 B 公司的财产独立于自己的财产，两公司在法律上应视为同一责任主体，构成人格混同。一审法院关于"B 公司与 A 公司人格混同，B 公司应对 A 公司的债务承担连带清偿责任"的认定并无不当。[1]

知识点 007 公司法人人格否认的诉讼★★★

债权人提起公司法人人格否认诉讼，请求公司股东对公司债务承担连带责任的，诉讼当事人按照下列三种情形处理：

情形	内容	处理
未告公司，仅告股东	债权人对债务人公司享有的债权尚未经生效裁判确认，直接提起公司法人人格否认诉讼。	（1）应当告知其追加公司为共同被告；（公司和股东为共同被告） （2）债权人拒绝追加的，法院应当裁定驳回起诉。
告公司，一并告股东	债权人对债务人公司享有的债权提起诉讼的同时，一并提起公司法人人格否认诉讼。	公司和股东为共同被告。
告完公司，再告股东	债权人对债务人公司享有的债权已经由生效裁判确认，其另行提起公司法人人格否认诉讼。	股东为被告，公司为第三人。

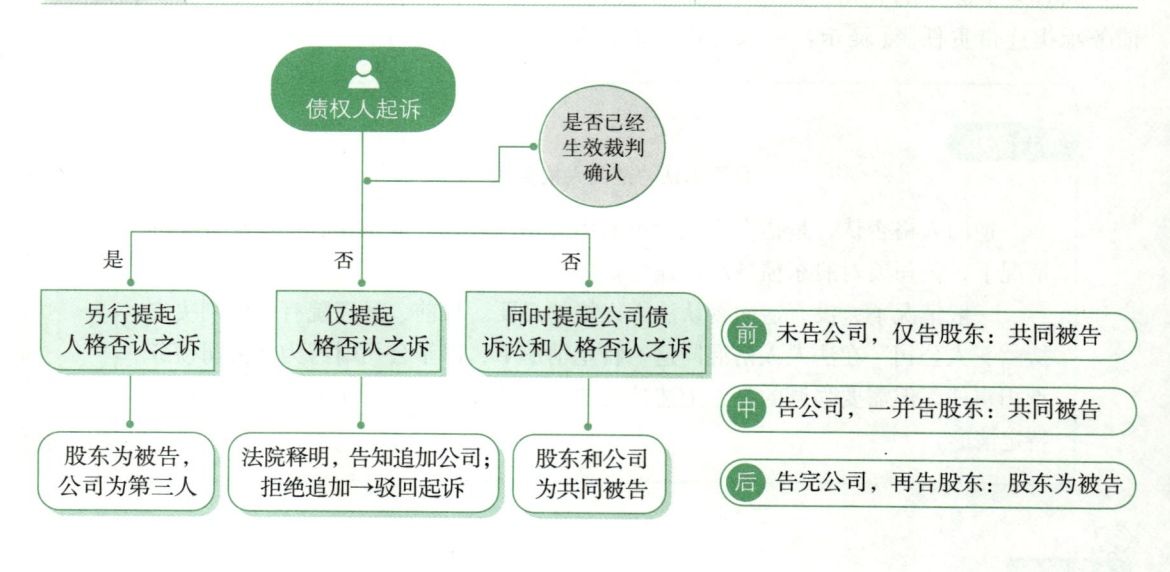

债权人起诉 → 是否已经生效裁判确认

- 是 → 另行提起人格否认之诉 → 股东为被告，公司为第三人
- 否 → 仅提起人格否认之诉 → 法院释明，告知追加公司；拒绝追加→驳回起诉
- 否 → 同时提起公司债诉讼和人格否认之诉 → 股东和公司为共同被告

前 未告公司，仅告股东：共同被告
中 告公司，一并告股东：共同被告
后 告完公司，再告股东：股东为被告

---

[1] 该案例改编自"华夏银行股份有限公司武汉洪山支行、北京长富投资基金股权转让纠纷再审案"[（2019）最高法民终 542 号，（2020）最高法民申 2158 号]。

三、公司股东的权利和义务

知识点 008　股东权的分类

公司股东对公司依法享有资产收益、参与重大决策和选择管理者等权利。

理论上，股东权可分为自益权、共益权。

1. 自益权：是指股东专为自己利益行使的权利，一般属于财产性权利，如股权转让权、利润分配请求权、新股优先认购权等。

2. 共益权：是指股东为自己利益同时也为公司利益而行使的权利。它是公司事务参与权，一般属于非财产性权利，如股东查阅、复制公司相关文件资料的权利、股东代表诉讼权等。

知识点 009　股东的义务 ★★

1. 依法行使股东权

（1）公司股东应当遵守法律、行政法规和公司章程，依法行使股东权利，不得滥用股东权利损害公司或者其他股东的利益；

（2）公司股东滥用股东权利给公司或者其他股东造成损失的，应当承担赔偿责任。

2. 公司的控股股东、实际控制人、董事、监事、高级管理人员不得利用关联关系损害公司利益。

01　高级管理人员
公司的经理、副经理、财务负责人，上市公司董事会秘书和公司章程规定的其他人员。

02　控股股东
其出资额占有限责任公司资本总额超过50%或者其持有的股份占股份有限公司股本总额超过50%的股东；出资额或者持有股份的比例虽然低于50%，但依其出资额或者持有的股份所享有的表决权已足以对股东会的决议产生重大影响的股东。

03　实际控制人
通过投资关系、协议或者其他安排，能够实际支配公司行为的人。

04　关联关系
公司控股股东、实际控制人、董事、监事、高级管理人员与其直接或者间接控制的企业之间的关系，以及可能导致公司利益转移的其他关系。但是，国家控股的企业之间不仅因为同受国家控股而具有关联关系。

上述人员违反相关规定，给公司造成损失的，应当承担赔偿责任。

四、公司决议

公司决议可分为决议不成立、有效决议、无效决议、可撤销决议。

分析方法：先分析决议是否成立，再分析决议的效力。

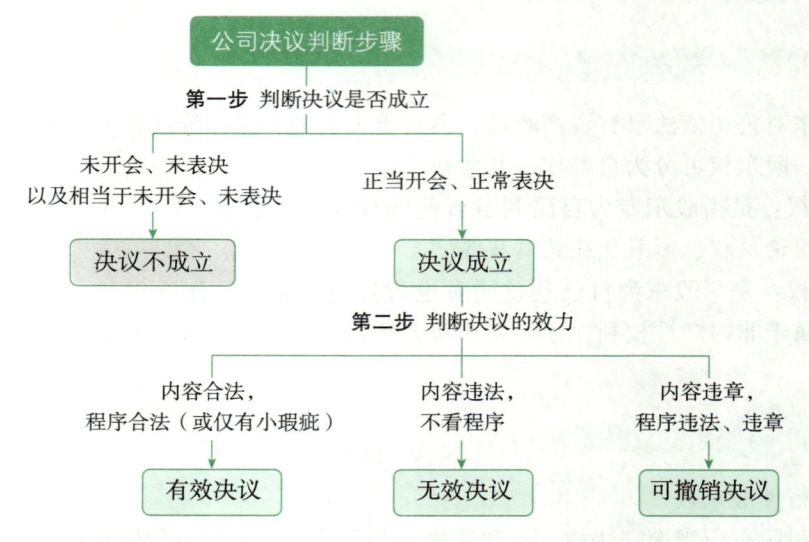

```
                    公司决议判断步骤
                          │
                   第一步 判断决议是否成立
                    ┌─────┴─────┐
         未开会、未表决          正当开会、正常表决
      以及相当于未开会、未表决
              │                      │
          决议不成立              决议成立
                                     │
                              第二步 判断决议的效力
                    ┌────────────────┼────────────────┐
              内容合法，          内容违法，         内容违章，
          程序合法（或仅有小瑕疵）  不看程序       程序违法、违章
                │                    │                │
             有效决议             无效决议          可撤销决议
```

知识点 010　不成立的决议 ★★★

1. 决议不成立的情形

有下列情形之一的，公司股东会、董事会的决议不成立：

01	未召开股东会、董事会会议作出决议	▶ 未开会
02	股东会、董事会会议未对决议事项进行表决	▶ 未表决
03	出席会议的人数或者所持表决权数未达到《公司法》或者公司章程规定的人数或者所持表决权数	▶ 相当于未开会
04	同意决议事项的人数或者所持表决权数未达到《公司法》或者公司章程规定的人数或者所持表决权数	▶ 相当于未表决

2. 救济手段

（1）原告：股东、董事、监事；
（2）被告：公司。

上述主体请求确认股东会、董事会决议不成立的，法院应当依法予以受理。

> **萱姑点睛**
> **点睛** ▶ 判断标准：决议程序重大瑕疵，该瑕疵导致决议没有达到法定最低合意。

[例]　常见的决议不成立情形

（1）A 公司没有召开股东会，现董事长伪造全部股东的签名，出具了一份股东会更换董事张某的决议。该决议因为"未召开会议"，所以属于"不成立的决议"。

（2）A 公司召开股东会讨论利润分配问题，各股东均签名同意。但会议结束后，董事长刘某在决议中加上一条"同意为 A 公司股东 B 公司向甲银行的 1000 万元贷款承担连带责任担保"。因为该次股东会"未对担保决议事项进行表决",所以该担保决议为"不成立的决议"。

（3）A公司章程规定，最少5人出席可召开股东会。现仅有2名股东出席。因为不符合章程规定的最低参会人数，所以该次股东会作出的决议为"不成立的决议"。

（4）A公司讨论和B公司合并的决议，现有代表30%表决权的股东同意。因为未达到法定需要代表2/3以上表决权的股东通过的比例，所以该次股东会作出的"同意合并决议"为"不成立的决议"。

知识点 011　决议的有效、无效、可撤销 ★★★

1. 决议效力的认定

	决议内容	决议程序	救济手段
有效决议	决议内容合法。	（1）作出决议的程序合法； （2）股东会、董事会的会议召集程序或者表决方式仅有轻微瑕疵，对决议未产生实质影响。	不可提起请求确认"决议有效"的诉讼，法院不予受理。
无效决议	决议内容违反法律、行政法规。	（无）	（1）原告：股东、董事、监事； （2）被告：公司。 上述主体请求确认股东会、董事会决议无效的，法院应当依法予以受理。
可撤销决议	决议内容违反公司章程。	股东会、董事会的会议召集程序、表决方式违反法律、行政法规或者公司章程。	（1）原告：应当在起诉时具有公司股东资格。 （2）时效：①股东自决议作出之日起60日内，可以请求法院撤销；②未被通知参加股东会会议的股东自知道或者应当知道股东会决议作出之日起60日内，并且自决议作出之日起1年内，可以请求法院撤销。

2. 决议效力瑕疵的后果

股东会、董事会决议被法院宣告无效、撤销或者确认不成立的：

（1）公司应当向公司登记机关申请撤销根据该决议已办理的登记；

（2）公司根据该决议与善意相对人形成的民事法律关系不受影响。

[例1] A公司召开股东会讨论增加注册资本。该次会议股东均参加且表决合法，但会议记录仅有大股东B和记录员签字，其他人未签字。如无其他情形，该决议有效。

[例2] 公司股东会决议分配本年度利润时，未弥补上年度亏损、未纳税、未提取法定公积金，直接向股东分红。该决议因为"内容违反《公司法》强制性规定"，是无效决议。

[例3] A公司早上10点通知全体股东，于当天下午2点在公司会议室召开股东会。股东张某当日恰好在外地出差，无法赶回。虽然其他股东表决通过了该决议，但是张某不认可该决议，他有权请求撤销该决议。这属于会议召集程序违法。

经典案例

甲公司有A、B、C三位股东，三人组成董事会。公司章程规定，董事会享有解聘经理等职权；董事会须由2/3以上的董事出席；董事会决议经占全体股东2/3以上的董事表决通过有效。某日，甲公司召开董事会，三位董事均出席，会议形成了"鉴于总经理B不经董事会同意，私自动用公司资金在二级市场炒股，给公司造成巨大损失，现免去其总经理职务，即日生效"的决议。该决议由A、C签名，B未在该决议上签名。经查，B私自炒股的事实与董事会的认定存在重大偏差。甲公司董事会解聘B总经理职务的决议是否有效？[1]

答：有效。本案的决议内容是"董事会解聘总经理职务"，该内容本身并不违反公司章程，也不违反《公司法》的规定，且该次会议在召集程序、表决方式上均无明显瑕疵，所以该决议是有效决议。

01 常考角度总结 SUMMARIZE

1. 对"公司的独立性""股东有限责任原则"的理解和运用。判断股东是否对公司债务承担连带责任。
2. 理解有限责任公司和股份有限公司的区别。
3. 区分分公司、子公司的债务清偿。可总结为："总-分，不分家；母-子，要独立。"
4. 公司法定代表人的产生、辞任、法定代表权。
5. 纵向法人人格否认与横向法人人格否认的认定和责任、一人公司法人人格否认举证责任倒置。
6. 股东滥用股东权的赔偿责任。
7. 公司决议效力的认定和处理。先判断某项决议是否成立，再判断其效力。依据为：①决议内容是否合法、合章程；②会议的召集程序和表决方式是否合法、合章程。

致努力中的你

很多事情就像是旅行一样，
当你决定要出发的时候，
最困难的那部分其实就已经完成了。

---

[1] 改编自最高人民法院第10号指导案例：李建军诉上海佳动力环保科技有限责任公司公司决议撤销纠纷案。

专题 02　公司的设立和公司登记

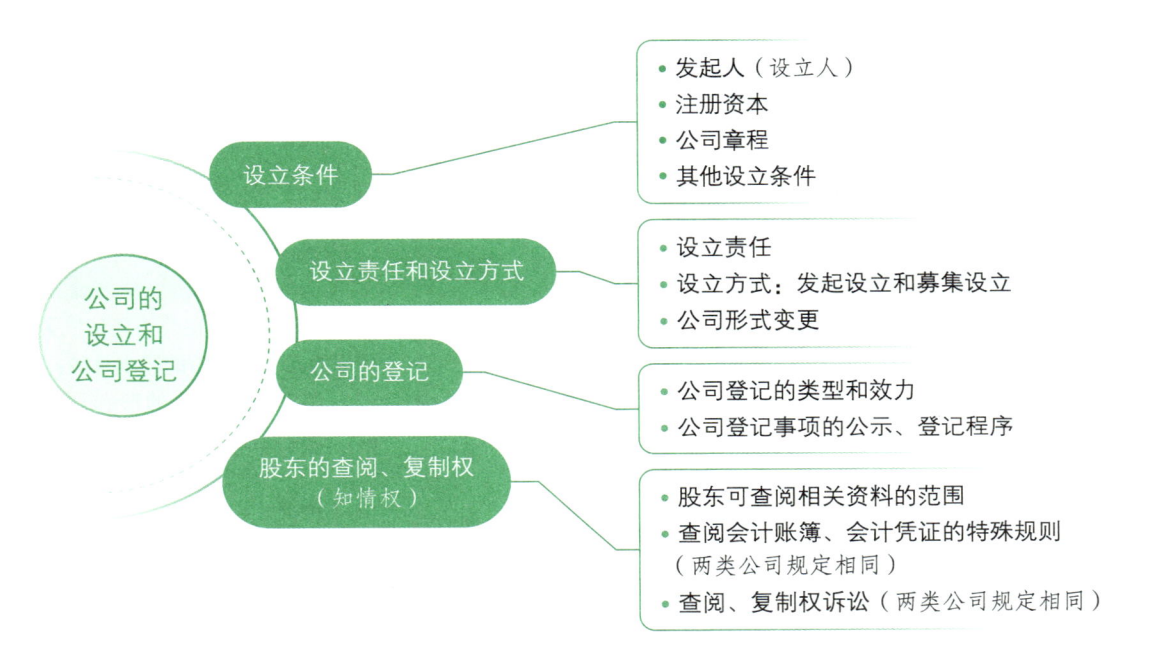

- 设立条件
  - 发起人（设立人）
  - 注册资本
  - 公司章程
  - 其他设立条件
- 设立责任和设立方式
  - 设立责任
  - 设立方式：发起设立和募集设立
  - 公司形式变更
- 公司的登记
  - 公司登记的类型和效力
  - 公司登记事项的公示、登记程序
- 股东的查阅、复制权（知情权）
  - 股东可查阅相关资料的范围
  - 查阅会计账簿、会计凭证的特殊规则（两类公司规定相同）
  - 查阅、复制权诉讼（两类公司规定相同）

公司设立，是指公司发起人（设立时的股东）依照法定条件和程序，为组建公司并取得法人资格而必须采取和完成的法律行为。

一、设立条件[1]

公司的设立条件，包括公司发起人（或设立人）、注册资本、公司章程、名称、住所等事项。

知识点 012　发起人（设立人）

1. 有限责任公司

（1）由 1 个以上 50 个以下股东出资设立；

---

[1] 关于股份有限公司的设立，下列内容和有限责任公司的规定相同：
(1) 公司的设立责任；(《公司法》第 44 条)
(2) 股东未按期足额缴纳出资的处理；(《公司法》第 49 条第 3 款)
(3) 公司成立后，董事会的核查义务；(《公司法》第 51 条)
(4) 未履行出资义务的股东失权制度；(《公司法》第 52 条)
(5) 股东抽逃出资的处理。(《公司法》第 53 条第 2 款)

（2）设立时的股东可以签订设立协议，明确各自在公司设立过程中的权利和义务。

2. 股份有限公司

（1）应当有 1 人以上 200 人以下为发起人，其中应当有半数以上的发起人在中国境内有住所；

（2）发起人承担公司筹办事务；

（3）发起人应当签订发起人协议，明确各自在公司设立过程中的权利和义务。

知识点 013 注册资本★★★

注册资本，是指公司在设立时筹集的、由公司章程载明的、经公司登记机关登记注册的资本。

注册资本需要在公司章程中记载，并在营业执照中载明。

	有限责任公司（5年限期实缴制）	股份有限公司（实缴制）
资本制度	（1）注册资本为在公司登记机关登记的全体股东认缴的出资额； （2）全体股东认缴的出资额由股东按照公司章程的规定自公司成立之日起 5 年内缴足。	（1）注册资本为在公司登记机关登记的已发行股份的股本总额； （2）在发起人认购的股份缴足前，不得向他人募集股份。
存量公司的处理[1]	（3 年过渡+5 年实缴） 2024 年 6 月 30 日前登记设立的公司，有限责任公司剩余认缴出资期限自 2027 年 7 月 1 日起超过 5 年的，应当在 2027 年 6 月 30 日前将其剩余认缴出资期限调整至 5 年内并记载于公司章程，股东应当在调整后的认缴出资期限内足额缴纳认缴的出资额。	（3 年过渡） 2024 年 6 月 30 日前登记设立的公司，股份有限公司的发起人应当在 2027 年 6 月 30 日前按照其认购的股份全额缴纳股款。
	对于出资期限、注册资本明显异常[2]的，公司登记机关可以依法要求其及时调整。具体实施办法由国务院规定。	

知识点 014 公司章程★★

公司章程，是指公司所必备的，规定其名称、宗旨、资本、组织机构等事务的基本法律文件。

1. 章程的制定和修改

（1）设立有限责任公司，应当由股东共同制定公司章程。股东应当在公司章程上签名或者盖章。

（2）设立股份有限公司，应当由发起人共同制订公司章程。

（3）修改公司章程，需要经股东会表决通过，公司应当申请变更登记。不登记的不得

---

[1]《国务院关于实施〈中华人民共和国公司法〉注册资本登记管理制度的规定》。

[2]《公司登记管理实施办法》第 10 条第 1 款规定："2024 年 6 月 30 日前登记设立的公司存在下列情形之一的，公司登记机关应当对公司注册资本的真实性、合理性进行研判：①认缴出资期限 30 年以上；②注册资本 10 亿元人民币以上；③其他明显不符合客观常识的情形。"

对抗善意第三人。

2. 章程记载事项

公司章程应当载明下列事项：

		有限责任公司	股份有限公司
注册资本		公司注册资本。	(1) 公司注册资本、已发行的股份数和设立时发行的股份数，面额股的每股金额； (2) 发行类别股的，每一类别股的股份数及其权利和义务。
股东事项		(1) 股东的姓名或者名称； (2) 股东的出资额、出资方式和出资日期。	(1) 发起人的姓名或者名称； (2) 发起人认购的股份数、出资方式。
公司机构		公司的机构及其产生办法、职权、议事规则。	(1) 董事会的组成、职权和议事规则； (2) 监事会的组成、职权和议事规则。
其他	不同规定	——	(1) 公司设立方式； (2) 公司利润分配办法； (3) 公司的解散事由与清算办法； (4) 公司的通知和公告办法。
	共同规定	(1) 公司名称和住所，公司经营范围，公司法定代表人的产生、变更办法； (2) 股东会认为需要规定的其他事项。	

3. 章程的效力

（1）章程对公司、股东、董事、监事、高级管理人员具有约束力；

（2）上述人员，既包括设立时的股东、董事等，也包括公司成立后新加入公司的上述主体；

（3）公司超越章程从事的经营活动，只要该行为未违反法律、行政法规的规定，该行为就有效。

随堂小测

甲公司章程规定，董事长未经股东会授权，不得处置公司资产，也不得以公司名义签订非经营性合同。一日，董事长任某见王某开了一辆新款宝马车，遂决定以自己乘坐的公司的旧奔驰车与王某调换，并办理了车辆过户登记手续。

问：任某的换车行为是否有效？

答：章程的效力不及于交易第三人。当王某是善意时，甲公司董事长任某的交易行为有效。给甲公司造成损失的，任某应当承担赔偿责任。

知识点 015 其他设立条件

1. 公司的名称

（1）公司应当有自己的名称。公司的名称权受法律保护。

（2）公司名称应当符合国家有关规定。

（3）私营企业可以使用投资人姓名作字号，可以使用外文名称。

（4）不可使用数字作为字号。

（5）其他。（略）

2. 公司的住所、经营范围和组织机构

（1）公司以其主要办事机构所在地为住所。

（2）公司的经营范围由公司章程规定。公司可以修改公司章程，变更经营范围。公司的经营范围中属于法律、行政法规规定须经批准的项目，应当依法经过批准。

（3）公司具备组织机构。（略，见专题7"公司的组织机构"）

二、设立责任和设立方式

知识点 016 设立责任 ★★

1. 合同效力

公司在设立阶段签订的合同的效力，依据民法的规定来判断。

2. 合同责任

（1）有限责任公司设立时的股东为设立公司从事的民事活动，其法律后果由公司承受。

（2）设立时的股东为设立公司以自己的名义从事民事活动产生的民事责任，第三人有权选择请求公司或者公司设立时的股东承担。

（3）公司未成立的，其法律后果由公司设立时的股东承受；设立时的股东为2人以上的，享有连带债权，承担连带债务。

3. 侵权责任

设立时的股东因履行公司设立职责造成他人损害的，公司或者无过错的股东承担赔偿责任后，可以向有过错的股东追偿。

随堂小测

甲、乙、丙、丁拟设立一家商贸公司，就设立事宜分工负责，其中，丙负责租赁公司运营所需的仓库。因公司尚未成立，丙为方便签订合同，遂以自己的名义与戊签订了仓库租赁合同。

问：该租金债务及其责任应当如何承担？

答：商贸公司成立后，戊有选择权，可要求丙承担责任，也可要求商贸公司承担责任。

知识点 017 设立方式：发起设立和募集设立

设立股份有限公司，可以采取发起设立或者募集设立的方式。（有限责任公司的设立方式，《公司法》没有规定）

1. 发起设立

（1）发起设立，是指由发起人认购设立公司时应发行的全部股份而设立公司；

（2）发起人应当认足公司章程规定的公司设立时应发行的股份；

（3）发起人应当在公司成立前按照其认购的股份全额缴纳股款。

2. 募集设立 ★★

（1）募集设立，是指由发起人认购设立公司时应发行股份的一部分，其余股份向特定对象募集或者向社会公开募集而设立公司。

（2）设立程序

01 发起人认购
（1）发起人认购的股份不得少于公司章程规定的公司设立时应发行股份总数的35%；但是，法律、行政法规另有规定的，从其规定。
（2）发起人应当在公司成立前按照其认购的股份全额缴纳股款。
（3）在发起人认购的股份缴足前，不得向他人募集股份。

02 发起人向社会公开募集股份
（1）应当公告招股说明书，并制作认股书；
（2）向社会公开募集股份的股款缴足后，应当经依法设立的验资机构验资并出具证明；
（3）向社会公开募集股份，应当由依法设立的证券公司承销，签订承销协议，并应当同银行签订代收股款协议。

03 召开公司成立大会
以募集设立方式设立，其规则为：
（1）召开时间：发起人应当自公司设立时应发行股份的股款缴足之日起30日内召开公司成立大会。成立大会应当有持有表决权过半数的认股人出席，方可举行。
（2）审议事项：①审议发起人关于公司筹办情况的报告；②对公司的设立费用进行审核；③对发起人非货币财产出资的作价进行审核；④选举董事、监事；⑤通过公司章程。

注意：以发起设立方式设立，公司成立大会的召开和表决程序由公司章程或者发起人协议规定。

（3）表决规则：应当经出席会议的认股人所持表决权过半数通过。

04 设立登记
董事会应当授权代表，于公司成立大会结束后30日内向公司登记机关申请设立登记。

返还股款情形 → 出现下列情形的，认股人可以按照所缴股款并加算银行同期存款利息，要求发起人返还：
（1）公司设立时应发行的股份未募足；
（2）发行股份的股款缴足后，发起人在30日内未召开成立大会；
（3）成立大会决议不设立公司。

📒 易错：
1. 章程由发起人"制订"，由成立大会"通过"。
2. 验资对象：验外人募集的股款；成立大会审核对象：审发起人以非货币财产出资。

随堂小测

甲、乙二公司拟募集设立一股份有限公司。他们在获准向社会募股后实施的下列哪些行为是违法的？（2006/3/71）[1]

A. 其认股书上记载：认股人一旦认购股份就不得撤回
B. 与某银行签订承销股份和代收股款协议，由该银行代售股份和代收股款
C. 在招股说明书上告知：公司章程由认股人在成立大会上共同制订
D. 在招股说明书上告知：股款募足后将在60日内召开成立大会

知识点 018　公司形式变更 ★

1. 公司形式变更的类型

（1）由有限责任公司变更为股份有限公司；
（2）由股份有限公司变更为有限责任公司。

2. 公司形式变更的程序

01 均要符合变更后公司的条件（即公司设立的条件）。

02 均要经过股东会表决通过。此处的表决规则即股东会对重大事项的表决权：①有限责任公司股东会作出变更公司形式的决议，应当经代表2/3以上表决权的股东通过；②股份有限公司股东会作出变更公司形式的决议，应当经出席会议的股东所持表决权的2/3以上通过。

03 公司变更前的债权、债务均由变更后的公司承继。

特殊规定》 有限责任公司变更为股份有限公司时，折合的实收股本总额不得高于公司净资产额[2]。其为增加注册资本公开发行股份时，应当依法办理。

三、公司的登记

知识点 019　公司登记的类型和效力 ★

公司登记事项分为三类：设立登记、变更登记、注销登记。

1. 设立登记

（1）设立公司与分公司，应当向公司登记机关申请设立登记，领取营业执照；
（2）法律、行政法规规定设立公司必须报经批准的，应当在公司登记前依法办理批准手续。

2. 变更登记

（1）公司登记事项发生变更的，应当依法办理变更登记；

---

[1] ABCD
[2] 净资产额=资产额-负债。例如，公司总资产为1000万元，其中，银行贷款200万元，则公司净资产为800万元。

（2）公司登记事项未经登记或者未经变更登记，不得对抗善意相对人。

3. 注销登记

公司因解散、被宣告破产或者其他法定事由需要终止的，应当依法向公司登记机关申请注销登记，由公司登记机关公告公司终止。

随堂小测

某市国有资产管理部门决定将甲、乙两个国有独资公司撤销，合并成立甲股份有限公司，合并后的甲股份有限公司仍使用原甲公司的字号，该合并事项已经有关部门批准现欲办理商业登记。甲股份有限公司的商业登记属于下列哪一类型的登记？（2005/3/26）[1]

A. 兼并登记　　　　B. 设立登记　　　　C. 变更登记　　　　D. 注销登记

知识点 020　公司登记事项的公示、登记程序★

1. 下列事项，公司应当按照规定通过国家企业信用信息公示系统公示：

类别		设立登记或公示具体事项
公司相关	基本情况	①名称；②住所；③注册资本；④经营范围；⑤法定代表人的姓名。
	其他信息	行政许可取得、变更、注销等信息。
股东相关	姓名或名称	有限责任公司股东、股份有限公司发起人的姓名或者名称。
	出资情况	（1）有限责任公司股东认缴和实缴的出资额、出资方式和出资日期； （2）股份有限公司发起人认购的股份数。
	股权变更	有限责任公司股东、股份有限公司发起人的股权、股份变更信息。

2. 登记程序

（1）由公司登记机关分别登记为有限责任公司或者股份有限公司；

（2）公司登记机关应当将公司登记事项通过国家企业信用信息公示系统向社会公示；

（3）变更法定代表人的，变更登记申请书由变更后的法定代表人签署；

（4）变更公司章程的，股东会作出变更决议，并应当提交修改后的公司章程；

（5）虚报注册资本、提交虚假材料或者采取其他欺诈手段隐瞒重要事实取得公司设立登记的，公司登记机关应当依照法律、行政法规的规定予以撤销。

3. 营业执照

（1）由公司登记机关发给公司营业执照；

（2）公司营业执照签发日期为公司成立日期；（可以发给电子营业执照）

（3）公司营业执照应当载明公司的名称、住所、注册资本、经营范围、法定代表人姓名等事项。

四、股东的查阅、复制权（知情权）

股东有权查阅或者复制公司的特定文件材料，这项权利是股东行使其他权利的基础。如

---

[1] B

果股东无法了解公司的会议记录、不明了公司的财务情况，则无法就分红权等其他权利进行主张。

但在保护股东该项知情权的同时，又要防止股东随意干涉公司的独立经营，给公司经营造成不必要的损害。所以公司法既规定了股东的查阅、复制权，又对股东行使该项权利进行了必要限制。

知识点 021 股东可查阅相关资料的范围 ★

资料范围	查阅主体	内容
章程、财务会计报告[1]等资料	股东	股东有权查阅、复制公司章程、股东名册、股东会会议记录、董事会会议决议、监事会会议决议、财务会计报告。
会计账簿、会计凭证[2]	（1）有限责任公司：股东。 （2）股份有限公司：连续180日以上单独或者合计持有公司3%以上股份的股东；公司章程对持股比例有较低规定的，从其规定。	股东可以要求查阅公司会计账簿、会计凭证。（不可复制）

[共同规定]
（1）上述相关材料，包括公司全资子公司的相关材料；
（2）公司章程、股东之间的协议等，不可实质性剥夺股东依据公司法相关规定查阅或者复制公司文件材料的权利；
（3）股东查阅前述材料，可以委托会计师事务所、律师事务所等中介机构进行，并应当遵守有关保护国家秘密、商业秘密、个人隐私、个人信息等法律、行政法规的规定。

易错：股东可查阅、复制财务会计报告，但仅可查阅会计账簿、会计凭证。

知识点 022 查阅会计账簿、会计凭证的特殊规则（两类公司规定相同）★★★

1. 程序
（1）股东应当向公司提出书面请求，说明目的；
（2）公司有合理根据认为股东查阅会计账簿、会计凭证有不正当目的，可能损害公司合法利益的，可以拒绝提供查阅，并应当自股东提出书面请求之日起15日内书面答复股东并说明理由；
（3）公司拒绝提供查阅的，股东可以向法院提起诉讼。

2. 对"不正当目的"的理解
（1）股东自营或者为他人经营与公司主营业务有实质性竞争关系业务的，但公司章程另有规定或者全体股东另有约定的除外；

---

[1] 财务会计报告，是指公司资产负债表、公司财务情况说明书等文件。公司应当在每一会计年度终了时编制财务会计报告，并依法经会计师事务所审计。
[2] 会计账簿，是指明细账、总账等，可具体直观地反映公司的经营情况。
会计凭证是制作会计账簿的基础。

（2）股东为了向他人通报有关信息查阅公司会计账簿，可能损害公司合法利益的；

（3）股东在向公司提出查阅请求之日前的3年内，曾通过查阅公司会计账簿，向他人通报有关信息损害公司合法利益的；

（4）股东有不正当目的的其他情形。

随堂小测

大栗是萱草有限责任公司的股东，已经超过出资期限，但其仍欠10万元出资款未缴纳。公司章程规定，不足5%表决权的股东无权查阅、复制公司相关文件。同时，大栗还担任百果有限责任公司的总经理。已知，萱草有限责任公司与百果有限责任公司均从事快餐连锁业务。

问1：萱草有限责任公司能否以大栗出资违约为由，拒绝其查账请求？能否依据公司章程的规定，拒绝其查账请求？

答：不能。出资违约并不属于"查阅会计账簿有不正当目的"的情形，且该章程条款无效，故萱草有限责任公司不得以此为由拒绝大栗的查账请求。

问2：萱草有限责任公司能否以大栗担任百果有限责任公司的总经理为由，拒绝其查账请求？

答：能。因为两公司"有实质性竞争关系"，属于"股东查账具有不正当目的"的情形。

知识点 023 查阅、复制权诉讼（两类公司规定相同）★★★

1. 股东依法起诉请求查阅或者复制公司特定文件材料的，法院应当予以受理。

（1）原告在起诉时需具有公司股东资格，否则法院应当驳回起诉；

（2）原告有初步证据证明在持股期间其合法权益受到损害，请求依法查阅或者复制其持股期间的公司特定文件材料的除外；

（3）被告为"公司"。

2. 相关主体的赔偿责任

（1）董事、高级管理人员等未依法履行职责，导致公司未依法制作或者保存相关公司文件材料，给股东造成损失的，股东可请求负有相应责任的公司董事、高级管理人员承担民事赔偿责任；

（2）股东行使知情权后泄露公司商业秘密导致公司合法利益受到损害的，公司可请求该股东赔偿相关损失；

（3）依法辅助股东查阅公司文件材料的会计师、律师等泄露公司商业秘密导致公司合法利益受到损害的，公司可请求其赔偿相关损失。

随堂小测

萱草有限责任公司于2016年成立后，没有给股东发过一次红利，并对外拖欠大量债务。2021年5月，大栗认为公司没有发展前景，便将其股权卖给外人甲。2023年6月，大栗在另一诉讼中得知萱草有限责任公司过去若干年经营情况非常好，但大股东兼董事长魏某隐匿营业收入并转移公司财产。

问：大栗能否要求查阅2021年5月之后的公司会计账簿？

答：不能。但大栗有权要求查阅2021年5月之前的公司会计账簿。

02 常考角度总结 —— SUMMARIZE

1. 有限责任公司股东认缴出资额的最长期限为"自公司成立之日起 5 年内"。
2. 章程对哪些主体具有约束力。强调：章程对公司债权人、劳动者无约束力。债权人与公司依据民法等确定合同效力，劳动者与公司依据劳动合同确定法律关系。
3. 公司设立阶段合同的效力以及清偿责任的主体。在判断谁承担合同责任时，要考虑"以谁之名，为谁之实"。
4. 募集设立的具体程序。
5. 公司登记的类型、需要公示事项。
6. 2023 年《公司法》增加"股份有限公司符合条件的股东查阅公司会计账簿、会计凭证"的新规。
7. 公司以"有不正当目的"为由拒绝股东查账的，其理由是否合法。

致努力中的你

当你觉得为时已晚的时候，
恰恰是最早的时候。

专题 03 股东的出资

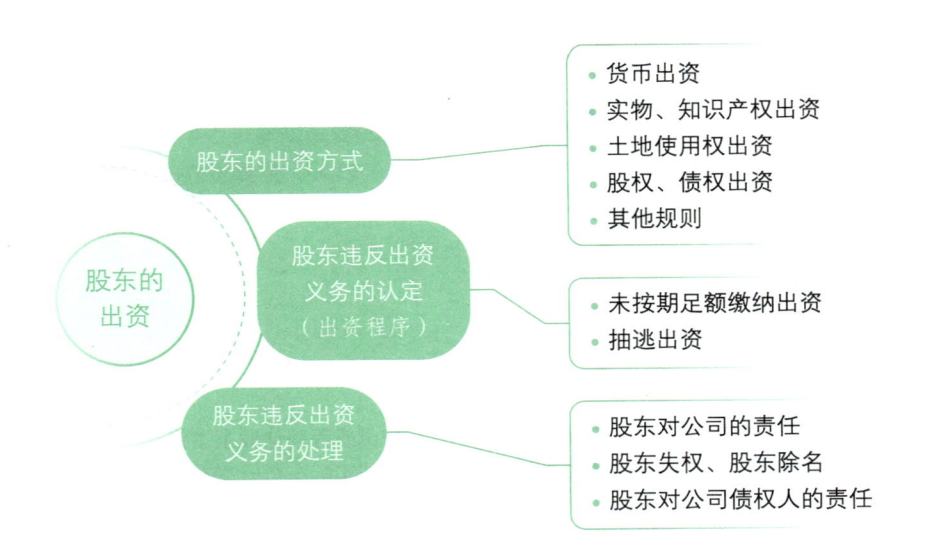

- 股东的出资
  - 股东的出资方式
    - 货币出资
    - 实物、知识产权出资
    - 土地使用权出资
    - 股权、债权出资
    - 其他规则
  - 股东违反出资义务的认定（出资程序）
    - 未按期足额缴纳出资
    - 抽逃出资
  - 股东违反出资义务的处理
    - 股东对公司的责任
    - 股东失权、股东除名
    - 股东对公司债权人的责任

一、股东的出资方式

《公司法》第 48 条　股东可以用货币出资，也可以用实物、知识产权、土地使用权、股权、债权等可以用货币估价并可以依法转让的非货币财产作价出资；但是，法律、行政法规规定不得作为出资的财产除外。

对作为出资的非货币财产应当评估作价，核实财产，不得高估或者低估作价。法律、行政法规对评估作价有规定的，从其规定。

知识点 024　货币出资 ★

1. 股东以货币出资的，应当将货币出资足额存入有限责任公司在银行开设的账户。
2. 货币出资没有金额限制。
3. 货币出资没有来源限制。以贪污、受贿、侵占、挪用等违法犯罪所得的货币出资后取得股权的，对违法犯罪行为予以追究、处罚时，应当采取拍卖或者变卖的方式处置其股权。

[例] 甲国有企业改制为甲有限责任公司时，厂长张某以贪污挪用的公款 100 万元作为个人对甲有限责任公司的出资。甲有限责任公司成立后，司法机关能否直接从公司账户将该笔出资款转走？（不能，因为该笔出资款无法和公司的营业收入区分）

知识点 025　实物、知识产权出资 ★★★

1. 股东以非货币财产出资的，应当依法办理其财产权的转移手续。即"以所有权换股权"。

2. 股东以非货币财产出资的，应当评估作价，核实财产，不得高估或者低估作价。法律、行政法规对评估作价有规定的，从其规定。

3. 出资人以不享有处分权的财产出资，当事人之间对于出资行为效力产生争议的，法院可以参照《民法典》第311条关于"善意取得"的规定予以认定。例如，甲以其从丁公司租赁的一套设备作为设立萱草公司的出资，此构成以"不享有处分权的财产"出资。

易错：以"不享有处分权的财产"出资时，要考虑受让公司是否构成善意取得。关键是考虑股东甲除了出资人的身份之外，是否还有董事长、法定代表人、主要设立人等其他可能影响公司经营决策的身份。如果股东甲还具备特殊身份，则其主观恶意视为所代表公司的恶意，因此，新设立的公司不符合善意取得的条件，不能取得财产的所有权。

4. 交付和过户分离

交付未过户	过户未交付
当事人可在指定的合理期间内办理权属变更手续，自其实际交付时享有相应股东权利。	公司或者其他股东主张其向公司交付的，自其实际交付时享有相应股东权利。

［例］股东张某以房屋出资。若房屋1月1日被交付给公司使用，但迟至8月1日才办完过户手续，则张某自1月1日起享有股东权。若房屋1月1日过户给公司，8月1日张某才搬离该房屋，则张某自8月1日起享有股东权。

知识点 026　土地使用权出资

1. 用于出资的土地使用权应是未设定权利负担的土地使用权。

2. 出资人不得以划拨土地使用权出资。

3. 法院应当责令当事人在指定的合理期间内办理土地变更手续或者解除权利负担；逾期未办理或者未解除的，法院应当认定出资人未依法全面履行出资义务。

知识点 027　股权、债权出资 ★★★

1. 股权出资

股权出资，是指出资人以其对另一公司享有的股权作为出资用以设立公司。需要满足下列条件：①出资的股权由出资人合法持有并依法可以转让；②出资的股权无权利瑕疵或者权利负担（见下例）；③出资人已履行关于股权转让的法定手续；④出资的股权已依法进行了价值评估。

2. 债权出资

根据《公司法》第48条第1款的规定，债权可以用货币估价并可以依法转让的，属于合法的出资形式。

[例] 张某以其持有的 A 公司 20% 的股权作为设立萱草公司的出资。
（1）若张某未按期缴足对 A 公司的出资，则其股权有权利瑕疵。若张某因个人债务，已经将持有的 A 公司的股权质押给了债权人，则其股权有权利负担。
（2）若 A 公司章程中对该公司股权是否可用作对其他公司的出资形式没有明确规定，则张某能否全面履行其出资义务？
答：能。A 公司章程"没有明确规定"表明其章程并不禁止，故不影响张某将其持有的股权出资设立其他公司。
（3）若张某以其股权作为出资设立萱草公司时，A 公司的另一股东甲已主张行使优先购买权，则张某能否全面履行其出资义务？
答：不能。以股权出资需要履行关于股权转让的法定手续。只有书面通知 A 公司其他股东，并且其他股东放弃优先购买权的，张某的股权才能转让给萱草公司。

知识点 028　其他规则★★★

1. 法律对数据、网络虚拟财产的权属等有规定的，股东可以按照规定用数据、网络虚拟财产作价出资。（《公司登记管理实施办法》第 6 条第 1 款）
2. 不得作为出资的事项：股东不得以劳务、信用、自然人姓名、商誉、特许经营权、设定担保的财产等作价出资。
3. 法律未明确规定的，其他可以用货币估价并可以依法转让的非货币财产，可作价出资。

[例] A 公司将之前归其所有的某公司的净资产，经会计师事务所评估后作价 100 万元，用于出资设立萱草公司，该部分资产实际交付给萱草公司使用。"净资产"虽然不是法律明确规定的出资方式，但该出资有效。

二、股东违反出资义务的认定（出资程序）

《公司法》
第 49 条第 1 款　股东应当按期足额缴纳公司章程规定的各自所认缴的出资额。
第 53 条第 1 款　公司成立后，股东不得抽逃出资。

知识点 029　未按期足额缴纳出资★★★

下列情形，均属于未按期足额缴纳公司章程规定的各自所认缴的出资额：
1. 股东以货币出资的，未将货币出资足额存入有限责任公司在银行开设的账户。
2. 股东以非货币财产出资的，未依法办理其财产权的转移手续。
3. 作为出资的非货币财产的实际价额显著低于所认缴的出资额。
但是，出资人出资后因市场变化或者其他客观因素导致出资财产贬值的，不构成出资瑕疵，该出资人无需承担补足出资责任；但当事人另有约定的除外。

◎ **易错**：是否构成"显著低于所认缴的出资额"，应当以"公司成立日或者出资日期"的价格为标准。例如，2018 年 1 月 8 日，萱草公司成立，高某以一套办公家具出资，章程记载其价值为 30 万元。后经公司多方核查，该套家具在 2018 年 1 月初市值 12 万元，但至 2019 年 1 月时仅值 8 万元。本案中，高某应当承担 18 万元的补足出资责任。

知识点 030 抽逃出资 ★★★

公司成立后，股东的行为符合下列情形之一且损害公司权益的，可以认定该股东抽逃出资：①制作虚假财务会计报表虚增利润进行分配；②通过虚构债权债务关系将其出资转出；③利用关联交易将出资转出；④其他未经法定程序将出资抽回的行为。

[例1] 萱草公司于2021年5月成立，股东罗某认为公司刚成立，没有业务，不需要这么多现金，便在2021年6月通过在银行工作的朋友马某将出资款100万元转入其个人理财账户。本案中，罗某仅通过其银行熟人，未经法定程序将出资抽回，构成抽逃出资。

[例2] 上案中，马某是否要和罗某一起对萱草公司承担连带责任？

答：需要。公司账户和个人账户是分离的，马某是银行工作人员，对上述规定明知。罗某和马某将出资抽回，共同侵犯了萱草公司的法人财产权，应当承担连带责任。

三、股东违反出资义务的处理

知识点 031 股东对公司的责任 ★★★

1. 公司设立时出资瑕疵

情形：有限责任公司设立时，股东未按照公司章程规定实际缴纳出资，或者实际出资的非货币财产的实际价额显著低于所认缴的出资额

处理：设立时的其他股东与该股东在出资不足的范围内承担连带责任

2. （公司经营中）未按期足额缴纳出资

情形：股东未按期足额缴纳公司章程规定的各自所认缴的出资额

处理：该股东除应当向公司足额缴纳外，还应当对给公司造成的损失承担赔偿责任

> 例如，有限责任公司成立后，股东未按期履行后续的出资义务。

3. 抽逃出资

情形：公司成立后，股东抽逃出资

处理：股东应当返还抽逃的出资；给公司造成损失的，负有责任的董事、监事、高级管理人员应当与该股东承担连带赔偿责任

4. 股东出资加速到期

《公司法》第54条　公司不能清偿到期债务的，公司或者已到期债权的债权人有权要求已认缴出资但未届出资期限的股东提前缴纳出资。

公司不能清偿到期债务	（1）《最高人民法院关于适用〈中华人民共和国企业破产法〉若干问题的规定（一）》第2条规定："下列情形同时存在的，人民法院应当认定债务人不能清偿到期债务：①债权债务关系依法成立；②债务履行期限已经届满；③债务人未完全清偿债务。" （2）《全国法院民商事审判工作会议纪要》第6条规定："……①公司作为被执行人的案件，人民法院穷尽执行措施无财产可供执行，已具备破产原因，但不申请破产的；……"
双重求偿权主体	（1）公司； （2）已到期债权的债权人。
处理	已认缴出资但未届出资期限的股东提前缴纳出资。

5. 出资不适用诉讼时效抗辩

上述股东向公司全面履行出资义务或者返还出资的，不得以诉讼时效为由进行抗辩。

6. 董事在资本维持中的责任

（1）有限责任公司成立后，董事会应当对股东的出资情况进行核查，发现股东未按期足额缴纳公司章程规定的出资的，应当由公司向该股东发出书面催缴书，催缴出资；

（2）未及时履行前述义务，给公司造成损失的，负有责任的董事应当承担赔偿责任。

知识点 032 股东失权、股东除名 ★★★

股东失权 VS **股东除名**（《公司法解释（三）》第17条）

	股东失权	股东除名	
01 前提	股东未按照公司章程规定的出资日期缴纳出资的，由公司发出书面催缴书，催缴出资。催缴书可以载明缴纳出资的宽限期；宽限期自公司发出催缴书之日起，不得少于60日。	股东未履行出资义务或者抽逃全部出资，且经公司催告缴纳或者返还，其在合理期间内仍未缴纳或者返还出资。	01 前提
02 措施	宽限期届满，股东仍未履行出资义务的，公司经董事会决议可以向该股东发出失权通知，通知应当以书面形式发出。自通知发出之日起，该股东丧失其未缴纳出资的股权。	公司可以股东会决议解除该股东的股东资格。	02 措施
03 后果	①丧失的股权应当依法转让，或者相应减少注册资本并注销该股权； ②6个月内未转让或者注销的，由公司其他股东按照其出资比例足额缴纳相应出资。	①公司应当及时办理法定减资程序或者由其他股东或第三人缴纳相应的出资； ②在办理法定减资程序或其他股东或者第三人缴纳相应的出资之前，公司债权人可请求相关当事人承担相应责任。	03 后果
04 救济	股东救济措施：股东对失权有异议的，应当自接到失权通知之日起30日内，向法院提起诉讼。		

知识点 033　股东对公司债权人的责任★★★

1. **未按期足额履行出资义务的责任**（《公司法解释（三）》第13条第2款）

（1）公司债权人请求未履行或者未全面履行出资义务的股东在未出资本息范围内对公司债务不能清偿的部分承担补充赔偿责任的，法院应予支持；

（2）未履行或者未全面履行出资义务的股东已经承担上述责任，其他债权人提出相同请求的，法院不予支持。

2. **抽逃出资的责任**（《公司法解释（三）》第14条第2款）

（1）公司债权人请求抽逃出资的股东在抽逃出资本息范围内对公司债务不能清偿的部分承担补充赔偿责任的；

（2）协助抽逃出资的其他股东、董事、高级管理人员或者实际控制人对此承担连带责任；

（3）抽逃出资的股东已经承担上述责任，其他债权人提出相同请求的，人民法院不予支持。

3. **出资不适用诉讼时效抗辩**（《公司法解释（三）》第19条）

前　提	分　类	处　理
（1）公司不能清偿到期债务； （2）股东未履行或者未全面履行出资义务或者抽逃出资。	债权合法、有效	公司债权人的债权未过诉讼时效期间，当公司不能清偿到期债务时，债权人请求未履行出资义务（未全面履行出资义务、抽逃出资）的股东承担赔偿责任的，被告股东不得以出资义务或者返还出资义务超过诉讼时效期间为由进行抗辩。
	债权已过诉讼时效	上述股东以公司债权人对公司的债权已经超过诉讼时效期间为由抗辩，经查证属实的，法院依法予以支持。（见下例）

[例]　债权人乙对萱草公司的债权于2016年到期，但乙未要求萱草公司清偿。2021年，萱草公司陷入经营困境不能清偿。

问：乙能否要求未履行出资义务的股东罗某对萱草公司的债务承担赔偿责任？

答：不能。虽然罗某未履行出资义务，但萱草公司的该笔债务已经超过诉讼时效期间，所以罗某无需承担赔偿责任。

> **特别提示**：截至2025年1月本书修订，《公司法》关于债务清偿的相关司法解释仍未出台。就公司不能清偿到期债务，对未届出资期限的股东是采用"向公司提前缴纳出资（入库规则）"，抑或是"直接向债权人清偿规则"，仍有很大争议。
>
> 提请同学们注意，在备考阶段，要实时关注2025年是否颁布《公司法》相关司法解释。

03 常考角度总结—— SUMMARIZE

1. 对不同出资方式效力的认定。
2. 以"无权处分的财产"出资时,要考虑受让公司能否善意取得。
3. 股东违反出资义务的认定及处理。
4. 董、监、高维护资本充实义务。针对股东未按期足额缴纳出资,掌握董事会催缴义务和股东失权制度。

致努力中的你

不要让害怕本身阻碍了你前进的步伐,
不要放大自己的弱点。

专题 04 股东资格

```
                    ┌─ 股东资格的取得与确认 ─┬─ 股东名册及其意义
                    │                      ├─ 出资证明书（股票）及其意义
                    │                      ├─ 公司登记与股东资格
                    │                      └─ 股权归属争议的解决
                    │
       股东资格 ────┼─ 名义股东与实际出资人 ─┬─ "实际出资人—名义股东"的关系
                    │                      ├─ "实际出资人—公司"的关系
                    │                      └─ "名义股东—第三人"的关系
                    │
                    └─ 其他股东资格纠纷 ─────┬─ 冒名股东
                                           └─ 股权无权转让纠纷
```

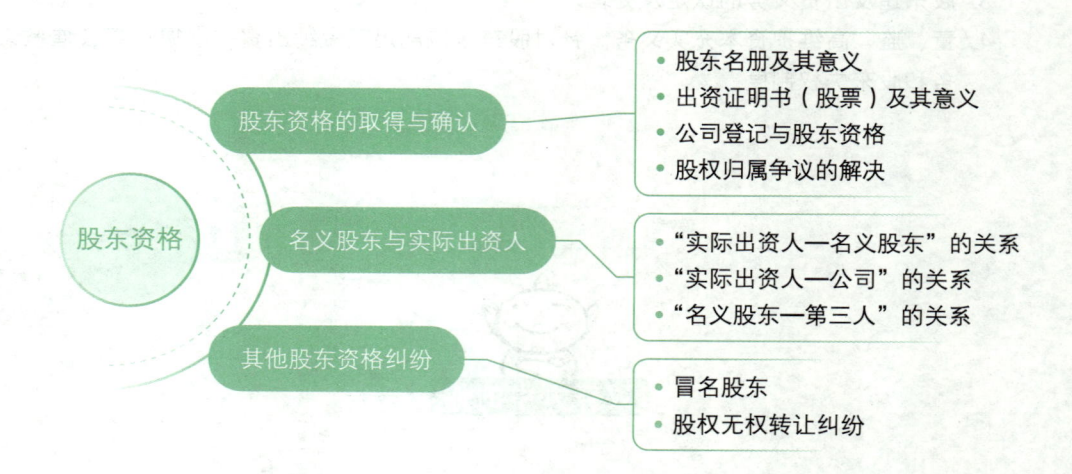

一、股东资格的取得与确认

股东，是指向公司出资，持有公司股份、享有股东权利和承担股东义务的人。股东可以是自然人、法人、非法人组织，还可以是国家。

知识点 034 股东名册及其意义 ★

1. 有限责任公司与股份有限公司，均应当置备股东名册。

2. 记载于股东名册的股东，可以依股东名册主张行使股东权利。所以，股东名册是股东身份或资格的法定证明文件。

3. 股东名册的记载事项

有限责任公司	股份有限公司
（1）股东的姓名或者名称及住所； （2）股东认缴和实缴的出资额、出资方式和出资日期； （3）出资证明书编号； （4）取得和丧失股东资格的日期。	（1）股东的姓名或者名称及住所； （2）各股东所认购的股份种类及股份数； （3）发行纸面形式的股票的，股票的编号； （4）各股东取得股份的日期。

知识点 035 出资证明书（股票）及其意义

1. 有限责任公司

（1）有限责任公司成立后，应当向股东签发出资证明书。

（2）出资证明书的记载事项

❶公司相关情况：公司名称、成立日期、注册资本；

❷股东相关情况：股东的姓名或者名称、认缴和实缴的出资额、出资方式和出资日期；

❸出资证明书的编号和核发日期。

2. 股份有限公司

（1）股份有限公司成立后，即向股东正式交付股票。

（2）公司的资本划分为股份。公司的股份采取股票的形式。

3. 性质

（1）出资证明书是有限责任公司签发的证明股东出资额的凭证。其性质为"证权证书"。

（2）股票是股份有限公司签发的证明股东所持股份的凭证。其性质为"证权证券"。

提 示

有限责任公司未按规定向股东签发出资证明书的，不影响股东资格。因为出资证明书仅是证明股东身份，即先成为股东，然后公司再签发相关文件。

知识点 036 公司登记与股东资格 ★

1. 有限责任公司股东、股份有限公司发起人的姓名或者名称，属于公司登记事项。

2. 公司登记事项发生变更的，应当依法办理变更登记。

3. 公司登记事项未经登记或者未经变更登记，不得对抗善意相对人。

所以，未经公司登记，不得否定股东资格，因为公司登记只具有程序性意义，但是基于登记的公信力，该记载具有对抗效力。

知识点 037 股权归属争议的解决 ★★★

1. 证明标准

当事人之间对股权归属发生争议，一方请求法院确认其享有股权的，应当证明以下事实之一：

（1）已经依法向公司出资或者认缴出资，且不违反法律法规强制性规定；（见下例）

（2）已经受让或者以其他形式继受公司股权，且不违反法律法规强制性规定。

2. 诉讼当事人

（1）请求确认股东资格的诉讼，应当以公司为被告；

（2）与案件争议股权有利害关系的人作为第三人参加诉讼。

3. 可向公司请求确权

当事人依法履行出资义务或者依法继受取得股权后，公司未依规定签发出资证明书、记载于股东名册并办理公司登记机关登记的，当事人可请求公司履行上述义务。

提 示

在案情中准确判断"某人和公司的关系"是股权关系还是债权关系；重点掌握"股权归属应当综合认定，要把握是否向公司出资，股东身份为外界知晓"，即形式和实质相统一。

[例] A公司拟增资扩股，遂与外人丙协商，由丙出资510万元占公司30%的股权。丙将款项打入了A公司的账户，A公司会计凭证记载为"实收资本"。A公司并未发给丙出资证明书，股东名册也未记载丙，A公司未变更公司登记中的注册资本和股东事项。之后，丙多次参加A公司的股东会，讨论公司经营管理事宜。[1]

问：丙和A公司形成何种法律关系？

答：丙是A公司的股东。虽然没有记载于A公司相关文件中，但丙已经向A公司出资并行使了股东权利。

二、名义股东与实际出资人

我国公司法规范的是有限责任公司的代持股关系。[2]

名义股东
其指登记于公司股东名册及公司登记机关的登记文件，但事实上并没有向公司出资的人。形式上，名义股东是公司的股东。

实际出资人
其指实际出资并实际享有股东权利，但其姓名或者名称并未记载于公司股东名册及公司登记机关的登记文件的人。

[例] 大栗是知名演员，与妹妹小栗签订协议，约定由小栗出面投资萱草公司，但出资款100万元由大栗出，并且投资收益均归大栗；大栗每年支付给小栗5000元管理费。则大栗是实际出资人，小栗是名义股东。

知识点 038　"实际出资人-名义股东"的关系 ★

1. 代持股协议，原则有效。

有限责任公司的实际出资人与名义出资人订立合同，约定由实际出资人出资并享有投资权益的，以名义出资人为名义股东。对该合同效力发生争议的，如无法律规定的无效情形，该合同有效。

2. 实际出资人出资并享有投资权益。

（1）因投资权益的归属发生争议的，实际出资人有权以其实际履行了出资义务为由向名义股东主张权利；

（2）名义股东以公司股东名册记载、公司登记机关登记为由否认实际出资人权利的，法院不予支持。

随堂小测

在上例代持法律关系中，萱草公司于2025年向小栗（名义股东）分红3万元（投资收益）。

问1：大栗可否向小栗主张返还此笔投资收益？

答：可以。因为二者签订的代持协议合法，所以大栗可以向小栗主张返还此笔投资收益。

问2：大栗可否要求萱草公司直接向自己支付此笔投资收益？

---

[1] 案件来源：《万家裕、丽江宏瑞水电开发有限责任公司股东资格确认纠纷再审审查与审判监督民事判决书》，最高人民法院（2014）民提字第00054号民事判决书。

[2] 我国《公司法》明确规定，禁止违反法律、行政法规的规定代持上市公司股票。

答：不可以。相对于萱草公司而言，大栗（实际出资人）并不具备股东资格，故其不可以要求萱草公司向自己支付此笔投资收益。

知识点 039 "实际出资人-公司"的关系 ★

1. 实际出资人不能以其实际出资的事实，向公司主张登记其为股东。
2. 实际出资人经公司其他股东半数以上同意的，可请求公司变更股东并办理公司登记机关登记。
3. 实际出资人能够提供证据证明有限责任公司过半数的其他股东知道其实际出资的事实，且对其实际行使股东权利未曾提出异议的，实际出资人有权提出登记其为公司股东的请求。

知识点 040 "名义股东-第三人"的关系 ★★★

1. 股权转让
（1）名义股东将登记于其名下的股权转让、质押或者以其他方式处分的，参照善意取得的规定处理；
（2）在受让人善意取得的情况下，名义股东处分股权造成实际出资人损失的，实际出资人可以请求名义股东承担赔偿责任。[1]
2. 名义股东-公司债权人
（1）名义股东对公司债务不能清偿的部分在未出资本息范围内承担补充赔偿责任；
（2）名义股东承担赔偿责任后，可以向实际出资人追偿。

随堂小测

1. 李贝是 A 公司股东，但是受刘宝之托代其持股。2013 年 3 月，李贝将其名下股权转让给善意不知情的潘龙，并在公司登记中办理了相应的股东变更。

问：刘宝能否主张李贝对潘龙的股权转让行为无效？

答：不能，该股权转让行为有效。李贝虽为名义股东，但在对公司的关系上为真正的股东，其对股权的处分应为有权处分。股权受让人潘龙主观上善意并办理了相应的股东变更，符合"善意取得"的条件。

2. 在代持股协议中，大栗（实际出资人）承诺一次性出资 10 万元，但实际仅出资 2 万元。小栗是名义股东。

问：当公司不能清偿到期债务时，谁对公司债权人承担补充赔偿责任？

答：小栗对公司债权人承担补充赔偿责任。因为债权人无法知晓背后的实际出资人。

---

[1] 争议观点：名义股东处分股权的行为，定性为"有权处分"还是"无权处分"？
观点1：定性为"有权处分"。该处法条措辞是"参照《民法典》第311条的规定处理"（《最高人民法院关于适用〈中华人民共和国公司法〉若干问题的规定（三）》第25条第1款），说明仅是借用了"善意取得"的处理手段，但定性仍为"有权处分"。因为代持法律关系已被公司法认可，并且相对于公司而言，名义股东因为记载于股东名册及公司登记机关的登记文件，可认定其是公司股东。司考真题（2012/3/94）的答案是"有权处分"。
观点2：定性为"无权处分"。（略）

三、其他股东资格纠纷

知识点 041　冒名股东★

冒名股东，是指冒用他人名义出资并将该他人作为股东在公司登记机关登记的人，被冒名者对此不知情。

1. 冒用他人名义出资并将该他人作为股东在公司登记机关登记的，冒名登记行为人应当承担相应责任。

2. 公司、其他股东或者公司债权人以未履行出资义务为由，请求被冒名登记为股东的承担补足出资责任或者对公司债务不能清偿部分的赔偿责任的，法院不予支持。（见下例）

> **萱姑点睛**
> 点睛▶被冒名者无权无责。

[例] 大栗是萱草公司的销售总经理。大栗利用在萱草公司的客户资源准备设立 B 公司，但为防止萱草公司发现自己的行为，大栗用原来在本单位工作但已经离职的小栗留存的身份信息等材料，将自己在 B 公司的股权登记在小栗名下，小栗对此毫不知情。8 年后，大栗准备将在 B 公司的股权转让套现，但此时股权转让程序趋于严格，当地工商部门要求核验股东信息。此时，小栗才发现自己被登记为 B 公司的股东。

问：小栗能否以自己被登记于 B 公司的股东名册为由，主张自己参与 B 公司股东会并进行表决？小栗是否要对 B 公司不能清偿的债务承担责任？

答：不能。无需承担责任。

知识点 042　股权无权转让纠纷★★

1. 概念

股权无权转让，是指股权转让后未向公司登记机关办理变更登记，但原股东将仍登记于其名下的股权转让、质押或者以其他方式处分的行为。

2. 处理规则

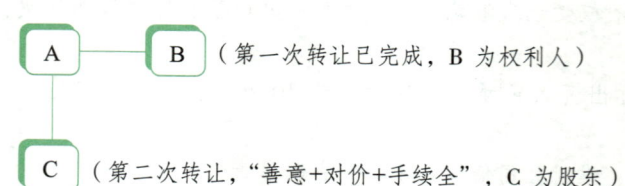

A—B（第一次转让已完成，B 为权利人）

C（第二次转让，"善意+对价+手续全"，C 为股东）

A▶原股东（转让股东）
B▶受让股东（真正的权利人）
C▶第二次受让人

> **第二次股权转让**
>
> 参照《民法典》"善意取得制度"的规定处理。
> （1）第二次受让人（C）如果符合"善意+对价+手续全"的条件，则享有股东权；
> （2）第二次受让人（C）如果不符合"善意取得"的条件，则不享有股东权。

第一次股权转让

（1）原股东（A）处分股权造成受让股东（B）损失，受让股东（B）请求原股东（A）承担赔偿责任，对于未及时办理变更登记有过错的 董事、高级管理人员或者实际控制人承担相应责任的，法院应予支持；

（2）受让股东（B）对于未及时办理变更登记也有过错的，可以适当减轻上述董事、高级管理人员或者实际控制人的责任。

04 常考角度总结—— SUMMARIZE

1. 出资证明书、股东名册、公司登记发生冲突时，判断某人是否是公司股东。（以股东名册为准）
2. 判断某人是公司股东还是公司债权人。（综合认定）
3. 掌握几种股权可善意取得的情形。（如一股二卖、名义股东处分股权）
4. 股权代持关系的认定和处理。具体可细分为：
   （1）股权代持协议是否有效？
   （2）实际出资人能否直接行使股东权？（考虑其是否具备显名条件）
   （3）名义股东未经授权即转让股权的，如何处理？
   （4）谁对公司债权人承担赔偿责任？

致努力中的你

种子只有接受地底下的黑暗才能长成树林。

专题 05　有限责任公司的股权转让

有限责任公司的股权转让
- 股权对外转让的规则
  - 股权对外转让的通知义务
  - 其他股东的优先购买权
  - 瑕疵股权转让、未届出资期限的股权转让
  - 股权转让的变更程序
- 股权其他转让方式
  - 异议股东的股权收购请求权（股权纵向收购）
  - 股权内部转让，股东离婚、死亡引起的股权转让
  - 股权被强制执行

一、股权对外转让的规则

知识点 043　股权对外转让的通知义务★★★

1. 股东向股东以外的人转让股权的，应当将股权转让的数量、价格、支付方式和期限等事项书面通知其他股东。

2. 其他股东在同等条件下有优先购买权。此处的"同等条件"，即上文所述，应当考虑转让股权的数量、价格、支付方式及期限等因素。

[例] 股东甲对外转让股权，外人丙一次付清股款10万元，另一股东乙要分10期付清10万元。外人丙"一次付款"比股东乙"分期付款"的条件更加有利，故乙不符合"同等条件下有优先购买权"的条件。

3. 2个以上股东行使优先购买权的，协商确定各自的购买比例；协商不成的，按照转让时各自的出资比例行使优先购买权。

4. 公司章程对股权转让另有规定的，从其规定。

知识点 044　其他股东的优先购买权★★★

1. 无优先购买权的情形

（1）股东之间转让的，其他股东无优先购买权。

（2）股权对外转让时，其他股东自接到书面通知之日起30日内未答复的，视为放弃优先购买权。

（3）股权对外转让时，转让股东反悔的，其他股东无优先购买权，但公司章程另有规定或者全体股东另有约定的除外。其他股东可主张转让股东赔偿其合理损失。

原理

在"反悔"的情形下，因没有新股东加入，不会影响"人合性"，故其他股东不能强行购买转让股东的股权。

（4）自然人股东因继承发生变化时，其他股东不可主张行使优先购买权，但公司章程另有规定或者全体股东另有约定的除外。

2. 对外转让，损害其他股东优先购买权的处理

损害优先购买权，是指股东向股东以外的人转让股权，未就其股权转让事项征求其他股东意见，或者以欺诈、恶意串通等手段，损害其他股东优先购买权。（见下例）

对其他股东的救济	时间	其他股东自知道或者应当知道行使优先购买权的同等条件之日起30日内，并且自股权变更登记之日起1年内主张优先购买权。
	手段	（1）其他股东可主张按照同等条件购买该转让股权； （2）其他股东仅提出确认股权转让合同及股权变动效力等请求，未同时主张按照同等条件购买转让股权的，法院不予支持，但其他股东非因自身原因导致无法行使优先购买权，请求损害赔偿的除外。
对股权受让人的救济	合同效力	股权转让合同如无其他影响合同效力的事由，应当认定为有效。
	违约责任	其他股东行使优先购买权的，虽然股东以外的股权受让人关于继续履行股权转让合同的请求不能得到法院支持，但不影响其依法请求转让股东承担相应违约责任。

[例] 甲公司股东分别为老张（占股60%），张子A（儿子，占股40%）。2018年2月1日，老张向张子A发出《股权转让通知书》，载明："本人自愿以15万元的价格转让1%的股权，30日内书面答复商定转让事宜。逾期将视为同意向他人转让。"张子A表示愿意购买但作价太高，于是放弃。同年3月10日，老张与张子B（另一儿子）签订《股权转让协议一》，以15万元的价格出让1%的股权，并办理了股权变更登记。同年10月10日，老张与张子B签订《股权转让协议二》，以60万元的价格转让给张子B 59%的股权，并办理了股权变更登记（每1%股权的价格约为1万元）。老张也表示第一次股权转让价格比第二次要价高，目的是让张子B取得股东身份。[1]

问1：老张和张子B的股权转让合同效力如何？

答：无效。转让股东与第三人恶意串通，恶意规避法律，损害其他股东的优先购买权，违反了诚信原则，两次股权转让合同均无效。

---

[1] 改编自：江苏省高级人民法院再审（2015）苏商再提字第00068号民事判决书——吴嶔崎与吴汉民确认合同无效纠纷。

问 2：张子 A 可否仅主张该合同无效？可否适用诉讼时效 3 年的规定？
答：张子 A 不能仅主张该合同无效，所以不适用诉讼时效 3 年的规定。
问 3：张子 A 可主张何种救济措施？
答：张子 A 可以侵犯其股东优先购买权为由提起诉讼。

知识点 045 瑕疵股权转让、未届出资期限的股权转让 ★★★

	瑕疵股权转让 （《公司法》第88条第2款）	未届出资期限的股权转让 （《公司法》第88条第1款）
适用情形	未按照公司章程规定的出资日期缴纳出资或者作为出资的非货币财产的实际价额显著低于所认缴的出资额的股东转让股权。	股东转让已认缴出资但未届出资期限的股权。
处理	转让人与受让人在出资不足的范围内承担连带责任；受让人不知道且不应当知道存在上述情形的，由转让人承担责任。	由受让人承担缴纳该出资的义务；受让人未按期足额缴纳出资的，转让人对受让人未按期缴纳的出资承担补充责任。
提示	股权受让人是否尽到合理注意义务，实务中通常考虑的因素包括：①受让人与出让人之间是否存在特殊的身份关系，如亲属关系；②受让人在受让股权前是否系标的公司股东或在该公司担任职务；③股权转让对价是否明显背离正常价值、是否实际按约支付；④受让人是否尽到查证公司的经营状况、资产状况，以及交易股权的出资状况等。例如，股东鄢某超期未足额出资，现将其全部股权转让给表弟刘某。按生活经验，应当推定其表弟刘某知情，则二人应当在出资不足的范围内，对第三人承担连带责任。	(1) 转让股东仍要承担"补充责任"，是 2023 年《公司法》首次明确的处理规则。 (2) 根据 2024 年 12 月 24 日最高人民法院的批复，《公司法》第 88 条第 1 款仅适用于 2024 年 7 月 1 日之后发生的未届出资期限的股权转让行为。对于 2024 年 7 月 1 日之前股东未届出资期限转让股权引发的出资责任纠纷，人民法院应当根据原公司法等有关法律的规定精神公平公正处理。

知识点 046 股权转让的变更程序

1. 转让股东

（1）股东转让股权的，应当书面通知公司，请求变更股东名册；需要办理变更登记的，并请求公司向公司登记机关办理变更登记。

（2）公司拒绝或者在合理期限内不予答复的，转让人、受让人可以依法向法院提起诉讼。

提示

通知公司和请求公司变更的主体：仅包括股权转让人。
起诉公司的主体：包括股权转让人和受让人。

2. 股权受让人
股权转让的，受让人自记载于股东名册时起可以向公司主张行使股东权利。
3. 公司
（1）依法转让股权后，公司应当及时注销原股东的出资证明书，向新股东签发出资证明书；
（2）公司应当相应修改公司章程和股东名册中有关股东及其出资额的记载；
（3）对公司章程的该项修改不需再由股东会表决。

二、股权其他转让方式

知识点 047 异议股东的股权收购请求权（股权纵向收购）★★★

股东请求公司收购，是指出现法定情形，股东可以请求公司按照合理的价格收购其股权，以此方式退出公司。

1. 收购情形一：对特定决议投反对票（异议股东收购请求权）

决议类型	不分红决议	公司连续5年不向股东分配利润的决议，而公司该5年连续盈利，并且符合《公司法》规定的分配利润条件。
	合分转决议	公司合并、分立、转让主要财产的决议。
	公司续期决议	公司章程规定的营业期限届满或者章程规定的其他解散事由出现，股东会通过决议修改章程使公司存续。
异议股东的救济	异议股东	其指上述决议已经合法程序表决通过，是有效决议，但对上述决议投反对票的股东。
	先协商，再诉讼	自股东会决议作出之日起60日内，股东与公司不能达成股权收购协议的，股东可以自股东会决议作出之日起90日内向法院提起诉讼。
公司收购股权后的处理		公司依法收购的本公司股权，应当在6个月内依法转让或者注销。

ℹ 记忆："55合分转，该死不死改章程"，异议股东可请求公司收购。

2. 收购情形二：控股股东侵权导致损失
（1）公司的控股股东滥用股东权利，严重损害公司或者其他股东利益的，其他股东有权请求公司按照合理的价格收购其股权；
（2）公司依法收购的本公司股权，应当在6个月内依法转让或者注销。

知识点 048 股权内部转让，股东离婚、死亡引起的股权转让★★

1. 股权内部转让规则
（1）有限责任公司的股东之间可以相互转让其全部或者部分股权；
（2）由于股权内部转让不涉及其他人加入公司，故其他股东没有优先购买权。

2. 离婚[1]

法院审理离婚案件，涉及分割夫妻共同财产中以一方名义在有限责任公司的出资额，另一方不是该公司股东的，按以下情形分别处理：

（1）夫妻双方协商一致将出资额部分或者全部转让给该股东的配偶，其他股东过半数同意，并且其他股东均明确表示放弃优先购买权的，该股东的配偶可以成为该公司股东。（现不再需要"其他股东过半数同意"）

（2）夫妻双方就出资额转让份额和转让价格等事项协商一致后，其他股东半数以上不同意转让，但愿意以同等条件购买该出资额的，法院可以对转让出资所得财产进行分割。其他股东半数以上不同意转让，也不愿意以同等条件购买该出资额的，视为其同意转让，该股东的配偶可以成为该公司股东。

用于证明前述规定的股东同意的证据，可以是股东会议材料，也可以是当事人通过其他合法途径取得的股东的书面声明材料。

3. 死亡

（1）自然人股东死亡后，其合法继承人可以继承股东资格。所以，当自然人股东因继承发生变化时，其他股东不可主张行使优先购买权。

（2）公司章程另有规定的除外。

知识点 049 股权被强制执行★

股东不能偿还所欠债务的，债权人基于生效法律文书可以请求法院强制执行该股东的股权用以清偿。

1. 法院依照强制执行程序转让股东的股权时，应当通知公司及全体股东。

2. 其他股东在同等条件下有优先购买权。

3. 其他股东自法院通知之日起满 20 日不行使优先购买权的，视为放弃优先购买权。

萱姑点睛

易错▶股权被强制执行的，是由法院通知，而非股东或债权人通知其他股东。

随堂小测

魏某为萱草公司的股东。2022 年 5 月，因魏某不能偿还百果公司的货款，百果公司向法院申请强制执行魏某在萱草公司的股权。

问1：百果公司在申请强制执行魏某的股权时，应当由谁通知萱草公司的其他股东？

答：由法院通知。（易错：不是由百果公司或魏某通知）

问2：如在魏某股权的强制拍卖过程中，该股权由丁某拍定，则丁某取得魏某股权的时间如何确定？

答：丁某取得股权的时间应以股东名册记载为准。（易错：不是变更登记办理完毕时）

---

[1] 法条依据：《最高人民法院关于适用〈中华人民共和国民法典〉婚姻家庭编的解释（一）》（2021 年）第 73 条。说明：由于 2023 年《公司法》取消了"股权对外转让，应当经其他股东过半数同意"的条款，因此本司法解释中"其他股东过半数同意"的条文不再适用。

05 常考角度总结—— SUMMARIZE

1. 掌握"未届出资期限的股权转让"的新规。注意其和"瑕疵股权转让"的处理的不同。
2. 股权对外转让的规则。其可细分为：
   （1）判断是否损害其他股东的优先购买权；
   （2）其他股东以及外人的救济手段；
   （3）股权转让后，受让人的责任。
3. 异议股东的股权收购请求权的认定，即股东请求公司收购股权的理由是否正当。
4. 掌握一种公司收购股权的情形，即控股股东滥用股东权利导致损失的，其他股东有权请求公司按照合理的价格收购其股权。

致努力中的你

如果不把眼皮用力抬起看个真切，
或许就会错过人生中按下快门的良机。

专题 06 股份有限公司的股份发行和转让

- 股份有限公司的股份发行和转让
  - 股份发行
    - 股份、股票的概念和特征
    - 股票的类型
    - 类别股制度
    - 授权股份发行（授权资本制）
  - 股份的转让规则
    - 股份转让的限制
    - 股份回购规则（适用于所有股份有限公司）
    - （"非公开发行股份"公司）异议股东的股份回购请求权
    - 禁止公司财务资助规则及例外

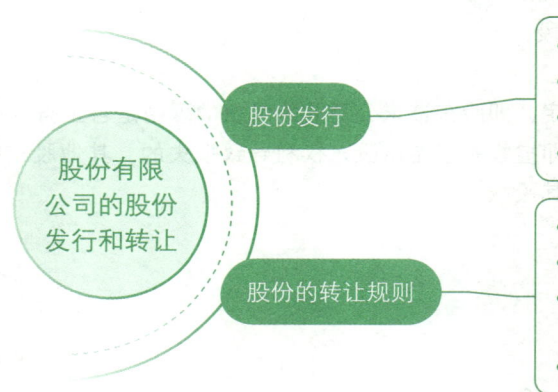

一、股份发行

知识点 050 股份、股票的概念和特征

1. 股份

（1）股份有限公司的注册资本为在公司登记机关登记的已发行股份的股本总额。股份有限公司的资本划分为股份。

（2）股份的发行，实行公平、公正的原则。

（3）同类别的每一股份应当具有同等权利。

（4）同次发行的同类别股份，每股的发行条件和价格应当相同；认购人所认购的股份，每股应当支付相同价额。

2. 股票

（1）公司的股份采取股票的形式。股票是公司签发的证明股东所持股份的凭证。

（2）股份有限公司成立后，即向股东正式交付股票。公司成立前不得向股东交付股票。

（3）股票采用纸面形式或者国务院证券监督管理机构规定的其他形式。

股票采用纸面形式的，应当载明下列主要事项：①公司名称；②公司成立日期或者股票发行的时间；③股票种类、票面金额及代表的股份数，发行无面额股的，股票代表的股份数。

股票采用纸面形式的，还应当载明股票的编号，由法定代表人签名，公司盖章。

发起人股票采用纸面形式的，应当标明发起人股票字样。

知识点 051　股票的类型 ★

1. 记名股票和无记名股票（略）
（1）区分标准：是否在股票票面和股东名册上记载股东姓名；
（2）我国公司法规定，公司发行的股票，应当为记名股票。
2. 面额股和无面额股
（1）区分标准：股票有无表示金额；
（2）择一模式：公司可以根据公司章程的规定，将已发行的面额股全部转换为无面额股，或者将无面额股全部转换为面额股；
（3）面额股：股票的发行价格可以按票面金额，也可以超过票面金额，但不得低于票面金额；
（4）无面额股：应当将发行股份所得股款的 1/2 以上计入注册资本。
3. 普通股和类别股
（1）区分标准：股份所代表的权益和承担的风险大小；
（2）普通股：具有完全股权的股份，股东享有表决权，但也是全风险型股份；
（3）类别股：具有某种特别权利或特别义务的股份。（见下文"类别股制度"）

知识点 052　类别股制度 ★★★

1. 概念
类别股，是指公司按照公司章程的规定发行的与普通股权利不同的股份。
2. 种类
（1）优先或者劣后分配利润或者剩余财产的股份；
（2）每一股的表决权数多于或者少于普通股的股份；（公开发行股份的公司不得发行；对于监事或者审计委员会成员的选举和更换，类别股与普通股每一股的表决权数相同）
（3）转让须经公司同意等转让受限的股份；（公开发行股份的公司不得发行）
（4）国务院规定的其他类别股。
3. 有重大事项可能影响类别股股东权利的，按照下列要求表决：
（1）"重大事项"，是指股东会作出修改公司章程、增加或者减少注册资本的决议，以及公司合并、分立、解散或者变更公司形式的决议；
（2）应当经出席会议的股东所持表决权的 2/3 以上通过；
（3）应当经出席类别股股东会议的股东所持表决权的 2/3 以上通过。

知识点 053　授权股份发行（授权资本制） ★

1. 公司章程或者股东会可以授权董事会在 3 年内决定发行不超过已发行股份 50% 的股份。但以非货币财产作价出资的应当经股东会决议。
2. 公司章程或者股东会授权董事会决定发行新股的，董事会决议应当经全体董事 2/3 以上通过。

二、股份的转让规则

知识点 054　股份转让的限制 ★★

1. 场所

股东转让其股份，应当在依法设立的证券交易场所进行或者按照国务院规定的其他方式进行。

2. 方式

股票的转让，由股东以背书方式或者法律、行政法规规定的其他方式进行。

3. 对公开发行前股份的限制

公司公开发行股份前已发行的股份，自公司股票在证券交易所上市交易之日起1年内不得转让。（另有规定的，从其规定）

4. 公司董事、监事、高级管理人员

01 应当向公司申报所持有的本公司的股份及其变动情况，在就任时确定的任职期间每年转让的股份不得超过其所持有本公司股份总数的25%

02 所持本公司股份自公司股票上市交易之日起1年内不得转让

03 离职后半年内，不得转让其所有的本公司股份

04 公司章程可以对公司董事、监事、高级管理人员转让其所持有的本公司股份作出其他限制性规定

5. 股份质权人

股份在法律、行政法规规定的限制转让期限内出质的，质权人不得在限制转让期限内行使质权。

6. 股份继承转让

（1）自然人股东死亡后，其合法继承人可以继承股东资格；

（2）股份转让受限的股份有限公司的章程另有规定的除外。

知识点 055　股份回购规则（适用于所有股份有限公司）★★★

1. 公司收购本公司股份

原则　公司不得收购本公司股份。

例外　出现下列情形之一的，公司可以收购本公司股份：

公司可收购情形	收购程序
减少公司注册资本。	股东会决议，自收购之日起10日内注销。
与持有本公司股份的其他公司合并。	股东会决议，在6个月内转让或者注销。

续表

公司可收购情形	收购程序
股东因对股东会作出的公司合并、分立决议持异议，要求公司收购其股份。	股东会决议，在 6 个月内转让或者注销。
将股份用于员工持股计划或者股权激励。	（1）可以按照公司章程或者股东会的授权，经 2/3 以上董事出席的董事会会议决议； （2）公司合计持有的本公司股份数不得超过本公司已发行股份总数的 10%； （3）上述股份应当在 3 年内转让或者注销； （4）上市公司收购本公司股份的，应当依照《证券法》的规定履行信息披露义务； （5）上市公司因左栏中的三项情形收购本公司股份的，应当通过公开的集中交易方式进行。
将股份用于转换公司发行的可转换为股票的公司债券（简称"可转债"）。	
上市公司为维护公司价值及股东权益所必需。	

2. 公司不得接受本公司的股份作为质权的标的。

[例] 甲公司与乙公司联合开发房地产，现乙公司以其持有的甲公司的股份作为履行合同的质押担保。若乙公司违约，甲公司将以担保物优先受偿，但由于担保物恰恰是自己发行的股票，效果等同于"以甲公司的资金收购甲公司的股份"，因此，甲、乙公司之间的质押担保不合法。

知识点 056 （"非公开发行股份"公司）异议股东的股份回购请求权 ★★

股东请求公司收购，是指非公开发行股份的公司，出现法定情形时，股东可以请求股份有限公司按照合理的价格收购其股权，以此方式退出公司。

公司类型	"非公开发行股份"的股份有限公司。	
股东类型	对决议投反对票的股东（异议股东）。	
特殊决议类型	不分红决议	公司连续 5 年不向股东分配利润的决议，而公司该 5 年连续盈利，并且符合《公司法》规定的分配利润条件。（该决议有效）
	转让决议	公司转让主要财产的决议。（该决议有效）
	公司续期决议	公司章程规定的营业期限届满或者章程规定的其他解散事由出现，股东会通过决议修改章程使公司存续。（该决议有效）
异议股东的救济	先协商，再诉讼	自股东会决议作出之日起 60 日内，股东与公司不能达成股份收购协议的，股东可以自股东会决议作出之日起 90 日内向法院提起诉讼。
公司收购股权后的处理	公司因上述情形收购的本公司股份，应当在 6 个月内依法转让或者注销。	

知识点 057 禁止公司财务资助规则及例外 ★★

1. 原则

公司不得为他人取得本公司或者其母公司的股份提供赠与、借款、担保以及其他财务资助。

2. 例外

（1）公司实施员工持股计划。

（2）为公司利益，经股东会决议，或者董事会按照公司章程或者股东会的授权作出决议，公司可以为他人取得本公司或者其母公司的股份提供财务资助，但财务资助的累计总额不得超过已发行股本总额的10%。董事会作出决议应当经全体董事的2/3以上通过。

3. 处理

违反上述规定，给公司造成损失的，负有责任的董事、监事、高级管理人员应当承担赔偿责任。

06 常考角度总结 SUMMARIZE

1. 股份有限公司股份发行、转让新规。
   （1）增加：允许发行无面额股、类别股；
   （2）增加：股份发行的"授权资本制"；
   （3）增加："非公开发行股份"的股份有限公司，允许异议股东请求公司收购其股份；
   （4）增加：在股份转让时，原则上禁止公司提供财务资助。
2. 股份转让的若干限制性规定。
3. 股份有限公司收购股份的事由和程序。

致努力中的你

少年心事当拏云，
谁念幽寒坐呜呃。

专题 07　公司的组织机构

```
                    ● 股东会的职权（两类公司规定相同）
          股东会    ● 股东会会议的召集规则
                    ● （股份公司）股东临时提案
公司的                ● 股东会会议的决议规则
组织机构
                    ● 董事会、监事会的职权
          董事会、   ● 董事会、监事会的组成
          监事会     ● 审计委员会及其职责
                    ● 任期和辞任（两类公司规定相同）
                    ● 董事会和监事会的会议程序、决议规则
```

我国公司法规定，公司的组织机构基本构成包括股东会、董事会、监事会，同时规定，特殊情况下，有限责任公司可以不设董事会和监事会。

一、股东会

股东会由全体股东组成。股东会是公司的权力机构，依照《公司法》行使职权。
只有一个股东的有限责任公司或股份有限公司，不设股东会。

知识点 058　股东会的职权（两类公司规定相同）★★

要　点	内　　　容	提　　　示
人事方面	（1）选举和更换董事、监事，决定有关董事、监事的报酬事项； （2）审议批准董事会、监事会的报告。	（1）对左列事项股东以书面形式一致表示同意的，可以不召开股东会会议，直接作出决定，并由全体股东在决定文件上签名或者盖章； （2）一人公司股东作出左列事项的决定时，应当采用书面形
财务方面	（1）审议批准公司的利润分配方案和弥补亏损方案； （2）对公司增加或者减少注册资本作出决议； （3）对发行公司债券作出决议； （4）授权董事会对发行公司债券作出决议。	

续表

要点	内容	提示
经营方面[1]	(1) 对公司合并、分立、解散、清算或者变更公司形式作出决议； (2) 修改公司章程； (3) 公司章程规定的其他职权。	式，并由股东签名或者盖章后置备于公司。

知识点 059　股东会会议的召集规则 ★★

		有限责任公司	股份有限公司
会议类型	首次会议	由出资最多的股东召集和主持，依照《公司法》规定行使职权。	无"首次会议"的概念。
	定期会议	按照公司章程的规定按时召开。	股东会应当每年召开1次年会。
	临时会议	下列主体有权提议召开临时会议： (1) 代表1/10以上表决权的股东； (2) 1/3以上的董事； (3) 监事会。	有下列情形之一的，应当在2个月内召开临时股东会会议： (1) 董事人数不足《公司法》规定人数（3人）或者公司章程所定人数的2/3时；（见下例） (2) 公司未弥补的亏损达股本总额1/3时； (3) 单独或者合计持有公司10%以上股份的股东请求时； (4) 董事会认为必要时； (5) 监事会提议召开时； (6) 公司章程规定的其他情形。
	通知程序	(1) 召开股东会会议，应当于会议召开15日前通知全体股东； (2) 公司章程另有规定或者全体股东另有约定的除外； (3) 不得对通知中未列明的事项作出决议。	(1) 股东年会：应当将会议召开的时间、地点和审议的事项于会议召开20日前通知各股东； (2) 临时股东会会议：应当于会议召开15日前通知各股东； (3) 不得对通知中未列明的事项作出决议。
	召开会议不可诉	股东请求判令公司召开股东会的： (1) 法院应当告知其按照《公司法》规定的程序自行召开。 (2) 股东坚持起诉的，法院应当裁定不予受理；已经受理的，裁定驳回起诉。	
召集、主持规则	第一步-董事会	(1) 股东会会议由董事会召集，董事长主持； (2) 董事长不能履行职务或者不履行职务的，由副董事长主持； (3) 副董事长不能履行职务或者不履行职务的，由过半数的董事共同推举1名董事主持。	

[1] 提示：2023年《公司法》取消了股东会职权中的"决定公司的经营方针和投资计划"条款。

		有限责任公司	股份有限公司
召集、主持规则	第二步－监事会	董事会不能履行或者不履行召集股东会会议职责的,监事会应当及时召集和主持。	
	第三步－股东	监事会不召集和主持的,代表1/10以上表决权的股东可以自行召集和主持。	监事会不召集和主持的,连续90日以上单独或者合计持有公司10%以上股份的股东可以自行召集和主持。

[例] 萱草股份有限公司章程规定,董事人数为12人,现实际董事人数为8人。此时不需要召开临时股东会。"不足"不包含本数,少于8人的才需要召开临时股东会。

知识点 060 （股份有限公司）股东临时提案 ★★

1. 股东资格
（1）股份有限公司单独或者合计持有公司1%以上股份的股东;
（2）公司不得提高提出临时提案股东的持股比例。

2. 内容
（1）临时提案应当有明确议题和具体决议事项;
（2）临时提案违反法律、行政法规或者公司章程的规定,或者不属于股东会职权范围的,不得以临时提案提出。

3. 时间
（1）上述股东可以在股东会会议召开10日前提出临时提案并书面提交董事会;
（2）董事会应当在收到提案后2日内通知其他股东,并将该临时提案提交股东会审议。

> **萱姑点睛**
> 有限责任公司股东是否享有该项权利,《公司法》中没有规定,具体事项交由公司章程规定。

知识点 061 股东会会议的决议规则 ★★★

决议规则,是指在股东会讨论某一议案时,确定何种情况为议案通过,何种情况为未通过的规则。

		有限责任公司	股份有限公司
表决方式	资本多数决	股东会会议由股东按照出资比例行使表决权;但是,公司章程另有规定的除外。（见下例1）	（1）股东出席股东会会议,所持每一股份有一表决权,类别股股东除外; （2）公司持有的本公司股份没有表决权; （3）股东会选举董事、监事,可以按照公司章程的规定或者股东会的决议,实行累积投票制[1]。

---

[1] 累积投票制,是指股东会选举董事或者监事时,每一股份拥有与应选董事或者监事人数相同的表决权,股东拥有的表决权可以集中使用。

续表

		有限责任公司	股份有限公司
有效表决	一般事项	股东会作出决议，应当经代表过半数表决权的股东通过。	股东会作出决议，应当经出席会议的股东所持表决权过半数通过。
	重大事项	股东会作出修改公司章程、增加或者减少注册资本的决议，以及公司合并、分立、解散或者变更公司形式的决议，应当经代表2/3以上表决权的股东通过。 ℹ️ 记忆："章程资本合分散，变更形式667"。	股东会作出修改公司章程、增加或者减少注册资本的决议，以及公司合并、分立、解散或者变更公司形式的决议，应当经出席会议的股东所持表决权的2/3以上通过。（见下例2）
	委托代理人	无规定	股东委托代理人出席股东会会议的，应当明确代理人代理的事项、权限和期限。代理人在授权范围内行使表决权。
会议记录		（1）股东会、董事会、监事会应当对所议事项的决定作成会议记录，出席会议的股东、董事、监事应当在会议记录上签名； （2）股东会、董事会、监事会召开会议和表决可以采用电子通信方式，公司章程另有规定的除外。	

[例1] 有限责任公司股东未缴纳部分出资的表决权[1]

问题：股东认缴的出资未届履行期限，未缴纳部分的出资是否享有以及如何行使表决权？

处理：第一步：根据公司章程来确定；第二步：公司章程没有规定的，应当按照认缴出资的比例确定。

常见纠纷：公司章程没有规定，本次股东会作出按照实际出资比例或其他标准确定表决权的决议。例如，认缴出资期限至2026年。2024年，公司召开股东会讨论罢免董事A。公司章程仅规定"依据出资比例行使表决权"。该次股东会罢免董事A的决议得到占实缴出资比例53%表决权的股东支持。

	处理	举例
情形1：≥2/3表决权	该决议经代表2/3以上表决权的股东通过，已经符合修改章程所要求的表决程序，该决议有效。 ℹ️ 提示：2/3以上表决权的计算方法，仍为"认缴出资比例"。	若上述占53%实缴出资比例的股东，依据认缴出资比例计算，代表超过66.7%表决权，则因符合修改章程所要求的表决比例，可理解为股东会修改了章程，故该次罢免董事A的决议有效。
情形2：<2/3表决权	该决议没有经代表2/3以上表决权的股东通过，尚不符合修改章程所要求的表决程序，该决议不成立。（即计算表决权的新规则未通过）	若上述占53%实缴出资比例的股东，依据认缴出资比例计算，代表低于66.7%表决权（如上述股东的认缴出资比例仅为20%），则因未达修改章程所要求的表决比例，仍应按"认缴出资比例"表决，新的计算规则无效，故该次罢免董事A的决议"尚未成立"。

〔1〕 该问题仅在"有限责任公司"中会出现，因为"股份有限公司"均为"实缴资本"，不存在"认缴出资"的情形。

[例2] 修改章程条款的表决问题

问题：是否只要涉及修改章程条款，均需要经股东会代表 2/3 以上表决权的股东通过，该决议才有效？

处理：从立法本意来说，只有对公司经营造成特别重大影响的事项才需要经代表 2/3 以上表决权的股东通过。[1] 在章程记载的事项中，有些事项的变更会对公司经营造成重大影响。例如，公司增加或减少注册资本，该项变更涉及对债权人的保护，所以该项章程条款的变更应当由股东会经"特别多数，即代表 2/3 以上表决权的股东"通过。

但是，某些事项在章程中虽然应当记载，但其更多体现出的是形式记载，如公司的名称与住所、股东的姓名、法定代表人的名称等，对这些记载事项的变更在章程中体现出的仅是一种记载方面的修改，这类变更对公司的生产经营、公司债权人的保护等，不会发生重大变化。所以，该项章程条款的变更无需经"股东会代表 2/3 以上表决权的股东"通过。

二、董事会、监事会

知识点 062　董事会、监事会的职权★★★

董事会是执行机构，负责执行股东会作出的决议。

监事会履行监督职责，负责对董事会的事务执行监督。

	董事会	监事会	股东会
和股东会的关系	(1) 召集股东会会议，并向股东会报告工作； (2) 执行股东的决议。	(1) 提议召开临时股东会会议，在董事会不履行《公司法》规定的召集和主持股东会会议职责时召集和主持股东会会议； (2) 向股东会会议提出提案。	——
人事方面	(1) 决定聘任或者解聘公司经理及其报酬事项； (2) 根据经理的提名决定聘任或者解聘公司副经理、财务负责人及其报酬事项。	(1) 无人员决定权； (2) 对董事、高级管理人员执行职务的行为进行监督； (3) 对违反法律、行政法规、公司章程或者股东会决议的董事、高级管理人员提出解任的建议； (4) 当董事、高级管理人员的行为损害公司的利益时，要求董事、高级管理人员予以纠正。	(1) 选举和更换董事、监事，决定有关董事、监事的报酬事项； (2) 审议批准董事会、监事会的报告。
财务方面	(1) 制订公司的利润分配方案和弥补亏损方案； (2) 制订公司增加或者减少	有权检查公司财务。（无决定权）	(1) 审议批准公司的利润分配方案和弥补亏损方案；

---

[1] 来源：新疆维吾尔自治区高院：新疆豪骏贸易有限责任公司、张某某与乌鲁木齐市祥平实业有限责任公司、乌鲁木齐市祥平房地产开发有限责任公司公司决议撤销纠纷再审案。

续表

	董事会	监事会	股东会
财务方面	注册资本以及发行公司债券的方案。	同前	（2）对公司增加或者减少注册资本作出决议； （3）对发行公司债券作出决议。
经营方面	（1）具有经营决策权 ①决定公司的经营计划和投资方案； ②决定公司内部管理机构的设置； ③制定公司的基本管理制度。 （2）有权制订重大事项的方案 制订公司合并、分立、解散或者变更公司形式的方案。	（1）无经营决策权。 （2）不是公司的法定代表人，无诉讼权。但是，可依照《公司法》第189条的规定，对董事、高级管理人员提起诉讼。（即股东代表诉讼的前置程序）	（1）无经营决策权。 （2）具有对重大事项的决策权 ①对公司合并、分立、解散、清算或者变更公司形式作出决议； ②修改公司章程。

随堂小测

大翔为公司唯一的董事。在章程无特别规定的情形下，他是否有权决定聘任 A 为公司总经理？

答：有权。"唯一的董事"说明公司无董事会，该董事有权行使董事会的职权，故大翔可决定聘任高管。

知识点 063　董事会、监事会的组成 ★★★

		有限责任公司	股份有限公司
人数	董事会	（1）董事会成员为3人以上； （2）规模较小或者股东人数较少的有限责任公司，可以不设董事会，设1名董事，行使董事会的职权；（无董事长） （3）该董事可以兼任公司经理。	
	监事会	（1）监事会成员为3人以上。董事、高级管理人员不得兼任监事。 （2）规模较小或者股东人数较少的有限责任公司，可以不设监事会，设1名监事，行使监事会的职权；经全体股东一致同意，也可以不设监事。 （3）可以按照公司章程的规定在董事会中设置由董事组成的审计委员会，行使监事会的职权，不设监事会或者监事。	（1）规模较小或者股东人数较少的股份有限公司，可以不设监事会，设1名监事，行使监事会的职权； （2）其他规定相同。

续表

		有限责任公司	股份有限公司
职工代表	董事会	（1）一般规模公司：董事会成员中可以有公司职工代表。 （2）大规模公司：职工人数300人以上的有限责任公司，其董事会成员中应当有公司职工代表；职工代表由公司职工通过职工代表大会、职工大会或者其他形式民主选举产生。	
	监事会	（1）股东代表+职工代表； （2）其中职工代表的比例不得低于1/3，具体比例由公司章程规定； （3）职工代表由公司职工通过职工代表大会、职工大会或者其他形式民主选举产生。	
董事长		（1）董事会设董事长1人，可以设副董事长； （2）董事长、副董事长的产生办法由公司章程规定。	董事长和副董事长由董事会以全体董事的过半数选举产生。
监事会主席		监事会设主席1人，由全体监事过半数选举产生。	监事会设主席1人，可以设副主席。

知识点 064　审计委员会及其职责 ★★★

	有限责任公司	股份有限公司
组成	（1）可以按照公司章程的规定在董事会中设置审计委员会，行使监事会的职权，不设监事会或者监事。 （2）审计委员会由董事组成；董事会成员中的职工代表可以成为审计委员会成员。	
人数、任职禁止	无审计委员会人数、任职禁止的规定。	审计委员会成员为3名以上，过半数成员不得在公司担任除董事以外的其他职务，且不得与公司存在任何可能影响其独立客观判断的关系。
表决	审计委员会决议的表决，法律无规定，交由公司章程规定。	（1）审计委员会决议的表决，应当一人一票； （2）作出决议，应当经审计委员会成员的过半数通过。

知识点 065　任期和辞任（两类公司规定相同）★★★

1. 董事、监事的任期

（1）董事任期由公司章程规定，但每届任期不得超过3年；监事的任期每届为3年。

（2）董事、监事任期届满，均连选可以连任。

> **萱姑点睛**
> 易错▶董事每届任期≤3年；监事每届任期＝3年。

2. 原董事履职情形（监事规定相同，如下条款）

《公司法》第70条第2款　董事任期届满未及时改选，或者董事在任期内辞任导致董事会成员低于法定人数的，在改选出的董事就任前，原董事仍应当依照法律、行政法规和公司章程的规定，履行董事职务。

要点		内容	举例
情形 1	到期+新人到位前=要履职	董事任期届满未及时改选的，在改选出的董事就任前，原董事仍应当依照法律、行政法规和公司章程的规定，履行董事职务。	[例1] 甲公司董事会成员共有3人（董事会最少为3人），若董事魏某在任期内辞职，则在新董事就任前，魏某还需履职。
情形 2	到期前+低于法定人数+新人到位前=要履职	董事在任期内辞任导致董事会成员低于法定人数的，在改选出的董事就任前，原董事仍应当依照法律、行政法规和公司章程的规定，履行董事职务。	[例2] 乙公司董事会成员共有11人，若董事张某在任期内辞职，此时董事还剩10人，则张某辞职走人，无需履职。

3. 董事辞任

（1）董事辞任的，应当以书面形式通知公司，公司收到通知之日辞任生效。但在任期内辞任导致董事会成员低于法定人数的，在改选出的董事就任前，董事应当继续履行职务。

（2）担任法定代表人的董事辞任的，视为同时辞去法定代表人。

（3）法定代表人辞任的，公司应当在法定代表人辞任之日起30日内确定新的法定代表人。

4. 董事职务可被"无因解除"

（1）股东会可以决议解任董事，决议作出之日解任生效；

（2）无正当理由，在任期届满前解任董事的，该董事可以要求公司予以赔偿；

（3）董事职务被解除后，因补偿与公司发生纠纷提起诉讼的，法院应当综合考虑解除的原因、剩余任期、董事薪酬等因素，确定是否补偿以及补偿的合理数额。

原理

理论上认为，股东会与董事之间为"委托关系"，合同双方均有任意解除权，即股东会可以随时解除董事职务；无论任期是否届满，董事也可以随时辞职。（委托合同-双方同权）

经典案例

案情：甲、乙于2017年11月11日向萱草公司提交了关于辞去董事职务的辞职书，辞职书中均有"望公司批准"的字样，董事长丙在公司大事纪要中确认收到了两份辞职书。在之后2年多的时间内，萱草公司未召开股东会，未讨论董事辞职事项，未进行董事工商变更登记，也未增选董事。2020年3月3日，甲、乙以"公司已经2年多没有召开股东会和董事会，并鉴于丙不能履行或不履行董事长职务，给公司生产经营造成了很大损害"为由，提议召集董事会，罢免丙的董事长职务。

问题：该次董事会决议效力如何？

裁判要点：决议可撤销。公司和董事之间属于委任关系，自公司收到董事辞职通知之日起辞职发生法律效力。故本案中，甲、乙无权提议召集董事会，该次会议召集程序不合法，决议可撤销。

知识点 066 董事会和监事会的会议程序、决议规则 ★

1. 董事会

	有限责任公司	股份有限公司
召开时间、临时董事会会议	无规定	(1) 每年度至少召开2次会议，每次会议应当于会议召开10日前通知全体董事和监事； (2) 代表1/10以上表决权的股东、1/3以上董事或者监事会，可以提议召开临时董事会会议。
召集程序	(1) 董事会会议由董事长召集和主持。 (2) 董事长不能履行职务或者不履行职务的，由副董事长召集和主持；副董事长不能履行职务或者不履行职务的，由过半数的董事共同推举1名董事召集和主持。	
议事方式和表决程序	(1) 董事会会议应当有过半数的董事出席方可举行； (2) 董事会作出决议，应当经全体董事的过半数通过；（见例1） (3) 董事会决议的表决，应当一人一票； (4) 董事会应当对所议事项的决定作成会议记录，出席会议的董事应当在会议记录上签名。	
	其他议事方式和表决程序，由公司章程规定。	(1) 董事会会议，应当由董事本人出席； (2) 董事因故不能出席，可以书面委托其他董事代为出席，委托书应当载明授权范围。
董事责任	无规定	(1) 董事应当对董事会的决议承担责任； (2) 董事会的决议违反法律、行政法规或者公司章程、股东会决议，给公司造成严重损失的，参与决议的董事对公司负赔偿责任； (3) 经证明在表决时曾表明异议并记载于会议记录的，该董事可以免除责任。（见例2）

2. 监事会

	有限责任公司	股份有限公司
召开时间	监事会每年度至少召开1次会议。	监事会每6个月至少召开1次会议。
召集、主持规则	第1步 ▶ 监事会主席召集和主持监事会会议； 第2步 ▶ 监事会主席不能履行职务或者不履行职务的，由过半数的监事共同推举1名监事召集和主持监事会会议。	第1步 ▶ 监事会主席召集和主持监事会会议； 第2步 ▶ 监事会主席不能履行职务或者不履行职务的，由监事会副主席召集和主持监事会会议； 第3步 ▶ 监事会副主席不能履行职务或者不履行职务的，由过半数的监事共同推举1名监事召集和主持监事会会议。
表决规则	(1) 监事会决议的表决，应当一人一票； (2) 监事会决议应当经全体监事的过半数通过。	

随堂小测

1. 公司董事会共有 10 人，该次董事会共有 6 人出席。现有 4 人通过更换总经理小栗的决议。

问：该董事会决议是否成立？

答：决议不成立。该决议须经全体董事的过半数，即 6 人通过才有效，而本次表决未达最低表决要求，决议不成立。

2. 董事会提出将公司资金放在刘某的个人账户用于购买股票，董事翔叔是个老好人，觉得不妥但投了弃权票。现该决议给公司造成了巨大损失。

问：翔叔可否免于对公司承担赔偿责任？

答：不可免除。弃权票不可免责。法律要求"表明异议"，即意味着"反对票"才可免责。

07 常考角度总结—— SUMMARIZE

1. 需 2/3 以上表决权通过的重大事项：章程资本合分散，变更形式 667。
2. 判断有限责任公司治理结构的合法性：
   （1）董事会成员中是否应当有职工代表；（职工人数 300 人以上）
   （2）监事会成员中均应当有职工代表；
   （3）掌握不设监事会的若干情形。
3. 董事辞任的，无需公司批准；股东会可无因解除董事职务。
4. 审计委员会。（董事会中设置审计委员会，则不设监事会或者监事）
5. 股东临时提案权。（股份有限公司）
6. 提议召开临时股东会会议的主体。

致努力中的你

用生活所感去读书，
用读书所得去生活。

专题 08　上市公司、国家出资公司组织机构的特别规定

- 上市公司、国家出资公司组织机构的特别规定
  - 上市公司组织机构的特别规定
    - 独立董事
    - 审计委员会的职责（前置性决议程序）
    - 决议的特殊规则
    - 禁止事项
  - 国家出资公司组织机构的特别规定
    - 国家出资公司的概念和类型
    - 国家出资公司组织机构的共同规定
    - 国有独资公司组织机构的特殊规定

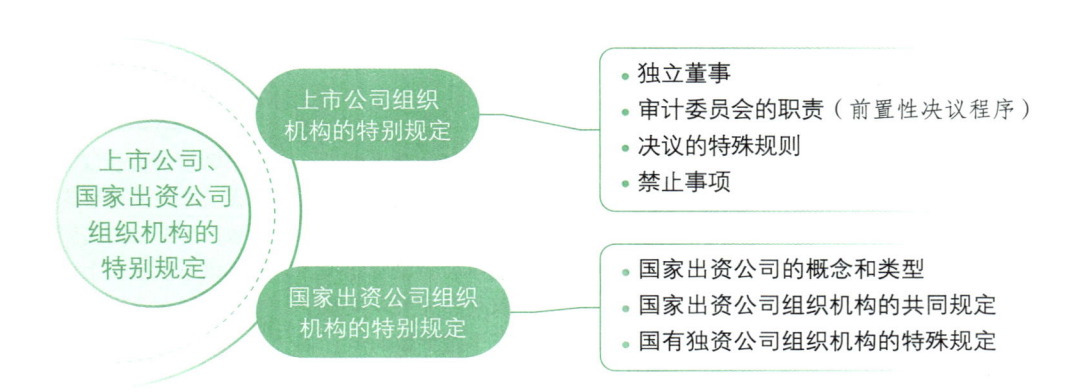

一、上市公司组织机构的特别规定

上市公司，是指其股票在证券交易所上市交易的股份有限公司。

知识点 067　独立董事★

1. 独立董事，是指不在上市公司担任除董事外的其他职务，并与其所受聘的上市公司及其主要股东、实际控制人不存在直接或者间接利害关系，或者其他可能影响其进行独立客观判断关系的董事。

2. 独立董事原则上最多在 3 家境内上市公司担任独立董事，并应当确保有足够的时间和精力有效地履行独立董事的职责。

3. 上市公司独立董事占董事会成员的比例不得低于 1/3，且至少包括 1 名会计专业人士。

4. 独立董事每届任期与上市公司其他董事任期相同，任期届满，可以连选连任，但是连续任职不得超过 6 年。

5. 独立董事连续 2 次未能亲自出席董事会会议，也不委托其他独立董事代为出席的，董事会应当在该事实发生之日起 30 日内提议召开股东会解除该独立董事职务。

知识点 068　审计委员会的职责（前置性决议程序）★

上市公司在董事会中设置审计委员会的，董事会对下列事项作出决议前应当经审计委

员会全体成员过半数通过：

1. 聘用、解聘承办公司审计业务的会计师事务所
2. 聘任、解聘财务负责人
3. 披露财务会计报告
4. 国务院证券监督管理机构规定的其他事项

知识点 069 决议的特殊规则★

1. 利害关系董事表决权排除

STEP 01 上市公司董事与董事会会议决议事项所涉及的企业或者个人有关联关系的，该董事应当及时向董事会书面报告。

STEP 02 有关联关系的董事不得对该项决议行使表决权，也不得代理其他董事行使表决权。

STEP 03 该董事会会议由过半数的无关联关系董事出席即可举行，董事会会议所作决议须经无关联关系董事过半数通过。

STEP 04 出席董事会会议的无关联关系董事人数不足3人的，应当将该事项提交上市公司股东会审议。

[例] A上市公司（以下简称"A公司"）准备就向B公司投资之事召开董事会，A公司董事孙某的妻子吴某在B公司任副董事长。则孙某与A公司决议事项所涉及的B公司有关联关系，不应参加A公司董事会的表决。

2. 特别表决权

上市公司在1年内购买、出售重大资产或者向他人提供担保的金额超过公司资产总额30%的，应当由股东会作出决议，并经出席会议的股东所持表决权的2/3以上通过。

知识点 070 禁止事项★★★

1. 禁止代持股份

（1）上市公司应当依法披露股东、实际控制人的信息，相关信息应当真实、准确、完整；

（2）禁止违反法律、行政法规的规定代持上市公司股票。

2. 禁止和控股子公司交叉持股

（1）上市公司控股子公司不得取得该上市公司的股份；

（2）上市公司控股子公司因公司合并、质权行使等原因持有上市公司股份的，不得行使所持股份对应的表决权，并应当及时处分相关上市公司股份。

> **萱姑点睛**
> 易混 ▶ 有限责任公司允许股权代持，见前文"实际出资人-名义股东的关系"。

二、国家出资公司组织机构的特别规定

知识点 071　国家出资公司的概念和类型 ★

国家出资公司，是指国家出资的国有独资公司、国有资本控股公司，包括国家出资的有限责任公司、股份有限公司。

由此可知，我国国家出资公司的类型包括：

1. 国有独资公司，即国家单独出资的公司。
2. 国有资本控股公司，即包含国家出资和其他主体出资，但国家出资占有控股地位的公司。

国家出资公司，既包括有限责任公司类型，也包括股份有限公司类型。

知识点 072　国家出资公司组织机构的共同规定 ★

1. 履行出资人职责的机构

代表本级人民政府履行出资人职责的机构、部门，统称为履行出资人职责的机构。其包括：

（1）由国务院或者地方人民政府分别代表国家依法履行出资人职责，享有出资人权益；

（2）可以授权国有资产监督管理机构或者其他部门、机构代表本级人民政府对国家出资公司履行出资人职责。

2. 国家出资公司中中国共产党的组织，按照中国共产党章程的规定发挥领导作用，研究讨论公司重大经营管理事项，支持公司的组织机构依法行使职权。

3. 国家出资公司应当依法建立健全内部监督管理和风险控制制度，加强内部合规管理。

知识点 073　国有独资公司组织机构的特殊规定 ★★★

1. 不设股东会

（1）国有独资公司不设股东会，由履行出资人职责的机构行使股东会职权；

（2）履行出资人职责的机构可以授权公司董事会行使股东会的部分职权，但公司章程的制定和修改，公司的合并、分立、解散、申请破产，增加或者减少注册资本，分配利润，应当由履行出资人职责的机构决定。

2. 可以不设监事会

国有独资公司在董事会中设置由董事组成的审计委员会行使《公司法》规定的监事会职权的，不设监事会或者监事。

3. 董事会

（1）国有独资公司的董事会成员中，应当过半数为外部董事，并应当有公司职工代表。

（2）董事会成员由履行出资人职责的机构委派；但是，董事会成员中的职工代表由公司职工代表大会选举产生。

> **萱姑点睛**
> **易混▶** 不是由"董事选举"或"章程"规定董事长的产生办法。

（3）董事会设董事长1人，可以设副董事长。董事长、副董事长由履行出资人职责的机构从董事会成员中指定。

（4）国有独资公司的经理由董事会聘任或者解聘。经履行出资人职责的机构同意，董事会成员可以兼任经理。

（5）国有独资公司的董事、高级管理人员，未经履行出资人职责的机构同意，不得在其他有限责任公司、股份有限公司或者其他经济组织兼职。

08 常考角度总结——SUMMARIZE

1. 加强对上市公司的监管：
   （1）禁止代持上市公司股票；
   （2）禁止和控股子公司交叉持股；
   （3）关于财务和审计工作，增加审计委员会的前置性决议程序。
2. 上市公司利害关系董事的表决权排除规则。
3. 上市公司独立董事的组成、任期等。
4. 国家出资公司：既包括有限责任公司类型，也包括股份有限公司类型。
5. 国有独资公司：不设股东会，兼职限制。

致努力中的你

永远不要认为我们可以逃避，我们的每一步都决定着最后的结局。

专题 09　公司董事、监事、高级管理人员的资格和义务

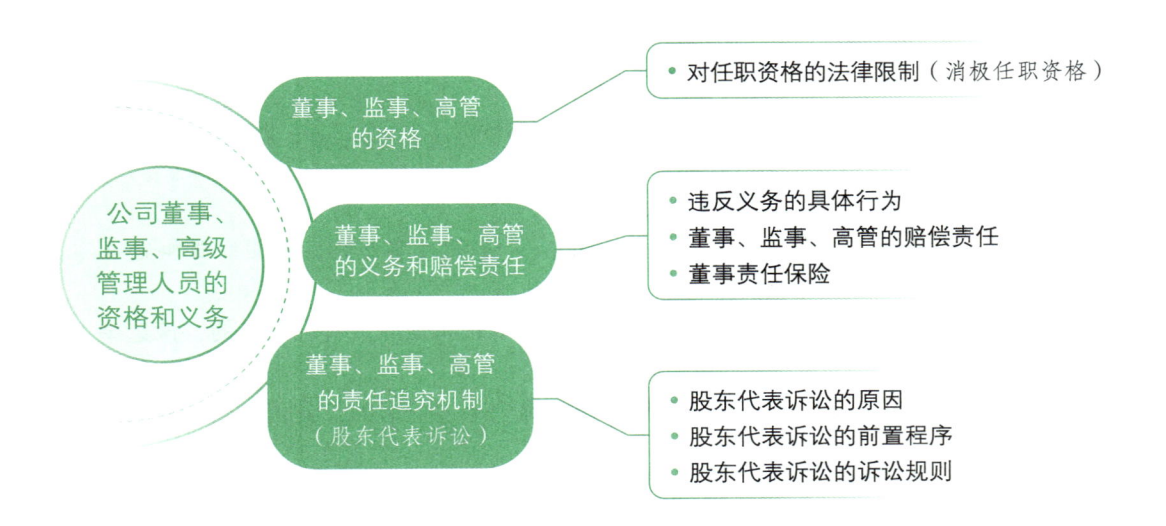

```
公司董事、     ┌─ 董事、监事、高管         • 对任职资格的法律限制（消极任职资格）
监事、高级 ────┤   的资格
管理人员的     │
资格和义务     ├─ 董事、监事、高管         • 违反义务的具体行为
              │   的义务和赔偿责任        • 董事、监事、高管的赔偿责任
              │                         • 董事责任保险
              │
              └─ 董事、监事、高管         • 股东代表诉讼的原因
                 的责任追究机制          • 股东代表诉讼的前置程序
                 （股东代表诉讼）         • 股东代表诉讼的诉讼规则
```

一、董事、监事、高管的资格

知识点 074　对任职资格的法律限制（消极任职资格） ★

在分析某人能否担任公司的董事、监事、高级管理人员时，公司法从其是否具备民事行为能力、有无特定犯罪、是否具备管理能力、是否失信等方面加以限制。

1. 资格限制

不得担任公司的董事、监事、高级管理人员的情形		举　　例
民事行为能力要求	无民事行为能力人或者限制民事行为能力人，不得担任。	［例］10 岁的张某可以成为公司股东，但不能担任公司的董、监、高。
无特定犯罪要求	（1）因贪污、贿赂、侵占财产、挪用财产或者破坏社会主义市场经济秩序，被判处刑罚，执行期满未逾 5 年，被宣告缓刑的，自缓刑考验期满之日起未逾 2 年； （2）因犯罪被剥夺政治权利，执行期满未逾 5 年，被宣告缓刑的，自缓刑考验期满之日起未逾 2 年。	［例］张某因重大责任事故罪被判处 3 年有期徒刑，今年年初刑满释放。张某能否担任萱草公司的董事？（能担任。因为"重大责任事故罪"不是贪污等经济类犯罪。）

续表

不得担任公司的董事、监事、高级管理人员的情形		举 例
管理能力要求	（1）担任破产清算的公司、企业的董事或者厂长、经理，对该公司、企业的破产负有个人责任的，自该公司、企业破产清算完结之日起未逾3年； （2）担任因违法被吊销营业执照、责令关闭的公司、企业的法定代表人，并负有个人责任的，自该公司、企业被吊销营业执照、责令关闭之日起未逾3年。	[例1] 魏某曾担任一家长期经营不善、负债累累的纺织厂的厂长，上任仅3个月，该纺织厂即破产。魏某能否担任萱草公司的董事？（能担任。"上任仅3个月"难以说明魏某对该纺织厂的破产"负有个人责任"。） [例2] 小敏是甲公司的大股东，持股70%。现甲公司因违法被吊销营业执照。小敏能否担任萱草公司的董事？（能担任。因为其身份是"股东"，并非"董事、高管"等经营管理人员。）
个人信用要求	个人因所负数额较大债务到期未清偿被人民法院列为失信被执行人。	

ⓘ 记忆：不能成为公司董、监、高的人员："小孩疯子贪污犯，无能经理加老赖"。

2. 违反任职资格的处理

（1）公司违反上述规定选举、委派董事、监事或者聘任高级管理人员的，该选举、委派或者聘任无效；

（2）董事、监事、高级管理人员在任职期间出现上述情形的，公司应当解除其职务。

二、董事、监事、高管的义务和赔偿责任

《公司法》

第179条　董事、监事、高级管理人员应当遵守法律、行政法规和公司章程。

第180条　董事、监事、高级管理人员对公司负有忠实义务，应当采取措施避免自身利益与公司利益冲突，不得利用职权牟取不正当利益。

董事、监事、高级管理人员对公司负有勤勉义务，执行职务应当为公司的最大利益尽到管理者通常应有的合理注意。

公司的控股股东、实际控制人不担任公司董事但实际执行公司事务的，适用前两款规定。

知识点 075　违反义务的具体行为★★★

1. 董事、监事、高级管理人员不得有下列行为：（违反忠实义务）

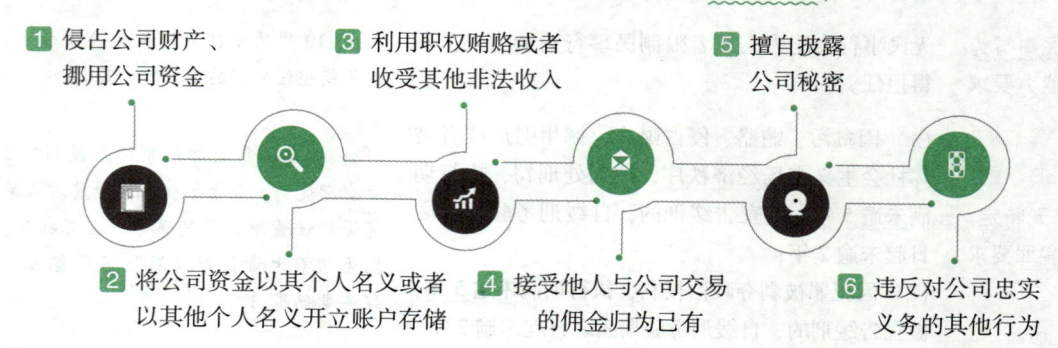

① 侵占公司财产、挪用公司资金
② 将公司资金以其个人名义或者以其他个人名义开立账户存储
③ 利用职权贿赂或者收受其他非法收入
④ 接受他人与公司交易的佣金归为己有
⑤ 擅自披露公司秘密
⑥ 违反对公司忠实义务的其他行为

2. 董事、监事、高级管理人员的受限制行为（违反勤勉义务）

类型		内容	回避表决规则
关联交易行为	概念	董事、监事、高管，直接或者间接与本公司订立合同或者进行交易。	（1）董事会对左栏所列事项决议时，关联董事不得参与表决，其表决权不计入表决权总数； （2）出席董事会会议的无关联关系董事人数不足3人的，应当将该事项提交股东会审议。
	报告和决议	应当就与订立合同或者进行交易有关的事项向董事会或者股东会报告，并按照公司章程的规定经董事会或者股东会决议通过。	
	关联人的范围	（1）董事、监事、高管及其近亲属； （2）上述人员直接或者间接控制的企业； （3）与董事、监事、高管有其他关联关系的关联人。	
谋取属于公司的商业机会	原则	董事、监事、高管，不得利用职务便利为自己或者他人谋取属于公司的商业机会。	
	例外	（1）向董事会或者股东会报告，并按照公司章程的规定经董事会或者股东会决议通过； （2）根据法律、行政法规或者公司章程的规定，公司不能利用该商业机会。	
同业竞争行为	原则	董事、监事、高管，不得自营或为他人经营与其任职公司同类的业务。	
	例外	向董事会或者股东会报告，并按照公司章程的规定经董事会或者股东会决议通过。	

3. 违反上述义务的处理

（1）董事、监事、高管违反上述规定所得的收入应当归公司所有；

（2）董事、监事、高管执行职务违法、违反公司章程的规定，给公司造成损失的，应当承担赔偿责任；（见下文）

（3）若公司拒绝起诉或者怠于起诉，则会引发股东代表诉讼。（见下文）

知识点 076 董事、监事、高管的赔偿责任★★★

1. 资本维持时的责任

A 核查催缴出资
有限责任公司成立后，董事会应当对股东的出资情况进行核查……催缴出资；董事会未及时履行前述义务，给公司造成损失的，负有责任的董事应当承担赔偿责任。

B 抽逃出资
公司成立后，因股东抽逃出资，给公司造成损失的，负有责任的董事、监事、高级管理人员应当与该股东承担连带赔偿责任。

D 违规减资
违反《公司法》规定减少注册资本，给公司造成损失的，股东及负有责任的董事、监事、高级管理人员应当承担赔偿责任。

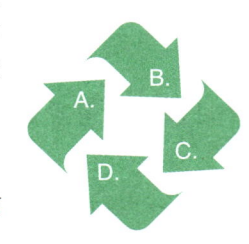

C 违规分配利润
违反《公司法》规定向股东分配利润，给公司造成损失的，股东及负有责任的董事、监事、高级管理人员应当承担赔偿责任。

2. 公司经营中的责任：对公司的赔偿责任
（1）关联交易损害公司利益：公司的控股股东、实际控制人、董事、监事、高级管理人员不得利用关联关系损害公司利益。违反前述规定，给公司造成损失的，应当承担赔偿责任。
（2）执行职务违法、违规：董事、监事、高级管理人员执行职务违反法律、行政法规或者公司章程的规定，给公司造成损失的，应当承担赔偿责任。
（3）（股份有限公司）违规提供财务资助：违反规定为他人取得本公司或者其母公司的股份提供财务资助，给公司造成损失的，负有责任的董事、监事、高级管理人员应当承担赔偿责任。
（4）清算责任：清算组成员（原则上为董事）怠于履行清算职责，给公司造成损失的，应当承担赔偿责任。
3. 公司经营中的责任：对股东、债权人、其他人的赔偿责任
（1）董事、高级管理人员违反法律、行政法规或者公司章程的规定，损害股东利益的，股东可以向法院提起诉讼。（股东直接诉讼）
（2）公司的控股股东、实际控制人指示董事、高级管理人员从事损害公司或者股东利益的行为的，与该董事、高级管理人员承担连带责任。
（3）清算义务人（董事）未及时履行清算义务，给公司或者债权人造成损失的，应当承担赔偿责任。
（4）清算组成员因故意或者重大过失给债权人造成损失的，应当承担赔偿责任。
（5）董事、高级管理人员执行职务，给他人造成损害的，公司应当承担赔偿责任；董事、高级管理人员存在故意或者重大过失的，也应当承担赔偿责任。

知识点 077 董事责任保险 ★

1. 公司可以在董事任职期间为董事因执行公司职务承担的赔偿责任投保责任保险。
2. 公司为董事投保责任保险或者续保后，董事会应当向股东会报告责任保险的投保金额、承保范围及保险费率等内容。

三、董事、监事、高管的责任追究机制（股东代表诉讼）

股东代表诉讼，又称派生诉讼、股东代位诉讼，是指当公司的合法权益受到内部人的不法侵害而公司却怠于起诉时，股东以自己的名义起诉，所获赔偿归于公司的一种诉讼制度。它赋予了股东为公司利益而以自己的名义直接向法院提起诉讼的权利。

知识点 078 股东代表诉讼的原因

诉讼原因可概括为"内部人（可控制公司或者对公司决策能够产生重大影响的人）损害公司利益"。具体包括：
1. 董事、监事、高级管理人员侵犯公司合法权益，给公司造成损失
（1）董事、监事、高级管理人员执行职务违反法律、行政法规或者公司章程的规定，给公司造成损失的，应当承担赔偿责任；

（2）公司没有提起诉讼的，符合条件的股东可以提起股东代表诉讼。

[例] 翔叔是萱草公司的董事长和法定代表人。他擅自将价值10万元的私家车以100万元的价格出售给萱草公司。此案应当以萱草公司为原告，翔叔（法定代表人）为诉讼代表人，但此案被告恰恰是翔叔。一般情况下不会"自己告自己"，故当公司的合法权益受到内部人侵害时，公司很难主张赔偿。

2. 他人侵犯公司合法权益，给公司造成损失

（1）关联交易损害公司利益的，公司可请求控股股东、实际控制人、董事、监事、高级管理人员赔偿所造成的损失；公司没有提起诉讼的，符合条件的股东可以提起股东代表诉讼。

（2）关联交易合同存在无效、可撤销或者对公司不发生效力的情形，公司没有起诉合同相对方的，符合条件的股东可以提起股东代表诉讼，起诉合同相对方。

易错： 若是外部人损害公司利益，如甲、乙公司订立购销合同，乙公司违约但甲公司未起诉，此时甲公司的股东不能对乙公司提起股东代表诉讼。

知识点 079 股东代表诉讼的前置程序★★★

1. 原则：进行"交叉请求"。

出现上述"内部人损害公司利益"情形的，股东应当先向公司有关机关提出请求，请求公司向法院提起诉讼。该"请求"需要遵守下列规则：

（1）董事、高级管理人员有前述情形的，适格股东（有限责任公司的股东、股份有限公司连续180日以上单独或者合计持有公司1%以上股份的股东）可以书面请求监事会向法院提起诉讼；

（2）监事有前述情形的，前述股东可以书面请求董事会向法院提起诉讼；

（3）股东没有履行该前置程序的，法院应当驳回起诉；

（4）公司全资子公司的董事、监事、高级管理人员有前述情形，或者他人侵犯公司全资子公司合法权益造成损失的，适格股东可以依据前述"交叉请求"规则，书面请求全资子公司的监事会、董事会向法院提起诉讼或者以自己的名义直接向法院提起诉讼。

2. 例外：无需"交叉请求"，直接诉讼。

如果查明的相关事实表明，在股东向公司有关机关提出书面申请之时，根本不存在公司有关机关提起诉讼的可能性，法院不应当以原告未履行前置程序为由驳回起诉。

原理
"交叉请求"可概括为："董事、高管害公司→向监事会请求；监事害公司→向董事会请求"。

3. 交叉请求的后果

（1）接受请求：公司直接诉讼。

公司相应机关（董事会、监事会等）接受股东请求，则公司对董事、高级管理人员或者监事提起诉讼。此时，原告为公司，被告为侵权人（损害公司利益的董事、监

萱姑点睛

易错▶ 这是公司直接诉讼，而非股东代表诉讼。

事、高级管理人员、控股股东或者关联合同相对方)。

(2) 拒绝请求：股东代表诉讼。(见下文)

知识点 080 股东代表诉讼的诉讼规则 ★★★

1. 前提：公司没有接受上述股东的书面请求。

具体是指：

(1) 公司相应机关（董事会、监事会等）收到股东书面请求后拒绝提起诉讼；

(2) 公司相应机关自收到请求之日起 30 日内未提起诉讼；

(3) 情况紧急，不立即提起诉讼将会使公司利益受到难以弥补的损害。

2. 诉讼当事人

(1) 原告为股东，股东有权为公司利益以自己的名义直接向法院提起诉讼。

	有限责任公司	股份有限公司
原告资格	只要是股东即可，没有持股比例、持股时间的要求。	股东要满足"连续 180 日以上单独或者合计持有公司 1%以上股份"的条件。（180 日+1%）
时间要求	① 起诉时具有股东资格。被告以行为发生时原告尚未成为公司股东为由抗辩该股东不是适格原告的，法院不予支持。 ② 一审法庭辩论终结前，其他适格股东以相同的诉讼请求申请参加诉讼的，应当列为共同原告。	

(2) 被告为侵权人。

(3) 公司为第三人。

[例] 2021 年 8 月，A 咖啡公司因为董事、高管等组织虚假交易的不正当竞争行为被市场监督管理总局罚款 4000 万元，但 A 咖啡公司对相关责任人未予追究。2022 年 6 月，张某通过购买原大股东的股权成为 A 咖啡公司的股东。此时，张某有权提起股东代表诉讼。

3. 诉讼利益的归属

(1) 胜诉利益归属于公司。股东请求被告直接向其承担民事责任的，不予支持。

原理

因为公司是实质上的受害人，股东仅为"形式上的原告"，该情形并非股东利益受损。

(2) 股东代表诉讼中，原告股东和被告达成和解的，需要公司股东会或者董事会决议通过。

(3) 诉讼请求部分或者全部得到法院支持的，公司应当承担股东因参加诉讼支付的合理费用。[1]

---

[1] 在前述"交叉请求的前置规则"中，我们知道，股东需要先向公司有关机关提出"请求"，在被拒绝等情形下，股东才能提起代表诉讼。这说明公司并不希望提起该诉讼。所以，如果股东败诉，股东支出的调查费、评估费、公证费等费用均由股东自行承担。

随堂小测

大翔为甲有限责任公司（以下简称"甲公司"）的经理，利用职务之便为其弟弟小翔经营的乙公司谋取本来属于甲公司的商业机会，致甲公司损失50万元。甲公司小股东飞侠欲通过诉讼维护公司利益。关于飞侠的做法，下列哪些选项是错误的？（多选）[1]

A. 必须先书面请求甲公司董事会对大翔提起诉讼
B. 必须先书面请求甲公司监事会对大翔提起诉讼
C. 只有在董事会拒绝起诉的情况下，才能请求监事会对大翔提起诉讼
D. 只有在其股权达到1%时，才能请求甲公司有关机关对大翔提起诉讼

总结 股东代表诉讼分析步骤（股东视角）

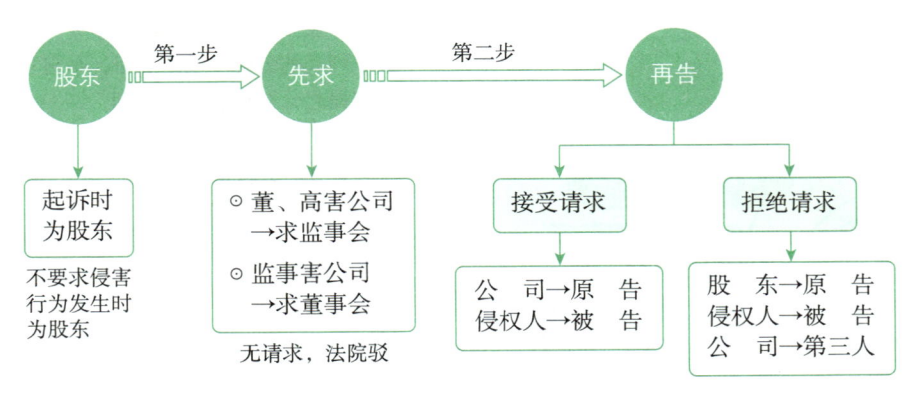

```
股东 ──第一步──> 先求 ──第二步──> 再告
 │                 │                ├── 接受请求        ├── 拒绝请求
 │                 │                │                   │
起诉时            ○ 董、高害公司      公司→原告          股东→原告
为股东             →求监事会         侵权人→被告        侵权人→被告
                                                       公司→第三人
不要求侵害        ○ 监事害公司
行为发生时         →求董事会
为股东
                  无请求，法院驳
```

09 常考角度总结 SUMMARIZE

1. 不能成为公司董、监、高的人员："小孩疯子贪污犯，无能经理加老赖"。
2. 公司任免董事、监事、高管合法性的判断。
3. 区分董事、监事、高管的禁止行为和受限制行为；掌握受限制行为的类型。
4. 董事、高管对公司、股东、债权人的赔偿责任。
5. 从实体法角度，可考查股东能否提起股东代表诉讼；从程序法角度，可考查股东如何提起股东代表诉讼，尤其要注意其特殊的诉讼规则。

---

[1] ACD

专题 10　公司的财务与会计、合并与分立、增资与减资、解散与清算

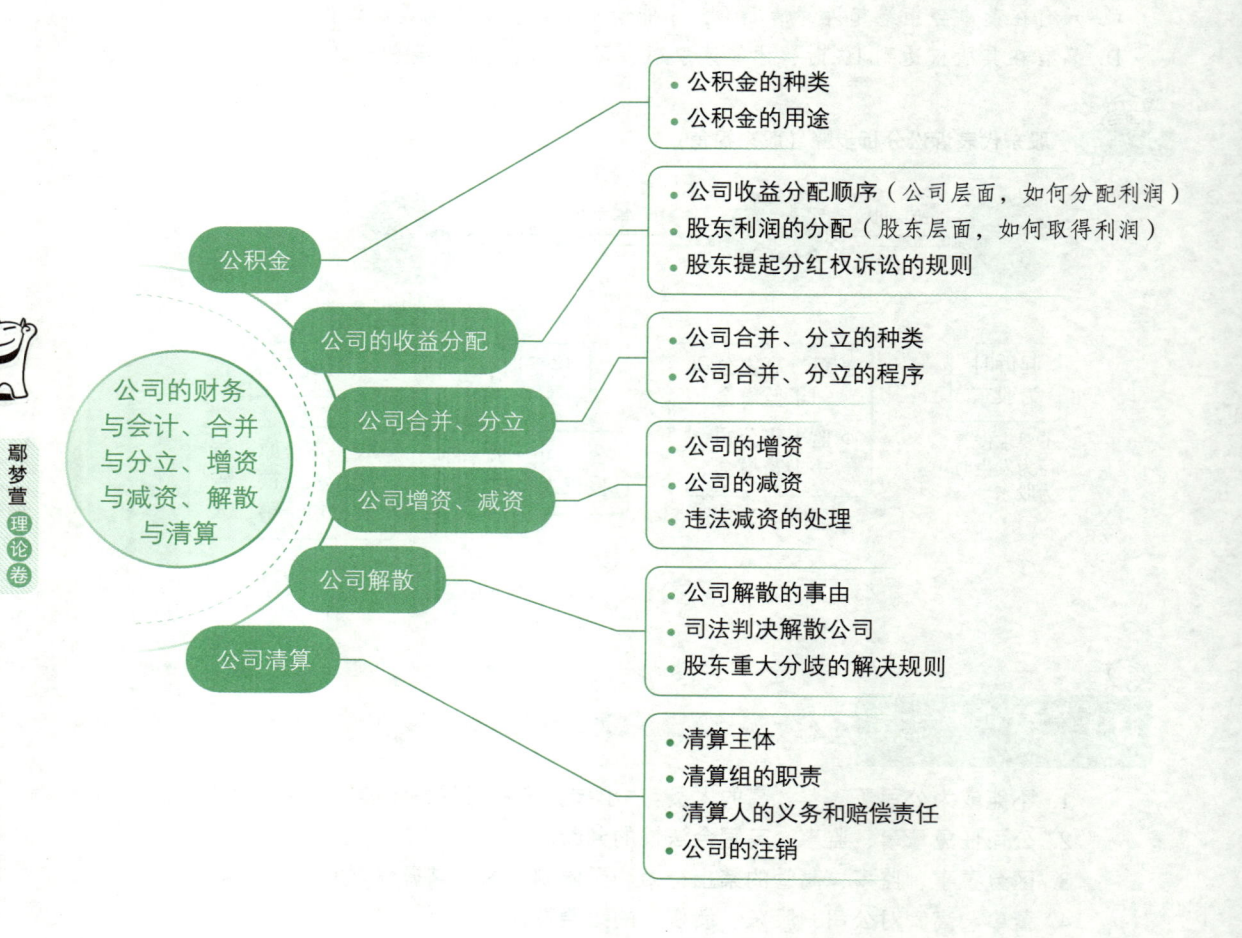

思维导图：

- 公司的财务与会计、合并与分立、增资与减资、解散与清算
  - 公积金
    - 公积金的种类
    - 公积金的用途
  - 公司的收益分配
    - 公司收益分配顺序（公司层面，如何分配利润）
    - 股东利润的分配（股东层面，如何取得利润）
    - 股东提起分红权诉讼的规则
  - 公司合并、分立
    - 公司合并、分立的种类
    - 公司合并、分立的程序
  - 公司增资、减资
    - 公司的增资
    - 公司的减资
    - 违法减资的处理
  - 公司解散
    - 公司解散的事由
    - 司法判决解散公司
    - 股东重大分歧的解决规则
  - 公司清算
    - 清算主体
    - 清算组的职责
    - 清算人的义务和赔偿责任
    - 公司的注销

一、公积金

公积金，又称储备金，是指公司为增强自身财产能力、扩大生产经营和预防意外亏损，依法从公司利润中提取的款项。

知识点 081　公积金的种类 ★

1. 法定公积金

（1）公司分配当年税后利润时，应当提取利润的 10% 列入公司法定公积金；

（2）法定公积金累计额为公司注册资本的50%以上的，可以不再提取。

法定公积金转为增加注册资本时，所留存的该项公积金不得少于转增前公司注册资本的25%。

[例] 萱草公司现有注册资本3000万元，法定公积金1000万元。若可转增为注册资本的上限为X，则计算公式为（1000-X）≥3000×25%，可以得出：X≤250万元。

2. 任意公积金。公司从税后利润中提取法定公积金后，经股东会决议，还可以从税后利润中提取任意公积金。

3. 资本公积金。下列项目应当列为公司资本公积金[1]：

| 公司以超过股票票面金额的发行价格发行股份所得的溢价款。（见下例） | 公司发行无面额股所得股款未计入注册资本的金额。 | 国务院财政部门规定列入资本公积金的其他项目。 |

[例] 萱草公司注册资本为100万元，张某和罗某是股东，分别持有70%、30%的股权。2022年，萱草公司决定增加注册资本并引入投资方百果公司。张某、罗某、萱草公司、百果公司另签订投资协议，约定百果公司投资2000万元，持有20%的股权。

问：百果公司投资的2000万元中，多少列入萱草公司的注册资本？多少列入资本公积金？

答：设X列入注册资本，则X÷（100+X）=20%，可以得出X=25万元。所以，百果公司的2000万元投资款中，25万元列入注册资本，其余的列入资本公积金。

知识点 082　公积金的用途 ★

1. 公积金用于弥补公司的亏损、扩大公司生产经营或者转为增加公司注册资本。

2. 公积金弥补公司亏损，应当先使用任意公积金和法定公积金；仍不能弥补的，可以按照规定使用资本公积金。

3. 法定公积金不足以弥补以前年度亏损的，在依照前述规定提取法定公积金之前，应当先用当年利润弥补亏损。

二、公司的收益分配

知识点 083　公司收益分配顺序（公司层面，如何分配利润）★★★

1. 依据法定顺序分配

（1）公司弥补亏损和提取公积金后，所余税后利润向股东进行分配；

（2）公司违反《公司法》规定在弥补亏损和提取公积金之前向股东分配利润的，股东应当将违反规定分配的利润退还公司；

---

[1] 该笔资金，本质是企业收到的投资者超出其在企业注册资本或股本中所占份额的投资，以及直接计入所有者权益的利得和损失、留存收益等。

(3) 给公司造成损失的，股东及负有责任的董事、监事、高级管理人员应当承担赔偿责任。

2. 公司持有的本公司股份不得分配利润。

> **原理** 公司在法定情形下收购的本公司股份，需在一定期间内转让或者注销。故在公司转让或者注销前，即使持有本公司股份，也不得分配公司利润。

知识点 084 股东利润的分配（股东层面，如何取得利润）★★★

1. 依据实缴（实持）比例分配。公司弥补亏损和提取公积金后所余税后利润，有限责任公司按照股东实缴的出资比例分配利润，全体股东约定不按照出资比例分配利润的除外；股份有限公司按照股东所持有的股份比例分配利润，公司章程另有规定的除外。

[例] 萱草公司注册资本为100万元，甲、乙、丙各按20%、30%、50%的比例一次性缴纳出资。甲、乙缴足，但丙仅缴纳30万元，则丙的实缴出资比例为37.5%。具体计算为：实缴注册资本总计80万元，丙实际出资30万元，则30÷80＝37.5%。若当年萱草公司分红总额为10万元，丙可获得3.75万元。

2. 公司分配利润的时间。股东会作出分配利润的决议的，董事会应当在股东会决议作出之日起6个月内进行分配。

知识点 085 股东提起分红权诉讼的规则★★★

1. 股东提交载明具体分配方案的股东会的有效决议，请求公司分配利润，公司拒绝分配利润且其关于无法执行决议的抗辩理由不成立的，法院应当判决公司按照决议载明的具体分配方案向股东分配利润。

2. 股东未提交载明具体分配方案的股东会决议，请求公司分配利润的，法院应当驳回其诉讼请求。

但是，违反法律规定滥用股东权利导致公司不分配利润，给其他股东造成损失的，法院可以判决公司分红。

> **原理** 公司盈余分配是公司自主决策事项，是公司或股东基于自身的知识与经验作出的商业判断，因此，法院在介入属于公司意思自治范畴的盈余分配事宜时应当谨慎，不得强制判决公司分配利润。

三、公司合并、分立★

公司合并	其指2个或2个以上的公司订立合并协议，不经过清算程序，直接结合为1个公司的法律行为。
公司分立	其指1个公司通过签订分立协议，不经过清算程序，分为2个或2个以上公司的法律行为。

知识点 086　公司合并、分立的种类★

	种　类	法律效果（对公司主体资格的影响）	法律效果（债权、债务的承担）
合　并	吸收合并（A+B=A）	一个公司吸收其他公司，被吸收的公司解散。（兼并）	合并各方的债权、债务，应当由合并后存续的公司或者新设的公司承继。
	新设合并（A+B=C）	两个以上公司合并设立一个新的公司，合并各方解散。	
分　立	新设分立（A=B+C）	一个公司分立为多个公司，原公司解散。（拆分）	(1) 公司分立前的债务由分立后的公司承担连带责任； (2) 公司在分立前与债权人就债务清偿达成的书面协议另有约定的除外。
	派生分立（A=A+B）	一个公司的一部分业务分立出去成立另一个公司，原公司继续存在。	

知识点 087　公司合并、分立的程序★★

		合　并	分　立
共同程序	公司登记类型	(1) 设立登记：因合并、分立设立新公司； (2) 变更登记：因合并、分立导致公司登记事项发生变更； (3) 注销登记：因合并、分立导致原公司解散。	
	通知、公告	(1) 签订合并协议或者分立协议； (2) 编制资产负债表及财产清单； (3) 公司应当自作出合并/分立决议之日起 10 日内通知债权人，并于 30 日内在报纸上或者国家企业信用信息公示系统公告。	
	对债权人的保护	债权人自接到通知之日起 30 日内，未接到通知的自公告之日起 45 日内，可以要求公司清偿债务或者提供相应的担保。	
特殊程序	简易合并	(1) 公司（A）与其持股 90% 以上的公司（B）合并，被合并的公司（B）不需经股东会决议，但应当通知其他股东，其他股东有权请求公司按照合理的价格收购其股权或者股份。 (2) 公司合并支付的价款不超过本公司净资产 10% 的，可以不经股东会决议；但是，公司章程另有规定的除外。 (3) 公司依照上述规定合并不经股东会决议的，应当经董事会决议。	（无）

易　混

仅在合并程序中，债权人有权要求公司清偿债务或者提供相应的担保。因为在分立程序中，债务由分立后的公司承担连带责任，已经满足了对债权人的强保护。

四、公司增资、减资

知识点 088 公司的增资★★★

分类		要点	原理
公司增资的程序（是否增资）	有限责任公司	股东会作出增加或者减少注册资本的决议，应当经代表2/3以上表决权的股东通过。	增资、减资和公司经营相关，公司的利益和大股东利益一致，故公司是否增资、减资，只需要"多数决"，即"代表2/3以上表决权的股东通过"。
	股份有限公司	股东会作出增加或者减少注册资本的决议，应当经出席会议的股东所持表决权的2/3以上通过。	
原股东的优先认股权（如何缴纳）	有限责任公司	公司增加注册资本时： （1）股东在同等条件下有权优先按照实缴的出资比例认缴出资。但是，全体股东约定不按照出资比例优先认缴出资的除外。（见随堂小测） （2）股东认缴新增资本的出资，依照《公司法》设立有限责任公司缴纳出资的有关规定执行。	（1）经"代表2/3以上表决权的股东通过"的规则，是指公司注册资本的增加或减少，但不包括增资或减资后股权在各股东之间的分配。 （2）不同比增资或减资会打破现有股权分配情况，不得以"多数决"的形式改变股东以出资比例所形成的现有股权架构。如果改变，需要"全体股东一致同意"，即"一致决"而非"多数决"。
	股份有限公司	为增加注册资本发行新股时： （1）股东不享有优先认购权，公司章程另有规定或者股东会决议决定股东享有优先认购权的除外。 （2）股东认购新股，依照《公司法》设立股份有限公司缴纳股款的有关规定执行。	无上述"不同比例增资"的规定。

提 示

注意公司增资表决比例（2/3以上表决权）和股东改变实缴出资比例（"一致决"）。

随堂小测

萱草有限责任公司共有6位股东。股东会决议，该次增资引进外部投资者A，500万元增资款均由A缴纳。张某同意增资但反对引进A，其他几位股东因为自有资金不足，均同意由A定向增资。

问：张某可采取何种救济措施？张某能否就其他股东放弃的出资额行使优先认购权？

答：张某有权按照自己实缴的出资比例，主张在此次增资时享有优先认购权。也即在有外部投资者A存在时，仍然要保护张某的优先认购权。但张某无权优先认购其他股东放弃的部分。

知识点 089 公司的减资 ★★★

适用条件		减资程序	法律后果	
常规减资	公司资产可弥补亏损。	（1）股东会作出减资决议； （2）公司减少注册资本，应当编制资产负债表及财产清单； （3）公司应当自股东会作出减少注册资本决议之日起 10 日内通知债权人，并于 30 日内在报纸上或者国家企业信用信息公示系统公告； （4）债权人自接到通知之日起 30 日内，未接到通知的自公告之日起 45 日内，有权要求公司清偿债务或者提供相应的担保。	有限责任公司	（1）公司减少注册资本，应当按照股东出资的比例相应减少出资额。 （2）法律另有规定、有限责任公司全体股东另有约定的除外。 ⓘ 提示：同比例减资原则。
			股份有限公司	（1）公司减少注册资本，应当按照股东持有股份的比例相应减少股份； （2）法律另有规定、股份有限公司章程另有规定的除外。
简易减资	公司依照法定顺序弥补亏损后，仍有亏损的，可以减少注册资本弥补亏损。	（1）股东会作出减资决议； （2）公司应当自股东会作出减少注册资本决议之日起 30 日内在报纸上或者国家企业信用信息公示系统公告。		（1）减少注册资本弥补亏损的，公司不得向股东分配，也不得免除股东缴纳出资或者股款的义务； （2）公司依法减少注册资本后，在法定公积金和任意公积金累计额达到公司注册资本 50% 前，不得分配利润。

📚 **易混**：

1. 增加注册资本无对债权人保护的要求。
2. 简易减资，无需通知债权人，债权人也无权要求公司清偿债务或提供相应的担保。

知识点 090 违法减资的处理 ★★★

1. 违反《公司法》规定减少注册资本的，股东应当退还其收到的资金，减免股东出资的应当恢复原状。
2. 给公司造成损失的，股东及负有责任的董事、监事、高级管理人员应当承担赔偿责任。

提 示

就违法减资和公司债权人的关系，目前在我国法律中没有明确。下列两种观点均来自最高人民法院近年裁判规则：

[观点1] 形式上的减资，股东不构成抽逃出资，不对公司债权人承担补充赔偿责任。（本书支持）

（1）减资程序违法不能一概认定为股东抽逃出资。公司在减资过程中存在程序违法的情形，与股东利用公司减资而抽逃出资是两个不同的问题，违法减资的责任主体是公司，抽逃

出资的责任主体是股东，故不能仅因公司减资程序违法就一概认定为股东抽逃出资。

（2）股东抽逃出资的行为本质上是股东侵犯公司财产权的行为，导致公司责任财产减少。如果在公司减资过程中，股东并未实际抽回资金（例如，未届认缴出资期限，股东认缴出资金额很高，现降低认缴出资金额，但未实际从公司取得股款），则属于形式上的减资，即公司登记的注册资本虽然减少，但公司的责任财产并未发生变化。

（3）上述情形下，虽然公司减资存在程序违法，应由相关管理机关对其实施一定的处罚，但股东并未利用公司减资程序实际抽回出资，未损害债权人的利益，因此不能因公司减资程序不合法就认定股东构成抽逃出资。

（4）结论：形式上的减资，股东不构成抽逃出资，不对公司债权人承担补充赔偿责任。

[观点2] 各股东在减资范围内承担补充赔偿责任。（本书不支持）

（1）公司在减资时未对已知债权人进行减资通知，使得债权人丧失了在公司减资前要求其清偿债务或提供担保的权利。该情形与股东违法抽逃出资的实质以及对债权人利益受损的影响，在本质上并无不同。

（2）因此，尽管我国法律未具体规定在公司不履行减资法定程序导致债权人利益受损时股东的责任，但可比照公司法的相关原则和规定来加以认定。

（3）结论：由于公司在减资行为上存在瑕疵，致使减资前形成的公司债权在减资之后清偿不能的，股东应在公司减资数额范围内对公司债务不能清偿的部分承担补充赔偿责任。

五、公司解散

公司解散，是指已成立的公司基于一定合法事由而使公司消灭的法律行为。

知识点 091 公司解散的事由

分 类		特殊规则
一般解散	（1）公司章程规定的营业期限届满或者公司章程规定的其他解散事由出现； （2）股东会决议解散。	公司有左列两种情形，且尚未向股东分配财产的，可以通过修改公司章程或者经股东会2/3以上表决权通过决议而存续。
	因公司合并或者分立需要解散。	此种情形无需清算。
强制解散	依法被吊销营业执照、责令关闭或者被撤销而解散。	（无）
司法解散	出现公司僵局的情形，适格股东向法院提起诉讼，请求司法判决解散。	（见下文）

知识点 092 司法判决解散公司★★★

《公司法》第231条　公司经营管理发生严重困难，继续存续会使股东利益受到重大损失，通过其他途径不能解决的，持有公司10%以上表决权的股东，可以请求人民法院解散公司。

1. 司法判决解散公司的原因：公司经营管理发生严重困难，处于"僵局"状态。

具体包括：

1 公司持续2年以上无法召开股东会，公司经营管理发生严重困难的

2 股东表决时无法达到法定或者公司章程规定的比例，持续2年以上不能作出有效的股东会决议，公司经营管理发生严重困难的

3 公司董事长期冲突，且无法通过股东会解决，公司经营管理发生严重困难的

4 经营管理发生其他严重困难，公司继续存续会使股东利益受到重大损失的情形

司法判决解散公司的原因

2. 其他事由，不可判决解散公司。

（1）股东以知情权、利润分配请求权等权益受到损害为由，提起解散公司诉讼的，人民法院不予受理；

（2）股东以公司亏损、财产不足以偿还全部债务为由，提起解散公司诉讼的，人民法院不予受理；

（3）股东以公司被吊销企业法人营业执照未进行清算等为由，提起解散公司诉讼的，人民法院不予受理。

【原理】判断"公司经营管理是否发生严重困难"，应从公司组织机构的运行状态进行综合分析。股东会机制长期失灵，内部管理有严重障碍，已陷入"僵局"状态，即使公司处于盈利状态，也可以认定为公司经营管理发生严重困难。

3. 诉讼规则

（1）原告：单独或者合计持有公司全部股东表决权10%以上的股东，可提起司法解散之诉。

（2）被告：解散公司诉讼应当以公司为被告。

（3）第三人：原告以其他股东为被告一并提起诉讼的，法院应当告知原告将其他股东变更为第三人；原告坚持不予变更的，法院应当驳回原告对其他股东的起诉。

（4）股东提起解散公司诉讼，同时又申请法院对公司进行清算的，法院对其提出的清算申请不予受理。

（5）股东提起解散公司诉讼时，向法院申请财产保全或者证据保全的，在股东提供担保且不影响公司正常经营的情形下，法院可予以保全。

【经典案例】

林某、戴某为凯莱公司的股东。2016年起，二人之间的矛盾逐渐显现。同年，林某5次委托律师向凯莱公司和戴某发函称，因股东权益受到严重侵害，林某作为享有公司股东会1/2表决权的股东，已按公司章程规定的程序表决并通过了解散凯莱公司的决议，要求戴某提供凯莱

公司的财务账册等资料，并对凯莱公司进行清算。同年，戴某3次回函称，林某作出的股东会决议没有合法依据，戴某不同意解散公司，并要求林某交出公司财务资料。从2016年至2019年，凯莱公司持续4年未召开过股东会。在纠纷处理过程中，服装城管委会调解委员会2次组织双方进行调解，但均未成功。2020年12月，林某向法院提起诉讼，请求解散凯莱公司，但遭到戴某反对，因为至林某提起诉讼时，凯莱公司及其下属分公司运营状态良好。[1]

问：股东林某提出的解散公司的诉讼请求能否得到法院支持？

答：能。该公司虽处于盈利状态，但其股东会机制长期失灵，公司陷入"僵局"状态且无法通过其他方法解决，连续超过2年未能召开股东会，使得股东权益受到重大损害，可以认定为公司经营管理发生严重困难，符合条件的股东可以提起解散公司诉讼。

知识点 093 股东重大分歧的解决规则 ★

涉及有限责任公司股东的重大分歧案件，法院审理时需要掌握：

1. 应当注重调解。
2. 当事人协商一致的，可以采取下列方式解决分歧：

① 公司回购部分股东股份

经法院调解公司收购原告股份的，公司应当自调解书生效之日起6个月内将股份转让或者注销。股份转让或者注销之前，原告不得以公司收购其股份为由对抗公司债权人。

② 公司减资、分立

③ 其他股东或者他人受让部分股东股份

④ 其他能够解决分歧，恢复公司正常经营，避免公司解散的方式

3. 当事人不能协商一致使公司存续的，法院应当及时判决。

原理 股东产生重大分歧使公司无法正常运营出现"公司僵局"时，应当尽可能地避免解散。

六、公司清算 ★

清算，是指在公司解散后，清算义务人处理公司未了结的业务、偿还公司所欠税款、清偿公司债务、向股东分配剩余财产。这一系列工作完成后，申请公司注销登记。

萱姑点睛

易混 ▶ 此处的"清算"≠破产清算程序，后者要遵守《企业破产法》的规则。

知识点 094 清算主体 ★★

1. 一般清算

（1）董事为公司清算义务人，应当在解散事由出现之日起15日内组成清算组进行清算；

（2）清算组由董事组成，但是公司章程另有规定或者股东会决议另选他人的除外。

2. 指定清算

（1）公司逾期不成立清算组进行清算或者成立清算组后不清算的，利害关系人可以申

---

[1] 改编自最高人民法院第8号指导案例：林方清诉常熟市凯莱实业有限公司、戴小明公司解散纠纷案。

请人民法院指定有关人员组成清算组进行清算；

（2）公司依法解散的，作出吊销营业执照、责令关闭或者撤销决定的部门或者公司登记机关，可以申请人民法院指定有关人员组成清算组进行清算。

知识点 095 清算组的职责 ★★

1. 通知和公告债权人

（1）清算组应当自成立之日起10日内通知债权人，并于60日内公告；

（2）债权人应当自接到通知之日起30日内，未接到通知的自公告之日起45日内，向清算组申报其债权；

（3）在申报债权期间，清算组不得对债权人进行清偿。

2. 制订清算方案

（1）清算组应当制订清算方案，并报股东会或者人民法院确认；

（2）清算期间，公司存续，但不得开展与清算无关的经营活动。

3. 剩余财产的分配

（1）股东尚未缴纳的出资均应作为清算财产，不受诉讼时效、出资期限的限制。

（2）清算财产按照下列顺序分配：

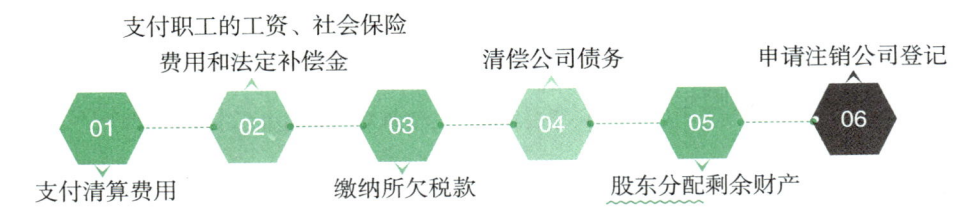

01 支付清算费用 → 02 支付职工的工资、社会保险费用和法定补偿金 → 03 缴纳所欠税款 → 04 清偿公司债务 → 05 股东分配剩余财产 → 06 申请注销公司登记

（3）公司财产在未依照前述顺序清偿前，不得分配给股东。

知识点 096 清算人的义务和赔偿责任 ★★★

清算人负有忠实义务和勤勉义务。

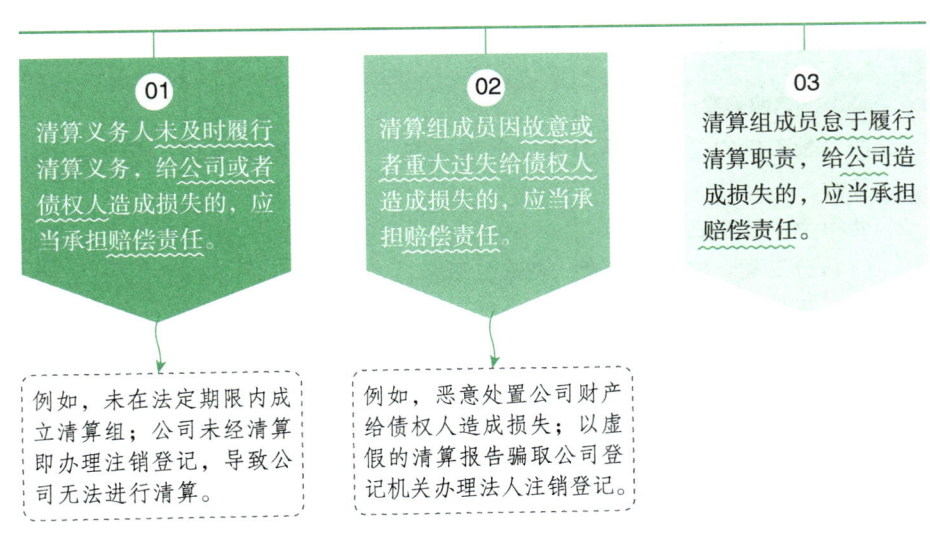

01 清算义务人未及时履行清算义务，给公司或者债权人造成损失的，应当承担赔偿责任。

例如，未在法定期限内成立清算组；公司未经清算即办理注销登记，导致公司无法进行清算。

02 清算组成员因故意或者重大过失给债权人造成损失的，应当承担赔偿责任。

例如，恶意处置公司财产给债权人造成损失；以虚假的清算报告骗取公司登记机关办理法人注销登记。

03 清算组成员怠于履行清算职责，给公司造成损失的，应当承担赔偿责任。

原理

清算人的赔偿责任，其性质是违反履行清算义务致使公司无法清算所应当承担的侵权责任。

知识点 097 公司的注销★★

	适用情形	程　　　序
普通注销	（无）	公司清算结束后，清算组应当制作清算报告，报股东会或者人民法院确认，并报送公司登记机关，申请注销公司登记。
简易注销	（1）公司在存续期间未产生债务，或者已清偿全部债务； （2）经全体股东承诺。	（1）通过国家企业信用信息公示系统予以公告，公告期限不少于20日； （2）公告期限届满后，未有异议的，公司可以在20日内向公司登记机关申请注销公司登记； （3）公司通过简易程序注销公司登记，股东承诺不实的，应当对注销登记前的债务承担连带责任。
强制注销	公司被吊销营业执照、责令关闭或者被撤销，满3年未向公司登记机关申请注销公司登记。	（1）公司登记机关可以通过国家企业信用信息公示系统予以公告，公告期限不少于60日； （2）公告期限届满后，未有异议的，公司登记机关可以注销公司登记； （3）原公司股东、清算义务人的责任不受影响。
转变为破产清算	清算组发现公司财产不足清偿债务。	（1）应当依法向人民法院申请破产清算； （2）人民法院受理破产申请后，清算组应当将清算事务移交给人民法院指定的破产管理人。

10 常考角度总结 SUMMARIZE

1. 两项股东权的行使需要10%以上表决权：①司法解散之诉；②提议召开临时股东会。
2. 公积金"三个三"
   （1）分三类：法定、任意、资本公积金；
   （2）三用途：补亏/扩产/增资；
   （3）三比例：10%/50%/≥25%（仅指法定公积金）。
3. 公积金提取合法性的认定；资本公积金的用途：一定条件下可以弥补公司亏损。
4. 简易合并程序。
5. 同比例减资为原则，但允许另外规定。

6. 简易减资程序。
7. 违法减资的处理。
8. 清算组成员的忠实、勤勉义务。
9. 拖延清算的处理：强制注销。
10. 法院强制性分配公司利润有效性的认定。
11. 公司"僵局"的认定和处理。可细分为两个方面：
    （1）从实体法角度，可考查股东能否提起司法解散之诉；
    （2）从程序法角度，可考查司法解散之诉的诉讼规则。
12. 清算人的义务和赔偿责任。判断清算组成员是否对公司及债权人承担赔偿责任。

致努力中的你

离你最近的地方，路途最远；
最简单的音调，需要最艰苦的练习。

专题 11 公司经营中的特殊合同

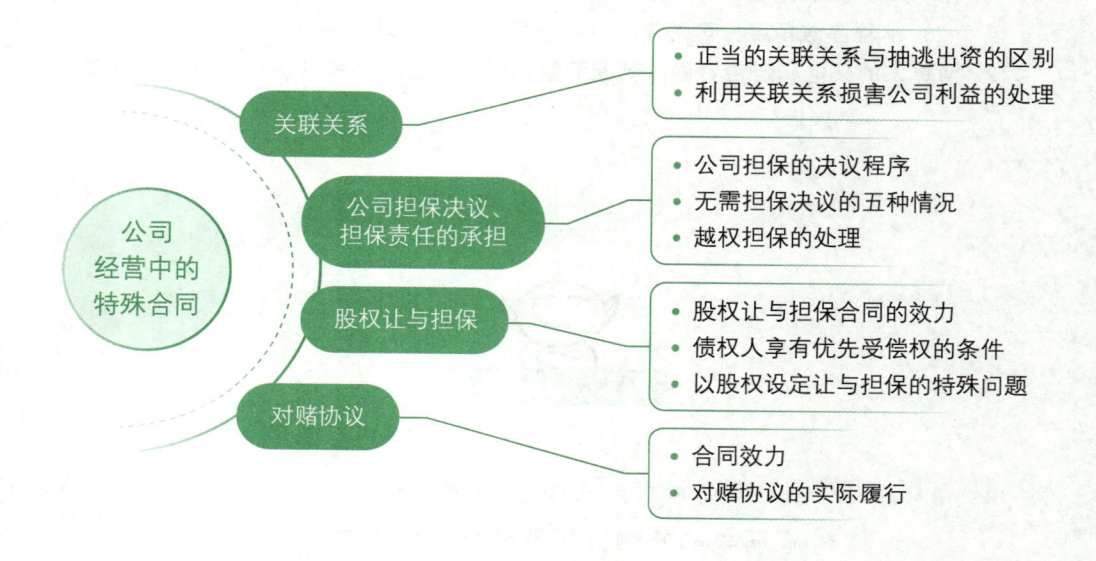

公司经营中的特殊合同
- 关联关系
  - 正当的关联关系与抽逃出资的区别
  - 利用关联关系损害公司利益的处理
- 公司担保决议、担保责任的承担
  - 公司担保的决议程序
  - 无需担保决议的五种情况
  - 越权担保的处理
- 股权让与担保
  - 股权让与担保合同的效力
  - 债权人享有优先受偿权的条件
  - 以股权设定让与担保的特殊问题
- 对赌协议
  - 合同效力
  - 对赌协议的实际履行

一、关联关系

关联关系，是指公司控股股东、实际控制人、董事、监事、高级管理人员与其直接或者间接控制的企业之间的关系，以及可能导致公司利益转移的其他关系。但是，国家控股的企业之间不仅因为同受国家控股而具有关联关系。

知识点 098 正当的关联关系与抽逃出资的区别 ★

1. 抽逃出资，其行为方式之一为"公司成立后，相关股东利用关联交易将出资转出且损害公司权益"。

2. 区别正当的关联关系和抽逃出资，关键是要判断是否具备"真实合法的商业目的"。
具备"真实合法的商业目的"的关联交易，应认定为合法交易；只有"以抽回出资为目的"的关联交易，才宜认定为"抽逃出资"。

[例] 公司成立 1 个月后，股东甲因急需资金，向公司提出借款 100 万元。公司为此召开了临时股东会议，作出以下决议：同意借给甲 100 万元，借期 6 个月，每月利息 1 万元。甲向公司出具了借条。虽甲至今仍未归还借款，但每月均付给公司利息。该案可追究甲的违约责任，但不能认定甲抽逃出资，因为甲的借款具备真实合法的商业目的。

知识点 099　利用关联关系损害公司利益的处理★★

1. 关联交易的合同，依据民法确定其效力。
2. 公司的控股股东[1]、实际控制人[2]、董事、监事、高级管理人员不得利用关联关系损害公司利益。违反前述规定，给公司造成损失的，应当承担赔偿责任。
3. 关联交易损害公司利益，原告公司依法请求控股股东、实际控制人、董事、监事、高级管理人员赔偿所造成的损失，被告仅以该交易已经履行了信息披露、经股东会同意等法律、行政法规或者公司章程规定的程序为由抗辩的，人民法院不予支持。

> **萱姑点睛**
>
> **易错** ▶ 履行法定程序不能豁免关联交易的赔偿责任。

[例]　萱草公司是 A 公司的控股股东。萱草公司和 A 公司签订了市级代理商协议，但萱草公司可享有省级代理商价格优惠待遇，并由 A 公司垫资萱草公司的全部经营费用，这使得 A 公司 1 年多花费百万余元。但该项交易是 A 公司召开了股东会并经合法表决通过的。本案中，虽然 A 公司决议程序合法，但由于该关联交易违反公平原则，给 A 公司造成了损失，因此萱草公司仍然要对 A 公司承担赔偿责任。

二、公司担保决议、担保责任的承担

知识点 100　公司担保的决议程序★★★

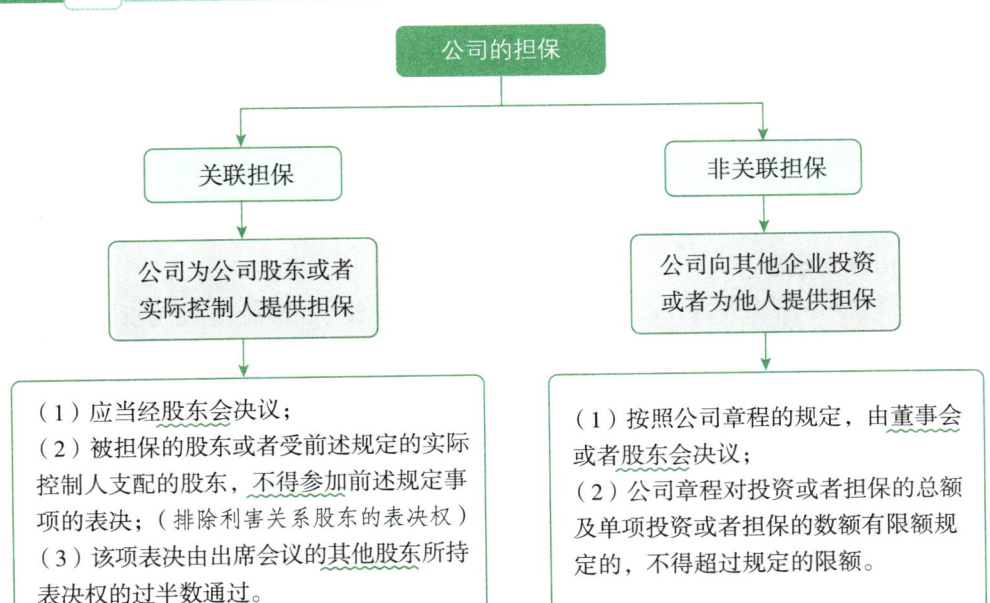

```
                公司的担保
              /           \
        关联担保          非关联担保
           |                  |
  公司为公司股东或者    公司向其他企业投资
  实际控制人提供担保    或者为他人提供担保
           |                  |
  (1) 应当经股东会决议；     (1) 按照公司章程的规定，由董事会
  (2) 被担保的股东或者受前述规定的实际    或者股东会决议；
  控制人支配的股东，不得参加前述规定事    (2) 公司章程对投资或者担保的总额
  项的表决；（排除利害关系股东的表决权）  及单项投资或者担保的数额有限额规
  (3) 该项表决由出席会议的其他股东所持    定的，不得超过规定的限额。
  表决权的过半数通过。
```

---

[1]　控股股东，是指其出资额占有限责任公司资本总额超过 50% 或者其持有的股份占股份有限公司股本总额超过 50% 的股东，以及出资额或者持有股份的比例虽然低于 50%，但依其出资额或者持有的股份所享有的表决权已足以对股东会的决议产生重大影响的股东。

[2]　实际控制人，是指通过投资关系、协议或者其他安排，能够实际支配公司行为的人。例如，高某是萱草公司的大股东，萱草公司又持有甲公司大多数股权，则高某是甲公司的实际控制人。

知识点 101 无需担保决议的五种情况 ★★★

下述五种例外情形，公司未依照上述规定作出决议的，公司要承担担保责任：

[例] A公司是小额担保贷款公司，担保是其主要业务，则A公司担保无需出具公司决议。

❶ 金融机构开立保函或者担保公司提供担保

[例] A公司投资设立B公司，B公司的全部资金均来源于A公司，则B公司是A公司的全资子公司。此时，A公司为B公司的借款提供担保的，无需A公司出具同意担保的决议。

❺ 相对人根据上市公司公开披露的关于担保事项已经董事会或者股东会决议通过的信息，与上市公司订立担保合同的，担保合同对上市公司发生效力，并由上市公司承担担保责任

五种例外情形

❷ 公司为其全资子公司开展经营活动提供担保

❹ 一人公司为其股东提供担保

❸ 担保合同系由单独或者共同持有公司2/3以上对担保事项有表决权的股东签字同意

[例] B公司是A公司的全资子公司（B公司是一人公司），则B公司为其唯一股东A公司的借款提供担保的，无需B公司召开股东会出具同意担保的决议，因为此时B公司仅有A公司一个股东，无法满足排除被担保股东（A公司）表决权的要求。

[原理] 担保行为不是法定代表人所能单独决定的事项，除上述五种例外情况外，要以公司的决议作为担保授权的基础和来源。

知识点 102 越权担保的处理 ★★★

1. 越权担保的概念

（1）其指公司的法定代表人违反上述公司担保决议程序的规定，超越权限代表公司与相对人订立担保合同；

（2）法定代表人超越权限提供担保造成公司损失，公司请求法定代表人承担赔偿责任的，人民法院应予支持。

2. 相对人善意的认定

（1）其指相对人在订立担保合同时不知道且不应当知道法定代表人超越权限；

（2）相对人有证据证明已对公司决议进行了合理审查，人民法院应当认定其构成善意，但是公司有证据证明相对人知道或者应当知道决议系伪造、变造的除外。

3. 担保合同的效力与责任承担

	担保合同的效力	责任承担
相对人善意	担保合同对公司发生效力	公司承担担保责任。

续表

	担保合同的效力	责任承担
相对人非善意	担保合同对公司不发生效力	相对人请求公司承担赔偿责任的，区分不同情形确定： （1）主合同有效而第三人提供的担保合同无效：①债权人与担保人均有过错的，担保人承担的赔偿责任不应超过债务人不能清偿部分的1/2；②担保人有过错而债权人无过错的，担保人对债务人不能清偿的部分承担赔偿责任；③债权人有过错而担保人无过错的，担保人不承担赔偿责任。 （2）主合同无效导致第三人提供的担保合同无效：①担保人无过错的，不承担赔偿责任；②担保人有过错的，其承担的赔偿责任不应超过债务人不能清偿部分的1/3。

随堂小测

A公司和甲银行签订借款100万元的合同，萱草公司为该合同提供担保。判断下列情形下，甲银行是否构成善意。

问1：A公司是萱草公司的股东。萱草公司董事会作出为该笔借款提供担保的决议。据此决议，萱草公司董事长高某与甲银行签订担保合同，该份担保合同有董事长高某的签名并盖有萱草公司公章。甲银行是否尽到了合理审查义务？

答：没有尽到合理审查义务。董事会决议违反法律规定，甲银行不构成善意。

问2：A公司不是萱草公司的股东。萱草公司章程规定，为其他人提供担保需要股东会决议。但本次萱草公司董事会作出为该笔借款提供担保的决议。据此决议，萱草公司董事长高某与甲银行签订担保合同，该份担保合同有董事长高某的签名并盖有萱草公司公章。甲银行是否尽到了合理审查义务？

答：尽到了合理审查义务。为他人提供担保可以由董事会决议，甲银行构成善意。

问3：如果上述（问2）董事会决议系法定代表人高某伪造或者变造、决议程序违法、签章（名）不实、担保金额超过法定限额等，甲银行是否尽到了合理审查义务？

答：尽到了合理审查义务。甲银行仅需对决议进行形式审查。

问4：如果（接问2）萱草公司有证据证明在签订合同时一并提交了章程给甲银行，甲银行是否尽到了合理审查义务？

答：没有尽到合理审查义务。甲银行不构成善意。

总结 公司担保分析步骤（债权人视角）

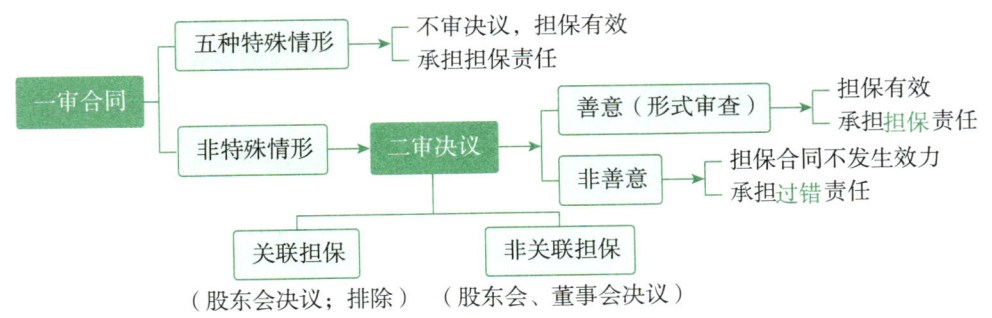

```
                    ┌─ 五种特殊情形 ─→ 不审决议，担保有效
                    │                   承担担保责任
                    │                                    ┌─ 善意（形式审查）─→ 担保有效
    一审合同 ───────┤                                    │                      承担担保责任
                    └─ 非特殊情形 ──→ 二审决议 ─────────┤
                                                         └─ 非善意 ──→ 担保合同不发生效力
                                                                       承担过错责任
                         ┌─ 关联担保 ─┐      ┌─ 非关联担保 ─┐
                         （股东会决议；排除）  （股东会、董事会决议）
```

三、股权让与担保

股权让与担保，是指债务人或者第三人通过将动产、不动产或者股权等财产转让至债权人名下的方式，为主合同项下的债务提供担保。

知识点 103　股权让与担保合同的效力★

1. 债务人（或者第三人）与债权人约定将财产形式上转移至债权人名下，债务人不履行到期债务，债权人有权对财产折价或者以拍卖、变卖该财产所得价款偿还债务的，该约定有效。

2. 债务人（或者第三人）与债权人约定将财产形式上转移至债权人名下，债务人不履行到期债务，财产归债权人所有的，应当认定该约定无效，但是不影响当事人有关提供担保的意思表示的效力。

> **萱姑点睛**
> **易错▶**"让与担保"是以"转让"之名，行"担保"之实，故均依据担保规则处理。

[例] A 公司向甲公司借款，为了担保 A 公司按期还款，双方约定 A 公司将其持有的 B 公司股权转移至甲公司名下。双方同时约定，债务到期后，若 A 公司按期还款，则甲公司归还股权；若 A 公司到期不还款，则股权归甲公司所有。该案构成股权让与担保，要遵守关于担保的规则。双方约定债务人（A 公司）不履行到期债务时，股权归债权人（甲公司）所有，构成流质条款，该约定无效，但不影响担保的效力。

知识点 104　债权人享有优先受偿权的条件★

1. 当事人已经完成财产权利变动的公示，债务人不履行到期债务，债权人请求参照《民法典》关于担保物权的规定对财产折价或者以拍卖、变卖该财产所得的价款优先受偿的，人民法院应予支持。

2. 债务人履行债务后请求返还财产，或者请求对财产折价或者以拍卖、变卖所得的价款清偿债务的，人民法院应予支持。

> **萱姑点睛**
> **牢记▶**完成财产权利变动的公示后，债权人才可享有优先受偿权。

知识点 105　以股权设定让与担保的特殊问题★★★

1. 前提：债务人以瑕疵股权设定让与担保。即股东未履行或者未全面履行出资义务、抽逃出资，该股东又以将该瑕疵股权转移至债权人名下的方式为债务履行提供担保。

2. 处理：公司或者公司的债权人请求作为名义股东的债权人与股东承担连带责任的，人民法院不予支持。

原理　股权让与担保中，债权人仅为"名义上的股东"，其和公司无实质关联。

[图例] 瑕疵股权让与担保

（债务人+股东）A公司 — A公司是甲公司的债务人，以持有的B公司股权设定让与担保 → （债权人+名义股东）甲公司

A公司是B公司的股东

B公司 ---无关系--- 甲公司持有B公司的股权，但甲公司不是B公司的股东

注：①甲公司是B公司的"名义股东"≠代持股协议中的"名义股东"，此处的"名义股东"意指"无实质关系"；
②甲公司无需对B公司承担股东义务，也不享有股东权利。

总结：股权让与担保有效性的认定和处理，可细分为四个方面：

- 让与担保合同是否有效
- 是否构成流质、流押条款
- 债权人能否优先受偿
- 瑕疵股权让与担保如何处理

四、对赌协议

对赌协议，又称估值调整协议，是指投资方与融资方在达成股权性融资协议时，为解决交易双方对目标公司未来发展的不确定性、信息不对称以及代理成本的问题而设计的包含了股权回购、金钱补偿等对未来目标公司的估值进行调整的协议。

知识点 106 合同效力★

不论是与目标公司签订对赌协议，还是与股东签订对赌协议，只要不存在法定无效事由，该协议就有效。

[例1]（和目标公司对赌）萱草公司决定引进外部投资者张三，向张三签发的出资证明书中写明"张三出资1000万元，占股5%。公司承诺3年内利润总额达到4000万元，如果到期不能完成，由公司按每年8%的利息返还本金和利息"。这是和目标公司签订的对赌协议，该约定有效。

[例2]（和股东对赌）如果双方约定的是"若萱草公司到期不能上市，由公司的大股东李某按每年8%的利息返还本金和利息"。这是和股东签订的对赌协议，该约定有效。

知识点 107 对赌协议的实际履行 ★★

要分情况处理：

情形1

和目标公司的股东签订的对赌协议，支持实际履行。

情形2

和目标公司签订的对赌协议，实际履行时要考虑是否损害公司的法人财产权。

（1）投资方请求目标公司回购股权的，法院应当审查是否符合"股东不得抽逃出资"的条件、是否符合股份回购的强制性规定。经审查，目标公司未完成减资程序的，法院应当驳回其诉讼请求。

（2）投资方请求目标公司承担金钱补偿义务的，法院应当审查是否符合"股东不得抽逃出资"的条件、是否符合利润分配的强制性规定。经审查，目标公司没有利润或者虽有利润但不足以补偿投资方的，法院应当驳回或者部分支持其诉讼请求。今后目标公司有利润时，投资方还可以依据该事实另行提起诉讼。

11 常考角度总结 SUMMARIZE

1. 关联交易的合同效力的认定和对公司的责任。难点：某关联交易是否构成"抽逃出资"，区分的关键为"是否具备真实合法的商业目的"。
2. 公司担保合同的效力和责任承担。
3. 股权让与担保有效性的认定和处理。
4. 股东对赌协议和公司对赌协议的区别。

致努力中的你

如果我们随波逐流，必然会迷失自我。
唯一能做的是不惧孤独，继续做自己想做的事。

第二讲 合伙企业法 | 02

专题 12 普通合伙企业

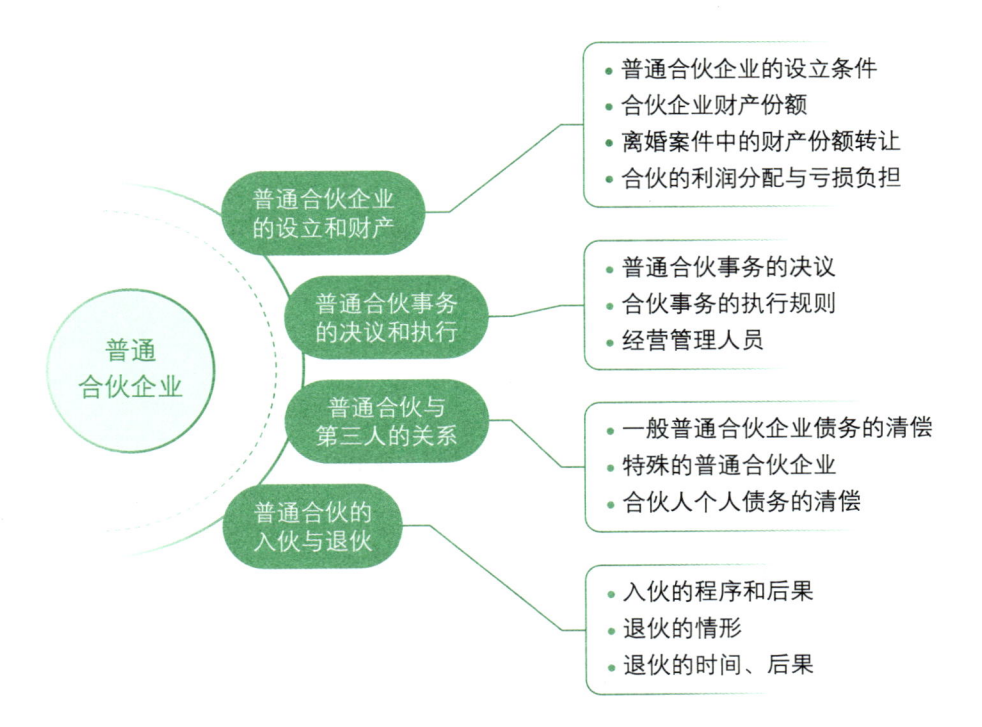

- 普通合伙企业的设立和财产
  - 普通合伙企业的设立条件
  - 合伙企业财产份额
  - 离婚案件中的财产份额转让
  - 合伙的利润分配与亏损负担

- 普通合伙事务的决议和执行
  - 普通合伙事务的决议
  - 合伙事务的执行规则
  - 经营管理人员

- 普通合伙与第三人的关系
  - 一般普通合伙企业债务的清偿
  - 特殊的普通合伙企业
  - 合伙人个人债务的清偿

- 普通合伙的入伙与退伙
  - 入伙的程序和后果
  - 退伙的情形
  - 退伙的时间、后果

考情提要 客观题中，合伙企业法的题量约为 2 题，有时会出 1 道综合性不定项选择题。

普通合伙企业，是指由普通合伙人订立合伙协议，并依据合伙协议共同出资、共同经营、共担风险、共享收益，对合伙企业债务按规定承担责任的营利性组织。

一、普通合伙企业的设立和财产

知识点 108 普通合伙企业的设立条件 ★

1. 合伙人

（1）设立合伙企业要有2个以上合伙人；

（2）合伙人为自然人的，应当具有完全民事行为能力；

（3）国有独资公司、国有企业、上市公司以及公益性的事业单位、社会团体不得成为普通合伙人。

2. 合伙协议。有书面合伙协议，经全体合伙人签名、盖章后生效。

3. 有合伙人认缴或者实际缴付的出资

（1）合伙人可以用货币、实物、知识产权、土地使用权或者其他财产权利出资，也可以用劳务出资。例如，以其房屋使用权作价出资没有办理房屋产权过户登记、以自己的烹调手艺出资，均合法。

（2）未按期足额缴纳出资的，应当承担补缴义务，并对其他合伙人承担违约责任。

易混：

1. 设立公司时，不得以劳务、信用、自然人姓名等出资，实物出资要求"所有权换股权"。

2. 设立普通合伙企业时，对出资形式没有限制。这是因为，普通合伙人要对企业债务承担无限连带责任，所以无需在设立企业阶段对出资形式加以严格限制。

4. 有合伙企业的名称

（1）合伙企业名称中应当标明"普通合伙"字样；

（2）企业名称使用投资人姓名作字号，是被允许的。

5. 其他。（略）

知识点 109 合伙企业财产份额[1] ★★

财产份额的转让	合伙人之间	合伙人之间转让其在合伙企业中的全部或者部分财产份额时，应当通知其他合伙人。
	向合伙人以外的人转让	（1）须经其他合伙人一致同意。 （2）在同等条件下，其他合伙人有优先购买权；合伙协议另有约定的，从其约定。
财产份额的质押		财产份额可以作为质押权标的：①须经其他合伙人一致同意；②未经其他合伙人一致同意，以财产份额出质的，其行为无效；③给善意第三人造成损失的，由行为人依法承担赔偿责任。

---

[1] 通说认为，财产份额的法律性质为抽象形态的权利，而非具体形态的财产。其既包括合伙人依照出资数额或合伙协议约定的比例分配利益和分担亏损的份额，也包含合伙人参与企业经营管理的权利特性。

| 财产份额被强制执行 | 债权人可以依法请求法院强制执行合伙人在合伙企业中的财产份额用于清偿。
(1) 法院强制执行该合伙人的财产份额时，应当通知全体合伙人；
(2) 其他合伙人有优先购买权；
(3) 其他合伙人未购买，又不同意将该财产份额转让给他人的，依照退伙规定为该合伙人办理退伙结算，或者办理削减该合伙人相应财产份额的结算。|

知识点 110　离婚案件中的财产份额转让 ★

离婚案件中，当夫妻双方协商一致，将其合伙企业中的财产份额全部或者部分转让给对方时，按以下情形分别处理：

01 其他合伙人一致同意转让的，该配偶依法取得合伙人地位。

02 其他合伙人不同意转让，在同等条件下行使优先购买权的，可以对转让所得的财产进行分割。

03 其他合伙人不同意转让，也不行使优购权，但同意合伙人退伙或者削减部分财产份额的，可以对结算后的财产进行分割。

04 其他合伙人既不同意转让，也不行使先购买权，又不同意该合伙人退伙或者削减部分财产份额的，视为全体合伙人同意转让，该配偶依法取得合伙人地位。

随堂小测

高崎、田一、丁福三人共同出资200万元，于2011年4月设立"高田丁科技投资中心（普通合伙）"，从事软件科技的开发与投资。其中高崎出资160万元，田、丁分别出资20万元，由高崎担任合伙事务执行人。2012年6月，丁福为向钟冉借钱，作为担保方式，而将自己的合伙财产份额出质给钟冉。下列说法正确的是：(2013/3/92)[1]

A. 就该出质行为，高、田二人均享有一票否决权
B. 该合伙财产份额质权，须经合伙协议记载与工商登记才能生效
C. 在丁福伪称已获高、田二人同意，而钟冉又是善意时，钟冉善意取得该质权
D. 在丁福未履行还款义务，如钟冉享有质权并主张以拍卖方式实现时，高、田二人享有优先购买权

知识点 111　合伙的利润分配与亏损分担 ★

1. 按照合伙协议的约定办理。
2. 无约定的，由合伙人协商决定→协商不成的，由合伙人按照实缴出资比例分配、分担→无法确定出资比例的，由合伙人平均分配、分担。

> **萱姑点睛**
> 提示▶分配顺序要记清：协议→协商→实缴→平均。

---

[1] AD

3. 合伙协议不得约定将全部利润分配给部分合伙人或者由部分合伙人承担全部亏损。

> **原理**
> 普通合伙人之间"共享收益、共担风险",所以不允许"全部……部分人"分享、分担。

随堂小测

关于合伙企业的利润分配,如合伙协议未作约定且合伙人协商不成,下列哪一选项是正确的?(2010/3/34)[1]
A. 应当由全体合伙人平均分配
B. 应当由全体合伙人按实缴出资比例分配
C. 应当由全体合伙人按合伙协议约定的出资比例分配
D. 应当按合伙人的贡献决定如何分配

二、普通合伙事务的决议和执行

知识点 112　普通合伙事务的决议 ★★

	内　容	提　示
一般事项	(1) 合伙人对合伙企业有关事项作出决议,按照合伙协议约定的表决办法办理。 (2) 合伙协议未约定或者约定不明确的,实行合伙人一人一票并经全体合伙人过半数通过的表决办法。例如,选举张三成为A合伙企业的事务执行人、A合伙企业向B公司投资,这些表决只需"过半数"合伙人通过即可。	——
"全票决"事项	除合伙协议另有约定外,合伙企业的下列事项应当经全体合伙人一致同意: (1) 改变合伙企业的名称; (2) 改变合伙企业的经营范围、主要经营场所的地点; (3) 处分合伙企业的不动产; (4) 转让或者处分合伙企业的知识产权和其他财产权利; (5) 以合伙企业名义为他人提供担保; (6) 聘任合伙人以外的人担任合伙企业的经营管理人员。	可概括为:"改名改地改范围,卖房担保聘外人"。 ⊙ 易错: (1) 由下文可知,有限合伙人没有"事务执行权",所以此处的"一致同意"不包括"有限合伙人",只需经"普通合伙人"一致同意即可; (2) "处分"不动产需要一致同意,但为企业"购置"不动产,无需一致同意; (3) "为本企业提供担保"无需一致同意。
增资和减资决议	按照合伙协议的约定或者经全体合伙人决定,可以增加或者减少对合伙企业的出资。	由下文可知,"有限合伙人"没有事务执行权,所以无需有限合伙人同意。

---

[1] B

知识点 113　合伙事务的执行规则★★★

合伙事务执行，是指为实现合伙目的而进行的有关合伙企业的业务活动。

1. 合伙事务的执行方式
（1）可以由全体合伙人共同执行；
（2）也可以委托1个或者数个合伙人执行。

2. 合伙事务的执行规则
（1）合伙人对执行合伙事务享有同等的权利。
（2）事务执行人对外代表合伙企业。确定了事务执行人的，其他合伙人不再执行合伙事务。
（3）不具有事务执行权的合伙人擅自执行合伙事务，给合伙企业或者其他合伙人造成损失的，依法承担赔偿责任。
（4）合伙企业对合伙人执行合伙事务以及对外代表合伙企业权利的限制，不得对抗善意第三人。

3. 事务执行中的禁止或限制行为
（1）普通合伙人不得自营或者同他人合作经营与本合伙企业相竞争的业务；
（2）除合伙协议另有约定或者经全体合伙人一致同意外，普通合伙人不得同本合伙企业进行交易。

4. 合伙事务执行中的权利

	主　体	内　容
监督权	不执行合伙事务的合伙人	有权监督执行事务合伙人执行合伙事务的情况。
查阅权	所有普通合伙人	合伙人为了解合伙企业的经营状况和财务状况，有权查阅合伙企业会计账簿等财务资料。
撤销权	其他合伙人（不限于"事务执行人"）	受委托执行合伙事务的合伙人不按照合伙协议或者全体合伙人的决定执行事务的，其他合伙人可以决定撤销该委托。
异议权	执行事务合伙人	分别执行合伙事务的，执行事务合伙人可以对其他合伙人执行的事务提出异议。

随堂小测

1. 萱草咖啡店是罗某、王某共同设立的普通合伙企业，约定罗某是合伙事务执行人。现王某以萱草咖啡店的名义向不知情的陈某借款20万元。

问1：王某是否有权以萱草咖啡店的名义向陈某借款？

答：无权。因为已经确定了罗某是合伙事务执行人，所以就和萱草咖啡店的关系而言，王某无合伙事务执行权。

问2：王某以萱草咖啡店的名义和陈某签订的借款合同是否有效？

答：有效。因为合伙事务执行人的确定是合伙企业的内部事务，不得对抗善意第三人陈某。

2. 甲、乙、丙、丁以合伙企业形式开了一家餐馆。就该合伙企业事务的执行，下列哪些表述是正确的？（2013/3/72）[1]

A. 如合伙协议未约定，则甲等四人均享有对外签约权
B. 甲等四人可决定任命丙为该企业的对外签约权人
C. 不享有合伙事务执行权的合伙人，以企业名义对外签订的合同一律无效
D. 不享有合伙事务执行权的合伙人，经其他合伙人一致同意，可担任企业的经营管理人

知识点 114 经营管理人员 ★

1. 聘任合伙人以外的人担任合伙企业的经营管理人员，除合伙协议另有约定外，应当经全体（普通）合伙人一致同意。
2. 被聘任的合伙企业的经营管理人员应当在合伙企业授权范围内履行职务。
3. 被聘任的合伙企业的经营管理人员，超越合伙企业授权范围履行职务，或者在履行职务过程中因故意或者重大过失给合伙企业造成损失的，依法承担赔偿责任。

> **易错：** 经营管理人员 ≠ 事务执行人。"经营管理人员"是由合伙人聘任的人员，类似于"掌柜""店长"，但"事务执行人"只能由合伙人担任。

三、普通合伙与第三人的关系

知识点 115 一般普通合伙企业债务的清偿 ★

第一步：企业担责

普通合伙企业应先以其全部财产进行清偿。

第二步：普通合伙人担责

1. 合伙企业不能清偿到期债务的，普通合伙人承担无限连带责任。
（1）债权人可以依法向人民法院提出破产清算申请，也可以要求普通合伙人清偿；
（2）合伙企业依法被宣告破产的，普通合伙人对合伙企业债务仍应承担无限连带责任。
2. 合伙企业注销后，原普通合伙人对合伙企业存续期间的债务仍应承担无限连带责任。

知识点 116 特殊的普通合伙企业 ★

1. 概念

特殊的普通合伙企业，是指以专业知识和专门技能为客户提供有偿服务的专业服务机构。合伙人在执业活动中因故意或重大过失造成的合伙企业债务，采用"分担责任"规则。

---

[1] ABD

> **原理**
> 在某些专业服务领域，因为专业性强，合伙人个人的独立性极强，个人的知识、技能、职业道德、经验等往往起着决定性的作用，一刀切地采用"合伙人承担无限连带责任"不符合现实需求，所以，我国允许设立"特殊的普通合伙企业"。该类型企业仍然是"普通合伙企业"。

2. 债务承担

企业担责 → 不足清偿 → 有过错-无限（连带）责任
　　　　　　　　　　→ 无过错-财产份额为限

第一步：企业担责
（1）以合伙企业财产对外承担责任；
（2）该合伙人应当按照合伙协议的约定对给合伙企业造成的损失承担赔偿责任。

第二步：分担责任
合伙企业财产不足清偿时：
（1）对合伙企业财产不足清偿的债务部分，在执业活动中因故意或重大过失造成合伙企业债务的合伙人，应当承担无限责任或者无限连带责任；
（2）其他合伙人以其在合伙企业中的财产份额为限承担责任。

[例] A律师事务所是特殊的普通合伙企业，张某、刘某为合伙人。在为B上市公司出具法律文件时，因二人的重大过失，导致B上市公司的商业秘密被泄露。处理：
（1）先由A律师事务所赔偿；
（2）不足赔偿时，由张某、刘某承担无限连带责任；
（3）其他合伙人无需承担连带赔偿责任。

知识点 117　合伙人个人债务的清偿 ★

普通合伙人发生与合伙企业无关的债务时，清偿规则为"两可两不可"。

规则1：可收益、可强执
1. 自有财产不足清偿其与合伙企业无关的债务的，该合伙人可以以其从合伙企业中分取的收益用于清偿。
2. 债权人可以依法请求法院强制执行该合伙人在合伙企业中的财产份额用于清偿。（见下文）

（两可）

规则2：合伙人的禁抵销、禁代位
1. 合伙人的债权人不得以其对合伙人的债权，抵销其对合伙企业的债务。
2. 相关债权人也不得代位行使该合伙人在合伙企业中的权利。（代位会影响合伙企业的"人合性"）

（两不可）

随堂小测

江某是一合伙企业的合伙事务执行人,欠罗某个人债务7万元,罗某在交易中又欠合伙企业7万元。后合伙企业解散。清算中,罗某要求以其对江某的债权抵销其所欠合伙企业的债务,各合伙人对罗某的这一要求产生了分歧。下列哪种看法是正确的?(2006/3/27)[1]

A. 江某的债务如同合伙企业债务,罗某可以抵销其对合伙企业的债务
B. 江某所负债务为个人债务,罗某不得以个人债权抵销其对合伙企业债务
C. 若江某可从合伙企业分得7万元以上的财产,则罗某可以抵销其对合伙企业的债务
D. 罗某可以抵销其债务,但江某应分得的财产不足7万元时,应就差额部分对其他合伙人承担赔偿责任

四、普通合伙的入伙与退伙

知识点 118 入伙的程序和后果 ★

1. 普通合伙人入伙的程序
（1）除合伙协议另有约定外,应当经全体合伙人一致同意,并依法订立书面入伙协议;
（2）原合伙人应当向新合伙人如实告知原合伙企业的经营状况和财务状况。

2. 普通合伙人入伙的后果
（1）入伙的新合伙人与原合伙人享有同等权利,承担同等责任。入伙协议另有约定的,从其约定。
（2）新合伙人对入伙前合伙企业的债务承担无限连带责任。

知识点 119 退伙的情形 ★★★

类型1 以是否约定合伙期限区分

约定合伙期限	未约定合伙期限
在合伙企业存续期间,有下列情形之一的,合伙人可以退伙: （1）合伙协议约定的退伙事由出现; （2）经全体合伙人一致同意; （3）发生合伙人难以继续参加合伙的事由; （4）其他合伙人严重违反合伙协议约定的义务。	（1）合伙人在不给合伙企业事务执行造成不利影响的情况下,可以退伙; （2）应当提前30日通知其他合伙人。

类型2 以退伙事由区分

1. 合伙人有下列情形之一的,**当然退伙**:（人死财空;均为客观因素）

死亡	合伙人	作为合伙人的自然人死亡或者被依法宣告死亡的,合伙人当然退伙。	[例] 普通合伙人A因车祸遇难,遗嘱指定其8岁的儿子小A为其

---

[1] B

续表

死 亡	继承人	（1）享有合法继承权的继承人，按照合伙协议的约定或者经全体合伙人一致同意，从继承开始之日起，取得合伙人资格。	全部财产的继承人。但合伙协议约定，必须是完全民事行为能力人才可继承合伙人资格。合伙协议的约定是否因违反民法而无效？（有效。当普通合伙人死亡时，其继承人并非当然成为合伙人。）
		（2）继承人为无民事行为能力人或者限制民事行为能力人的，处理规则为"或转或退"。①经全体合伙人一致同意，可以依法成为有限合伙人；②全体合伙人未能一致同意或者继承人不愿意成为合伙人的，合伙企业应当将被继承合伙人的财产份额退还该继承人。	
个人丧失偿债能力		合伙人当然退伙。	[例]普通合伙人A个人破产。
个人丧失民事行为能力		合伙人被认定为无民事行为能力人或者限制民事行为能力人的： （1）经其他合伙人一致同意，可以依法转为有限合伙人，普通合伙企业依法转为有限合伙企业； （2）其他合伙人未能一致同意的，该无民事行为能力或者限制民事行为能力的合伙人退伙。	[例]普通合伙人A因车祸成为植物人。
其他当然退伙的情形		（1）作为合伙人的法人或者其他组织依法被吊销营业执照、责令关闭、撤销，或者被宣告破产； （2）法律规定或者合伙协议约定合伙人必须具有相关资格而丧失该资格； （3）合伙人在合伙企业中的全部财产份额被法院强制执行。	[例1]甲律所的合伙协议约定，必须取得律师执业证书，才能成为合伙人。现合伙人A的律师执业证书被撤销，则A当然退伙。 [例2]普通合伙人B因个人债务，被债权人申请法院强制执行全部财产份额，则B当然退伙。

2. 除名退伙

有下列情形之一的，经其他合伙人一致同意，可以决议将其除名：

除名退伙
1. 未履行出资义务（但未足额履行不可除名）
2. 因故意或者重大过失给合伙企业造成损失
3. 执行合伙事务时有不正当行为 → 如同业竞争、泄露企业商业秘密
4. 发生合伙协议约定的事由

知识点 120 退伙的时间、后果 ★

1. 退伙时间

退伙时间

- **当然退伙**：退伙事由实际发生之日为退伙生效日。
- **除名**：被除名人接到除名通知之日，除名生效，被除名人退伙。

[例1] 合伙人A死亡之日，为当然退伙之日。

[例2] 3月1日，甲被法院宣告为无民事行为能力人。3月15日，合伙企业开会，其他合伙人不同意甲转为有限合伙人。则甲退伙的时间是3月15日，该日"合伙会议未能一致同意甲转为有限合伙人"，退伙事由实际发生。

易错：并非"合伙企业发出除名通知之日"。

2. 退伙的后果

（1）退伙人对基于其退伙前的原因发生的合伙企业债务，仍应与其他合伙人一起承担无限连带责任。

（2）按照退伙时的合伙企业财产状况进行结算，退还退伙人的财产份额。财产份额的退还办法，由合伙协议约定或者由全体合伙人决定，可以退还货币，也可以退还实物。

（3）退伙人对给合伙企业造成的损失负有赔偿责任的，相应扣减其应当赔偿的数额。

（4）退伙时有未了结的合伙企业事务的，待该事务了结后进行结算。

[图例]

普通合伙人 无限连带责任 ← 入伙日 — 普通合伙人 无限连带责任 — 退伙日

随堂小测

甲、乙、丙于2010年成立一家普通合伙企业，三人均享有合伙事务执行权。2013年3月1日，甲被法院宣告为无民事行为能力人。3月5日，丁因不知情找到甲商谈一笔生意，甲以合伙人身份与丁签订合同。下列哪些选项是错误的？（2013/3/71）[1]

A. 因丁不知情，故该合同有效，对合伙企业具有约束力
B. 乙与丙可以甲丧失行为能力为由，一致决议将其除名
C. 乙与丙可以甲丧失行为能力为由，一致决议将其转为有限合伙人
D. 如甲因丧失行为能力而退伙，其退伙时间为其无行为能力判决的生效时间

---

[1] ABD

12 常考角度总结 SUMMARIZE

1. 合伙事务执行方式合法性的判断、合伙事务执行中的权利。要区分各类权利的主体，特别注意，仅执行人才有"异议权"。
2. 财产份额的各种转让情形，如内部转让、对外转让、质押，以及和后文"有限合伙人"财产份额转让的区别。
3. 合伙企业债务的清偿、合伙人个人债务的清偿。
4. 普通合伙人退伙的具体情形：
   （1）除名：合伙人执行事务有过错；（主观因素）
   （2）当然退伙：人死财空；（客观因素）
   （3）丧失偿债能力：当然退伙；
   （4）丧失民事行为能力：或转或退。

致努力中的你

所有的改变都是一种深思熟虑过后的奇迹，每一瞬间奇迹都在发生。

专题 13 有限合伙企业

有限合伙企业
- 有限合伙企业的设立和财产
  - 有限合伙企业的设立条件
  - 有限合伙企业事务的执行
  - 有限合伙人的权利
- 债务的清偿
  - 有限合伙企业债务的清偿
  - 个人债务的清偿
- 入伙、退伙、合伙人之间的转换
  - 入伙、退伙的情形
  - 合伙人之间的转换

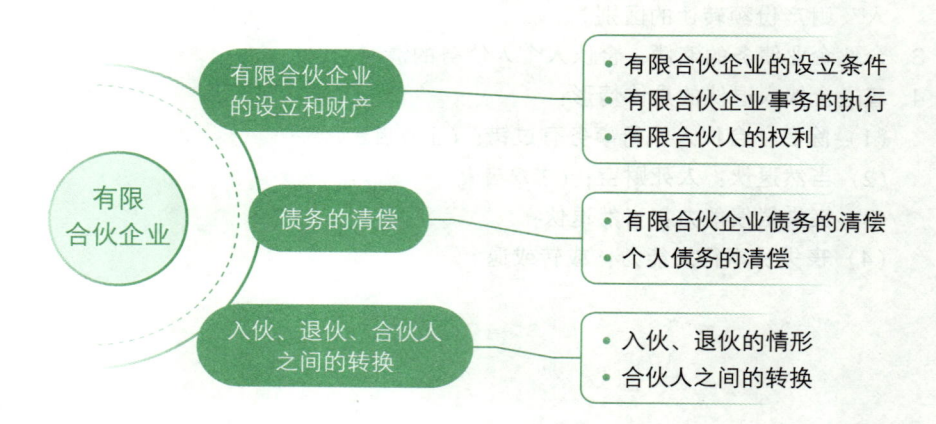

有限合伙企业，是指由普通合伙人和有限合伙人组成，普通合伙人对合伙企业债务承担无限连带责任，有限合伙人以其认缴的出资额为限对合伙企业债务承担责任的合伙企业形式。

一、有限合伙企业的设立和财产

知识点 121 有限合伙企业的设立条件 ★

1. 合伙人

（1）有限合伙企业由 2 个以上 50 个以下合伙人设立；但是，法律另有规定的除外。

（2）有限合伙企业至少应当有 1 个普通合伙人。

（3）国有独资公司、国有企业、上市公司以及公益性的事业单位、社会团体可以成为有限合伙人。

2. 出资

（1）有限合伙人可以用货币、实物、知识产权、土地使用权或者其他财产权利作价出资。

（2）有限合伙人不得以劳务出资。

（3）有限合伙人应当按照合伙协议的约定按期足额缴纳出资；未按期足额缴纳的，应当承担补缴义务，并对其他合伙人承担违约责任。

3. 名称

有限合伙企业名称中应当标明"有限合伙"字样。

4. 合伙协议

合伙协议应当载明下列事项：

执行人的相关情况	（1）执行事务合伙人应具备的条件和选择程序； （2）执行事务合伙人权限与违约处理办法； （3）执行事务合伙人的除名条件和更换程序。
合伙人的变更	（1）有限合伙人入伙、退伙的条件、程序以及相关责任； （2）有限合伙人和普通合伙人相互转变程序。
特殊规定	有限合伙企业不得将全部利润分配给部分合伙人；但是，合伙协议另有约定的除外。
其他事项	（略）

知识点 122　有限合伙企业事务的执行 ★★★

1. 有限合伙企业由普通合伙人执行合伙事务。
2. 有限合伙人不执行合伙事务，不得对外代表有限合伙企业。
3. 有限合伙人的下列行为，不视为执行合伙事务：（即有限合伙人从事下列活动，是合法的）

要点	内容	提示
人员方面	参与决定普通合伙人入伙、退伙。	《合伙企业法》第43条第1款规定："新合伙人入伙，除合伙协议另有约定外，应当经全体合伙人一致同意，并依法订立书面入伙协议。"此处的"一致同意"包含"有限合伙人"。
财务方面	（1）对涉及自身利益的情况，查阅有限合伙企业财务会计账簿等财务资料； （2）获取经审计的有限合伙企业财务会计报告。	查账权对比： （1）有限责任公司股东：书面请求、说明目的，可查账簿； （2）股份有限公司股东：书面请求、说明目的+持股时间180日以上+持股比例超3%，可查账簿； （3）普通合伙人：查账簿无限制。
经营方面	（1）对企业的经营管理提出建议； （2）依法为本企业提供担保； （3）执行事务合伙人怠于行使权利时，督促其行使权利或者为了本企业的利益以自己的名义提起诉讼。	易错： （1）有限合伙人无经营权，仅有"经营建议权"。所以，"聘任合伙人以外的人担任合伙企业的经营管理人员"属于经营问题，无需"有限合伙人"同意。 （2）有限合伙人提起的是"代表诉讼"，因为其不能成为事务执行人。

随堂小测

甲、乙、丙、丁欲设立一有限合伙企业，合伙协议中约定了如下内容，其中哪些符合法律

规定？（2008/3/69）[1]

A. 甲仅以出资额为限对企业债务承担责任，同时被推举为合伙事务执行人
B. 丙以其劳务出资，为普通合伙人，其出资份额经各合伙人商定为5万元
C. 合伙企业的利润由甲、乙、丁三人分配，丙仅按营业额提取一定比例的劳务报酬
D. 经全体合伙人同意，有限合伙人可以全部转为普通合伙人，普通合伙人也可以全部转为有限合伙人

知识点 123 有限合伙人的权利 ★★★

	有限合伙人	对比：普通合伙人（见前文）
同业竞争	有限合伙人可以自营（或者同他人合作经营）与本有限合伙企业相竞争的业务；但是，合伙协议另有约定的除外。（默示允许，协议可禁）	普通合伙人不得自营或者同他人合作经营与本合伙企业相竞争的业务。
自我交易	有限合伙人可以同本有限合伙企业进行交易；但是，合伙协议另有约定的除外。（默示允许，协议可禁）	除合伙协议另有约定或者经全体合伙人一致同意外，普通合伙人不得同本合伙企业进行交易。
合伙份额出质	有限合伙人可以将其在有限合伙企业中的财产份额出质。但是，合伙协议另有约定的除外。（默示允许，协议可禁）	普通合伙人的财产份额质押：未经其他合伙人一致同意，以财产份额出质的，其行为无效。
合伙份额转让	(1) 有限合伙人可以按照合伙协议的约定向合伙人以外的人转让其在有限合伙企业中的财产份额； (2) 应当提前30日通知其他合伙人； (3) 其他合伙人无优先购买权。	(1) 普通合伙人向合伙人以外的人转让其财产份额：须经其他合伙人一致同意； (2) 在同等条件下，其他合伙人有优先购买权。
财产份额被强制执行	(1) 法院应当通知全体合伙人； (2) 在同等条件下，其他合伙人有优先购买权。	(1) 法院应当通知全体合伙人； (2) 其他合伙人有优先购买权； (3) 其他合伙人未购买，又不同意将该财产份额转让给他人的，依法办理退伙结算，或者办理削减该合伙人相应财产份额的结算。

总结

原则："人合性企业+对外转让"时，内部人有优先购买权。
例外："有限合伙人+对外转让"时，内部人无优先购买权。

随堂小测

2013年5月，有限合伙人高崎将其一半合伙财产份额转让给贾骏。同年6月，高崎的债权人

---

[1] BC

李耕向法院申请强制执行其另一半合伙财产份额。对此，下列选项正确的是：（2013/3/94）[1]
- A. 高崎向贾骏转让合伙财产份额，不必经田、丁的同意
- B. 就高崎向贾骏转让的合伙财产份额，田、丁可主张优先购买权
- C. 李耕申请法院强制执行高崎的合伙财产份额，不必经田、丁的同意
- D. 就李耕申请法院强制执行高崎的合伙财产份额，田、丁可主张优先购买权

二、债务的清偿

知识点 124　有限合伙企业债务的清偿 ★

第一步：企业担责

有限合伙企业应先以其全部财产进行清偿。

第二步：合伙人担责

普通合伙人

合伙企业不能清偿到期债务的：普通合伙人对合伙企业债务承担无限连带责任。

一般有限合伙人

有限合伙人以其认缴的出资额为限对合伙企业债务承担责任。

"表见普通合伙"中的有限合伙人

（1）表见普通合伙，是指第三人有理由相信有限合伙人为普通合伙人并与其交易的行为；
（2）该有限合伙人对该笔交易承担与普通合伙人同样的责任；
（3）有限合伙人未经授权以有限合伙企业名义与他人进行交易，给有限合伙企业或者其他合伙人造成损失的，该有限合伙人应当承担赔偿责任。

[例] 高某曾担任某普通合伙企业的事务执行人，去年转变为有限合伙人。某日，高某遇到以前的客户A，A不知高某已经转变为有限合伙人。二人闲聊中，高某认为对方出售的原材料的价格远低于市场价格，于是以合伙企业的名义从A处购得一批价值10万元的原材料。高某的行为构成"表见普通合伙"。

知识点 125　个人债务的清偿 ★

有限合伙人的自有财产不足清偿其与合伙企业无关的债务时，处理规则为：
1. 该合伙人可以以其从有限合伙企业中分取的收益用于清偿。
2. 债权人也可以依法请求法院强制执行该合伙人在有限合伙企业中的财产份额用于清偿。

---

[1]　ACD

3. 法院强制执行有限合伙人的财产份额时，应当通知全体合伙人。在同等条件下，其他合伙人有优先购买权。

三、入伙、退伙、合伙人之间的转换

知识点 126　入伙、退伙的情形 ★

情　形		有限合伙人	对比：普通合伙人（见前文）
债务清偿	入　伙	新入伙的有限合伙人对入伙前有限合伙企业的债务，以其认缴的出资额为限承担责任。	入伙前债务+退伙前债务，承担无限连带责任。
	退　伙	有限合伙人退伙后，对基于其退伙前的原因发生的有限合伙企业债务，以其退伙时从有限合伙企业中取回的财产承担责任。	
是否退伙	死	（1）有限合伙人死亡或者被依法宣告死亡，该有限合伙人当然退伙； （2）其继承人可以依法取得该有限合伙人在有限合伙企业中的资格。	其继承人不能当然继承合伙人资格。
	个人丧失偿债能力	有限合伙人丧失偿债能力的，其他合伙人不得因此要求其退伙。	当然退伙。
	丧失民事行为能力	有限合伙人丧失民事行为能力的，其他合伙人不得因此要求其退伙。	或转或退。

知识点 127　合伙人之间的转换 ★★

合伙人之间可以相互转换，即普通合伙人可以转变为有限合伙人，有限合伙人可以转变为普通合伙人。其要点为：

1. 除合伙协议另有约定外，合伙人之间的转换，应当经全体合伙人一致同意。
2. 有限合伙人转变为普通合伙人的，对其作为有限合伙人期间有限合伙企业发生的债务承担无限连带责任。
3. 普通合伙人转变为有限合伙人的，对其作为普通合伙人期间合伙企业发生的债务承担无限连带责任。
4. 有限合伙企业仅剩有限合伙人的，应当解散。
5. 有限合伙企业仅剩普通合伙人的，转为普通合伙企业。

［图例］

```
                 无限连带责任 ──→ 无限连带责任
   有限合伙人                              普通合伙人
                        转换日
                 有限责任  ←── 无限连带责任
```

随堂小测

某普通合伙企业共有三名合伙人：高某、田某、丁某。2013年2月，普通合伙人高某为减少自己的风险，向田、丁二人提出转变为有限合伙人的要求。对此，下列说法正确的是：（2013/3/93-改编）[1]

A. 须经田、丁二人的一致同意
B. 未经合伙企业登记机关登记，不得对抗第三人
C. 转变后，高某可以出资最多为由，要求继续担任合伙事务执行人
D. 转变后，对于2013年2月以前的合伙企业债务，经各合伙人决议，高某可不承担无限连带责任

13 常考角度总结 SUMMARIZE

1. 有限合伙企业的事务执行规则，特别掌握有限合伙人可从事的行为。
2. 有限合伙企业的债务清偿规则，特别掌握"表见普通合伙"的情形，该有限合伙人+普通合伙人，共同承担连带责任。
3. 有限合伙人是否当然退伙的判断，特别掌握和"普通合伙人"退伙原因的区别。
4. 合伙人转换后，对企业债务的清偿规则。

致努力中的你

知道一条路，和实际走在那条路上是两回事。

---

[1] AB

03 第三讲 个人独资企业法与外商投资法

专题 14 个人独资企业与外商投资

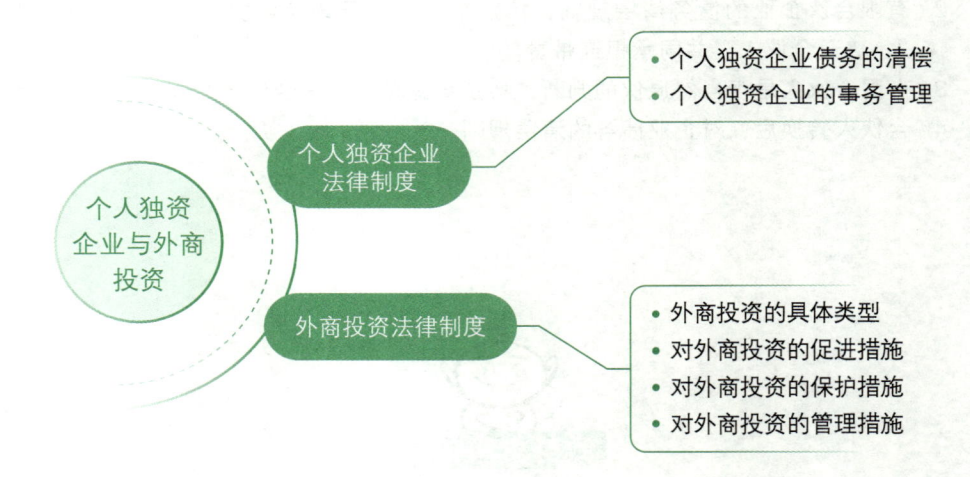

- 个人独资企业与外商投资
  - 个人独资企业法律制度
    - 个人独资企业债务的清偿
    - 个人独资企业的事务管理
  - 外商投资法律制度
    - 外商投资的具体类型
    - 对外商投资的促进措施
    - 对外商投资的保护措施
    - 对外商投资的管理措施

考情提要
1. 个人独资企业法年均不超1题，均为记忆型考点，常考点为企业债务的承担规则。
2. 外商投资法年均1题，考查三项主要的制度。

一、个人独资企业法律制度

个人独资企业，是指依法在中国境内设立，由一个自然人投资，财产为投资人个人所有，投资人以其个人财产对企业债务承担无限责任的经营实体。其特征为：

1. 投资者仅可是一个自然人。
2. 个人独资企业不具有法人资格，不具有独立的法人地位。
3. 个人独资企业的全部财产为投资人个人所有。
4. 投资人对企业的经营与管理事务享有绝对的控制权与支配权，不受其他任何人的干预。

易错：一个自然人从事商业活动，可以设立公司，是独立法人，适用《公司法》中的法律规则；也可以设立个人独资企业，是非法人组织，受《个人独资企业法》调整。

知识点 128　个人独资企业债务的清偿★

01 个人独资企业的投资人以其个人财产对企业债务承担无限责任。

02 投资人在申请企业设立登记时明确以其家庭共有财产作为个人出资的，应当依法以家庭共有财产对企业债务承担无限责任。

03 个人独资企业解散后，原投资人对个人独资企业存续期间的债务仍应承担偿还责任，但债权人在5年内未向债务人提出偿债请求的，该责任消灭。

知识点 129　个人独资企业的事务管理

投资人	管理方式	（1）投资人可以自行管理企业事务； （2）投资人也可以委托或者聘用其他具有民事行为能力的人负责企业的事务管理； （3）投资人对受托人或者被聘用的人员职权的限制，不得对抗善意第三人。
受托人	禁止行为	受托人或者被聘用的管理人员不得有下列行为： （1）利用职务上的便利，索取或者收受贿赂、侵占企业财产； （2）挪用企业的资金归个人使用或者借贷给他人； （3）泄露本企业的商业秘密。
	未经许可不得从事的行为	（1）擅自将企业资金以个人名义或者以他人名义开立帐户储存、以企业财产提供担保、将企业商标或者其他知识产权转让给他人使用； （2）未经投资人同意，从事与本企业相竞争的业务、同本企业订立合同或者进行交易。
	赔偿责任	受托人或者被聘用的管理人员管理企业事务时，违反双方订立的合同，给投资人造成损害的，应承担民事赔偿责任。

二、外商投资法律制度

外商投资，是指外国的自然人、企业或者其他组织（以下简称"外国投资者"）直接或者间接在中国境内进行的投资活动。

知识点 130　外商投资的具体类型 ★

外商投资具体包括下列情形：
1. 外国投资者单独或者与其他投资者共同在中国境内设立外商投资企业。
2. 外国投资者取得中国境内企业的股份、股权、财产份额或者其他类似权益。
3. 外国投资者单独或者与其他投资者共同在中国境内投资新建项目。
4. 法律、行政法规或者国务院规定的其他方式的投资。

知识点 131　对外商投资的促进措施 ★

1. 对外商投资实行准入前国民待遇
（1）在投资准入阶段给予外国投资者及其投资不低于本国投资者及其投资的待遇；
（2）中国缔结或者参加的国际条约、协定对外国投资者准入待遇有更优惠规定的，可以按照相关规定执行。
2. 设立特殊经济区域、给予优惠待遇
（1）国家根据需要，设立特殊经济区域，或者在部分地区实行外商投资试验性政策措施，促进外商投资，扩大对外开放。
（2）国家根据国民经济和社会发展需要，鼓励和引导外国投资者在特定行业、领域、地区投资。外国投资者、外商投资企业可以依法享受优惠待遇。
3. 平等参与、公平竞争
（1）国家保障外商投资企业依法平等参与标准制定工作，强化标准制定的信息公开和社会监督；
（2）国家制定的强制性标准平等适用于外商投资企业；
（3）国家保障外商投资企业依法通过公平竞争参与政府采购活动；
（4）外商投资企业可以依法通过公开发行股票、公司债券等证券和其他方式进行融资。

知识点 132　对外商投资的保护措施 ★

国家对外商投资企业采取了一系列保护措施：

01 对外国投资者的投资不实行征收

- 在特殊情况下，国家为了公共利益的需要，可以依照法律规定对外国投资者的投资实行征收或者征用。
- 征收、征用应当依照法定程序进行，并及时给予公平、合理的补偿。
- 外国投资者在中国境内的出资、利润、清算所得等，可以依法以人民币或者外汇自由汇入、汇出。

02 对知识产权的保护

国家保护外国投资者和外商投资企业的知识产权；对知识产权侵权行为，严格依法追究法律责任。

国家鼓励在外商投资过程中基于自愿原则和商业规则开展技术合作。行政机关及其工作人员不得利用行政手段强制转让技术。

行政机关及其工作人员对于履行职责过程中知悉的外国投资者、外商投资企业的商业秘密，应当依法予以保密，不得泄露或者非法向他人提供。

3. 对各级政府及其有关部门的制约

制定规范性文件的要求	各级政府及其有关部门制定涉及外商投资的规范性文件： （1）不得减损外商投资企业的合法权益或者增加其义务； （2）不得设置市场准入和退出条件； （3）不得干预外商投资企业的正常生产经营活动。
履行政策承诺	（1）地方各级政府及其有关部门应当履行向外国投资者、外商投资企业依法作出的政策承诺以及依法订立的各类合同； （2）因国家利益、社会公共利益需要改变政策承诺、合同约定的，应当依照法定权限和程序进行，并依法对外国投资者、外商投资企业因此受到的损失予以补偿。

知识点 133 对外商投资的管理措施 ★

1. 负面清单管理

负面清单，是指国家规定在特定领域对外商投资实施的准入特别管理措施。

（1）外商投资准入负面清单以外的领域，按照内外资一致的原则实施管理。

（2）外国投资者在依法需要取得许可的行业、领域进行投资的，应当依法办理相关许可手续。

（3）有关主管部门应当按照与内资一致的条件和程序，审核外国投资者的许可申请，法律、行政法规另有规定的除外。

（4）外商投资企业的组织形式、组织机构及其活动准则，适用《公司法》《合伙企业法》等法律的规定。

（5）外商投资准入负面清单规定禁止投资的领域，外国投资者不得投资。

（6）外商投资准入负面清单规定限制投资的领域，外国投资者进行投资应当符合负面清单规定的条件。

（7）处理：外国投资者投资禁止投资的领域的，由有关主管部门责令停止投资活动，限期处分股份、资产或者采取其他必要措施，恢复到实施投资前的状态；有违法所得的，没收违法所得。

2. 国家建立外商投资信息报告制度

（1）外国投资者或者外商投资企业应当通过企业登记系统以及企业信用信息公示系统向商务主管部门报送投资信息；

（2）外商投资信息报告的内容和范围按照确有必要的原则确定；

（3）通过部门信息共享能够获得的投资信息，不得再行要求报送。

3. 审查制度

（1）国家对影响或者可能影响国家安全的外商投资进行安全审查，依法作出的安全审查决定为最终决定；

（2）外国投资者并购中国境内企业或者以其他方式参与经营者集中的，应当依照《反垄断法》的规定接受经营者集中审查。

14 常考角度总结——SUMMARIZE

1. 个人独资企业的债务清偿规则。其可细分为：
   （1）一般情形下，企业债务的清偿；
   （2）设立登记时以家庭共有财产出资的，企业债务的清偿；
   （3）个人独资企业解散后，企业债务的清偿。
2. 外商投资的三项制度
   （1）外商投资促进的具体措施，被称为"一幅蓝图"；
   （2）外商投资保护的具体措施，被称为"一颗定心丸"；
   （3）外商投资管理的具体措施，被称为"一个紧箍咒"。

致努力中的你

你的职责是平整土地，

而非焦虑时光。

你做三四月的事，

在八九月自有答案。

第二编
PART 2

商行为法

04 第四讲 破产法

专题 15 破产法总论（上）

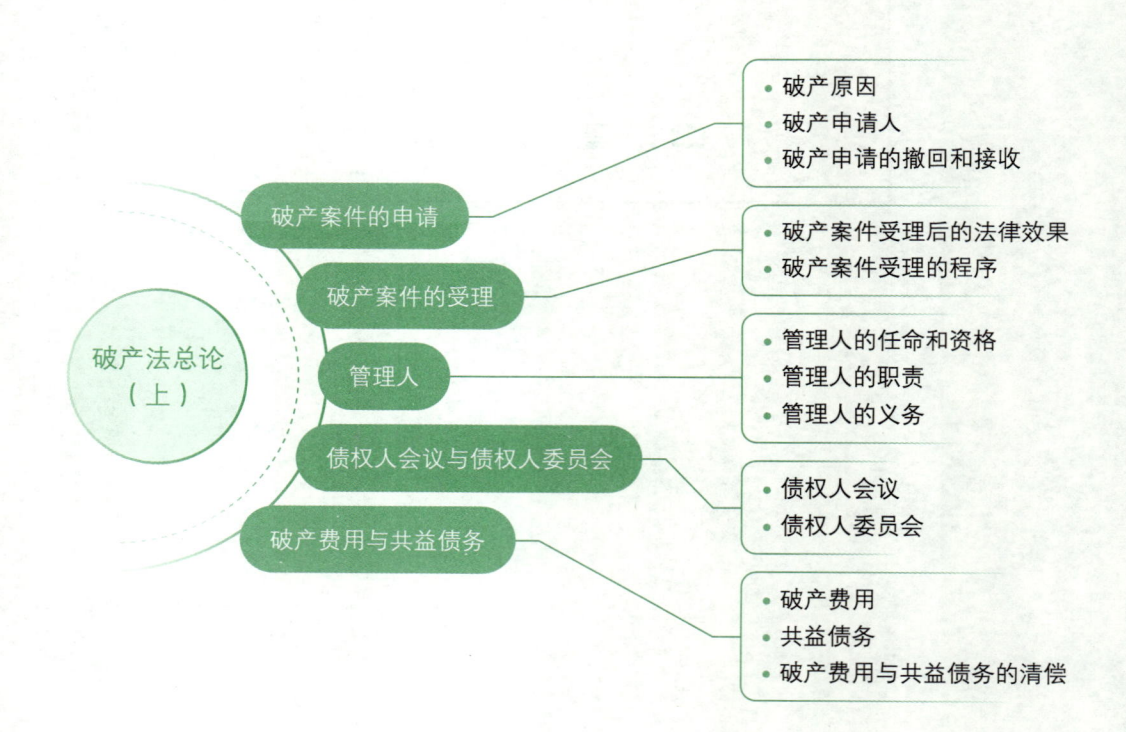

- 破产法总论（上）
  - 破产案件的申请
    - 破产原因
    - 破产申请人
    - 破产申请的撤回和接收
  - 破产案件的受理
    - 破产案件受理后的法律效果
    - 破产案件受理的程序
  - 管理人
    - 管理人的任命和资格
    - 管理人的职责
    - 管理人的义务
  - 债权人会议与债权人委员会
    - 债权人会议
    - 债权人委员会
  - 破产费用与共益债务
    - 破产费用
    - 共益债务
    - 破产费用与共益债务的清偿

考情提要 近几年，破产法客观题年均考查2~3题，主观题每年会有1~2问。客观题均以案例形式出现，常和破产领域热点结合。考生仅靠"背"不能解决问题，需要提升理解运用的能力。

《企业破产法》的立法目的是规范企业破产程序，公平清理债权债务，保护债权人和债务人的合法权益，维护社会主义市场经济秩序。

一、破产案件的申请

知识点 134　破产原因

《企业破产法》第 2 条　企业法人不能清偿到期债务，并且资产不足以清偿全部债务或者明显缺乏清偿能力的，依照本法规定清理债务。

企业法人有前款规定情形，或者有明显丧失清偿能力可能的，可以依照本法规定进行重整。

可知，破产原因是企业法人启动破产程序的前提。当出现破产原因时，企业法人可以依据破产法的规则来清偿债务。

1. "破产原因"的认定

	概　念	可启动的程序	举　例
不能清偿+资不抵债	下列情形同时存在的，法院应当认定债务人不能清偿到期债务： （1）债权债务关系依法成立； （2）债务履行期限已经届满； （3）债务人未完全清偿债务。	可选择：重整、和解、清算 （三选一）	破产第一案：沈阳市防爆器械厂连续亏损 10 余年，仅有 5 万余元的固定资产，但所欠外债高达 48 万余元，于 1986 年 8 月被宣告破产。
不能清偿+明显缺乏清偿能力 （钱没了、人没了、强执不能、扭亏无望）	出现下列情形之一的，应当认定债务人明显缺乏清偿能力： （1）因资金严重不足或财产不能变现等原因，无法清偿债务； （2）法定代表人下落不明且无其他人员负责管理财产，无法清偿债务； （3）经法院强制执行，无法清偿债务； （4）长期亏损且经营扭亏困难，无法清偿债务； （5）导致债务人丧失清偿能力的其他情形。		A 房地产公司多笔大额到期债务出现违约，其账面资产虽然大于负债，但其核心资产——房地产无法变现，烂尾多年。
有明显丧失清偿能力的可能	虽然尚未出现不能清偿的客观事实，但已经出现经营危机。	重整	2008 年三鹿奶粉破产重整案。

2. 对破产申请异议的处理

（1）以对债务人的债务负有连带责任的人未丧失清偿能力为由，主张债务人不具备破产原因的，法院不予支持。例如，A 奶粉公司出现破产原因，但为其一笔借款担保的甲公司是正常企业，不能因为甲公司正常，就不受理 A 奶粉公司的破产申请。

（2）以申请人未预先交纳诉讼费用为由，对破产申请提出异议的，法院不予支持。（因为"诉讼费用"属于"破产费用"，受理后从破产财产中随时清偿，详见后文）

(3) 以债务人在申请时未提交财产状况说明等材料为由，对破产申请提出异议的，法院不予支持。

📑 **易混**：《企业破产法》清算 VS. 《公司法》清算

	破产清算	正常清算
原因不同	出现破产原因	股东会决议解散、出现章程规定的解散事由、公司陷入僵局等
处理不同	向法院申请破产，依司法程序进行	以股东自行清算为主

知识点 135　破产申请人 ★

下列四类主体可以向法院请求裁定债务人适用破产程序：

	申请的条件	申请的程序	举　　例
债务人	出现破产原因（如"不能清偿+资不抵债"等）。	重整、和解、清算（三选一）	A 公司是债务人，要求其必须出现"破产原因"，防止"假破产，真逃债"。
债权人	需提交债务人不能清偿到期债务的有关证据。 📝 易错1：债权人无需证明"债务人是否资不抵债、是否明显缺乏清偿能力"，因为债权人是外部人，无法证明债务人的内部经营情况。 📝 易错2：债权是"已到期的、法律上可强制执行的请求权"。	重整、破产清算（二选一）〔1〕	A 公司欠 B 银行 1000 万元到期不能清偿，B 银行可以申请 A 公司破产，但该项债权要求是已到期债权。
出资人（股东）〔2〕	(1) 足够早：在法院受理破产申请后、宣告债务人破产前； (2) 足够大：出资额占债务人注册资本 1/10 以上的出资人； (3) 被动进入：当债权人申请对债务人进行破产清算时，上述出资人可以请求转为重整程序。	清算→重整 📝 易错1：出资人无权直接启动破产程序，是否破产属于企业的经营事项，出资人无权直接干涉。 📝 易错2：受理破产申请日≠宣告破产日。前者指刚进入司法程序，后者指无药可救，后续只能注销企业。	法院已经受理 A 公司被 B 银行申请破产清算的案件。此时 A 公司的股东甲公司满足左述条件的，可以向法院申请"转为 A 公司重整"案件。

---

〔1〕债权人不能申请和解。因为"和解"措施单一，仅依赖于债权人让步。在债务人已经陷入资不抵债的经营困境时，债权人有重整的动力，也有清算、尽快了结债权债务关系的需求，但债权人主动提出和解和商业实践不符。

〔2〕《企业破产法》第 70 条第 2 款规定："债权人申请对债务人进行破产清算的，在人民法院受理破产申请后、宣告债务人破产前，债务人或者出资额占债务人注册资本 1/10 以上的出资人，可以向人民法院申请重整。"

	申请的条件	申请的程序	举 例
清算人	企业法人已解散但未清算或者未清算完毕,资产不足以清偿债务的,依法负有清算责任的人应当向法院申请破产清算。	(1) 仅能启动"清算"; (2) 法院于受理申请时宣告债务人破产。	A公司股东会决议解散公司,在解散后清算时发现符合"破产原因",清算人可申请破产清算。

随堂小测

1. 2020年6月,各债权人欲申请萱草公司破产还债。萱草公司拖欠甲公司货款30万元,按合同应于2020年10月付款。

问:甲公司是否有权申请萱草公司破产?

答:无权。甲公司的债权未到期。

2. 2020年6月,各债权人欲申请萱草公司破产还债。萱草公司拖欠乙公司货款40万元,应于2017年1月偿还,但乙公司一直未追索。

问:乙公司是否有权申请萱草公司破产?

答:无权。乙公司的债权已经超过诉讼时效。

知识点 136 破产申请的撤回和救济

1. 法院受理破产申请前,申请人可以请求撤回申请。
2. 可上诉的两个裁定
(1) 法院裁定不受理破产申请的,申请人可以向上一级法院提起上诉。
(2) 法院受理破产申请后至破产宣告前,经审查发现债务人不符合"破产原因"的,可以裁定驳回申请。申请人不服的,可以向上一级法院提起上诉。

二、破产案件的受理

受理,是指法院在收到破产案件申请后,认为申请符合法定条件而予以接受,并由此开始破产程序的行为。

破产程序强调公平地满足所有债权人的清偿要求,而债权人的公平受偿又以债务人财产稳定为基础。为保障债务人财产利益最大化,法院受理破产申请后会对债务清偿、民事诉讼程序产生一系列影响。

知识点 137 破产案件受理后的法律效果★★

1. 禁止个别清偿。
(1) 个别清偿,是指案件受理后未经集体程序的单独清偿行为;
(2) 法院受理破产申请后,债务人对个别债权人(含担保物权人)的债务清偿无效。

原理 在债务人已被法院受理破产申请的情况下,再实施对个别债权人的清偿,显然违反公平清偿的原则。

2. 确定管理人，以及对管理人为给付。
（1）法院裁定受理破产申请的，应当同时指定管理人。
（2）法院受理破产申请后，债务人的债务人或者财产持有人应当向管理人清偿债务或者交付财产。

债务人的债务人或者财产持有人故意违反前述规定向债务人清偿债务或者交付财产，使债权人受到损失的，不免除其清偿债务或者交付财产的义务。

3. 待履行合同的处理
（1）概念。该类合同是指在破产申请受理前成立，但债务人和对方当事人均未履行完毕的合同。例如，双方签订建筑工程施工合同，该工程因为萱草公司拖欠工程款尚未竣工，现萱草公司破产。该合同为"双方均未履行完毕的合同"。另一常见类型是"所有权保留买卖"。
（2）处理。管理人有权决定解除或者继续履行合同，并通知对方当事人。管理人决定继续履行合同的，对方当事人应当履行。
（3）三种情况视为解除合同

解除合同 → 情形1 · 对方当事人有权要求管理人提供担保，管理人不提供担保
情形2 · 管理人自破产申请受理之日起2个月内未通知对方当事人
情形3 · 管理人自收到对方当事人催告之日起30日内未答复

4. 法院受理破产申请对民事诉讼程序的影响：掌握三个类型

	处 理	举 例
进行中的民事诉讼、仲裁程序	（1）已经开始而尚未终结的有关债务人的民事诉讼或者仲裁应当中止； （2）在管理人接管债务人的财产后，该诉讼或者仲裁继续进行。	甲因货款纠纷起诉萱草公司，诉讼中A法院查封了萱草公司的涉案货物。后B法院受理了萱草公司的破产申请。此时，A法院采取的"查封措施"应当解除。
破产程序开始后的民事诉讼	有关债务人的民事诉讼，只能向受理破产申请的法院提起。	
保全、执行程序	（1）有关债务人财产的保全措施（冻结、扣押、查封等）应当解除； （2）执行程序应当中止。	

5. 债权异议的处理：区分两种情形

	前 提	处 理
情形1	破产申请受理前，当事人之间订立有仲裁条款或仲裁协议。	向选定的仲裁机构申请确认债权债务关系。（有仲裁，需仲裁）
情形2	破产申请受理前，当事人之间没有订立仲裁条款或仲裁协议。	异议人应当在债权人会议核查结束后15日内向法院提起债权确认的诉讼。（无仲裁，则诉讼）

知识点 138　破产案件受理的程序

1. 债权人提出破产申请：掌握四个时间点

	处　　　　理	总　　结
5日通知	法院应当自收到债权人申请之日起5日内通知债务人。	可概括为："5通7异10裁定，特情上批延15"。（5+7+10+15＝37日）
7日异议	债务人对申请有异议的，应当自收到法院的通知之日起7日内向法院提出。	
10日裁定	法院应当自异议期满之日起10日内裁定是否受理。	
15日延长	有特殊情况需要延长的，经上一级法院批准，可以延长15日。	

2. 债务人/清算人提出破产申请。（略）

三、管理人

管理人，是指法律为实现破产程序的目的而设定的履行法定职能的专门机构。

知识点 139　管理人的任命和资格

1. 管理人由法院任命，是法定机构。
（1）法院裁定受理破产申请的，应当同时指定管理人。
（2）管理人的报酬由法院确定。
（3）经法院许可，管理人可以聘用必要的工作人员。
（4）管理人辞去职务应当经法院许可；没有正当理由的，管理人不得辞去职务。
（5）债权人会议认为管理人不能依法、公正执行职务或者有其他不能胜任职务情形的，可以申请法院予以更换。

2. 任职资格

> **萱姑点睛**
> 易错▶债权人会议无权直接更换管理人，仅能"申请"。

可以担任管理人的主体：
- 清算组
- 中介机构
- 个人（个人担任管理人的，应当参加执业责任保险。）

不得担任管理人的主体：
- 因故意犯罪受过刑事处罚的
- 曾被吊销相关专业执业证书的
- 与本案有利害关系的
- 法院认为不宜担任管理人的

知识点 140　管理人的职责★★★

1. 对债务人财产的管理权
（1）接管债务人的财产、印章和账簿、文书等资料；

(2) 调查债务人财产状况，制作财产状况报告；
(3) 管理和处分债务人的财产；
(4) 债务人的债务人（次债务人）或者财产持有人应当向管理人清偿债务或者交付财产。

2. 对债务人事务的执行权
(1) 决定债务人的内部管理事务、债务人的日常开支和其他必要开支；
(2) 在第一次债权人会议召开之前，决定继续或者停止债务人的营业；
(3) 代表债务人参加诉讼、仲裁或者其他法律程序；
(4) 提议召开债权人会议；
(5) 法院认为管理人应当履行的其他职责。

知识点 141 管理人的义务 ★★★

1. 对重大财产处分的报告义务
(1) 管理人应当及时报告债权人委员会；未设立的，管理人应当及时报告法院。
(2) 管理人应当事先制作财产管理或者变价方案并提交债权人会议进行表决，债权人会议表决未通过的，管理人不得处分。
(3) 债权人委员会认为管理人实施的处分行为不符合债权人会议通过的财产管理或变价方案的，有权要求管理人纠正；管理人拒绝纠正的，债权人委员会可以请求法院作出决定。

2. 管理人行使职权的报告义务
(1) 管理人向法院报告工作；
(2) 管理人向债权人会议报告职务执行情况，并回答询问，接受债权人会议和债权人委员会的监督。

四、债权人会议与债权人委员会

知识点 142 债权人会议 ★★

1. 债权人会议的法律地位
债权人会议，是指债权人参加破产程序并集体行使权利的决议机构。

2. 债权人会议的组成
(1) 依法申报债权的债权人为债权人会议的成员，有权参加债权人会议，享有表决权；
(2) 债权人会议应当有债务人的职工和工会的代表参加，对有关事项发表意见。

3. 债权人会议的程序规则
(1) 第一次债权人会议由法院召集，自债权申报期限届满之日起 15 日内召开；
(2) 以后的债权人会议，在法院认为必要时，或者管理人、债权人委员会、占债权总额 1/4 以上的债权人向债权人会议主席提议时召开。
(3) 表决规则

一般事项	出席会议的有表决权的债权人过半数，并且其所代表的债权额占无财产担保债权总额的 1/2 以上的，可通过债权人会议决议。

续表

特别表决事项 （详见下文 "知识点163"）	重整计划	（表决方式：分组表决+组内"双多"） 出席会议的同一表决组的债权人过半数同意重整计划草案，并且其所代表的债权额占该组债权总额的2/3以上的，即为该组通过重整计划草案。
	和解协议	债权人会议通过和解协议的决议，由出席会议的有表决权的债权人过半数同意，并且其所代表的债权额占无财产担保债权总额的2/3以上。

知识点 143 债权人委员会 ★★

1. 产生
（1）债权人委员会，是指代表债权人会议行使监督权利的机构；
（2）是否设立债权人委员会，由债权人会议决定，经法院书面决定认可。

2. 组成
（1）由债权人会议选任的债权人代表和1名债务人的职工代表或者工会代表组成；
（2）债权人委员会成员不得超过9人。（债权人+职工≤9人）

3. 职责

	内　　容	机　　构
财产和 重大事项 的决议权	（1）通过债务人财产的管理方案； （2）通过破产财产的变价方案； （3）通过破产财产的分配方案； （4）通过重整计划； （5）通过和解协议； （6）核查债权； （7）选任和更换债权人委员会成员。	（1）仅由债权人会议行使； （2）不得授权债权人委员会行使。
对债务人 财产的 监督权	（1）监督债务人财产的管理和处分； （2）监督破产财产分配； （3）对债权人利益有重大影响的财产处分行为，管理人应当及时报告债权人委员会。	由债权人委员会行使。
其他事项	（1）申请法院更换管理人，审查管理人的费用和报酬； （2）监督管理人； （3）决定继续或者停止债务人的营业。	（1）可由债权人会议行使； （2）也可委托债权人委员会行使。

五、破产费用与共益债务

知识点 144 破产费用 ★

破产费用，是指破产程序本身耗费的成本，是为破产程序的进行以及为全体债权人的共同利益而从债务人财产中优先支付的费用。破产费用具体包括：

破产申请受理前	（1）债务人尚未支付的公司强制清算费用； （2）未终结的执行程序中产生的评估费、公告费、保管费等执行费用。
破产申请受理后	（1）破产案件的诉讼费用； （2）管理、变价和分配债务人财产的费用； （3）管理人执行职务的费用、报酬和聘用工作人员的费用。

知识点 145 共益债务★

共益债务，是指法院受理破产申请后，为全体债权人的共同利益而管理、变价和分配破产财产而负担的债务，与之相对应的债权人一方称为"共益债权人"。

	内　　　容	举　　　例
合同之债	破产申请受理后，因管理人/债务人请求对方当事人履行双方均未履行完毕的合同所产生的债务。	[合同之债] A公司和B公司签订了原材料所有权保留买卖合同，A公司采取分期付款方式支付价款。A公司尚未支付总价款的75%但被受理破产申请。由于原材料涨价，A公司的管理人决定继续履行该合同。现A公司要向B公司支付余款，该笔合同之债为"共益债务"。 [无因管理之债] A公司于2021年1月被受理破产申请，7月，当地突发暴雨灾害。B公司做主替A公司将价值100万元的货物运到安全地带，B公司的搬运费为5万元。B公司避免了A公司其他债权人更大的损失，该5万元债务为"共益债务"。
侵权之债	（1）破产申请受理后，管理人或者相关人员执行职务致人损害所产生的债务； （2）破产申请受理后，债务人财产致人损害所产生的债务。	
无因管理之债	破产申请受理后，债务人财产受无因管理所产生的债务。	
不当得利之债	破产申请受理后，因债务人不当得利所产生的债务。	
为继续营业发生的债务	（1）为债务人继续营业而应支付的劳动报酬和社会保险费用以及由此产生的其他债务； （2）管理人或自行管理的债务人可以为债务人继续营业而借款。（可优先于普通破产债权清偿，但不可主张优先于此前已就债务人特定财产享有担保的债权清偿）	

知识点 146 破产费用与共益债务的清偿★★

总结

清偿规则可概括为："对外按顺序，对内按比例"。
1. 债务人财产足以清偿破产费用和共益债务时，二者的清偿不分先后，随时发生，随时清偿。
2. 债务人财产不足以清偿破产费用的，破产程序终结。
3. 当债务人财产不足以同时清偿破产费用和共益债务时，应当优先清偿破产费用。
4. 当债务人财产不足以清偿所有破产费用或者共益债务时，按照比例清偿。

[例] A 公司被法院受理破产申请，其债务人财产共计 10 万元。

		处　　理	规　　则
情景一	A 公司欠付破产费用 18 万元、共益债务 40 万元	在清偿破产费用后，因无财产故破产程序终结，不再清偿共益债务。	对外按顺序（不足以同时清偿破产费用和共益债务时，应当优先清偿破产费用）。
		若破产费用有 a、b、c 三项：a 项，按照 10×a/18 清偿；b 项，按照 10×b/18 清偿；c 项，按照 10×c/18 清偿。	对内按比例（不足以清偿所有破产费用时，按照比例清偿）。
情景二	A 公司欠付破产费用 8 万元、共益债务 8 万元	先全额偿还破产费用 8 万元，余额 2 万元清偿共益债务。	对外按顺序。
		共益债务内部每一项按比例清偿。如 a 项共益债务为 5 万元，则按照 2×5/8 清偿。	对内按比例（不足以清偿所有共益债务时，按照比例清偿）。

15 常考角度总结 SUMMARIZE

1. 债权人提出的破产申请是否成立。
2. 出资人申请破产重整的条件。
3. 受理破产申请对合同、民事诉讼程序的影响。
4. 管理人、债权人会议、债权人委员会职权的区别。
5. 破产费用的认定和清偿顺序。

致努力中的你

涓滴之水终可磨损大石，
不是由于它的力量强大，
而是由于昼夜不舍的滴坠。

专题 16 破产法总论（下）

破产法总论（下）
- 破产债权申报
  - 破产债权的特征
  - 破产债权的申报
- 保证债权的特殊规定
  - 债务人破产＋保证人正常
  - 债务人破产＋保证人破产
  - 债务人正常＋保证人破产
- 债务人财产
  - （对债务人财产的）追回权
  - 撤销权
  - 抵销权
  - 管理人的取回权
  - 权利人的取回权
  - 出卖人对在途货物的取回权
  - 基于所有权保留买卖协议的取回权

一、破产债权申报

知识点 147　破产债权的特征 ★

1. 破产债权是以财产给付为内容的请求权。

[例] 债权人甲请求 A 公司作为承揽人继续履行承揽合同。因为"履行承揽合同"不是"财产给付"，甲不可将其债权作为破产债权申报。

2. 破产债权是法院受理破产申请前成立的债权人对债务人享有的债权。

3. 破产债权是平等民事主体之间的请求权。

[例] 海关对 A 公司进行处罚后尚未收取的罚款，不是破产债权。

> **萱姑点睛**
>
> **易错** ▶ 共益债务是法院受理破产申请后新发生的债务。

知识点 148　破产债权的申报 ★

1. 债权申报期限、逾期申报和未申报的后果

（1）债权申报期限自法院发布受理破产申请公告之日起计算，最短不得少于 30 日，

最长不得超过 3 个月。

（2）在法院确定的债权申报期限内，债权人未申报债权的，可在破产财产最后分配前补充申报。但是，此前已进行的分配，不再对其补充分配。

2. 债权申报的范围

可申报：
（1）有担保的债权。
（2）未到期债权在破产申请受理时视为到期，可申报。
（3）附条件、附期限的债权和诉讼、仲裁未决的债权。
（4）附利息的债权自破产申请受理时起停止计息。破产申请受理前的利息，随本金一同申报。（破产止息）
（5）管理人对破产申请受理前成立而债务人和对方当事人均未履行完毕的合同决定解除的，对方当事人可以因合同解除所产生的损害赔偿请求权申报债权。
（6）破产债务人是票据的出票人，该票据的付款人继续付款或者承兑的，付款人以由此产生的请求权申报债权。

不申报：
（1）破产申请受理后，债务人欠缴款项产生的滞纳金，包括债务人未履行生效法律文书应当加倍支付的迟延利息和劳动保险金的滞纳金，不作为破产债权申报；
（2）罚金、罚款、违约金，不作为破产债权申报；
（3）职工债权[1]不必申报，由管理人调查后列出清单并予以公示。

二、保证债权的特殊规定

知识点 149　债务人破产+保证人正常 ★★★

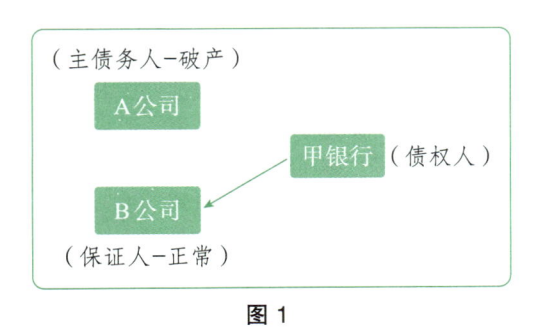

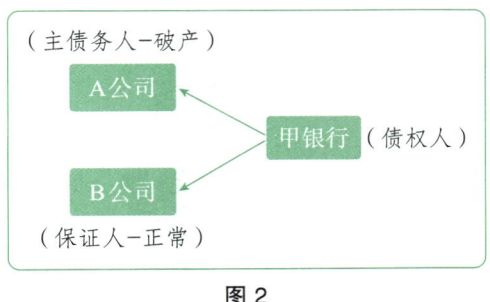

（主债务人-破产）
A公司
甲银行（债权人）
B公司
（保证人-正常）

图1

（主债务人-破产）
A公司
甲银行（债权人）
B公司
（保证人-正常）

图2

基本情况：①A 公司欠甲银行 100 万元，B 公司是保证人；②A 公司的破产清偿率为 10%；③B 公司是正常经营的企业。

1. 共同规定

（1）保证人和其他连带债务人，在破产程序终结后，对债权人依照破产清算程序未受清偿的债权，依法继续承担清偿责任；

---

[1] 职工债权，是指债务人所欠的职工的工资和医疗、伤残补助、抚恤费用，所欠的应当划入职工个人账户的基本养老保险、基本医疗保险费用，以及法律、行政法规规定应当支付给职工的补偿金。

（2）保证人承担担保责任后，不得在和解协议或者重整计划执行完毕后向债务人追偿。（和解协议/重整计划执行完毕，则后账勾销）

2. 两种不同情形的处理

情形1 债权人未向债务人的管理人申报全部债权（图1）

上述债权人甲银行未向A公司的管理人申报全部债权的，保证人B公司有下列权利：

事 由	处 理
现实求偿权	保证人（B公司）或其他连带债务人已经代替债务人（A公司）清偿债务	B公司可以其对债务人（A公司）的求偿权申报债权。此为B公司-A公司之间的关系
将来求偿权	保证人（B公司）或其他连带债务人尚未代替债务人（A公司）清偿债务	B公司可以其对债务人（A公司）的将来求偿权申报债权。

情形2 债权人已经向债务人的管理人申报全部债权，且向保证人求偿（图2）

（1）债权人（甲银行）在债务人（A公司）的破产程序中申报债权后，又提起诉讼请求保证人（B公司）承担担保责任的，法院依法予以支持。

（2）法院受理债务人（A公司）的破产案件后，债权人（甲银行）请求保证人（B公司）承担担保责任，保证人（B公司）有权主张担保债务自法院受理破产申请之日起停止计息。

原理 保证债权是从属债权，既然主债务人（A公司）"破产止息"，则保证债权也采用"破产止息"规则，自A公司破产申请受理日不再计算保证人（B公司）的利息。

（3）保证人（B公司）和债务人（A公司）的关系

全额代偿

保证人（B公司）清偿债权人（甲银行）的全部债权后，可以代替债权人（甲银行）在债务人（A公司）的破产程序中受偿

部分代偿

- 债权人（甲银行）获得全部清偿前，保证人（B公司）不得代替债权人（甲银行）在债务人（A公司）的破产程序中受偿
- 债权人获得全部清偿前，就债权人通过破产分配和实现担保债权等方式获得清偿总额中超出债权的部分，保证人（B公司）有权在其承担担保责任的范围内请求债权人（甲银行）返还

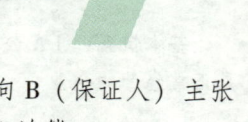

[例] 当甲（债权人企业）向A（债务人企业）申报100万元债权并向B（保证人）主张清偿时，如果B部分代偿，如B向甲清偿了10万元，则B清偿后不得向A追偿。

因为：B清偿甲10万元，如果允许B以该10万元清偿额向A申报，则会产生A就该笔100万元的债权清偿两次的后果：①A清偿甲10万元；②A清偿B 1万元。

所以：就该笔100万元的债权，A一共清偿10+1＝11万元，清偿率为11%，但A对其他债权人的清偿率仅有10%，这对其他债权人不公平。

结论：保证人B全额清偿100万元后，可取代债权人甲向A追偿；保证人B部分代偿的，

清偿后不得向 A 追偿。

知识点 150　债务人破产+保证人破产 ★★★

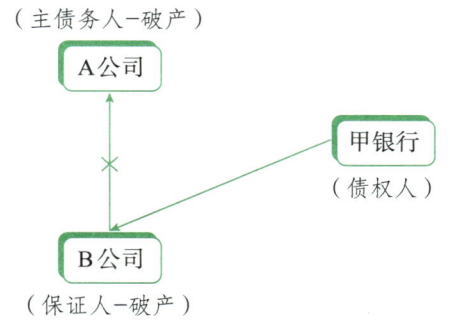

（主债务人－破产）
A公司
甲银行
（债权人）
B公司
（保证人－破产）

B公司不可向A公司申报

基本情况：
①A 公司欠甲银行 100 万元，B 公司是保证人；
②A、B 公司均被受理破产申请，二者破产清偿率均为 10%。

处理规则为：

1. 债权人有权就全部债权分别在各破产案件中申报。即，甲银行有权向 A、B 公司分别全额申报债权。

2. 债权人向债务人、保证人均申报全部债权的，从一方破产程序中获得清偿后，其对另一方的债权额不作调整，但债权人的受偿额不得超出其债权总额。

3. 保证人履行保证责任后不再享有求偿权。即，B 公司清偿后不得向 A 公司追偿。

> **原理**
> 债权人甲银行向 A、B 公司均申报 100 万元，保证人 B 公司只有全部代偿才可向债务人 A 公司追偿，但因保证人 B 公司破产，只能部分代偿。

知识点 151　债务人正常+保证人破产 ★★★

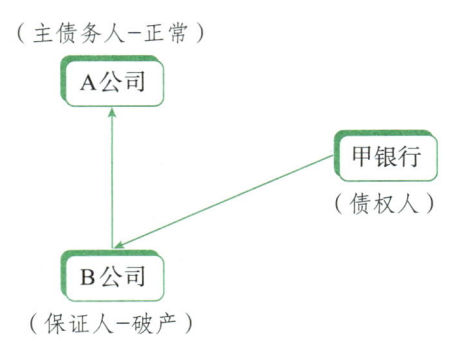

（主债务人－正常）
A公司
甲银行
（债权人）
B公司
（保证人－破产）

B公司可向A公司求偿

基本情况：
①A 公司欠甲银行 100 万元，B 公司是保证人；
②B 公司破产清偿率为 10%；
③A 公司是正常经营的企业。

处理规则为：

1. 主债务未到期的，保证债权在保证人破产申请受理时视为到期。（加速到期）

2. 保证人被裁定进入破产程序的，债权人有权申报其对保证人的保证债权。

3. 一般保证

（1）一般保证的保证人主张行使先诉抗辩权的，法院不予支持；

（2）债权人在一般保证人破产程序中的分配额应予提存，待一般保证人应承担的保证责任确定后再按照破产清偿比例予以分配；

（3）保证人被确定应当承担保证责任的，保证人的管理人可以就保证人实际承担的清偿额向主债务人或其他债务人行使求偿权。

三、债务人财产

债务人财产包括：①破产申请受理时属于债务人的全部财产；②破产申请受理后至破产程序终结前债务人取得的财产。

知识点 152 （对债务人财产的）追回权★★

追回权，是指债务人企业被法院受理破产申请，其出资人或者董事、监事、高级管理人员出现法定情形，管理人可以主张追回对应款项，该被追回的财产属于债务人财产。追回权包括对出资的追回，以及对董、监、高非正常收入的追回。

1. 追回权的追诉对象

出资人	（1）债务人的出资人尚未完全履行出资义务的，管理人应当要求该出资人缴纳所认缴的出资，而不受出资期限的限制； （2）出资人违反出资义务的，不受诉讼时效限制，管理人有权追回； （3）管理人有权主张公司的发起人和负有监督股东履行出资义务的董事、高级管理人员，或者协助抽逃出资的其他股东、董事、高级管理人员、实际控制人等，对股东违反出资义务或者抽逃出资承担相应责任。
董、监、高	（1）董、监、高利用职权侵占的企业财产，管理人应当追回； （2）债务人企业出现破产原因时，其董、监、高利用职权获得的非正常收入，管理人应当追回。（"非正常收入"见下文）

2. "非正常收入"的类型和处理

类型1	债务人出现破产原因时，其董事、监事和高级管理人员利用职权获取的绩效奖金	先退	管理人应当追回。
		后要	董、监、高因要求返还"绩效奖金"形成的债权→普通破产债权顺序清偿。
类型2	债务人出现破产原因时，其董事、监事和高级管理人员利用职权在普遍拖欠职工工资情况下，获取的工资性收入	先退	管理人应当追回。
		后要	高出该企业职工平均工资计算的部分→普通破产债权顺序清偿。
			按照该企业职工平均工资计算的部分→职工工资顺序清偿。

原理 上述非正常收入被管理人追回后，相当于债务人企业欠其董事、监事、高级管理人员的绩效奖金、工资等，所以董事、监事、高级管理人员可以要求债务人企业返还。

```
非正常收入 ─┬─ 前提 ─┬─ 董、监、高利用职权
           │        └─ 债务人企业出现破产原因
           └─ 类型 ─┬─ 绩效奖金 ──────────────────────────────→ 普通破产债权顺序清偿
                    └─ 普遍拖欠职工工资 ─┬─ 高出该企业职工平均工资计算的部分 → 普通破产债权顺序清偿
                       情况下，其获得的 │
                       工资性收入        └─ 按照该企业职工平均工资计算的部分 → 职工工资顺序清偿
```

总结

非正常收入："先退后要"
> 高工资+奖金→普通破产债权清偿。（最后顺序）
> 低平工资→工资清偿。（第一顺序）

知识点 153 撤销权 ★★

撤销权，是指债务人在破产申请受理前 1 年内恶意处分财产或者对个别债权人清偿的，管理人有权请求人民法院撤销该行为。[1]

共同规定 管理人行使撤销权的后果

1. 被撤销后，债务人所实施的交易行为失去效力。
2. 管理人行使撤销权对应的财产，列入债务人财产。

第一类 破产申请受理前 1 年内，管理人均可撤销的情形

破产申请受理前 1 年内，涉及债务人财产的下列行为，管理人有权请求人民法院予以撤销：

1. 债务人无偿转让财产的行为。
2. 债务人以明显不合理的价格进行交易的行为。
3. 债务人对没有财产担保的债务提供财产担保的行为。
4. 债务人放弃债权的行为。

第二类 破产申请受理前 1 年内，对债务的个别清偿，需分情况处理

[图例]

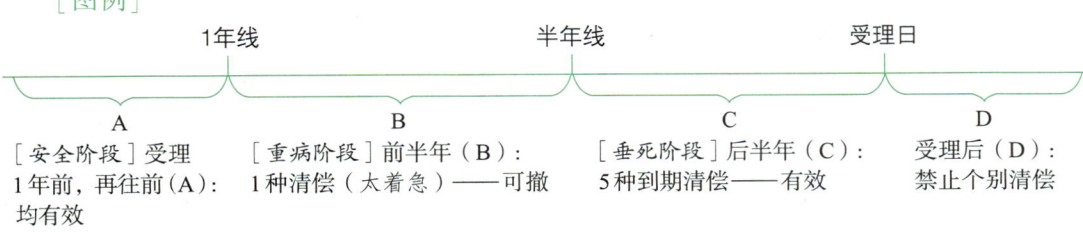

```
        1年线              半年线            受理日
  ┌───────┬───────────────┬───────────────┬───────────┐
         A                B                C           D
  [安全阶段]受理       [重病阶段]前半年（B）： [垂死阶段]后半年（C）： 受理后（D）：
  1年前，再往前(A)：    1种清偿（太着急）——可撤  5种到期清偿——有效    禁止个别清偿
  均有效
```

---

[1] 该制度是为了维持破产前的合理秩序。在债务人经营已经出现困境或即将陷于无力偿债状况的情况下，虽然还未被法院受理破产申请，但此时该企业若恶意处分财产或者对个别债权人清偿，将会导致企业财产难以保全，损害其他债权人的利益，这些做法均有违《企业破产法》公平清偿和企业维持的合理预期。

[规则]

```
A时间段          B时间段              C时间段              D时间段
```

A时间段
1年线之前
依据《民法典》规则处理。

B时间段
半年线之前
（1）清偿已到期的债务→有效清偿；
（2）清偿未到期债务+该债务到期日在破产申请受理日后→可撤销；
（3）清偿未到期债务+该债务到期日在破产申请受理日前→有效清偿。

C时间段
半年线之后+出现破产原因
（1）清偿未到期债务→管理人均可撤销；
（2）清偿已经到期的债务。

D时间段
受理日后
法院受理破产申请后，债务人对个别债权人的债务清偿无效。

[原则] 管理人可撤销。[1]
[例外] 清偿已经到期的债务，个别清偿使债务人财产受益的，该清偿有效，包括:[2]①优质债权；②法定清偿；③水电费；④劳动报酬；⑤人身损害赔偿金。

知识点 154 抵销权 ★★

破产抵销权，是指债权人在破产申请受理前对债务人负有债务的，可以向管理人主张抵销。

（一）允许抵销的情形

1. 抵销权成立的前提：善意+互负债权债务关系

	认定	举例
善意	（1）债权人因为法律规定或者破产申请受理1年前所发生的原因而负担债务。	A公司欠B公司10万元货款，B公司也欠A公司10万元运费。两个合同均签订于A公司被法院受理破产申请1年前。在此时间段，A公司尚在正常经营，法律推定该"互负债权债务"为"善意"。
	（2）债务人的债务人因为法律规定或者破产申请受理1年前所发生的原因而取得债权。	
	（3）对方不明知债务人企业出现破产原因，而负担债务或取得债权的→可抵销。	A公司虽然出现破产原因，但对方B公司有证据证明其不知情，二者形成的"互负债权债务"为"善意"。

---

〔1〕[原理] 此时企业的经营状况更差，个别清偿的恶意明显，故管理人可撤销对已到期债务的清偿。

〔2〕①优质债权：债务人对以自有财产设定担保物权的债权进行的个别清偿，管理人请求撤销的，法院不予支持。但是，债务清偿时担保财产的价值低于债权额的除外。
②法定清偿：债务人经诉讼、仲裁、执行程序对债权人进行的个别清偿，管理人请求撤销的，法院不予支持。但是，债务人与债权人恶意串通损害其他债权人利益的除外。
③水费、电费：债务人为维系基本生产需要而支付水费、电费等的个别清偿，不可撤销。
④劳动报酬等：债务人支付劳动报酬、人身损害赔偿金的行为，不可撤销。

续表

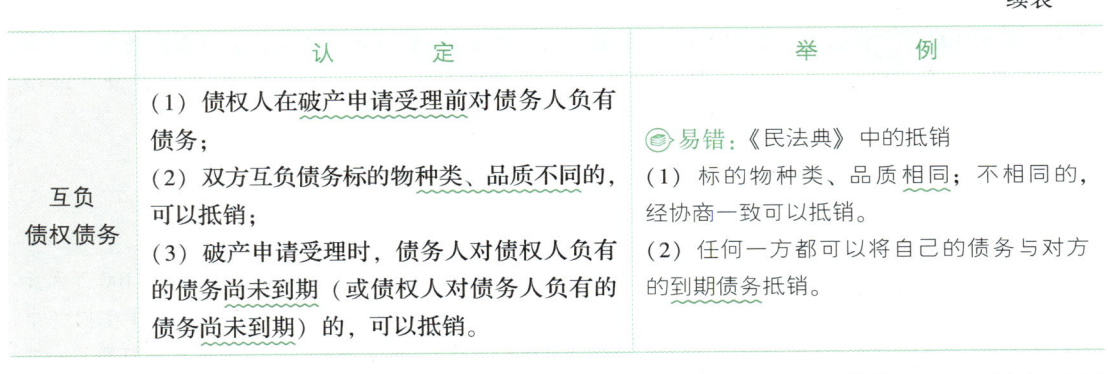

	认　定	举　例
互负 债权债务	（1）债权人在破产申请受理前对债务人负有债务； （2）双方互负债务标的物种类、品质不同的，可以抵销； （3）破产申请受理时，债务人对债权人负有的债务尚未到期（或债权人对债务人负有的债务尚未到期）的，可以抵销。	📖 易错：《民法典》中的抵销 （1）标的物种类、品质相同；不相同的，经协商一致可以抵销。 （2）任何一方都可以将自己的债务与对方的到期债务抵销。

2. 破产抵销权的行使：①债权人应当向管理人提出抵销主张；②管理人不得主动抵销债务人与债权人互负的债务，但抵销使债务人财产受益的除外；③未抵销的债权列入破产债权，参加破产分配。

3. 破产抵销权的生效

抵销自管理人收到债权人提出的主张债务抵销通知之日起生效。　**管理人无异议**

管理人有异议

❶ 应当在约定的异议期限内（或自收到主张债务抵销的通知之日起3个月内）向法院提起诉讼；无正当理由逾期提起的，法院不予支持。
❷ 法院驳回管理人提起的抵销无效诉讼请求的，该抵销自管理人收到主张债务抵销的通知之日起生效。

（二）禁止抵销的情形

1. 股权和债权，不得主张抵销。

（1）股东因欠缴债务人的出资或抽逃出资对债务人所负的债务，与债务人对其负有的债务，不得主张抵销；

（2）股东滥用股东权利或关联关系损害公司利益对债务人所负的债务，与债务人对其负有的债务，不得主张抵销。

[例] 殷某是萱草公司的股东，但拖欠出资款10万元。现萱草公司尚欠殷某货款10万元。殷某主张双方均无需清偿，是否符合法律规定？（不符合。股权和债权二者性质不同，不可相互抵销。）

2. 破产申请受理后形成互负债权债务关系的，禁止抵销。

[规则] 债务人的债务人（次债务人），在破产申请受理后取得他人对债务人的债权的，禁止抵销。

[图例]

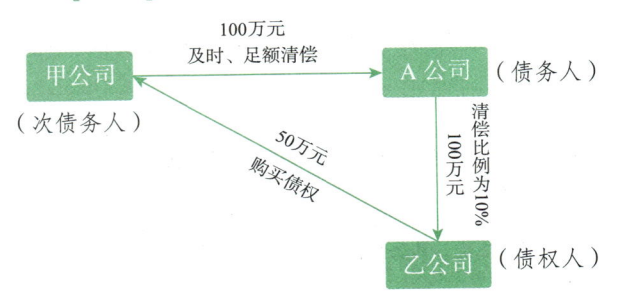

甲公司（次债务人） —100万元及时、足额清偿→ A公司（债务人）
甲公司 —50万元购买债权→ 乙公司（债权人）
A公司 —清偿比例为10%，100万元→ 乙公司

①时间点：破产申请受理后，形成互负债权债务关系。
②例外：债权人对债务人特定财产享有优先受偿权的债权，与债务人对其不享有优先受偿权的债权→允许抵销。

[举例] A公司被受理破产申请后，甲公司（次债务人）以50万元的价格购买了"乙公司对A公司的100万元债权"（恶意明显），则形式上"甲公司-A公司"形成"互负债权债务"关系。

若"甲公司-A公司"相互抵销，甲公司无需支付100万元，这会造成A公司财产减少，影响A公司其他债权人的利益。则"甲公司-A公司"：禁止抵销。

3. 破产申请受理前1年内+恶意，互负债权债务的处理：

	规 则	举 例
债权债务形成日	破产申请受理前1年内。	A（债务人企业）曾欠B（债权人）100万元货款到期未清偿。在A被受理破产申请前1年内（出现破产原因），B很恐慌，于是又从A处订购了一批价值100万元的货物，则B又成为A的债务人。 此番操作，B与A从"单一关系-A的债权人"变为"双向关系-A、B互负债权债务"。由于第二次债务的发生时间是在A出现破产原因后，法律推定B为"恶意"，因B已经明知A不能清偿到期债务，预计其会破产，所以B的行为是为抵销做准备，B无清偿的意图。 [例外] 具有左述不得抵销情形时，对方对债务人特定财产享有优先受偿权的债权，与债务人对其不享有优先受偿权的债权→允许抵销。
"恶意"	债权人已知债务人有不能清偿到期债务或者破产申请的事实，对债务人负担债务的，不得主张抵销。 债务人的债务人（次债务人）已知债务人有不能清偿到期债务或者破产申请的事实，对债务人取得债权的，不得主张抵销。	
债权债务到期日	（1）半年线之前到期（B段）→均可以抵销；〔1〕 （2）半年线之后到期（C段）→在破产申请受理之日起3个月内，管理人可向法院提起诉讼，主张该抵销无效。〔2〕	[例1] A欠B 100万元，A以房抵押；同时，B明知A出现破产原因仍欠A 100万元（恶意），且B未提供财产担保。则：双方的债务可以抵销。即使A、B是"恶意形成互负债权债务关系"的，因B是抵押权人，A破产，B就该特定财产仍有权优先受偿。 [例2] 接上例，若B的债权为100万元，A抵押的房产被评估为50万元，此时"可抵销的债权"是50万元。因为B的优先受偿权限于"担保物"，故对超过担保物价值的部分主张的抵销无效。

知识点 155 管理人的取回权

1. 法院受理破产申请后，管理人可以通过清偿债务或者提供为债权人接受的担保，取回质物、留置物。

2. 上述债务清偿或者替代担保，在质物或者留置物的价值低于被担保的债权额时，以该质物或者留置物当时的市场价值为限。

---

〔1〕互负债权债务关系是在"破产申请受理日前1年内+恶意"的情形下形成的，但企业是否必然走向破产程序尚不明朗，所以允许双方依据《民法典》中的债权债务抵销规则抵销。

〔2〕互负债权债务的到期日在"半年线之后"，此时企业处于高风险，破产预期明显。所以，即使符合《民法典》中的债权债务抵销规则，管理人也可主张该抵销无效。（禁止抵销）其法律依据为《最高人民法院关于适用〈中华人民共和国企业破产法〉若干问题的规定（二）》第44条。

知识点 156 权利人的取回权 ★★

《企业破产法》第 38 条 人民法院受理破产申请后，债务人占有的不属于债务人的财产，该财产的权利人可以通过管理人取回。但是，本法另有规定的除外。

1. 概念

权利人的取回权，是指由于债务人基于仓储、保管、承揽、代销、借用、寄存、租赁等合同或者其他法律关系占有、使用的他人财产不属于债务人的财产，故权利人可取回。

2. 取回权的行使

（1）财产权利人应当向管理人主张取回权；

（2）应当在破产财产变价方案（或和解协议、重整计划草案）提交债权人会议表决前向管理人提出；

（3）在上述期限后主张取回的，财产权利人仍可取回相关财产，但应当承担延迟行使取回权增加的相关费用；

（4）对债务人占有的权属不清的鲜活易腐等不易保管的财产（或不及时变现价值将严重贬损的财产），管理人及时变价并提存变价款后，有关权利人可以就该变价款行使取回权。

3. 债务人违法转让他人财产的处理（判断第三人是否符合《民法典》第 311 条规定的"善意取得条件"）

（1）无权处分行为发生在破产申请受理前

	处 理	举 例
第三人符合条件	①第三人取得该财产的所有权；②原权利人无法取回该财产，因财产损失形成的债权，作为普通破产债权清偿。	萱草公司是 A 公司的货物保管人，其于 2020 年 1 月被受理破产申请。2019 年 6 月，萱草公司将该批货物出售给了 B 公司。①若 B 公司（第三人）符合"善意+对价+手续全"的条件，则 B 公司取得货物的所有权。A 公司（原权利人）就其损失向萱草公司申报债权。②若 B 公司已经向萱草公司支付货款，但尚未交付，此事就被原权利人 A 公司发现，则 A 公司可以取回货物。B 公司就其损失向萱草公司申报债权。
第三人不符合条件	①第三人已向债务人支付了转让价款，但不符合善意取得条件的，因第三人已支付对价而产生的债务，作为普通破产债权清偿；②原权利人可取回转让财产。	

（2）无权处分行为发生在破产申请受理后

	处 理	举 例
第三人符合条件	①第三人取得该财产的所有权；②原权利人无法取回该财产，因管理人或相关人员执行职务导致原权利人损失产生的债务，作为共益债务清偿。	萱草公司是 A 公司的货物保管人，其于 2020 年 1 月被受理破产申请。2020 年 6 月，萱草公司管理人将该批货物出售给了 C 公司，则：①C 公司符合善意取得条件→C 公司取得货物的所有权，A 公司的损失作为共益债务得到清偿；②C 公司不符合善意取得条件→A 公司可以取回货物，C 公司的价款损失可作为共益债务得到清偿。
第三人不符合条件	①第三人已向债务人支付了转让价款，但不符合善意取得条件的，因第三人已支付对价而产生的债务，作为共益债务清偿；②原权利人可取回转让财产。	

4. 占有的他人财产毁损、灭失，因此获得的保险金、赔偿金、代偿物的处理

情　　形		处　　理
尚未交付	（1）尚未交付给债务人； （2）虽已交付给债务人但能与债务人的财产区分。	权利人可主张取回保险金、赔偿金、代偿物。
已经交付	（1）保险金、赔偿金已经交付给债务人； （2）代偿物已经交付给债务人且不能与债务人的财产予以区分。	毁损、灭失发生在破产申请受理前，权利人因财产损失而形成的债权→作为普通破产债权清偿。
		毁损、灭失发生在破产申请受理后，因权利人财产损失而产生的债务→作为共益债务清偿。

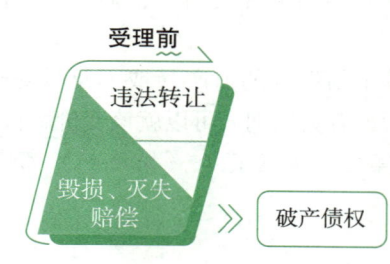

总结

受理前：违法转让／毁损、灭失赔偿 》 破产债权

受理后：违法转让／毁损、灭失赔偿 》 共益债务

知识点 157　出卖人对在途货物的取回权 ★★

《企业破产法》第 39 条　人民法院受理破产申请时，出卖人已将买卖标的物向作为买受人的债务人发运，债务人尚未收到且未付清全部价款的，出卖人可以取回在运途中的标的物。但是，管理人可以支付全部价款，请求出卖人交付标的物。

该规则是为解决异地交易中买受方破产，对在途标的物如何处理的问题。其要点为：
1. 可取回对象限于"在途标的物"。
（1）法院受理破产申请时，出卖人已将买卖标的物向作为买受人的债务人发运，债务人尚未收到且未付清全部价款的，出卖人可以取回在运途中的标的物。
（2）出卖人通过通知承运人或者实际占有人中止运输（或返还货物、变更到达地，或将货物交给其他收货人）等方式，对在运途中的标的物主张了取回权但未能实现，在买卖标的物到达管理人处后，出卖人有权向管理人主张取回。
（3）在货物到达管理人处前，出卖人已向管理人主张取回在运途中的标的物，在买卖标的物到达管理人处后，出卖人有权向管理人主张取回。
（4）出卖人对在运途中的标的物未及时行使取回权，在买卖标的物到达管理人处后向管理人行使在途标的物取回权的，管理人不应准许。出卖人可以就买受人所欠价款申报债权。

2. 管理人可以支付全部价款，请求出卖人交付标的物。

［例］在合同订立后、货物运输途中，该批货物价格暴涨的，管理人可依原合同支付价款（价低），然后将货物按现价（价高）出售。这样可以最大限度地维护现有债权人的利益。

易混：两类取回权的区别

	在途货物取回权	一般取回权
标 的	基于购销合同，尚在运输途中的货物	基于仓储、保管、租赁……占有、使用的他人财产
时 间	货物在途时	方案提交债权人会议表决前
行使方式	通知承运人、实际占有人、管理人	向管理人提出

知识点 158 基于所有权保留买卖协议的取回权 ★

所有权保留买卖协议，是指当事人可以在买卖合同中约定，买受人未履行支付价款或者其他义务的，标的物的所有权属于出卖人。

1. 该类合同属于双方均未履行完毕的合同。

（1）在签订了所有权保留买卖条款的合同中，标的物所有权转移给买受人前，一方当事人破产的，该买卖合同属于双方均未履行完毕的合同；

（2）管理人依据对债务人企业利益最大化原则，有权决定解除或者继续履行合同。

2. 该类合同，既可能出现出卖人破产的情形，也可能出现买受人破产的情形。

情形1 出卖人破产，但买受人正常

[继续卖] 管理人决定 继续履行合同	买受人（对方）应当履行，按照原买卖合同的约定支付价款或者履行其他义务。	
	买受人未履行合同义务或者将标的物不当处分，给出卖人造成损害的	（1）出卖人的管理人可主张取回标的物； （2）但是，买受人已经支付标的物总价款75%以上或者第三人善意取得标的物所有权或者其他物权的除外；（不可取回标的物） （3）未能取回标的物的，出卖人的管理人可主张买受人继续支付价款、履行完毕其他义务，以及承担相应赔偿责任。（因为买受人正常，有能力履行）
[不卖了] 管理人决定 解除合同	买受人（对方）应当向管理人交付买卖标的物	（1）买受人履行合同义务，并将买卖标的物交付给出卖人的管理人后，其已支付价款损失形成的债权作为共益债务清偿； （2）买受人违反合同约定的，其已支付价款损失形成的债权作为普通破产债权清偿。

情形2 买受人破产，但出卖人正常

[继续买] 管理人决定 继续履行合同	（1）出卖人（对方）应当履行，即交付标的物； （2）买受人（破产方）应当及时支付价款，即价款债权加速到期。[1]	
	管理人未履行合同义务或者将标的物不当处分，给出卖人造成损害的	（1）出卖人（对方）可主张取回标的物； （2）但是，买受人（破产方）已支付标的物总价款75%以上或者第三人善意取得标的物所有权或者其他物权的除外；（出卖人不可取回）

---

[1] 此时，原买卖合同中约定的买受人支付价款或者履行其他义务的期限在破产申请受理时视为到期，买受人的管理人应当及时向出卖人支付价款或者履行其他义务。

续表

[继续买] 管理人决定 继续履行合同	管理人未履行合同义务或者将标的物不当处分，给出卖人造成损害的	（3）未能取回标的物的，出卖人（对方）可主张买受人继续支付价款、履行完毕其他义务，以及承担相应赔偿责任； （4）买受人（破产方）未支付价款或者未履行完毕其他义务，以及买受人的管理人将标的物出卖、出质或者作出其他不当处分导致出卖人损害产生的债务，出卖人（对方）可主张作为共益债务清偿。
[不买了] 管理人决定 解除合同	出卖人（对方）可主张取回买卖标的物，并应当返还买受人已支付价款	（1）取回的标的物价值明显减少给出卖人造成损失的，出卖人可从买受人已支付的价款中优先予以抵扣，然后将剩余部分返还给买受人； （2）对买受人已支付价款不足以弥补出卖人标的物价值减损损失形成的债权，出卖人可主张将其作为共益债务清偿。

16 常考角度总结 SUMMARIZE

1. 可申报为破产债权的事项的认定。
2. 保证人申报债权以及清偿规则。
3. 可追回的债务人财产范围。（未缴出资、非正常收入、侵占的他人财产）
4. 债务人清偿有效性的判断。
5. 债务人抵销有效性的判断。
6. 对债务人无权处分财产的处理。
7. 对在运途中标的物的处理。

致努力中的你

人难免天生有自怜情绪，
唯有时刻保持清醒，
才看得清真正的价值在哪里。

专题 17　破产法分论——重整、和解、破产清算程序

- 重整程序
  - 重整原因和重整程序的启动
  - 重整期间营业保护的特殊规定
  - 重整程序的终止（重整期间的结束）
  - 重整计划的内容
  - 重整计划草案的表决和强行批准
  - 重整计划的效力和执行
- 和解程序
  - 和解申请
  - 和解协议的表决和效力
- 破产清算程序
  - 破产宣告对程序的影响
  - 别除权的清偿、破产清偿顺序

一、重整程序[1] ★★★

重整，是指对可能或已经发生破产原因但又有挽救希望的法人企业，通过对各方利害关系人的利益协调，借助法律强制进行营业重组与债务清理，以避免企业破产的法律制度。破产重整的一系列规则都旨在为企业创造一个继续经营的制度环境。

知识点 159　重整原因和重整程序的启动 ★

1. 重整原因（见前文"破产原因"）

（1）企业法人不能清偿到期债务，并且资产不足以清偿全部债务或者明显缺乏清偿能力的，依照《企业破产法》的规定清理债务，可启动重整、和解、破产清算程序；

（2）企业法人有明显丧失清偿能力可能的，可以依照《企业破产法》的规定进行重整。

---

[1] 为了便于理解破产重整程序，推荐大家看一部纪录片《核城裂变》，该纪录片讲述的是上市公司"中核钛白"破产重整的案件。

2. 重整程序的启动

直接申请重整	债务人或者债权人可以依照《企业破产法》的规定，直接向法院申请对债务人进行重整。	足够早 在法院受理破产申请后、宣告债务人破产前。
出资人申请"转重整"	债权人申请对债务人进行破产清算的，在法院受理破产申请后、宣告债务人破产前，债务人或者出资额占债务人注册资本1/10以上的出资人，可以向法院申请重整。（见下例）	足够大 出资额占债务人注册资本1/10以上的出资人。 被动进入 当债权人申请对债务人进行破产清算时，满足上述条件的出资人可以请求转为重整程序。

[例] 思瑞公司不能清偿到期债务，债权人向法院申请破产清算。法院受理并指定了管理人。在宣告破产前，持股20%的股东甲认为如引进战略投资者乙公司，思瑞公司仍有生机，于是向法院申请重整。关于重整，下列哪一选项是正确的？（2017/3/31）[1]

A. 如甲申请重整，必须附有乙公司的投资承诺
B. 如债权人反对，则思瑞公司不能开始重整
C. 如思瑞公司开始重整，则管理人应辞去职务
D. 只要思瑞公司的重整计划草案获得法院批准，重整程序就终止

知识点 160 重整期间营业保护的特殊规定★★★

为了促使重整能够顺利进行，以避免债务人企业陷入破产的境地，法律对重整期间这一特殊时间段加以营业保护，对某些权利人权利的行使加以限制。

在重整期间，营业保护体现在下列方面：

	内　　容	举　　例
对担保物权的限制	（1）对债务人的特定财产享有的担保权暂停行使； （2）但是，担保物有损坏或者价值明显减少的可能，足以损害担保权人权利的，担保权人可以向法院请求恢复行使担保权。	甲银行是萱草公司的抵押权人，当萱草公司破产重整时，甲银行不得主张处置抵押物以优先受偿。因为一旦达成重整协议，萱草公司将恢复到正常经营状态，如果在达成重整协议前该担保物被拍卖、变卖，会影响后续重整计划的执行。
对取回权的限制	债务人合法占有的他人财产，该财产的权利人在重整期间要求取回的，应当符合事先约定的条件。	萱草公司租赁甲公司10辆汽车。若租赁期为3年，重整期间内租赁合同未到期，甲公司不得主张取回汽车；若租赁期为3个月，重整期间内租赁合同到期，则甲公司可以主张取回。

---

[1] D

続表

	内　容	举　例
新借款	（1）经债务人申请，法院批准债务人可以在管理人的监督下自行管理财产和营业事务； （2）债务人或者管理人为继续营业而借款的，可以为该借款设定担保。	——
对出资人和管理层的限制	（1）债务人的出资人不得请求投资收益分配； （2）债务人的董事、监事、高级管理人员不得向第三人转让其持有的债务人的股权，经法院同意的除外。	——

知识点 161　重整程序的终止（重整期间的结束）★★

1. 重整期间，是指自法院裁定债务人重整之日起至重整程序终止的期间。
2. 重整程序的终止

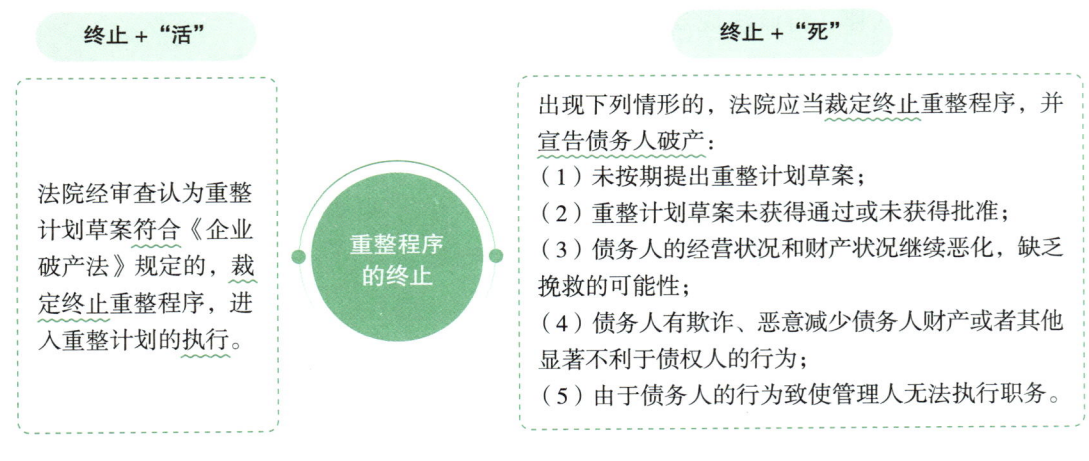

终止＋"活"

法院经审查认为重整计划草案符合《企业破产法》规定的，裁定终止重整程序，进入重整计划的执行。

终止＋"死"

出现下列情形的，法院应当裁定终止重整程序，并宣告债务人破产：
（1）未按期提出重整计划草案；
（2）重整计划草案未获得通过或未获得批准；
（3）债务人的经营状况和财产状况继续恶化，缺乏挽救的可能性；
（4）债务人有欺诈、恶意减少债务人财产或者其他显著不利于债权人的行为；
（5）由于债务人的行为致使管理人无法执行职务。

起点 → 债权人会议讨论通过重整计划草案 → 终止重整程序（终点）法院裁定批准重整计划（或重整计划未达成） → 不属于"重整期间" 达成-执行重整计划

法院裁定受理重整申请之日

易错：重整期间并非到"重整计划执行完成"时终止，而是"重整计划通过/未通过"均终止。

知识点 162　重整计划的内容★★

重整计划，是指债务人、债权人和其他利害关系人在协商基础上就债务清偿和企业拯救作出的安排。

1. 制作人

（1）重整计划草案由债务人或管理人制作；

（2）自法院裁定债务人重整之日起6个月内，同时向法院和债权人会议提交重整计划草案。

2. 重整计划草案内容包括：债务人+债权人+重整计划。

其具体内容包括：

（1）债务人的经营方案；

（2）债权分类、债权调整方案、债权受偿方案；

（3）重整计划的执行期限、重整计划执行的监督期限；

（4）有利于债务人重整的其他方案。

3. 重整计划可调整事项

（1）可调整债务人所欠职工的工资和医疗、伤残补助、抚恤费用。

（2）可调整社保个人账户欠款。重整计划草案可调整债务人所欠的应当划入职工个人账户的基本养老保险、基本医疗保险费用。

（3）可调整法律、行政法规规定应当支付给职工的补偿金。

（4）其他事项。（略）

4. 重整计划不可调整事项：不得减免债务人欠缴的其他社会保险费用（社保统筹账户欠款）。

> **萱姑点睛**
> 提示▶重点掌握重整计划不可调整事项。

知识点 163　重整计划草案的表决和强行批准 ★★

1. 分组表决

债权人参加债权人会议，依照债权分类，分组对重整计划草案进行表决：

	内　　容	举　　例
优质债权组	对债务人的特定财产享有担保权的债权。	重整计划草案为：担保物权人可获得45%的清偿比例，则A公司的抵押权人、质押权人、留置权人为一组，讨论该方案。
职工债权组	债务人所欠职工的工资和医疗、伤残补助、抚恤费用，所欠的应当划入职工个人账户的基本养老保险、基本医疗保险费用，以及法律、行政法规规定应当支付给职工的补偿金。	重整计划草案为：减免职工工资、补偿金、社保个人账户的保险费缴纳。
税　款	债务人所欠税款。	（略）
普通债权组	（1）没有设定担保的普通债权人为一组； （2）法院在必要时可以决定在普通债权组中设小额债权组对重整计划草案进行表决。	重整计划草案为：延期3年偿还普通债权人的债权，则A公司数量众多的无特定财产担保供货商，归入该组讨论该方案。

内　　　容	举　　　例
出资人组	（1）涉及出资人权益调整事项的，应当设出资人组，对该事项进行表决； （2）不涉及出资人权益调整事项的，出资人代表可以列席讨论重整计划草案的债权人会议。	重整计划草案规定，"持有 A 公司 10% 以上表决权的大股东放弃股权，股权转让给新引入的重整方"，则受影响的股东为一组，讨论该方案；但表决权不足 10% 的股东，因不受该方案影响，不参加表决。

2. 表决主体
（1）权益因重整计划草案受到调整或者影响的债权人或者股东，有权参加表决；
（2）权益未受到调整或者影响的债权人或者股东，不参加重整计划草案的表决。

［例］重整计划草案不得减免债务人欠缴的其他社会保险费用，故该项费用的债权人不参加重整计划草案的表决。

3. 表决方式：分组表决+组内"双多"
（1）出席会议的同一表决组的债权人过半数同意重整计划草案，并且其所代表的债权额占该组债权总额的 2/3 以上的，即为该组通过重整计划草案；（见下例）
（2）各表决组均通过重整计划草案时，重整计划即为通过；
（3）法院经审查认为重整计划草案符合《企业破产法》规定的，裁定批准，终止重整程序，并予以公告。

［例］（组内双多）某组债权人人数为 100 人，债权总额为 1000 万元。该组若要通过重整计划草案，至少需要 51 个债权人同意，且这 51 人至少持有债权额 667 万元。

4. 重整计划草案的强行批准
重整计划草案的强行批准，是指重整计划草案未通过时，法院强行批准的制度。其要点为：

［第一步］协商基础上的再次表决	［第二步］再次表决未通过时的审查批准
（1）债务人或管理人可以同未通过重整计划草案的表决组协商，该表决组可以在协商后再表决一次； （2）双方协商的结果不得损害其他表决组的利益。	（1）该表决组拒绝再次表决，或再次表决仍未通过重整计划草案； （2）重整计划草案符合法定条件的，债务人或管理人可以申请法院批准重整计划草案。

知识点 164　重整计划的效力和执行 ★★

1. 重整计划的效力
（1）经法院裁定批准的重整计划，对债务人和全体债权人均有约束力。

(2) 债权人未申报债权的，在重整计划执行期间不得行使权利；在重整计划执行完毕后，可以按照重整计划规定的同类债权的清偿条件行使权利。

(3) 债权人对债务人的保证人和其他连带债务人所享有的权利，不受重整计划的影响。

2. 重整计划的执行

法院经审查认为重整计划符合《企业破产法》规定的，裁定批准终止重整程序。债务人企业下一步进入重整计划的执行阶段。

执行主体	(1) 重整计划由债务人负责执行，由管理人监督； (2) 管理人应当向债务人移交财产和营业事务。
执行完毕	(1) 按照重整计划减免的债务，自重整计划执行完毕时起，债务人不再承担清偿责任；（后账勾销） (2) 保证人承担担保责任后，不得在和解协议或者重整计划执行完毕后向债务人追偿。（因为已经执行完毕，后账勾销）
不能执行 （见下例）	对债务人的影响	债务人不能执行或者不执行重整计划的，经管理人或利害关系人请求，法院应当裁定终止重整计划的执行，并宣告债务人破产。
	对债权人的影响	(1) 债权人在重整计划中作出的债权调整的承诺失去效力； (2) 债权人因执行重整计划所受的清偿仍然有效，债权未受清偿的部分作为破产债权； (3) 上述债权人只有在其他同顺位债权人同自己所受的清偿达到同一比例时，才能继续接受分配。
	对担保人的影响	重整计划因执行不能而终止，并宣告债务人破产的，为重整计划的执行提供的担保继续有效。

[例] 萱草公司（债务人）欠甲100万元，在重整计划中，甲同意债权调整至70万元。

1. 如果重整计划完成，甲得到70万元，萱草公司不再承担清偿责任。（后账勾销）

2. 如果重整计划执行了一部分，萱草公司清偿甲10万元，但之后该重整计划不能执行（重整失败），萱草公司被宣告破产，那么：

(1) 甲原在重整计划中减免债权到70万元的承诺失去效力，则甲的债权恢复为100万元。

(2) 甲已经接受的10万元清偿有效，无需返还；甲未受清偿的90万元，作为破产债权。

(3) 若其他同顺位债权人只获得8%的清偿，则甲暂缓分配，因为甲已获得10%的清偿。

二、和解程序

和解，是指债务人不能清偿债务时，为避免破产清算，经与债权人会议协商，达成相互间的谅解的一项制度。

知识点 165 和解申请

1. 债务人可以直接向法院申请和解。

2. 债务人也可以在法院受理破产申请后、宣告债务人破产前，向法院申请和解。

知识点 166 和解协议的表决和效力 ★

1. 和解协议的表决

	概　　念	表决方式
有表决权的债权人	其指受理破产申请时对债务人享有无财产担保债权的人，又称"和解债权人"。	债权人会议通过和解协议的决议，由出席会议的有表决权的债权人过半数同意，并且其所代表的债权额占无财产担保债权总额的2/3以上。
无表决权的债权人	其指对债务人的特定财产享有担保权的权利人。	（1）不参加和解协议的表决； （2）自法院裁定和解之日起可以行使权利。

2. 和解协议的效力

（1）和解协议对债务人和全体和解债权人均有约束力。

（2）和解债权人未申报债权的，在和解协议执行期间不得行使权利；在和解协议执行完毕后，可以按照和解协议规定的清偿条件行使权利。

（3）和解债权人对债务人的保证人和其他连带债务人所享有的权利，不受和解协议的影响。

> **萱姑点睛**
> **易错** ▶ 和重整计划草案不同，和解协议表决时债权人不分组。

3. 和解协议的执行。（略，和前文"重整计划的执行"规则相同）

三、破产清算程序 ★

法院作出宣告破产的裁定，标志着债务人无可挽回地陷入破产倒闭。

知识点 167 破产宣告对程序的影响

	对破产程序的影响	对债权清偿的影响
破产宣告前	程序之间可转换（如清算转重整、清算转和解）	禁止对个别债权人清偿
破产宣告后	只能进入破产清算程序	开始清偿（对外按顺序，对内按比例）

知识点 168 别除权的清偿、破产清偿顺序 ★★

1. 别除权人享有优先清偿权

（1）别除权人，是在破产宣告后，对债务人的特定财产享有担保权的权利人，具体包括抵押权人、质押权人、留置权人等物上担保权人；

（2）别除权人享有优先清偿权，是指别除权人就债务人的特定财产"个别地、排他地"接受清偿，不参加集体清偿；

（3）别除权人行使优先清偿权后未能完全受偿的，其未受偿的债权作为普通债权清偿；

（4）别除权人放弃优先清偿权的，其债权作为普通债权清偿。

2. 承包人的法定优先受偿权

在建设工程价款债权与建筑物抵押权并存时，建筑工程的承包人的优先受偿权优于抵押权和其他债权。

3. 集体清偿规则：对外按顺序，对内按比例

（对外按顺序）破产财产在优先清偿破产费用和共益债务后，依照下列顺序清偿[1]：

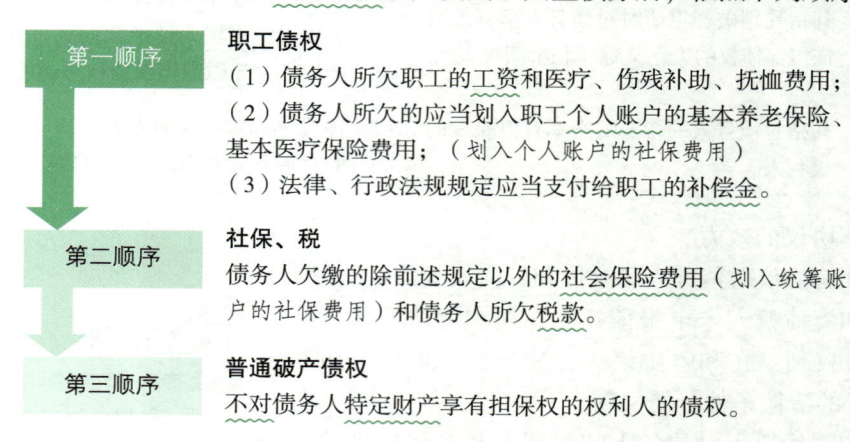

第一顺序　职工债权
（1）债务人所欠职工的工资和医疗、伤残补助、抚恤费用；
（2）债务人所欠的应当划入职工个人账户的基本养老保险、基本医疗保险费用；（划入个人账户的社保费用）
（3）法律、行政法规规定应当支付给职工的补偿金。

第二顺序　社保、税
债务人欠缴的除前述规定以外的社会保险费用（划入统筹账户的社保费用）和债务人所欠税款。

第三顺序　普通破产债权
不对债务人特定财产享有担保权的权利人的债权。

（对内按比例）破产财产不足以清偿同一顺序的清偿要求的，按照比例分配。

17 常考角度总结——SUMMARIZE

1. 重整期间担保物权、取回权行使的特殊规则。
2. 重整计划的内容以及表决有效性的认定。
3. 重整计划执行失败后的处理。
4. 宣告破产后的清偿规则：优先受偿权；集体清偿规则为"对外按顺序，对内按比例"。

致努力中的你

在隆冬，我终于知道，
在我身上有一个不可战胜的夏天。

---

[1] 破产费用和共益债务的清偿，见前文：①由债务人财产随时清偿；②债务人财产不足以清偿所有破产费用和共益债务的，先行清偿破产费用；③不足以清偿破产费用的，终结破产程序。

第五讲 票据法 05

专题 18 票据原理

- 票据的种类和特征
  - 票据的种类
  - 票据的功能
  - 票据的特征
  - 票据上的法律关系
  - 票据关系当事人
- 票据权利
  - 票据权利概述
  - 票据权利的种类
  - 票据权利的取得
  - 票据权利的消灭
  - 利益返还请求权
  - 票据权利的瑕疵
- 票据抗辩
  - 对物的抗辩
  - 对人的抗辩、票据抗辩的限制
- 票据的丧失与补救
  - 挂失止付、诉讼
  - 公示催告

考情提要

票据法在客观题中约考查 1~2 题，题目属于法条翻版，没有理解难度，但因为票据规则又多又密，学习起来较为枯燥繁琐。

同时，票据法偶尔会在主观题中出现（到 2024 年为止共考过 2 次：2006、2019 年），一般是和民法、民事诉讼法结合。票据法和民法结合的点包括票据行为（票据质押、票据付款、票据担保），和民事诉讼法结合的点包括公示催告、票据诉讼。

一、票据的种类和特征

票据，是指由出票人签发的，约定由自己或者委托他人见票或于确定的日期，无条件支付一定金额的有价证券。

知识点 169 票据的种类

我国《票据法》中的票据仅指汇票、本票和支票。可将票据规则理解为"交通规则"，其目的在于保证票据流通的便利和安全。

1. 汇票：出票人签发的，委托付款人在见票时或者在指定日期无条件支付确定的金额给收款人或者持票人的票据。

2. 支票：出票人签发的，委托办理支票存款业务的银行或者其他金融机构在见票时无条件支付确定的金额给收款人或者持票人的票据。

3. 本票：出票人签发的，承诺自己在见票时无条件支付确定的金额给收款人或者持票人的票据。

总结 三类票据的性质与分类

	性 质	分 类
汇票	委付证券	按出票人不同可分为：银行汇票和商业汇票。 按付款时间不同可分为：远期汇票和即期汇票。 （1）远期汇票，是指定日付款、出票后定期付款、见票后定期付款的汇票； （2）即期汇票，是指见票即付的汇票。
本票	已付证券	仅为银行本票。
支票	支付证券	（1）均为"见票即付"； （2）可分为：现金支票、转账支票。

知识点 170 票据的功能

票据具有下列功能：

1. 汇兑功能

这主要是为了解决现代社会经济生活中，异地转移金钱的需要，以减少现金的往返运送，从而避免风险、节约费用。（转移需要）

2. 支付功能

即用票据代替现金作为支付工具。票据最简单、最基本的作用就是作为支付手段，代替现金的使用。（替代需要）

3. 信用功能

现代商品交易中，信用交易是大量存在的。卖方通常不能在交付货物的同时，获得价金的支付。如果这时买方向卖方签发票据，就可以将挂账信用转化为票据信用，把一般债权转化为票据债权，使得权利外观明确、清偿时间确定、转让手续简便，以获得更大的资金效益。票据的信用功能已成为票据最主要的功能，在商品经济发展中发挥着巨大的作用。(但是，支票不具备信用功能)

4. 结算功能

又叫债务抵销功能。例如，互负债务的双方当事人各签发一张票据给对方，待两张票据都届到期日即可抵销债务，差额部分，仅一方以现金支付。

5. 融资功能

即可以利用票据筹集、融通或调度资金。这一功能主要是通过票据贴现完成的，即通过对未到期票据的买卖，使持有未到期票据的持票人通过出售票据获得现金。

知识点 171 票据的特征★★★

票据具有下列特征：

1. 票据具有无因性。(无因证券)

(1) 票据权利人在行使票据权利时，无须证明给付原因(民事合同)，权利人享有票据权利只以持有有效票据为必要；

(2) 原因关系只存在于授受票据的直接当事人之间，票据一经转让，票据债务人对通过背书受让该票据的持票人以原因关系违法为由进行抗辩的，法院不予支持。(详见下文"票据抗辩")

[例1] A 和 B 的买卖合同中，A 是买受人，B 是出卖人。A 向 B 签发了一张 10 万元汇票为该笔货物付款。B 和 C 签订了购销合同，B 是买受人，C 是出卖人，现 B 将 A 签发的该 10 万元汇票背书转让给 C 作为付款。若 A 和 B 之间买卖合同无效，A 不得以此理由抗辩 C，也就是 A 不得以 A-B 之间原因关系存在瑕疵为由拒绝向 C 支付票据金额。

[例2] 熊某因出差借款，财务部门给其开具了一张 1 万元的现金支票。熊某持支票到银行取款，银行实习生马某问："你为什么要取 1 万元?"马某询问熊某使用票据的原因违反了票据无因性原理。

2. 票据具有要式性。(要式证券)

票面记载、票据行为，要严格按照《票据法》及相关法规的规定，否则会影响票据的效力，甚至会导致票据的无效。

3. 票据具有文义性。(文义证券)

票据上所载权利义务的内容必须以票据上的文字记载为准。

4. 票据具有设权性。(设权证券)

票据权利的产生前提是要做成"票据"。票据在做成之前，票据权利是不存在的。即，出票人做成票据，合法出票→交给持票人→持票人享有票据权利。

5. 票据具有流通性。(流通证券)

知识点 172 票据上的法律关系

票据法上的法律关系，包括票据关系和票据法上的非票据关系(基础关系)。

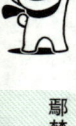

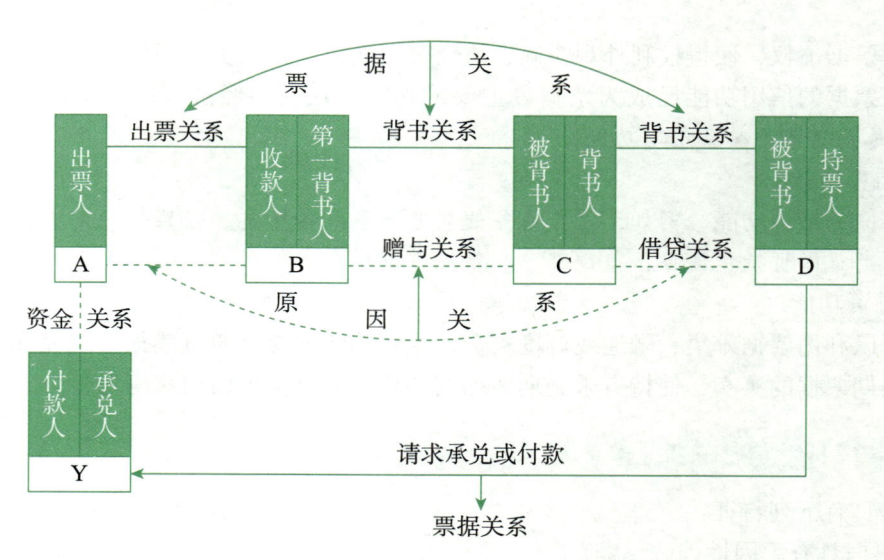

```
                        票 据 关 系
        ┌─────────────────────────────────────────┐
        │        票据               背书关系         背书关系
   出票关系  ┌───┐  ┌───┐          ┌───┐          ┌───┐
   ┌───┐    │收 │  │第 │          │被 │          │被 │
   │出 │    │款 │  │一 │          │背 │ │背 │    │背 │ │持 │
   │票 │───→│人 │  │背 │─────────→│书 │ │书 │───→│书 │ │票 │
   │人 │    │   │  │书 │          │人 │ │人 │    │人 │ │人 │
   └───┘    └───┘  │人 │          └───┘          └───┘
     A       B     └───┘   赠与关系    C    借贷关系   D
     │              原    因    关
     │                          系
   资金关系
     │       ┌───┬───┐
     │       │付 │承 │
     │       │款 │兑 │
     └──────→│人 │人 │
             │   │   │
             └───┴───┘
               Y              请求承兑或付款
                      ←─────────────────────────
                            票据关系
```

1. 票据关系（上图实线）

票据关系是"基于票据的出票、背书、保证、承兑行为而产生的权利义务关系"。

其中，持票人享有票据权利，是票据权利人，持票人对于在票据上签名的人可以主张行使票据法所规定的权利；在票据上签名的票据债务人负担票据义务，即依自己在票据上的签名，按照票据上记载的文义，承担相应的义务。

[例] A 公司出具一张汇票给 B 公司，B 公司将该张汇票背书给 C 公司，C 公司因为购销合同需要付款，将上述汇票背书给 D 公司。那么，A 公司因为"出票"行为，B、C 公司因为"背书"行为，A、B、C 公司成为票据债务人，要对 D 公司承担票据责任。D 公司因为持有票据，成为票据权利人。

2. 非票据关系（上图虚线）

	概　　念	与"票据关系"的关系	举　　例
原因关系	其指票据当事人之间授受票据的理由。	（1）原因关系和票据关系相分离。即使原因关系无效，票据一经转让，该张票据的效力不受影响。 （2）[强调] 注意下文"票据抗辩"和"无因性"的关系。	A 公司和 B 公司签订了一份买卖合同，A 公司要依据合同付货款给 B 公司。现在 A 公司采取的付款手段是"汇票付款"。那么，"买卖合同"成为 A 公司出票的原因。
预约关系	其指票据当事人在授受票据之前，就票据的种类、金额、到期日、付款地等事项达成协议而产生的法律关系。	（1）预约关系是沟通票据原因和票据行为的桥梁； （2）预约关系和票据关系相分离。票据预约达成的协议仅为民事合同，当事人不履行票据预约合同所产生的权利义务仅构成民法上的债务不履行，不影响正常出票的该种票据的效力。	上例中，A 公司可以采用"汇票付款"，也可以选择"本票、支票"作为付款手段；A 公司和 B 公司还可以事先就票据到期日、票据付款金额等事项协商，协商达成的协议，即票据预约关系。

续表

	概　念	与"票据关系"的关系	举　例
资金关系	其指汇票出票人和付款人、支票出票人与付款银行或其他资金义务人所发生的法律关系，即出票人之所以委托付款人进行付款的原因。	资金关系和票据关系相分离。即使资金关系无效，票据一经转让，该张票据的效力不受影响。出票人不得以已向付款人提供资金为由对持票人拒绝履行追索义务，付款人也不因得到资金而当然地成为票据债务人。	上例中，若A公司决定采用"银行汇票付款"的方式，则A公司需要和某银行（如工行白云支行）签订一份协议，协商A公司如果不按期归还资金需要向银行承担的责任等问题。那么，A公司和银行之间基于该张汇票产生的关系，为"资金关系"。

知识点 173　票据关系当事人 ★

1. 票据关系的基本当事人，是指票据一经成立即已存在的当事人，包括出票人、收款人、付款人。他们是构成票据法律关系的必要主体。

2. 非基本当事人，是指票据成立后，通过各种票据行为而加入票据关系中的当事人，如背书人、票据保证人等。非基本当事人并不是在任何票据关系中都存在。

二、票据权利

知识点 174　票据权利概述

票据权利，是指持票人向付款人或者票据债务人请求支付票据金额的权利。

1. 票据权利人，是指持票人，即票据的持有人享有票据权利。

2. 票据债务人，是指除持票人以外的其他在票据上签名的人。票据债务人依自己在票据上的签名，按照票据上记载的文义，承担相应的义务。

3. 前手，是指在票据签章人或者持票人之前签章的其他票据债务人，具体包括背书人、出票人以及汇票的其他债务人。

4. 后手，是指在票据签章人之后签章的其他票据债务人。

知识点 175　票据权利的种类 ★★

票据权利包括付款请求权和追索权。

1. 付款请求权

（1）付款请求权，是指持票人向票据付款人请求支付票据金额的权利；

（2）付款请求权是第一次请求权，持票人必须首先向付款人行使该项请求权。

2. 追索权

追索权，是指在付款请求权未能实现时，持票人向其前手请求支付票据金额的权利。

追索的原因	到期日后	汇票到期被拒绝付款的，持票人可以行使追索权。
	到期日前	汇票到期日前，有下列情形之一的，持票人也可以行使追索权： （1）汇票被拒绝承兑的；

续表

追索的原因	到期日前	(2) 承兑人或者付款人死亡、逃匿的； (3) 承兑人或者付款人被依法宣告破产或者因违法被责令终止业务活动的。
追索的对象	对象	持票人只能向前手追索。
	选择性	持票人可以不按照汇票债务人的先后顺序，对其中任何一人、数人或者全体行使追索权。
	变更性	持票人对汇票债务人中的一人或者数人已经进行追索的，对其他汇票债务人仍可以行使追索权。
	代位性	被追索人清偿债务后，与持票人享有同一权利。
追索的前提		(1) 持票人行使追索权时，应当提供被拒绝承兑或者被拒绝付款的有关证明。 (2) 持票人不能提供上述合法证明的，丧失对其前手的追索权。但是，承兑人或者付款人仍应当承担未出具拒绝证明或者退票理由书产生的民事责任。

[举例]

追索权·第二次权利

A 出票人 — B 背书人 — C 被背书人/持票人 — 付款请求权·第一次权利 — 甲 承兑人/付款人

注：① A 基于买卖关系向 B 签发汇票，该汇票的付款人是甲银行。B 基于借贷关系将该汇票背书转让给 C。
② 汇票到期，C 应当向甲银行主张付款请求权，而不能直接找前手 B 和 A。

知识点 176 票据权利的取得 ★

满足下列条件的，持票人合法享有票据权利：

	内　　　容	举　　　例
[条件1] 给付对价	(1) 取得票据，应当给付票据双方当事人认可的相对应的对价。 (2) 对价原则的例外 ①因税收、继承、赠与可以依法无偿取得票据的，不受给付对价的限制； ②所享有的票据权利不得优于其（直接）前手的权利。	[例1] 货物购销合同的买受人A公司出具了一张10万元的票据给出卖人张某。张某需要交付的货物，即为"对价"。 [例2] 持票人张某将A出具的上述票据送给女友王某。此时王某可取得该票据，无需支付对价。
[条件2] 手段合法	持票人以欺诈、偷盗或者胁迫等手段取得票据，或者明知有前述情形，出于恶意取得票据的，不得享有票据权利。	（略）

知识点 177　票据权利的消灭

票据权利在下列期限内因不行使而消灭：

对象		内容
2年	对出票人（承兑人）的权利	（1）远期汇票的持票人对出票人和承兑人的权利，自票据到期日起2年，不行使而消灭； （2）见票即付的汇票、本票，自出票日起2年，不行使而消灭。
6个月	对出票人的权利	支票持票人对支票出票人的权利，自出票日起6个月，不行使而消灭。
6个月	对前手的追索权	持票人对前手的追索权，自被拒绝承兑或者被拒绝付款之日起6个月，不行使而消灭。（此处的"前手"不含出票人）
3个月	对前手的再追索权	持票人对前手的再追索权，自清偿日或者被提起诉讼之日起3个月，不行使而消灭。（此处的"前手"不含出票人）

知识点 178　利益返还请求权

持票人因超过票据权利时效或者因票据记载事项欠缺而丧失票据权利的，仍享有民事权利，可以请求出票人或者承兑人返还其与未支付的票据金额相当的利益。

[例] A出票给B，B背书转让给C，B从C处购买一批原材料，甲银行是付款银行。由于持票人C怠于行使票据权利，该张票据到期超过2年。此时，C的票据权利消灭，不得再向甲银行请求付款。C可向出票人A（或承兑人）主张"利益返还"。

知识点 179　票据权利的瑕疵★★★

《票据法》第14条第1款　票据上的记载事项应当真实，不得伪造、变造。伪造、变造票据上的签章和其他记载事项的，应当承担法律责任。

票据权利的瑕疵类型具体包括：

1. 签章瑕疵

（1）票据上的签章，为在票据上签名、盖章或者签名加盖章。

（2）法人和其他使用票据的单位在票据上的签章，为该法人或者该单位的盖章加其法定代表人或者其授权的代理人的签章。

（3）瑕疵类型及其处理

类型	处理	举例
伪造签章	假借他人的名义在票据上为一定的票据行为。	（1）票据上有伪造的签章的，不影响票据上其他真实签章的效力； （2）其他签章人仍需依其签章按照票据所载文义承担票据责任； （3）伪造签章人、被伪造签章人均不承担票据责任。	张三模仿李四的笔迹，在票据上签名"李四"。二人均不承担票据责任，因为张三并未"显名"，依据"文义性"，张三不承担票据责任，但张三可能承担民事责任、行政责任和刑事责任。

续表

类　型		处　理	举　例
代理签章	票据当事人可以委托其代理人在票据上签章，并应当在票据上表明其代理关系。	(1) 没有代理权而以代理人名义在票据上签章的，应当由签章人承担票据责任；(适用民事代理"显名代理"原则) (2) 代理人超越代理权限的，应当就其超越权限的部分承担票据责任。	张三是代理人，以自己的名义（张三）在票据上签章，并在票据上明确表明"为被代理人A公司"从事票据行为。若张三是无权或越权代理，由张三承担票据责任。
签章主体不具备民事行为能力	无民事行为能力人或限制民事行为能力人签章。	(1) 其签章无效； (2) 但是，不影响其他签章的效力。	（略）

2. 票据的变造

票据的变造，是指无票据记载事项变更权限的人，对票据上记载事项加以变更，从而使票据法律关系的内容发生改变。

> **萱姑点睛**
> 点睛▶依据签章时的票据文义承担责任。

01 在变造之前签章的人，对原记载事项负责

02 在变造之后签章的人，对变造之后的记载事项负责

03 不能辨别是在票据被变造之前或者之后签章的，视同在变造之前签章

[例] 甲签发了一张10万元的汇票给乙，乙背书转让给丙。丙在背书给丁时，将汇票金额由10万元变更为20万元。之后，丁又将汇票背书转让给戊，现戊向前手追索。其中，乙的背书签章不能辨别签章时间。

```
  甲ーーーー乙ーーーー丙ーーーー丁ーーーー戊
 10万元    10万元    20万元    20万元
```

☑ 甲对戊：承担10万元的票据责任。
☑ 乙对戊：承担10万元的票据责任。
☑ 丙、丁对戊：承担20万元的票据责任。

3. 票据的更改

(1) 票据金额、日期、收款人名称不得更改，更改的票据无效；

(2) 其他记载事项，原记载人可以更改，更改时应当由原记载人签章证明。

> **易混**：票据更改，是指出票人修改票据金额，这会导致票据无效。
> 票据变造，是指票据在流通时背书人修改票据金额，此时票据仍有效。

4. 票据的涂销

票据涂销，是指将票据上的签名或者其他记载事项涂抹消除的行为。

处理规则：

（1）权利人故意所为的票据涂销行为，实质是票据内容的更改。涂销的事项若为票据金额、日期、收款人名称，后果为票据无效。

（2）权利人非故意所为的票据涂销，涂销行为无效，票据依其未涂销时的记载事项发生法律效力。

（3）非权利人所为的票据涂销行为，发生票据伪造、变造的法律后果。

三、票据抗辩

票据抗辩，是指票据债务人根据《票据法》的规定对票据债权人（持票人）拒绝履行义务的行为。即，票据债务人拒绝向持票人支付票据金额。

票据抗辩可分为"对物的抗辩"和"对人的抗辩"两类。

知识点 180　对物的抗辩★★★

对物的抗辩，是指因票据本身所存在的事由而发生的、对任何持票人都可以主张的抗辩。

出现下列情形的，票据债务人可以对任何持票人提出抗辩：

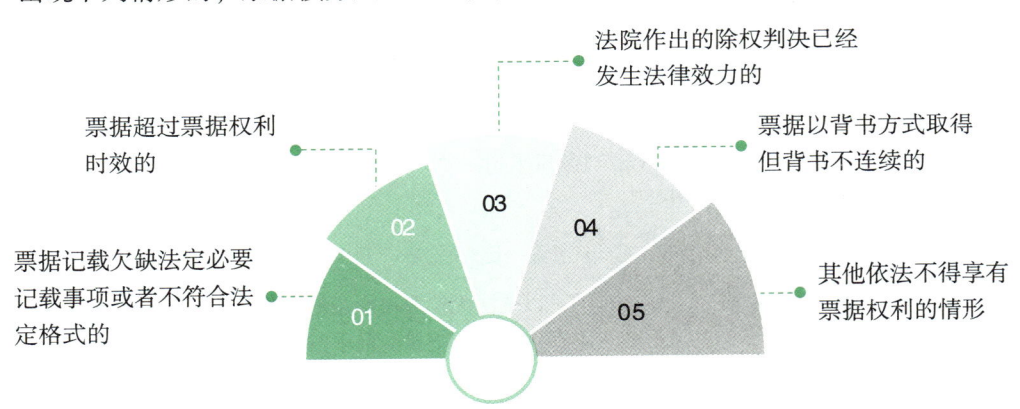

- 01 票据记载欠缺法定必要记载事项或者不符合法定格式的
- 02 票据超过票据权利时效的
- 03 法院作出的除权判决已经发生法律效力的
- 04 票据以背书方式取得但背书不连续的
- 05 其他依法不得享有票据权利的情形

知识点 181　对人的抗辩、票据抗辩的限制★★★

1. 概念

对人的抗辩，是指因票据义务人和特定的票据权利人之间存在一定关系而发生的抗辩。此时，票据合法，抗辩的理由来源于当事人之间的因素。

2. 票据抗辩的限制（抗辩切断和抗辩延续）

（1）票据债务人不得以自己与出票人或者与持票人的前手之间的抗辩事由，对抗持票人。但是，持票人明知存在抗辩事由而取得票据的除外。

（2）票据债务人可以对不履行约定义务的与自己有直接债权债务关系的持票人，进行抗辩。

（3）因税收、继承、赠与可以依法无偿取得票据的，不受给付对价的限制。但是，所享有的票据权利不得优于其前手的权利。

[图例]

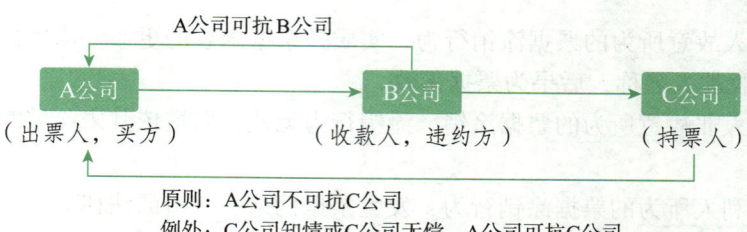

```
    A公司可抗B公司
  ┌─────────────────┐
  ↓                 │
[A公司] ──────→ [B公司] ──────→ [C公司]
(出票人，买方)  (收款人，违约方)   (持票人)
  ↑                                │
  └────────────────────────────────┘
    原则：A公司不可抗C公司
    例外：C公司知情或C公司无偿，A公司可抗C公司
```

A公司和B公司签订购销合同，A公司出具了一张10万元的汇票给B公司，后B公司违约，且付款人甲银行破产。现持票人B公司向前手追索。

情形1　B向A追索→A可抗B。（合同违约方B＝持票人B）
此即：票据债务人（A）可以对不履行约定义务的与自己有直接债权债务关系的持票人（B），进行抗辩。

情形2　B和C签订另一购销合同，B将该汇票背书给C。C向A追索→因A-C之间无直接债权债务关系，故A不可抗C。
此即抗辩被切断：票据债务人（A）不得以自己与出票人或者与持票人的前手（B）之间的抗辩事由，对抗持票人（C）。

情形3　若C明知A-B之间存在抗辩事由，仍从B处取得该汇票，C向A追索→因A可抗B，且C知情，故A可抗C。
此即《票据法》第13条第1款后半句："……但是，持票人明知存在抗辩事由而取得票据的除外。"

情形4　若B将该汇票送给C，C向A追索→因A可抗B，且C无偿，故A可抗C。
此即：因税收、继承、赠与可以依法无偿取得票据的，不受给付对价的限制。但是，所享有的票据权利不得优于其（直接）前手的权利。

四、票据的丧失与补救

票据丧失的，失票人的补救措施包括挂失止付、公示催告、提起诉讼。失票人，是指按照规定可以背书转让的票据，因被盗、遗失或者灭失，在丧失票据占有以前的最后合法持有人。

知识点 182　挂失止付、诉讼

1. 失票人可以及时通知票据的付款人挂失止付。
2. 已经被承兑的票据丧失的，承兑人也可提起挂失止付。
3. 收到挂失止付的付款人，应当暂停支付。付款人违反该规定继续付款的，应当向权利人承担赔偿责任。
4. 挂失止付不是公示催告程序和诉讼程序的必经程序。
5. 诉讼程序。（略）

知识点 183 公示催告 ★

1. 失票人可以向票据支付地的基层法院申请公示催告。
2. 公示催告期间
（1）公示催告的期间，由法院根据情况决定，但不得少于 60 日；
（2）公示催告期间，转让票据权利的行为无效；
（3）在公示催告期间，以公示催告的票据质押，因质押而接受该票据的持票人主张票据权利的，法院不予支持，但公示催告期间届满以后法院作出除权判决以前取得该票据的除外。
3. 利害关系人
（1）利害关系人应当在公示催告期间向法院申报；
（2）法院收到利害关系人的申报后，应当裁定终结公示催告程序，并通知申请人和支付人；
（3）申请人或者申报人可以向法院起诉。
4. 公示催告申请人（失票人）
（1）法院决定受理申请，应当同时通知支付人停止支付。支付人收到通知，应当停止支付，至公示催告程序终结。
（2）没有人申报的，法院应当根据申请人的申请，作出判决，宣告票据无效。
（3）自判决公告之日起，申请人有权向支付人请求支付。
5. 恶意申请公示催告的救济

公示催告程序本为对合法持票人进行失票救济所设，但实践中常有伪报票据丧失事实申请公示催告、阻止合法持票人行使票据权利的情形。（见下例）

对此，救济方式包括：

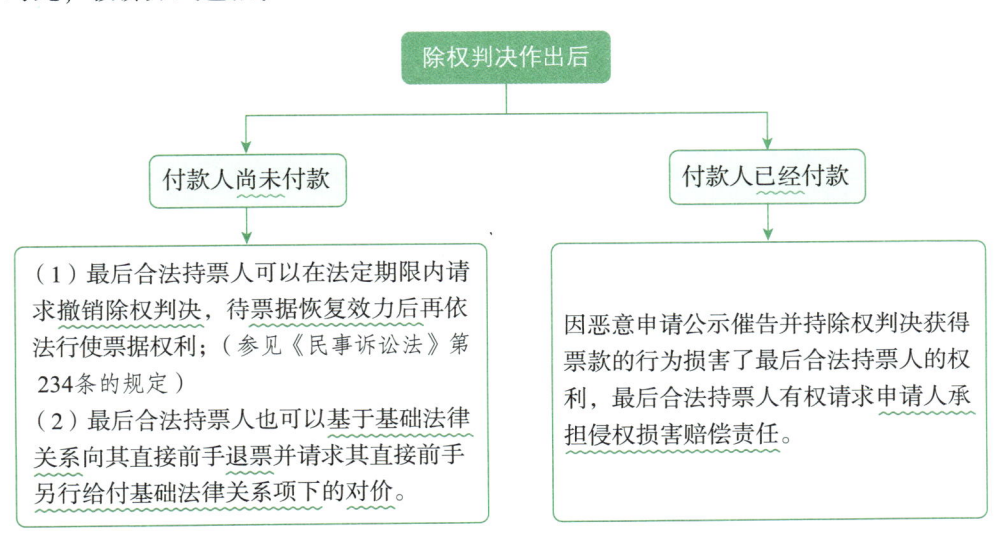

```
            除权判决作出后
           /              \
    付款人尚未付款      付款人已经付款
```

（1）最后合法持票人可以在法定期限内请求撤销除权判决，待票据恢复效力后再依法行使票据权利；（参见《民事诉讼法》第 234 条的规定）
（2）最后合法持票人也可以基于基础法律关系向其直接前手退票并请求其直接前手另行给付基础法律关系项下的对价。

因恶意申请公示催告并持除权判决获得票款的行为损害了最后合法持票人的权利，最后合法持票人有权请求申请人承担侵权损害赔偿责任。

[例] 亿凡公司与五悦公司签订了一份买卖合同，由亿凡公司向五悦公司供货；五悦公司经连续背书，交付给亿凡公司一张已由银行承兑的汇票。亿凡公司持该汇票请求银行付款时，

得知该汇票已被五悦公司申请公示催告，但法院尚未作出除权判决。关于本案，下列哪一选项是正确的？（2017/3/32）[1]

A. 银行对该汇票不再承担付款责任
B. 五悦公司因公示催告可行使票据权利
C. 亿凡公司仍享有该汇票的票据权利
D. 法院应作出判决宣告票据无效

18 常考角度总结——SUMMARIZE

1. 追索权的前提和对象。
2. 票据权利各项瑕疵的定性和处理规则。
3. 对票据抗辩理由有效性的判断。
4. 民事行为对票据抗辩的影响。（抗辩切断、延续规则）
5. 票据丧失的公示催告规则。

致努力中的你

就算寂寞，
只要有对你来说重要的东西在，
就能坚持走下去。

---

[1] C

专题 19　票据行为（汇票）

```
                    ┌─ 出票行为 ──── • 汇票的出票人
                    │                • 出票记载事项
                    │                • 出票人记载"不得转让"字样
                    │
                    │                • 背书规则
                    │─ 背书行为 ──── • 特殊类型的背书
票据行为            │                • 票据贴现
（汇票） ───────────┤                • 票据质押行为
                    │
                    │                • 票据保证的成立：字样＋签章
                    │─ 保证行为 ──── • 票据保证记载事项
                    │                • 票据保证的法律效力
                    │
                    │                • 承兑
                    └─ 承兑与付款行为─ • 付款
```

　　票据行为，是指以行为人在票据上进行必备事项的记载、完成签名并予以交付为要件，以发生或转移票据上权利、负担票据上债务为目的的要式法律行为。

　　汇票的票据行为最为完整，包括出票、背书、承兑、保证。

> **萱姑点睛**
> 提示▶本专题介绍"汇票"的票据行为，本票和支票相关内容在下一专题讲解。

一、出票行为

　　出票，是指出票人签发票据并将其交付给收款人的票据行为。

　　出票，被称为"主票据行为"。因其是创设票据和签发票据的第一步，根据票据"设权性"的特征可知，出票违法，将导致票据不能做成，没有创设票据权利。

知识点 184　汇票的出票人

　　1. 出票人必须与付款人具有真实的委托付款关系，并且具有支付汇票金额的可靠资金来源。

2. 不得签发无对价的汇票用以骗取银行或者其他票据当事人的资金。

3. 对已经背书转让票据的持票人，以"无对价、无真实委托付款关系"进行抗辩的，法院不予支持。

知识点 185 出票记载事项 ★★★

绝对记载事项－"出票日三人无钱"	汇票出票时必须记载下列事项，汇票上未记载下列事项之一的，汇票无效：	
	字　样	表明"汇票"的字样。
	日　期	出票日期。
	基本当事人	出票人签章、付款人名称、收款人名称。
	支付无条件	无条件支付的委托。（见下例）
	金　额	出票时，必须记载确定的金额。票据金额以中文大写和数码同时记载，二者必须一致，二者不一致的，票据无效。
可推定记载事项	出票时下列事项未记载的，可以推定：	
	日　期	汇票上未记载付款日期的，为见票即付。
	地　点	（1）汇票上未记载付款地的，付款人的营业场所、住所或者经常居住地为付款地； （2）汇票上未记载出票地的，出票人的营业场所、住所或者经常居住地为出票地。

[例] A 公司出票时注明"B 公司交付货物经验货合格才付款"，此即"有条件的支付"，会导致该票据无效。出票时要设定独立的、不依附于民事合同的"票据权利"，源于票据的"无因性"。票据权利不能依附于民事权利。

知识点 186 出票人记载"不得转让"字样 ★★★

1. 票据是有效票据。
2. 出票人记载"不得转让"字样的，汇票不得转让。
3. 票据持有人背书转让的，背书行为无效。

（1）背书转让后的受让人不得享有票据权利，票据的出票人、承兑人对受让人不承担票据责任；（理论上，此种转让只是一般指名债权的转让）

（2）出票人记载"不得转让"字样，其后手以此票据进行贴现、质押的，通过贴现、质押取得票据的持票人主张票据权利的，法院不予支持。

[图例]

出票人 A —有效背书→ 收款人 B —无效背书→ 被背书人 C
↓ ↓ ↓
禁转字样　　　有票据权利　　　无票据权利

> **总结**：出票人记载"禁转"字样的，仅收款人（直接后手）享有票据权利。

二、背书行为

背书，是指在票据背面或者粘单上记载有关事项并签章的票据行为。

"背书"是票据权利转让的方式。通过背书记载，持票人可以将汇票权利转让给他人或者将一定的汇票权利授予他人行使。

知识点 187 背书规则 ★★

1. 汇票以背书转让或者以背书将一定的汇票权利授予他人行使时，必须记载被背书人名称。
2. 背书人以背书转让汇票后，即承担保证其后手所持汇票承兑和付款的责任。
3. 以背书转让的汇票，后手应当对其直接前手背书的真实性负责。
4. 将汇票金额的一部分转让的背书或者将汇票金额分别转让给2人以上的背书无效。
5. 以背书转让的汇票，背书应当连续。（见下图）
（1）背书连续，是指在票据转让中，转让汇票的背书人与受让汇票的被背书人在汇票上的签章依次前后衔接；
（2）持票人以背书的连续证明其汇票权利。
6. 背书转让无须经票据债务人同意。背书转让的转让人不退出票据关系。

[例] A出具票据给B，B将A出具的该票据背书给C。B只要完成在票据上背书，无需经过A的同意即可完成B-C之间的票据转让。同时，A和B并不退出票据关系，二者成为C的前手。

[图例] 背书连续性

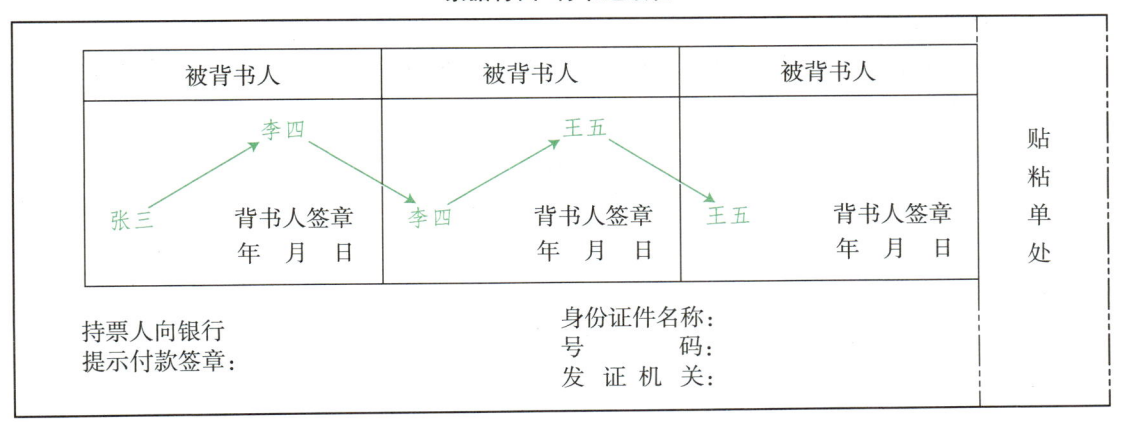

票据背面-背书连续性

被背书人	被背书人	被背书人	贴粘单处
张三 → 李四 背书人签章 年 月 日	李四 → 王五 背书人签章 年 月 日	王五 背书人签章 年 月 日	
持票人向银行提示付款签章：	身份证件名称： 号　　码： 发证机关：		

注：①背书连续，是指签章依次前后衔接；②第一栏：上记载-李四；③第二栏：下记载-李四。

知识点 188 特殊类型的背书 ★★★

1. 附条件背书

附条件背书,是指背书人在票据背书时附有民事合同的条件。

处理为:

(1)背书不得附条件;所附条件不具有汇票上的效力。

(2)但该票据有效。

[例] A出具票据给B,B背书转让给C时,记载"验货合格"(此为民事条件):该票据有效,票据债务人应承担票据责任;仅该"条件"不具有票据法上的效力。

2. 禁转背书

禁转背书,是指背书人在汇票上记载"不得转让"字样。

处理为:(见下图例1)

(1)其后手再背书转让的,原背书人对后手的被背书人不承担保证责任;

(2)不影响出票人、承兑人以及原背书人之前手的票据责任。

3. 委托收款背书

委托收款背书,是指背书记载"委托收款"字样。

处理为:

(1)被背书人有权代背书人行使被委托的汇票权利。

(2)被背书人不得再以背书转让汇票权利。其后手再委托收款的,原背书人对后手的被背书人不承担票据责任。

(3)不影响出票人、承兑人以及原背书人之前手的票据责任。

4. 期后背书

期后背书,是指汇票被拒绝承兑、被拒绝付款或者超过付款提示期限的,背书人仍然将该票据背书转让给后手。

处理为:

(1)该情形,不得背书转让。

(2)背书转让的,背书人应当承担汇票责任。被背书人可以背书人为被告行使追索权,提起诉讼。

[例] A出具票据给B,B背书转让给C,C在到期日被付款人拒绝付款,后C基于买卖关系将该票据背书转让给D。则C-D之间的法律关系为"期后背书",仅C对D承担票据责任。

5. 回头背书

回头背书,是指票据被背书转让给出票人或其前手。

处理为:(见下图例2)

(1)持票人为出票人的,对其前手无追索权;

(2)持票人为背书人的,对其后手无追索权。

[图例1-禁转背书]

出票人A → 收款人B（第一背书人） —有效背书→ 第二背书人C —有效背书→ 持票人D

收款人B：禁转字样
第二背书人C：有票据权利
持票人D：有票据权利

[图例2-回头背书]

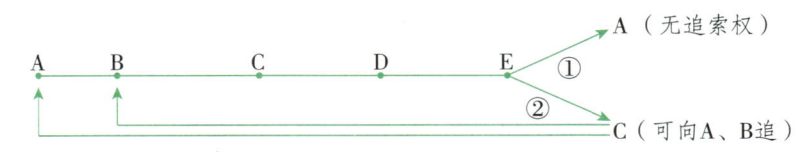

A — B — C — D — E
① E → A（无追索权）
② E → C（可向A、B追）

注：① E 和 A 签订民事合同，E 用以付款的汇票由 A 出票。此时 A 的身份：出票人+持票人。则 A 无追索权。
② E 和 C 签订民事合同，E 用以付款的汇票由 A-B-C-D-E。现 E 将其背书给 C。此时 C 的身份：背书人+持票人。则 C 可以向 A 和 B 追索，但不可向 D 和 E 追索。

总结
▶ 背书附条件的，票据有效、条件无效。
▶ "禁转"背书，该"禁转"仅对直接后手具有约束力。
▶ 期后背书，谁背书，谁担责。

知识点 189 票据贴现 ★

1. 概念

票据贴现，是指商业汇票的持票人在汇票到期日前，为了取得资金而贴付一定利息将票据权利转让给金融机构的票据行为。

（1）票据贴现业务主要针对"未到期的汇票"，被视为票据权利转让的方式之一，也是持票人提前将票据权利变现的方式；

（2）票据贴现中，要审查票据的形式要件，如背书是否连续、是否为承兑汇票、签章是否正确。

2. 合谋伪造贴现

（1）贴现行的负责人或者有权从事该业务的工作人员与贴现申请人（持票人）合谋，伪造贴现申请人与其前手之间具有真实的商品交易关系的合同、增值税专用发票等材料申请贴现的，贴现行不享有票据权利；

（2）对贴现行因支付资金而产生的损失，按照基础关系处理。

3. 民间贴现行为

（1）票据贴现属于国家特许经营业务，只有金融机构可以从事该业务；

（2）合法持票人向不具有法定贴现资质的当事人进行"贴现"的，该行为应当认定无效，贴现款和票据应当相互返还；

（3）当事人不能返还票据的，原合法持票人可以拒绝返还贴现款。

根据票据行为无因性原理，在合法持票人向不具有贴现资质的主体进行"贴现"，该"贴现"人给付贴现款后直接将票据交付其后手，其后手支付对价并记载自己为被背书人后，又基于真实的交易关系和债权债务关系将票据进行背书转让的情形下，应当认定最后持票人为合法持票人。

4. 转贴现

（1）转贴现，是指通过票据贴现持有票据的商业银行（A银行）为了融通资金，在票据到期日之前将票据权利转让给其他商业银行（B银行），由转贴现行（B银行）在收取一定的利息后，将转贴现款支付给持票人的票据转让行为；

（2）转贴现行（B银行）提示付款被拒付后，依据转贴现协议的约定，请求未在票据上背书的转贴现申请人按照合同法律关系返还转贴现款并赔偿损失的，案由应当确定为合同纠纷；

（3）转贴现合同法律关系有效成立的，对于原告的诉讼请求，人民法院依法予以支持；

（4）当事人虚构转贴现事实，或者当事人之间不存在真实的转贴现合同法律关系的，人民法院应当向当事人释明按照真实交易关系提出诉讼请求，并按照真实交易关系和当事人约定本意依法确定当事人的责任。

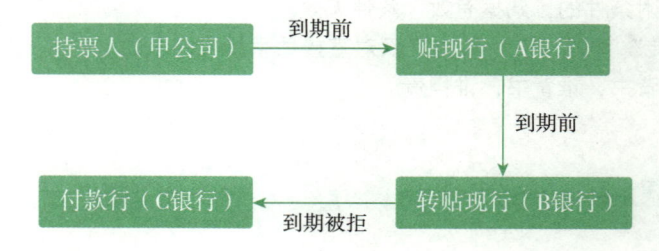

持票人（甲公司）→到期前→贴现行（A银行）
↓到期前
付款行（C银行）←到期被拒←转贴现行（B银行）

知识点 190 票据质押行为 ★★

1. 票据质押的设立：字样+签章

以汇票设定质押时，出质人在汇票上只记载了"质押"字样未在票据上签章，或者出质人未在汇票、粘单上记载"质押"字样而另行签订质押合同、质押条款的，不构成票据质押。

2. 记载"禁转"票据的质押

（1）出票人在票据上记载"不得转让"字样，其后手以此票据进行质押的，通过质押取得票据的持票人不享有票据权利；

（2）背书人在票据上记载"不得转让""委托收款""质押"字样，其后手再背书转让、委托收款或者质押的，原背书人对后手的被背书人不承担票据责任，但不影响出票人、承兑人以及原背书人之前手的票据责任；

（3）因票据质权人以质押票据再行背书质押或者背书转让引起纠纷而提起诉讼的，人民法院应当认定背书行为无效。

3. 公示催告的票据质押

公示催告期间，以公示催告的票据质押的：

（1）因质押而接受该票据的持票人无权主张票据权利；

（2）公示催告期间届满以后法院作出除权判决以前取得该票据的除外。

票据质押因属于《民法典》规定的权利质押类型，是常见出题点。

三、保证行为

票据保证，是指票据债务人以外的第三人，担保特定的票据债务人能够履行票据债务的票据行为。

知识点 191 票据保证的成立：字样+签章 ★★

1. 票据保证人

（1）保证人由汇票债务人以外的其他人担当；

（2）保证人对合法取得汇票的持票人所享有的汇票权利，承担保证责任。

[例] A 出具票据给 B，B 背书给 C，C 要求甲承担票据保证，则 A 和 B 是票据债务人，甲不是票据债务人，甲的身份是"票据保证人"。

2. 票据保证的成立

（1）保证人在票据上表明"保证"的字样，或者记载保证文句；

（2）保证人未在票据或者粘单上记载"保证"字样而另行签订保证合同或者保证条款的，不属于票据保证。

知识点 192 票据保证记载事项 ★★

1. 票据保证应当记载的事项

- 01 表明"保证"的字样
- 02 保证人名称和住所
- 03 被保证人的名称
  - 未记载的，已承兑的汇票，承兑人为被保证人；未承兑的汇票，出票人为被保证人
- 04 保证日期
  - 未记载的，出票日期为保证日期
- 05 保证人签章

2. 附条件保证

- 01 票据保证不得附条件
- 02 保证附有条件，是违反票据法的行为，该条件视为无记载
- 03 该张票据有效，票据保证行为有效

[例] 票据保证人甲记载"验货合格则承担保证责任"。"验货合格"视为无记载，即使货物不合格，甲也要承担票据保证责任。

知识点 193　票据保证的法律效力 ★★

1. 票据保证人的责任是<u>独立责任</u>。
（1）保证人对合法取得汇票的<u>持票人</u>所享有的汇票权利，承担保证责任；
（2）被保证人的债务因汇票记载事项欠缺而无效的除外。
2. 票据保证人的责任是<u>连带责任</u>。
（1）保证人<u>不享有</u>一般保证中保证人的先诉抗辩权，均为连带责任。
（2）保证人为 2 人以上时，保证人之间承担连带责任。
（3）保证人清偿汇票债务后，可以行使持票人对被保证人及其前手的追索权。即，该保证人和前手承担连带责任。

ⓘ 票据保证，强调和《民法典》规定的保证人规则不同，关于票据保证的记载事项及其法律效力的认定是常见出题点。

随堂小测

甲公司为支付货款，将一张已经银行承兑的汇票交付给乙，但是没写背书人乙的名字。后乙用该张汇票支付丙的货款。丙觉得汇票没有乙的签章，不放心，于是乙请来丁为汇票进行担保，但是未记载被保证人名称。后丙要求承兑人付款时，承兑人拒绝付款。下列说法正确的是：（2020-回忆版-单）[1]

A. 丙应先向甲行使票据追索权，后向丁行使
B. 乙对丙无需负担任何法律责任
C. 未记载被保证人名称，保证无效
D. 汇票的被保证人是承兑人

四、承兑与付款行为

知识点 194　承兑 ★

1. 概念
承兑，是指远期<u>汇票</u>的<u>付款人</u>承诺到期支付票据金额的票据行为。
2. 承兑规则
（1）付款人承兑汇票的，应当在汇票正面记载"承兑"字样和承兑日期并签章。
（2）付款人承兑汇票，<u>不得附有条件</u>；承兑附有条件的，视为拒绝承兑。
（3）付款人承兑汇票后，应当承担到期付款的责任。

> **萱姑点睛**
> **易错** ▶ 支票、本票、见票即付的汇票，均<u>无需</u>承兑。

---

[1]　D

［例1］承兑时记载"验货合格后承兑"的，所附条件为附加民事合同的条件，后果是拒绝承兑。

［例2］汇票持票人C在汇票到期后请求承兑人乙银行付款，即使乙银行明知该汇票的出票人A已被法院宣告破产，但因其已经承兑，仍应当承担付款责任。乙银行付款后可以向出票人A的破产管理人申报破产债权。

知识点 195 付款

1. 付款人及其代理付款人付款时，应当审查汇票背书的连续性，并审查提示付款人的合法身份证明或者有效证件。
2. 付款人及其代理付款人以恶意或者有重大过失付款的，应当自行承担责任。
3. 付款人在到期日前付款的，由付款人自行承担所产生的责任。

总结 票据"附条件"记载

违反"附条件"的情形及后果

出票不得附支付条件	背书不得附条件	保证不得附条件	承兑不得附条件
出票附支付条件：票据无效。	背书附条件：该条件不具有汇票上的效力；票据有效；背书连续性有效。	保证附条件：该条件视为无记载；票据有效；保证有效。	承兑附条件：视为拒绝承兑；票据有效。

致努力中的你

如果未来是过去的结果，
那么只要当下尽力去做好，
结果就一定不会差。

专题 20 本票与支票

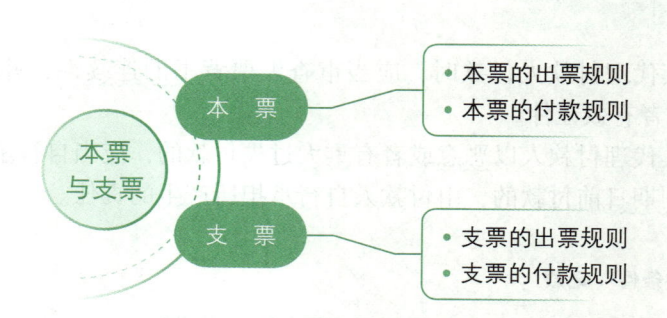

本票与支票
- 本票
  - 本票的出票规则
  - 本票的付款规则
- 支票
  - 支票的出票规则
  - 支票的付款规则

一、本票

本票，是指出票人签发的，承诺自己在见票时无条件支付确定的金额给收款人或者持票人的票据。

《票据法》所称本票，是指银行本票。

和汇票相比，本票具有下列特征：①出票人＝付款人，并且只能是银行；②限于"见票即付"，无需承兑；③付款期限较汇票更短（见下文）。

本票的背书、保证、付款行为和追索权的行使，除"本票"一章有规定外，适用《票据法》中有关汇票的规定。

知识点 196 本票的出票规则

1. 出票人资格

本票的出票人必须具有支付本票金额的可靠资金来源，并保证支付。

2. 票据记载事项

	内 容	提 示
出票时的绝对记载事项	本票必须记载下列事项，未记载下列事项之一的，本票无效：①无条件支付的承诺；②确定的金额；③表明"本票"的字样；④出票日期；⑤出票人签章；⑥收款人名称。	和汇票相比，本票无需记载"付款人名称"，因为在本票中"出票人＝付款人"。
可推定记载事项	（1）本票上未记载付款地的，出票人的营业场所为付款地； （2）本票上未记载出票地的，出票人的营业场所为出票地。	（1）汇票未记载左列事项的，可推定营业场所、住所或者经常居住地； （2）本票仅可推定"营业场所"。

知识点 197　本票的付款规则

1. 本票的出票人在持票人提示见票时，必须承担付款的责任。（注意：本票无承兑规则）

2. 本票自出票日起，付款期限最长不得超过 2 个月。本票的持票人未按照规定期限提示见票的，丧失对出票人以外的前手的追索权。

二、支票

支票，是指出票人签发的，委托办理支票存款业务的银行或者其他金融机构在见票时无条件支付确定的金额给收款人或者持票人的票据。

和汇票相比，支票具有下列特征：①付款人只能是银行或其他金融机构；②限于"见票即付"，无需承兑；③付款期限较汇票更短（见下文）；④出票规则相对宽松（见下文）。

知识点 198　支票的出票规则★★

1. 出票人

（1）开立支票存款账户和领用支票，应当有可靠的资信，并存入一定的资金；

（2）开立支票存款账户，申请人应当预留其本名的签名式样和印鉴。

2. 出票时的记载事项

绝对记载事项 （出票日两人无钱）		未记载下列事项之一的，支票无效：①表明"支票"的字样；②无条件支付的委托；③出票日期；④出票人签章；⑤付款人名称；⑥确定的金额。	
可补记事项	收款人名称	支票上未记载收款人名称的，经出票人授权，可以补记。出票人可以在支票上记载自己为收款人。	（1）汇票出票时未记载"收款人名称、金额"的，汇票无效，不可补记。 （2）禁止签发空头支票；但汇票无此限制。
	金额	支票上的金额可以由出票人授权补记，未补记的支票不得使用。	
		支票的出票人所签发的支票金额不得超过其付款时在付款人处实有的存款金额。	
可推定记载事项	出票地	支票上未记载出票地的，出票人的营业场所、住所或者经常居住地为出票地。	（1）汇票未记载左列事项的，可推定营业场所、住所或者经常居住地； （2）本票未记载左列事项的，仅可推定"营业场所"。
	付款地	支票上未记载付款地的，付款人的营业场所为付款地。	

知识点 199　支票的付款规则★★

1. 付款人

（1）支票付款人的资格有严格限制，仅限于银行或者其他金融机构；

（2）现金支票只能用于支取现金；

（3）转账支票只能用于转账，不得支取现金。

2. 提示付款、付款日期

（1）支票的持票人应当自出票日起10日内提示付款；超过提示付款期限的，付款人可以不予付款。

（2）付款人因超过提示付款期限不予付款的，持票人仍享有票据权利，出票人仍应对持票人承担票据责任，支付票据所载金额。

（3）出票人在付款人处的存款足以支付支票金额时，付款人应当在持票人提示付款的当日足额付款。

（4）支票限于见票即付，不得另行记载付款日期；另行记载付款日期的，该记载无效。（但支票有效）

随堂小测

东霖公司向忠谙公司购买一个元器件，应付价款960元。东霖公司为付款开出一张支票，因金额较小，财务人员不小心将票据金额仅填写了数码的"￥960元"，没有记载票据金额的中文大写。忠谙公司业务员也没细看，拿到支票后就放入文件袋。关于该支票，下列哪些选项是正确的？（2017/3/74）[1]

A. 该支票出票行为无效
B. 忠谙公司不享有票据权利
C. 东霖公司应承担票据责任
D. 该支票在使用前应补记票据金额的中文大写

20 常考角度总结——SUMMARIZE

1. 支票的出票的特殊规则。
2. 支票的付款的特殊规则。

致努力中的你

你所做的事情，
也许暂时看不到成果，
但不要灰心或焦虑，
你不是没有成长，
而是在扎根。

---

[1] CD

《第六讲 保险法 | 06

专题 21 保险法概述

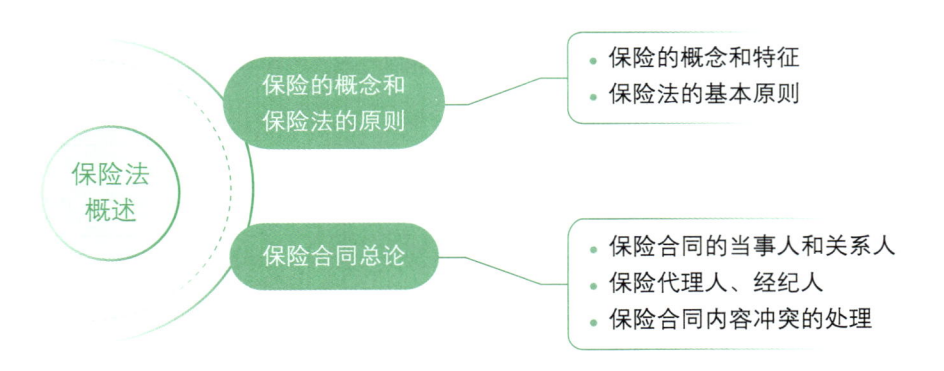

保险法概述
- 保险的概念和保险法的原则
  - 保险的概念和特征
  - 保险法的基本原则
- 保险合同总论
  - 保险合同的当事人和关系人
  - 保险代理人、经纪人
  - 保险合同内容冲突的处理

考情提要 保险法在客观题中年均考查 2 题，以小案例形式考查，基本不会出现在主观题中。

一、保险的概念和保险法的原则

知识点 200　保险的概念和特征

1. 概念

《保险法》所称的保险，是指投保人根据合同约定，向保险人支付保险费，保险人对于合同约定的可能发生的事故因其发生所造成的财产损失承担赔偿保险金责任，或者当被保险人死亡、伤残、疾病或者达到合同约定的年龄、期限等条件时承担给付保险金责任的商业保险行为。

2. 保险的特征

保险的特征

1. **互助性**：多数投保人通过缴纳保险费，由保险人建立保险基金，对因保险事故的发生而受到损失的被保险人进行补偿。
2. **补偿性**：投保人缴纳保险费，在将来发生保险事故时，由保险人对事故损失给予补偿。
3. **射幸性**：投保人交付保险费的义务是确定的，而保险人是否承担赔偿或给付保险金的责任则是不确定的。
4. **自愿性**：商业保险关系需要通过投保人与保险人之间订立保险合同而发生。

易错：此特征和《社会保险法》的规定不同，"社会保险"是强制性保险，劳动者和用人单位必须参加。

知识点 201　保险法的基本原则 ★

01 保险利益原则
保险利益，是指投保人或者被保险人对保险标的具有的法律上承认的利益。该原则的根本目的在于防止道德风险的发生，禁止将保险作为赌博的工具以及防止故意诱发保险事故而牟利的企图的实现。

02 公序良俗原则
其指从事保险活动必须遵守法律、行政法规，尊重社会公德，不得损害社会公共利益。

03 自愿原则
其指订立保险合同，应当协商一致，遵循公平原则确定各方的权利和义务。除法律、行政法规规定必须参加保险的外，保险合同自愿订立。
易错：自愿原则并非指保险当事人双方可以自由决定保险范围和保费费率。

04 最大诚信原则
其指保险活动当事人行使权利、履行义务应当遵循诚实信用原则。

05 近因原则
其指在某一保险事故中，主要的、起决定性作用的原因（近因）在保险责任范围内的，保险人就应承担保险责任。

二、保险合同总论

保险合同，是指投保人与保险人约定保险权利义务关系的协议。投保人提出保险要求，经保险人同意承保，保险合同成立。理论上，保险合同为"不要式合同"。

萱姑点睛

易错 ▸ 是否缴纳保费，不是保险合同成立的要件。

知识点 202 保险合同的当事人和关系人 ★

1. 保险合同的当事人
（1）投保人：与保险人订立保险合同，并按照合同约定负有支付保险费义务的人；
（2）保险人：与投保人订立保险合同，并按照合同约定承担赔偿或者给付保险金责任的保险公司。

2. 保险合同的关系人
（1）被保险人：其财产或者人身受保险合同保障的人；
（2）受益人：人身保险合同中由被保险人或者投保人指定的享有保险金请求权的人。
（详见后文）

知识点 203 保险代理人、经纪人 ★

1. 保险代理人
（1）保险代理人：根据保险人的委托，向保险人收取佣金，并在保险人授权的范围内代为办理保险业务的机构或者个人；（委托代理关系）
（2）保险代理人根据保险人的授权代为办理保险业务的行为，由保险人承担责任；
（3）个人保险代理人在代为办理人寿保险业务时，不得同时接受2个以上保险人的委托。

2. 保险经纪人
（1）保险经纪人：基于投保人的利益，为投保人与保险人订立保险合同提供中介服务，并依法收取佣金的机构；
（2）保险经纪人因过错给投保人、被保险人造成损失的，依法承担赔偿责任。

提 示

可为机构+个人　　　　　　　　　　　　　　　　　　　　只能是机构
责任由保险人承担　←　保险代理人　　保险经纪人　→　自行担责

知识点 204 保险合同内容冲突的处理 ★★

"代签字"纠纷	（1）在保险合同订立时，投保人或其代理人订立保险合同时没有亲自签字或盖章，而由保险人或其代理人代为签字或盖章的，对投保人不生效； （2）投保人已经交纳保险费的，视为其对代签字或盖章行为的追认。
"代填单"纠纷	保险人或其代理人代为填写保险单证后经投保人签字或盖章确认的，代为填写的内容视为投保人的真实意思表示。
合同审查期间发生保险事故	保险人接受了投保人提交的投保单并收取了保险费，尚未作出是否承保的意思表示的期间发生保险事故，被保险人或受益人请求保险人按照保险合同承担赔偿或给付保险金责任的：

续表

合同审查期间发生保险事故	（1）符合承保条件的，保险人要承担保险责任； （2）不符合承保条件的，保险人不承担保险责任，但应当退还已经收取的保险费； （3）保险人主张不符合承保条件的，应承担举证责任。
投保单与保险单或其他保险凭证不一致	（1）原则上，以投保单为准； （2）上述不一致的情形系经保险人说明并经投保人同意的，以投保人签收的保险单或其他保险凭证载明的内容为准。
格式条款的争议	（1）按照通常理解予以解释； （2）作有利于被保险人和受益人的解释； （3）保险人在其提供的保险合同格式条款中对非保险术语所作的解释符合专业意义，或虽不符合专业意义，但有利于投保人、被保险人或受益人的，法院应予认可。

随堂小测

甲公司将其财产向乙保险公司投保。因甲公司要向银行申请贷款，乙公司依甲公司指示将保险单直接交给银行。下列哪一表述是正确的？（2013/3/34）[1]

A. 因保险单未送达甲公司，保险合同不成立
B. 如保险单与投保单内容不一致，则应以投保单为准
C. 乙公司同意承保时，保险合同成立
D. 如甲公司未缴纳保险费，则保险合同不成立

致努力中的你

如果你不迈出第一步，
就永远不知道你的梦想是多么容易实现。

---

[1] C

专题 22　人身保险合同

```
人身保险合同
├── 人身保险合同的特征、保险利益
│   ├── 人身保险合同的特征
│   └── 人身保险合同的保险利益
├── 保险合同订立时的如实告知义务和说明义务
│   ├── 保险合同订立时，投保人的如实告知义务
│   ├── 投保人违反如实告知义务的处理
│   ├── 对上述保险人法定解除权的限制
│   └── 保险人的说明义务
├── 人身保险合同的中止、解除
│   ├── 投保人未缴保费的处理：中止、复效
│   ├── 投保人的自愿解除权
│   └── 保险人的法定解除权
├── 受益人制度
│   ├── 受益人指定和变更
│   ├── 受益人约定不明的处理
│   └── 受益人先于被保险人死亡
└── 人身保险事故的处理
    ├── 年龄错误
    ├── 死亡险
    ├── 费用补偿型的医疗费用保险
    ├── 故意造成的保险事故
    ├── 被保险人自杀
    ├── 第三人造成的人身保险事故（无代位求偿权）
    └── 保险金的给付
```

一、人身保险合同的特征、保险利益

知识点 205　人身保险合同的特征

人身保险合同，是指以人的寿命和身体为保险标的的保险合同。人身保险合同可分为人寿保险合同、伤害保险合同、健康保险合同。人身保险合同具有下列两项特征：

1. 保险金定额支付

在发生约定的保险事故时，保险人向被保险人或者受益人，依照保险条款给付保险金。

2. 具有储蓄性

理论认为，人身保险合同并非债权债务关系，其性质为储蓄投资性法律关系。它是将现实收入的一部分通过保险的方式进行储存，以备急需或年老时使用。因此，投保人不按照约定支付保险费，推定为投保人放弃了保险这种"储蓄、投资理财"的方式。所以，保险人不得要求投保人承担违约责任，也不得以诉讼方式要求投保人支付保费。

知识点 206　人身保险合同的保险利益★★★

保险利益，是指投保人或者被保险人对保险标的具有的法律上承认的利益。

人身保险中，保险利益的对象和认定：

		内　　容	举　　例
保险利益的对象法定	原则	投保人对下列人员具有保险利益： （1）本人； （2）配偶、子女、父母； （3）其他与投保人有抚养、赡养或者扶养关系的家庭其他成员、近亲属； （4）与投保人有劳动关系的劳动者。	投保人对下列人员是否具有保险利益？ （1）与投保人关系密切的邻居。（没有） （2）已经与投保人离婚但仍一起生活的前妻。（没有） （3）与投保人合伙经营的合伙人。（没有） （4）投保人的表弟。（没有，无抚养、赡养、扶养等关系）
	例外	除上述人员外，被保险人同意投保人为其订立合同的，视为投保人对被保险人具有保险利益。	
	法院主动审查	法院审理人身保险合同纠纷案件时，应主动审查投保人订立保险合同时是否具有保险利益。	
保险利益的时间		（1）合同订立时，需具有保险利益。 ①保险合同订立时，投保人对被保险人不具有保险利益的，合同无效； ②投保人可主张保险人退还扣减相应手续费后的保险费。 （2）保险合同订立后，投保人丧失对被保险人的保险利益的，合同有效。	张某为其妻 A 投保人身保险合同，保险期间为 10 年。现二人离婚，后被保险人 A 死亡。虽然在保险事故发生时二人已经离婚，但该份保险合同订立时二人是夫妻，具备合法的保险利益，那么该份保险合同有效，保险人需要支付保险金。

二、保险合同订立时的如实告知义务和说明义务

知识点 207　保险合同订立时，投保人的如实告知义务★★★

1. 投保人如实告知的范围："不问不答，有问必答"。

订立人身保险合同时，投保人应当如实告知。

（1）保险合同订立时，投保人明知的与保险标的或者被保险人有关的情况，属于"应当如实告知"的内容。

（2）该告知义务限于保险人询问的范围和内容。我国采取"询问告知"，即投保人对保险人询问的问题进行回答，对于保险人未询问的问题，投保人无义务进行告知。

（3）当事人对询问范围及内容有争议的，保险人负举证责任。

（4）投保人对投保单询问表中所列概括性条款[1]没有尽到如实告知义务的，保险人不得解除合同；但该概括性条款有具体内容的除外。

2. 人身保险中，体检不免除如实告知义务。

（1）人身保险中，保险合同订立时，被保险人根据保险人的要求在指定医疗服务机构进行体检，当事人主张投保人如实告知义务免除的，法院不予支持；

（2）保险人知道被保险人的体检结果，仍以投保人未就相关情况履行如实告知义务为由要求解除合同的，法院不予支持。

知识点 208 投保人违反如实告知义务的处理★★★

		处 理	举 例
故意未如实告知	合同	投保人故意或因重大过失未履行如实告知义务，足以影响保险人决定是否同意承保或者提高保险费率的，保险人有权解除合同。	甲2年前曾做过心脏搭桥手术，但在填写投保单以及回答保险公司相关询问时，甲均未如实告知。心脏搭桥为重大手术，甲的行为构成"故意未如实告知"。
	保费	保险人对于合同解除前发生的保险事故，不承担赔偿或者给付保险金的责任，且不退还保险费。	
重大过失未如实告知	合同	保险人有权解除合同。	2019年6月，乙的常规体检报告单上写有"整体未见明显异常，疑似甲状腺有结节状，建议到医院作进一步检查"，但乙未检查。2020年3月，乙购买医疗健康险，投保单询问表上明确写有"被保险人是否患有肿瘤、甲状腺或甲状旁腺等疾病，若有，则不予提供保险"，乙填了"否"。乙的行为构成"重大过失未如实告知"。[2]
	保费	保险人对于合同解除前发生的保险事故，不承担赔偿或者给付保险金的责任，但应当退还保险费。	

ⓘ 记忆：

（1）故意未如实告知：解除合同+不赔+不退；

（2）重大过失未如实告知：解除合同+不赔+要退。

---

[1] 概括性条款，如"是否得过其他疾病……"，在法律体系及法律规范中起到"框架搭建"的功能，起到"总括兜底"的作用。

[2] 另外一个例子可供参考：乙在投保前有高血压病史多年，其高血压病理表现不稳定，血压忽高忽正常，乙多年来未规律服药、血压未规律监测。乙投保时对"是否患高血压"作出了否定的回答。本案保险公司可以"重大过失未如实告知"为由解除合同。

知识点 209　对上述保险人法定解除权的限制 ★★★

1. 明知+收取保费→不可解除

保险人在保险合同成立后知道或者应当知道投保人未履行如实告知义务，仍然收取保险费的，不可以"投保人未如实告知"为由主张解除合同。

2. 明知+超过30日→不可解除

投保人订立合同时未如实告知的，保险人的合同解除权，自保险人知道有解除事由之日起，超过30日不行使而消灭。

3. 合同成立超过2年→不可解除

投保人订立合同时未如实告知，自合同成立之日起超过2年的，保险人不得解除合同。

4. 违反"禁反言"→不可解除

保险人在合同订立时已经知道投保人未如实告知的情况的，保险人不得解除合同；发生保险事故的，保险人应当承担赔偿或者给付保险金的责任。

5. 未告知概括性条款→不可解除

保险人以投保人违反了对投保单询问表中所列概括性条款的如实告知义务为由请求解除合同的，法院不予支持；但该概括性条款有具体内容的除外。

6. 先解除合同→再拒绝赔偿

保险人未行使合同解除权，直接以存在"投保人故意或因重大过失未履行如实告知义务"的情形为由拒绝赔偿的，法院不予支持；但当事人就拒绝赔偿事宜及保险合同存续另行达成一致的情况除外。

总结：订立合同时，投保人未如实告知：

处理：
- 故意 → 保险人有权解除合同；不赔偿，不退保费
- 重大过失 → 保险人有权解除合同；不赔偿，退保费

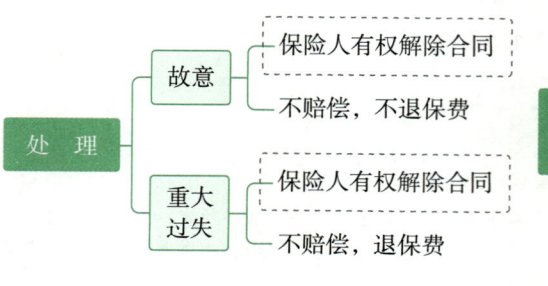

解除合同的限制：
- 明知+收取保费→不可解除
- 明知+超过30日→不可解除
- 合同成立超过2年→不可解除
- 不解除合同+直接以未如实告知为由拒绝赔偿→非法
- 投保人未如实告知概括性条款→不可解除

知识点 210 保险人的说明义务 ★

订立保险合同时，保险人应当对合同中免除保险人责任的条款如实告知。要点包括：①保险人在订立合同时应当在投保单、保险单或者其他保险凭证上作出足以引起投保人注意的提示；②对该条款的内容以书面或口头形式向投保人作出明确说明；③未作提示或明确说明的，该条款不产生效力；④保险人对其履行了明确说明义务负举证责任；⑤其他（略）。

三、人身保险合同的中止、解除

知识点 211 投保人未缴保费的处理：中止、复效 ★★

合同约定分期支付保险费，投保人支付首期保险费后，未支付当期保险费的：

1. 保险人对人寿保险的保险费，不得用诉讼方式要求投保人支付，且保险公司不得收取违约金。

> **原理**
> 人身保险具有储蓄投资的性质，缴纳保费并非形成"债权债务关系"，投保人不缴纳保费意味着放弃"保险"这种投资方式，所以保险公司不得要求投保人支付"违约金"。

2. 根据欠缴保费的时间，按下列规则处理：

[图例]

```
      ——宽限期-要赔——  ——中止期-不赔可复效——  —保险人法定解除期—
            30日内              2年                  超过2年
         （或60日内）
      ●——————————————●————————————————●——————————————→
     2020-01-01        2020-03-01           2022-03-01
      当期保费日        （大概日期）
```

宽限期 ▶ 自保险人催告之日起30日内或者在约定的期限60日内
投保人未支付当期保费，发生保险事故的，保险人应当按照合同约定给付保险金，但可以扣减欠交的保险费。

中止期 ▶ 自保险人催告之日起超过30日，或者超过约定的期限60日
  ○ 合同效力
    投保人未支付当期保险费的，合同效力中止，或者由保险人按照合同约定的条件减少保险金额。
  ○ 复效规则
    （1）中止期内，投保人提出恢复效力申请并同意补交保险费，除被保险人的危险程度在中止期间显著增加外，保险人不得拒绝恢复效力；
    （2）保险人在收到恢复效力申请后，30日内未明确拒绝的，应认定为同意恢复效力；
    （3）保险合同自投保人补交保险费之日恢复效力，并且保险人可以要求投保人补交相应利息。

解除期 ▶ 自合同效力中止之日起满2年
    （1）双方未达成协议的，保险人有权解除合同；
    （2）保险人解除合同的，应当按照合同约定退还保险单的现金价值。

💡 **易错**：同意恢复 ≠ 恢复。保费到位 → 效力恢复。

知识点 212　投保人的自愿解除权 ★★

1. 保险合同成立后，投保人可以解除合同，但法律另有规定或保险合同另有约定的除外。
（1）保险人应当自收到解除合同通知之日起 30 日内，向投保人按照合同约定退还保险单的现金价值；
（2）被保险人或者受益人要求退还保险单的现金价值的，法院不予支持，但保险合同另有约定的除外。

2. 投保人解除保险合同的，不需要经被保险人或受益人同意。
（1）投保人是签订合同的主体，其解除合同无需关系人（被保险人、受益人）同意；
（2）上述情形，被保险人或受益人已向投保人支付相当于保险单现金价值的款项并通知保险人的除外。（合同不解除，合同解除权被赎买）

知识点 213　保险人的法定解除权 ★★

保险合同成立后，除非法律明确规定，保险人不得解除合同。
常见的保险人法定解除情形包括：

1. 订立保险合同时，投保人故意或者因重大过失未履行如实告知义务，足以影响保险人决定是否同意承保或者提高保险费率的，保险人有权解除合同。
2. 分期支付保费的人身保险合同，自合同效力中止之日起满 2 年双方未达成协议的，保险人有权解除合同，并应当按照合同约定退还保险单的现金价值。
3. 投保人申报的被保险人年龄虚假+真实年龄不可保，保险人可以解除合同，并按合同约定退还保险单的现金价值。
4. 投保人、被保险人故意制造保险事故的，保险人有权解除合同。

四、受益人制度

受益人，是指人身保险合同中由被保险人或者投保人指定的享有保险金请求权的人。
受益人的保险金请求权属于固有权，并非继受而来，因而受益人所应领取的保险金不能作为被保险人的遗产。
受益人只存在于人身保险合同中。

知识点 214　受益人指定和变更 ★★★

1. 指定和变更受益人的主体

被保险人	被保险人可以单独指定或变更受益人。
投保人	（1）投保人指定或变更受益人时须经被保险人同意； （2）未经被保险人同意的，法院应认定指定行为或变更行为无效； （3）投保人为与其有劳动关系的劳动者投保人身保险，不得指定被保险人及其近亲属以外的人为受益人。
监护人	被保险人为无民事行为能力人或者限制民事行为能力人的，可以由其监护人指定受益人。

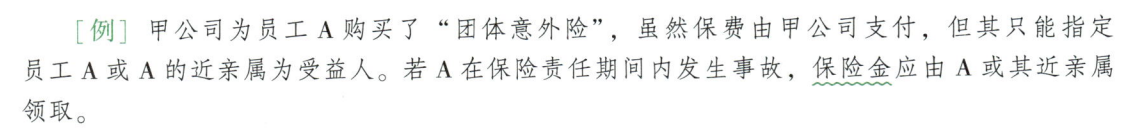

[例] 甲公司为员工 A 购买了"团体意外险",虽然保费由甲公司支付,但其只能指定员工 A 或 A 的近亲属为受益人。若 A 在保险责任期间内发生事故,保险金应由 A 或其近亲属领取。

2. 受益人的变更

(1) 投保人或被保险人变更受益人未通知保险人的,保险人可主张变更对其不发生效力;

(2) 投保人或被保险人在保险事故发生后变更受益人,变更后的受益人请求保险人给付保险金的,法院不予支持。

知识点 215 受益人约定不明的处理 ★★★

当事人对保险合同约定的受益人存在争议,有约定的,按照约定;没有约定的,按以下情形分别处理:

	处 理	举 例
受益人约定为"法定"或"法定继承人"	以《民法典》继承编规定的法定继承人为受益人。	张三为自己购买保险金 10 万元的人身保险,受益人一栏仅写"法定"。后张三身故,唯一法定继承人是妻子大 A。张三遗产总额为 0 元,但张三欠李四 10 万元。 则:该 10 万元保险金不是张三的遗产,而是"受益人"大 A 的个人财产,债权人李四不得要求大 A 以 10 万元保险金来清偿债务。
受益人仅约定为身份关系	同一主体:"为自己,自己死" 投保人与被保险人为同一主体时,根据保险事故发生时与被保险人的身份关系确定受益人。	张三的妻子是大 A。张三为自己购买人身保险,受益人一栏仅写"配偶"(无姓名)。后二人离婚,张三再婚,现妻子是小 a。若张三(被保险人)身故。 则:小 a(事故发生时的配偶)是受益人,可以拿到保险金。
	不同主体:"为他人,投保时" 投保人与被保险人为不同主体时,根据保险合同成立时与被保险人的身份关系确定受益人。	张三为妻子大 A 购买人身保险,受益人一栏仅写"配偶"(无姓名)。后二人离婚,大 A 再婚,现丈夫是李四。若大 A(被保险人)身故。 则:张三(合同成立时的配偶)是受益人,可以拿到保险金。
受益人约定为姓名和身份关系	保险事故发生时身份关系发生变化的,认定为未指定受益人。	张三为自己购买人身保险,受益人写明"妻子大 A"(有身份有姓名)。后二人离婚,张三再婚,现妻子是小 a。若张三(被保险人)身故。 则:该案认定为无受益人,保险金是被保险人(张三)的遗产。

知识点 216 受益人先于被保险人死亡 ★★★

01 问题

张老伯为自己购买人身保险，儿子张A、张B、张C、张D为受益人，张A先于张老伯死亡。现张老伯也去世。张A的受益权如何处理？

02 规则

当受益人有数人时，部分受益人在保险事故发生前死亡、放弃受益权或者依法丧失受益权的，该受益人应得的受益份额，按照下列规则处理：
1. 保险合同有约定的，按照约定处理。
2. 保险合同无约定或者约定不明的，该受益人应得的受益份额，按照"对外按顺序，对内按比例"处理。

03 情形

受益顺序	受益份额	处理	举例
×	×	受益顺序、受益份额均未约定，由其他受益人平均享有。	无约定时，张A（受益人）先于张老伯（被保险人）死亡。则：张A的份额由张B、张C、张D平分。
√	√	约定受益顺序，并约定受益份额： （1）由同顺序的其他受益人按照相应比例享有； （2）同一顺序没有其他受益人的，由后一顺序的受益人按相应比例享有。	张A、张B是第一顺序，张C和张D是第二顺序。则：张A的受益份额由同一顺序的张B享有，第二顺序的张C、张D无法分享。
×	√	未约定受益顺序但约定受益份额的，由其他受益人按相应比例享有。	（1）未约定顺序，视为四人为同一顺序。 （2）若约定张A受益份额为40%、张B为25%、张C为20%、张D为15%。则：张B、张C、张D依据比例分享张A的份额。
√	×	约定受益顺序，但未约定受益份额： （1）由同顺序的其他受益人平均享有； （2）同一顺序没有其他受益人的，由后一顺序的受益人平均享有。	张A、张B、张C是第一顺序，张D是第二顺序。则：张A死亡，张A的份额由张B、张C平均享有。张D为后一顺序，其无权享有。

五、人身保险事故的处理

知识点 217 年龄错误 ★★

年龄错误，是指投保人申报的被保险人年龄不真实。

	处　理	举　例
类型一 投保人申报的被保险人年龄不真实，且真实年龄不符合合同约定的年龄限制	（1）保险人可以解除合同，并按照合同约定退还保险单的现金价值。（可理解为"投资收益"）[1] （2）下列情况保险人不可解除合同：①知道或应当知道投保人未履行如实告知义务，仍然收取保险费的；②自保险人知道有解除事由之日起，超过30日不行使合同解除权的；③自合同成立之日起超过2年的。	某保险公司开设一种人寿险，70岁以下的投保人可参加该险种。71岁的张某在向保险公司投保时谎称自己69岁。此为"真实年龄（71岁）不符合约定的年龄限制（70岁）"。
类型二 投保人申报的被保险人年龄不真实，但真实年龄符合合同约定的年龄限制	（1）保险人不可解除合同； （2）致使投保人支付的保险费少于应付保险费的，保险人有权更正并要求投保人补交保险费，或者在给付保险金时按照实付保险费与应付保险费的比例支付； （3）致使投保人支付的保险费多于应付保险费的，保险人应当将多收的保险费退还投保人。	某保险公司开设一种人寿险：投保人逐年缴纳一定保费，至60岁时可获得20万元保险金，保费随起保年龄的增长而增加。41岁的李某精心计算后发现，若从46岁起投保，可最大限度降低保费，遂在向保险公司投保时谎称自己46岁。此为"真实年龄（41岁）符合合同约定的年龄限制（60岁）"。

知识点 218　死亡险 ★★

死亡险，是指投保人以被保险人死亡为给付保险金条件的人身保险合同。

1. 死亡险包括宣告死亡情形。

2. 被保险人被宣告死亡之日在保险责任期间之外，但有证据证明下落不明之日在保险责任期间之内的，当事人可以要求保险人按照保险合同约定给付保险金。

[例] 2010年，A为自己投保，约定如意外身故，由妻子获得保险金，保险期间为10年。2018年3月1日，A下落不明。2022年4月，法院宣告A死亡。保险公司应给付保险金。

3. 对投保死亡险的限制。死亡险合同极有可能诱发受益人杀害被保险人的事故。为了降低该类合同的道德风险，保险法对该类合同进行了严格的限制。

	内　容	举　例
原则	投保人不得为无民事行为能力人投保以死亡为给付保险金条件的人身保险，保险人也不得承保。	张三不得为患有精神疾病不能辨认和控制自己行为的妻子大A，购买该类保险。
	以死亡为给付保险金条件的合同，未经被保险人同意并认可保险金额的，合同无效。	（略）

---

[1] 保险单的现金价值，即在保险期限较长的人寿保险中，被保险人要求退保时，保险人从责任准备金中扣除一定的退保手续费，余额退还给被保险人或投保人。可以理解为，保险单的现金价值，是指投保人退保能领取的金额。保险合同内，都附有现金价值表。需要注意的是，现金价值≠保费金额。

续表

	内　容	举　例
原则	（法院应当主动审查） （1）被保险人可以采取书面、口头或者其他形式同意；可以在合同订立时作出，也可以在合同订立后追认。 （2）被保险人明知他人代其签名同意而未表示异议的，视为同意订立保险合同并认可保险金额。 （3）被保险人同意投保人指定的受益人的，视为同意订立保险合同并认可保险金额。	（略）
例外 （父母－未成年子女之间）	（1）父母可以为其未成年子女投保死亡险，并无需被保险人同意并认可保险金额； （2）被保险人死亡给付的保险金总和不得超过国务院保险监督管理机构规定的限额。	张小三今年22岁，其父是否可以不经张小三同意为其投保死亡险？（不可以。未成年人，是指未满18周岁的人。张小三不是未成年人。） 张三为自己的父亲张老三投保死亡险，是否可以不经张老三同意？（不可以。限于"父母为未成年子女"投保。）
	未成年人父母之外的其他履行监护职责的人，不得为未成年人订立以死亡为给付保险金条件的合同；但经未成年人父母同意的除外。	祖父母不得为未成年的孙子张小三投保含有死亡给付条款的人身保险。
保险单的转让	按照以死亡为给付保险金条件的合同所签发的保险单，未经被保险人书面同意，不得转让或者质押。	（略）

> 📌 易错：
> （1）是否同意订立死亡险以及同意保险金额：被保险人可书面同意，可口头同意；
> （2）死亡险保单转让或质押：书面同意。

知识点 219 　费用补偿型的医疗费用保险 ★

费用补偿型的医疗费用保险，是指当被保险人因生病治疗产生医疗费用时，被保险人支付医疗费用后，再由保险人事后给付医疗费用保险金的保险。（≈事后报销）

1. 和公费医疗、社保的关系

纠纷类型	处　理	举　例
保险人主张扣减被保险人从公费医疗或社会医疗保险取得的赔偿金额	（1）应当证明该保险产品在厘定医疗费用保险费率时已经将公费医疗或社会医疗保险部分相应扣除，并按照扣减后的标准收取保险费； （2）由保险人承担上述举证责任。	被保险人甲治疗时用了某进口消炎药，该药虽然不在基本医疗保险（社保）的报销名单内，但A保险

续表

纠纷类型	处理	举例
约定按照基本医疗保险（社保）的标准核定医疗费用	（1）被保险人的医疗支出超出基本医疗保险范围的，保险人不得拒绝给付保险金； （2）被保险人支出的费用超过基本医疗保险同类医疗费用标准的，保险人可以对超出部分拒绝给付保险金。	公司对该自费药仍要支付保险金，支付标准按照基本医疗保险药品目录内同类标准支付。

> 易错：支出超范围，要支付；费用超标准，可拒付。

2. 是否在定点医院接受治疗

（1）保险人以被保险人未在保险合同约定的医疗服务机构接受治疗为由拒绝给付保险金的，法院应予支持；

（2）被保险人因情况紧急必须立即就医的除外。

知识点 220 故意造成的保险事故 ★★

1. 投保人故意造成被保险人死亡、伤残或者疾病的：

（1）保险人有权解除合同，不承担给付保险金的责任；

（2）投保人已交足2年以上保险费的，保险人应当按照合同约定向其他权利人退还保险单的现金价值。

2. 受益人故意造成被保险人死亡、伤残或者疾病，或者故意杀害被保险人未遂的：

（1）该受益人丧失受益权，保险人向其他受益人给付保险金；

（2）没有其他受益人的，保险金作为被保险人的遗产。

> 萱姑点睛
> 易错 ▶ A 是投保人且是受益人，若 A 故意杀害被保险人 B，则保险人不给付。

3. 被保险人故意犯罪或抗拒依法采取的刑事强制措施的：

（1）被保险人因上述行为导致自己伤残或者死亡的，保险人不承担给付保险金的责任；

（2）投保人已交足2年以上保险费的，保险人应当按照合同约定退还保险单的现金价值；

（3）保险人主张不承担给付保险金责任的，应当证明被保险人的死亡、伤残结果与其实施的故意犯罪或者抗拒依法采取的刑事强制措施行为之间存在因果关系；

（4）被保险人在羁押、服刑期间，因意外或者疾病造成伤残或者死亡的，保险人要承担给付保险金的责任。

> 萱姑点睛
> 易错 ▶ 要区分因果：
> ○因罪而死：不赔；
> ○有罪，但因病或意外而死：赔。

知识点 221 被保险人自杀 ★★

以被保险人死亡为给付保险金条件的合同中，被保险人自杀的，要区分情形：

1. 自合同成立或者合同效力恢复之日起 2 年内，被保险人自杀的：

	给付责任	举证责任	举　例
原则	（1）保险人不承担给付保险金的责任； （2）保险人应当按照合同约定退还保险单的现金价值。	保险人以被保险人自杀为由拒绝承担给付保险金责任的，由保险人承担举证责任。	合同成立 2 年内，被保险人 A 因意外坠楼死亡的，保险公司应当给付保险金；但若 A 系自杀坠楼死亡，则不给付。
例外	被保险人自杀时为无民事行为能力人的，保险人承担给付保险金的责任。	受益人或者被保险人的继承人对被保险人自杀时为无民事行为能力人，承担举证责任。	合同成立 2 年内，被保险人 A 因不能辨别或控制自己的行为而自杀，保险公司应给付。

2. 被保险人 2 年后自杀

自合同成立或者合同效力恢复之日起满 2 年后被保险人自杀的，保险人应当按照合同约定承担给付保险金的责任。

知识点 222　第三人造成的人身保险事故（无代位求偿权）★

被保险人因第三者的行为而发生死亡、伤残或者疾病等保险事故的：
1. 保险人向被保险人或者受益人给付保险金后，不享有向第三者追偿的权利。
2. 被保险人或者受益人仍有权向第三者请求赔偿。
3. 保险事故发生后，被保险人或者受益人起诉保险人，保险人以被保险人或者受益人未要求第三者承担责任为由抗辩不承担保险责任的，法院不予支持。

［例］甲为其妻购买了一份人身保险。后甲妻患病住院，因医院误诊误治致残。甲向保险公司索赔的同时，可要求医院承担侵权赔偿责任。

知识点 223　保险金的给付★★

人身保险中，被保险人死亡后，保险金按下列规则给付：

原则	保险金不作为被保险人的遗产	有合格的受益人时，保险金应当支付给受益人。
例外	保险金作为被保险人的遗产	（1）没有指定受益人，或者受益人指定不明无法确定的； （2）受益人先于被保险人死亡，没有其他受益人的； （3）受益人依法丧失受益权或者放弃受益权，没有其他受益人的。
		继承关系，推定受益人死亡在先：受益人与被保险人存在继承关系，在同一事件中死亡，且不能确定死亡先后顺序的，推定受益人死亡在先，并按照《保险法》的相关规定确定保险金归属。
请求权的转让		保险事故发生后，受益人将与本次保险事故相对应的全部或者部分保险金请求权转让给第三人的，该转让行为有效；但根据合同性质、当事人约定或者法律规定不得转让的除外。

易错：保险金不是遗产，故推定死亡顺序不是依据《民法典》第 1121 条第 2 款的规定，为解决遗产继承纠纷，"辈份不同的，推定长辈先死亡"。

[例] 甲为父亲老甲购买了人身保险，指定其子小甲为受益人。后老甲与小甲在同一事件中死亡，但不能确定二人的死亡先后顺序，则推定受益人（小甲）死亡在先，而非推定长辈先死亡。

22 常考角度总结——SUMMARIZE

1. 理解保险利益原则，掌握人身保险利益的判定。
2. 投保人未如实告知的处理。
3. 受益人的产生及约定不明的处理。
4. 保险合同效力中止期的处理。（复效规则）
5. 人身保险合同能否解除，解除后如何处理。
6. 特殊保险事故的处理。（故意犯罪、自杀、死亡险）
7. 保险金给付给谁，是否作为遗产。

致努力中的你

你知道人类最大的武器是什么吗？

是豁出去的决心。

专题 23 财产保险合同

- 财产保险合同概述
  - 财产保险的保险利益
  - 保险标的转让的处理
  - 保险标的危险程度的变化
- 财产保险事故的处理
  - 基本赔偿规则
  - 由保险人负担的费用
  - 重复保险
  - 责任保险
- 代位求偿权
  - "第三者"的范围
  - 对"损害"的理解
  - 代位求偿权的诉讼
  - 放弃求偿权的处理
  - 获得双份赔偿的处理
  - 获得部分赔偿的处理

一、财产保险合同概述

财产保险，是指以财产及其有关利益为保险标的的保险。

财产保险合同，是指以特定的财产或者与财产有关的利益为保险标的，标的物可以转让的合同。

知识点 224　财产保险的保险利益 ★

保险利益，是指投保人或者被保险人对保险标的具有的法律上承认的利益。具体到财产保险合同，要点为：

	内容		举例
成立要件	保险利益的成立要件：合法性+经济性+确定性。		（1）财产的所有人、经营人、保管人、质押权人、抵押权人，对投保财产具有保险利益。 （2）2020年1月，张三为汽车投保了财产险，后其将该车卖给了李四。2020年8月，该车发生保险事故，此时新车主李四对该车享有保险利益。原车主张三
	合法性	该种利益必须是法律上承认的利益，即合法的利益。	
	经济性	该种利益必须是经济上的利益，即可以用金钱估计的利益。	
	确定性	该种利益必须是可以确定的利益。	

	内 容	举 例
成立时间	在保险事故发生时，被保险人对保险标的应当具有保险利益；否则，不得向保险人请求赔偿保险金。	虽然在订立保险合同时具有保险利益，但事故发生时张三不再是所有权人，因此，张三无法得到保险公司的赔偿金。

> 易错：人身保险：保险合同订立时具有合法利益。

知识点 225　保险标的转让的处理 ★★

1. 保险标的的转让

（1）保险标的的转让，被保险人或受让人应当及时通知保险人，但货物运输保险合同和另有约定的合同除外；

（2）被保险人或受让人依法及时向保险人发出保险标的转让通知后，保险人作出答复前，发生保险事故的，保险人应按照保险合同承担赔偿保险金的责任；

（3）保险标的的受让人承继被保险人的权利和义务。

2. 受损保险标的的权利的转移

（1）保险事故发生后，保险人已支付了全部保险金额，并且保险金额等于保险价值的，受损保险标的的全部权利归于保险人；

（2）保险金额低于保险价值的，保险人按照保险金额与保险价值的比例取得受损保险标的的部分权利。

[例]　栗子为汽车投保财产险，因突发泥石流导致汽车全损。

（1）若汽车保险价值为10万元，保险金额也为10万元（足额保险），发生事故后保险公司支付给栗子10万元，则该汽车的全部权利均归保险公司；

（2）若汽车保险价值为10万元，保险金额为5万元（不足额保险），发生事故后保险公司支付给栗子5万元（赔偿金额不得超过保险金额），则该汽车1/2的权利归保险公司。

知识点 226　保险标的危险程度的变化 ★★★

1. 保险标的的危险程度显著增加

		内　　容	举　　例
认定	应综合考虑的因素	（1）保险标的用途的改变、使用范围的改变、所处环境的变化、因改装等原因引起的变化； （2）保险标的的使用人或者管理人的改变； （3）危险程度增加持续的时间、其他可能导致危险程度显著增加的因素。	（1）投保车辆的使用性质分为营运和非营运，两种性质的车辆在使用频次、使用范围、所处环境等上均存在不同，故而保险费率设置亦有显著区别。若被保车辆以非营运性质投保，持续性从事以获取利润为目的的营运性客货运活动，构成危险程度显著增加。
	不包括"可预见"因素	不包括"可预见的危险增加"。保险标的的危险程度虽然增加，但增加的危险属于保	

续表

		内　容	举　例
认　定	不包括"可预见"因素	险合同订立时保险人预见或者应当预见的保险合同承保范围的，不构成危险程度显著增加。	（2）范某有固定职业和收入，其在上下班期间利用顺风车网约平台搭载乘客进行顺风车服务，加入顺风车网约平台的541天内，接单39次出行17次，危险程度不具有持续性；事故发生日，范某的行驶路径与搭乘乘客路线一致，相同路线不导致危险程度增加。
处　理	情形1：通知	被保险人应当及时通知保险人，保险人可以按照合同约定增加保险费或者解除合同。解除合同的，应当将已收取的保险费（扣除应收部分后）退还投保人。	
	情形2：未通知	被保险人未履行通知义务的，因保险标的的危险程度显著增加而发生的保险事故，保险人不承担赔偿保险金的责任。	

2. 保险标的的危险程度明显减少

有下列情形之一的，除合同另有约定外，保险人应当降低保险费，并按日计算退还相应的保险费：

（1）据以确定保险费率的有关情况发生变化，保险标的的危险程度明显减少的；

（2）保险标的的保险价值明显减少的。

二、财产保险事故的处理

知识点 227　基本赔偿规则

1. 保险人的赔偿金额不得超过保险金额。保险金额不得超过保险价值。

（1）保险金额，是指保险人承担赔偿或者给付保险金责任的最高限额。

（2）保险价值，是指保险标的的价值。未约定保险价值的，以保险事故发生时保险标的的实际价值为赔偿计算标准。例如，为新购的汽车购买车险，车款10万元是该车的保险价值。

2. 保险金额超过保险价值的，超过部分无效，保险人应当退还相应的保险费。

3. 保险金额低于保险价值的，除合同另有约定外，保险人按照保险金额与保险价值的比例，承担赔偿保险金的责任。

［例］一套家具的保险价值是10万元，约定的保险金额是3万元。现其发生属于保险责任范围内的损害，定损为4万元。则保险人的赔偿金额为$3/10 \times 4 = 1.2$（万元）。

4. 保险事故发生后，保险人以被保险人或者受益人未要求第三者承担责任为由抗辩不承担保险责任的，法院不予支持。（可直接起诉保险公司）

知识点 228　由保险人负担的费用★

发生财产保险事故后，保险人除了支付损失赔偿金额外，还要负担下列费用：

1. 保险事故发生后，被保险人为防止或者减少保险标的的损失所支付的必要的、合理的费用，由保险人承担。该费用在保险标的损失赔偿金额以外另行计算，最高不超过保险金额的数额。

2. 被保险人采取的措施未产生实际效果，保险人以此为由抗辩的，法院不予支持。

[例] 纺织厂组织人员灭火的施救费用为 1 万元，最终遭受的火灾损失为 3 万元，保险金额为 100 万元。此时保险公司要支付 3+1＝4 万元。

3. 保险人、被保险人为查明和确定保险事故的性质、原因和保险标的的损失程度所支付的必要的、合理的费用，由保险人承担。

知识点 229 重复保险

重复保险，是指投保人对同一保险标的、同一保险利益、同一保险事故分别与 2 个以上保险人订立保险合同，且保险金额总和超过保险价值的保险。

处理：

1. 投保人应当将重复保险的有关情况通知各保险人。
2. 各保险人赔偿保险金的总和不得超过保险价值。
3. 除合同另有约定外，各保险人按照其保险金额与保险金额总和的比例承担赔偿保险金的责任。
4. 投保人可以就保险金额总和超过保险价值的部分，请求各保险人按比例返还保险费。

[例] 栗子将汽车向 A 保险公司和 B 保险公司投保财产险。汽车的保险价值为 10 万元，A 公司和 B 公司的保险金额也各为 10 万元。现该车全损，则 A 公司的赔偿金为 10×1/2＝5（万元），B 公司的赔偿金也为 5 万元。

知识点 230 责任保险 ★★

责任保险，又称"第三者责任险"，是指以被保险人对第三者依法应负的赔偿责任为保险标的的保险。

1. 责任保险的标的，为一定范围内的侵权损害赔偿责任。
2. 责任保险不能及于被保险人的人身及其财产。

原理

"责任险，保他人"。因为该类保险的目的在于转移被保险人过重的赔偿责任，所以责任保险合同是为第三人的利益而订立的保险合同。

3. 责任保险的"请求－支付"规则

（1）被保险人对第三者应负的赔偿责任确定的，根据被保险人的请求，保险人应当直接向该第三者赔偿保险金；

（2）被保险人怠于请求的，第三者有权就其应获赔偿部分直接向保险人请求赔偿保险金。

[图例] "请求-支付"规则

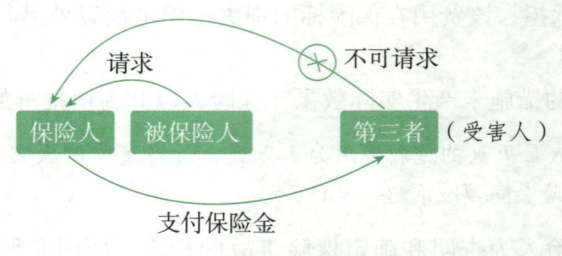

```
         请求              不可请求
   保险人  被保险人    第三者（受害人）
         支付保险金
```

图 1　被保险人请求情形

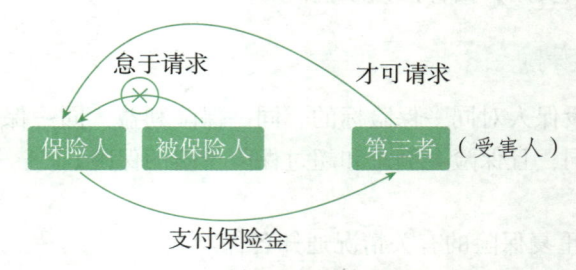

```
         怠于请求            才可请求
   保险人  被保险人    第三者（受害人）
         支付保险金
```

图 2　被保险人怠于请求情形

4. 被保险人向第三者赔偿之前，保险人向被保险人赔偿保险金的：

（1）第三者就其应获赔偿部分直接向保险人请求赔偿时，保险人不得以其已向被保险人赔偿为由拒绝赔偿；

（2）保险人向第三者赔偿后，可以请求被保险人返还相应保险金。

[原理]　按照"直接支付"的规则，保险人应向第三者支付赔偿金，而不是向"被保险人"支付赔偿金。

5. 责任保险的诉讼

（1）责任保险诉讼中，由被保险人支付的仲裁或者诉讼费用以及其他必要的、合理的费用，除合同另有约定外，由保险人承担；

（2）商业责任险的被保险人向保险人请求赔偿保险金的诉讼时效期间，自被保险人对第三者应负的赔偿责任确定之日起计算。

[随堂小测]

甲参加乙旅行社组织的沙漠一日游，乙旅行社为此向红星保险公司购买了旅行社责任保险。丙客运公司受乙旅行社之托，将甲运送至沙漠，丙公司为此向白云保险公司购买了承运人责任保险。丙公司在运送过程中发生交通事故，致甲死亡，丙公司负事故全责。甲的继承人为丁。在通常情形下，下列哪些表述是正确的？（2012/3/75）[1]

A. 乙旅行社有权要求红星保险公司直接对丁支付保险金

---

[1]　AB。C、D 选项错误，本题未出现"乙旅行社、丙客运公司怠于请求"的情形，所以第三者（丁）无权直接要求保险公司支付保险金。

B. 丙公司有权要求白云保险公司直接对丁支付保险金
C. 丁有权直接要求红星保险公司支付保险金
D. 丁有权直接要求白云保险公司支付保险金

三、代位求偿权

代位求偿权制度，是指因第三者对保险标的的损害而造成保险事故的，保险人自向被保险人赔偿保险金之日起，在赔偿金额范围内代位行使被保险人对第三者请求赔偿的权利。

知识点 231 "第三者"的范围 ★★★

1. 第三者，是指除被保险人与保险人之外，其他造成保险标的损害的人。
2. 保险事故是被保险人的家庭成员或者其组成人员非故意造成的，保险人不得对被保险人的家庭成员或者其组成人员行使代位请求赔偿的权利。
3. 投保人和被保险人为不同主体，因投保人对保险标的的损害而造成保险事故，保险人可以主张代位行使被保险人对投保人请求赔偿的权利，但法律另有规定或者保险合同另有约定的除外。

[例1] 张某为自己的设备投保财产险后，张某的儿子不慎造成该设备损坏。此时，保险公司赔偿后，不得向张某的儿子代位求偿。但是，如果张某的儿子故意损坏设备，保险公司向张某赔偿后仍可向张某的儿子代位求偿。

[例2] 甲园区为进驻本园区的所有小企业向A保险公司投保财产火灾险，现甲园区因管理不善发生火灾，烧毁小企业的财产。本例中，甲园区是"投保人+侵权人"，小企业是被保险人，A保险公司向小企业（被保险人）赔偿保险金。由于侵权人是甲园区（投保人），因此，A保险公司赔偿后，可向甲园区代位求偿。

知识点 232 对"损害"的理解 ★★★

1. 第三者"损害"保险标的的行为，既包括侵权行为，也包括违约行为。
2. 保险人主张代位行使被保险人因第三者侵权或者违约等享有的请求赔偿的权利的，法院应予支持。

[例] A公司准备整体搬迁，遂和甲公司签订厂房整体搬迁和安装合同，并约定"承包人（甲公司）不得将本工程进行分包"。A公司就此搬迁向B保险公司投保"安装工程一切险"。现有一台设备需要运输，甲公司委托当地的乙运输公司运输，乙运输公司在运输时设备滑落，造成货损100万元。B保险公司向A公司（被保险人）赔偿后，仅向甲公司（违约方）主张了代位请求权，该诉讼请求得到了法院支持。

知识点 233 代位求偿权的诉讼 ★★★

1. 保险人应以自己的名义行使保险代位求偿权。
2. 保险人自向被保险人赔偿保险金之日起，在赔偿金额范围内代位行使被保险人对第三者请求赔偿的权利。
3. 保险人代位求偿权的诉讼时效期间应自其取得代位求偿权之日起计算。

4. 保险人提起代位求偿权之诉的，以被保险人与第三者之间的法律关系确定管辖法院。

[例1] 保险事故发生日是1月1日，被保险人当日通知保险公司，保险公司定损后的赔偿日期是1月10日，则保险人向第三者主张代位求偿权的诉讼时效期间自1月10日开始计算。因为自赔偿之日起且在赔偿金额范围内，保险人享有"代位求偿权"。

[例2] 栗子向平安保险公司投保车险。现栗子驾驶途中被李某驾驶车辆追尾，李某负事故全责。事故发生地为甲市A区，该被保险车辆登记地为甲市B区，李某的住所地为乙市C区。平安保险公司向栗子赔偿保险金后，向李某提起代位求偿权诉讼。本例中，甲市A区法院和乙市C区法院有管辖权。因为栗子和李某之间是侵权法律关系，管辖法院为侵权行为发生地或被告住所地法院。

知识点 234 放弃求偿权的处理 ★

订立前放弃	保险合同订立前，被保险人放弃对第三者的求偿权的	（1）若法院认定放弃行为合法有效，保险人不得就相应部分主张行使代位求偿权。即，保险人向被保险人赔偿后，不可向第三者追偿。 （2）保险合同订立时，保险人询问是否存在上述放弃情形，投保人未如实告知，导致保险人不能代位行使请求赔偿的权利，保险人可以请求"被保险人"返还相应保险金；但保险人不可向第三者追偿。 （3）投保人未如实告知，但保险人知道或者应当知道上述放弃情形仍同意承保的，不可请求"被保险人"返还相应保险金，也无代位求偿权。
赔偿前放弃	保险人赔偿保险金前，被保险人放弃的	保险事故发生后、保险人赔偿保险金前，被保险人放弃对第三者请求赔偿的权利的，保险人不承担赔偿保险金的责任。
赔偿后放弃	赔偿保险金后，被保险人放弃的	保险人向被保险人赔偿保险金后，被保险人未经保险人同意放弃对第三者请求赔偿的权利的，该（放弃）行为无效。

[例] 甲快餐公司和B运输公司签订运输合同，约定如果每车货损超过1000元，B运输公司承担赔偿责任；对1000元以下的货损，B运输公司不承担赔偿责任。之后，甲快餐公司就全部财产向A保险公司投保。某次运输中，因B运输公司冷冻车设备故障，造成甲快餐公司配送的盒饭变质。该车货损为800元。

则：A保险公司依据保险合同向甲快餐公司赔偿保险金，但A保险公司无权向B运输公司代位求偿。因为在甲快餐公司和A保险公司签订保险合同之前，甲快餐公司已经在运输合同中放弃了对B运输公司的求偿权。

知识点 235 获得双份赔偿的处理 ★

保险人获得代位请求赔偿权后（保险人已经向被保险人赔偿），第三者又向被保险人赔偿的，此时被保险人得到双份赔偿。而基于财产保险的"填补原则"，被保险人只能就其保险标的的损失获得赔偿，不能获得额外的利益。对此，应分两种情况处理：

| 保险人未通知第三者或者通知到达第三者前 | 和第三者的关系 → 第三者在被保险人已经从保险人处获赔的范围内，又向被保险人作出赔偿的，保险人不可向第三者主张代位求偿权。 |
| 和被保险人的关系 → 保险人就相应保险金主张被保险人返还的，法院应予支持。（被保险人不能得到双份赔偿，要返还一份） |

| 保险人已经通知第三者 | 和第三者的关系 → 第三者又向被保险人作出赔偿的，保险人可以向第三者主张代位求偿权。第三者以其已经向被保险人赔偿为由抗辩的，法院不予支持。 |
| 和被保险人的关系 → 第三者可要求被保险人返还。 |

知识点 236　获得部分赔偿的处理 ★

1. 保险事故发生后，被保险人已经从第三者取得损害赔偿的，保险人赔偿保险金时，可以相应扣减被保险人从第三者已取得的赔偿金额。

2. 保险人行使代位请求赔偿的权利，不影响被保险人就未取得赔偿的部分向第三者请求赔偿的权利。

23　常考角度总结——SUMMARIZE

1. 保险标的危险变化的处理。
2. 责任保险的"请求-支付"规则以及诉讼问题。
3. 第三人造成财保事故的处理。（代位求偿权）

   其又可细分为：

   （1）保险人能否向第三人追偿？哪些情况第三人可以拒绝？

   （2）代位求偿权的诉讼时效如何计算？

   （3）保险人行使代位求偿权应向哪个法院提起诉讼？

   （4）第三人部分赔偿的，保险人是否要支付赔偿金？

   （5）被保险人放弃对第三人的求偿的，保险人是否要支付赔偿金？

致努力中的你

出发永远比向往有意义。

07 第七讲 >> 证券业法律制度与信托法律制度

专题 24 证券业法律制度

证券业法律制度
- 《证券法》重要法律规则
  - 证券的概念、种类及其特征
  - 证券发行
  - 证券承销
  - 证券交易的禁止和限制行为
  - 上市公司收购的程序和规则
  - 上市公司收购的法律后果
  - 信息披露
  - 信息披露不实的法律后果
  - 投资者保护
  - 投资者保护机构
  - 证券机构
- 证券投资基金法律制度
  - 公开募集的基金、非公开募集的基金
  - 封闭式基金、开放式基金
  - 基金份额持有人大会
  - 基金财产

考情提要 本专题的题量约为1~2题。2019年《证券法》大幅度修订，请同学们重点关注《证券法》的新增点、修改点。

一、《证券法》重要法律规则

知识点 237　证券的概念、种类及其特征

1. 概念

证券，是指表示一定权利的书面凭证，即记载并代表一定权利的文书。我国《证券法》规定的证券包括股票、公司债券、存托凭证以及国务院依法认定的其他证券。

（1）股票，是指公司签发的证明股东所持股份的凭证；

（2）公司债券，是指为募集资金向社会公众发行的、保证在规定的时间内向债券持有人还本付息的有价证券。

2. 股票与公司债券的相同点

01 二者都是有价证券、要式证券、流通证券、融资证券

02 二者都可以向不特定社会主体发行

03 二者的发行、交易都必须实行公开、公平、公正的原则

3. 股票与公司债券的区别

1 发行主体不同

股票：股票的发行主体限于股份有限公司。

债券：公司债券的发行主体既可以是有限责任公司，也可以是股份有限公司。

2 投资风险不同

股票：投资风险大。

债券：投资风险小于股票。

3 形成的法律关系不同

股票：股票是股权凭证，持有者为公司的股东，募集的资金为公司的资本金。

债券：公司债券表明的是债权债务关系，持有人为公司债权人，募集的资金形成公司的负债。

4 持有人享有的权利不同

股票：股票持有人享有股东权，如投资收益权，选举董事、监事权等。

债券：公司债券持有人享有债权，是公司的债权人。

知识点 238 证券发行 ★★

发行制度	公开发行证券采取注册制。未经依法注册，任何单位和个人不得公开发行证券。	
发行方式	公开发行	（1）向不特定对象发行证券； （2）向特定对象发行证券累计超过 200 人，但依法实施员工持股计划的员工人数不计算在内； （3）法律、行政法规规定的其他发行行为。
	非公开发行	不得采用广告、公开劝诱和变相公开方式。
股票发行的条件	公司首次公开发行新股，应当符合下列条件：①具备健全且运行良好的组织机构；②具有持续经营能力；③最近 3 年财务会计报告被出具无保留意见审计报告；④发行人及其控股股东、实际控制人最近 3 年不存在贪污、贿赂、侵占财产、挪用财产或者破坏社会主义市场经济秩序的刑事犯罪；⑤其他条件。	
债券的发行条件	公开发行债券的条件	公开发行公司债券，应当符合下列条件：①具备健全且运行良好的组织机构；②最近 3 年平均可分配利润足以支付公司债券 1 年的利息；③国务院规定的其他条件。
	禁止公开发行债券	有下列情形之一的，不得再次公开发行公司债券：①对已公开发行的公司债券或者其他债务有违约或者延迟支付本息的事实，仍处于继续状态；②违法改变公开发行公司债券所募资金的用途。
	资金用途	（1）公开发行公司债券筹集的资金，不得用于弥补亏损和非生产性支出。 （2）改变资金用途，必须经债券持有人会议作出决议。擅自改变用途，未作纠正的，或者未经认可的，不得公开发行公司债券。
前提	发行人向不特定对象发行的证券，法律、行政法规规定应当由证券公司承销的，发行人应当同证券公司签订承销协议。	

知识点 239 证券承销 ★

公司向社会公开募集股份，应当由依法设立的证券公司承销，签订承销协议。

承销人的组成	向不特定对象发行证券聘请承销团承销的，承销团应当由主承销和参与承销的证券公司组成。	
承销业务的种类	证券承销业务采取代销或者包销方式。	
	证券代销	其指证券公司代发行人发售证券，在承销期结束时，将未售出的证券全部退还给发行人的承销方式。
	证券包销	其指证券公司将发行人的证券按照协议全部购入或者在承销期结束时将售后剩余证券全部自行购入的承销方式。
承销的期限	证券的代销、包销期限最长不得超过 90 日。	

续表

承销人的义务	（1）证券公司在代销、包销期内，对所代销、包销的证券应当保证先行出售给认购人； （2）证券公司不得为本公司预留所代销的证券和预先购入并留存所包销的证券。
发行失败	代销期限届满，向投资者出售的股票数量未达到拟公开发行股票数量70%的，为发行失败。发行人应当按照发行价并加算银行同期存款利息返还股票认购人。

知识点 240 证券交易的禁止和限制行为 ★★

1. 对特定人员的交易禁限

对 象		禁限行为
从业人员	证券交易场所、证券公司和证券登记结算机构的从业人员，证券监督管理机构的工作人员以及法定禁止参与股票交易的其他人员	（1）在任期或者法定限期内，不得直接或者以化名、借他人名义持有、买卖股票或者其他具有股权性质的证券； （2）在任期或者法定限期内，不得收受他人赠送的股票或者其他具有股权性质的证券； （3）任何人在成为上述所列人员时，其原已持有的证券，必须依法转让。
服务机构	为证券发行出具审计报告或者法律意见书等文件的证券服务机构和人员	（1）在该证券承销期内和期满后6个月内，不得买卖该证券； （2）自接受委托之日或实际开展有关工作之日起，至上述文件公开后5日内，不得买卖该证券。
大股东	持有上市公司5%以上股份的股东、董事、监事、高级管理人员	（1）将其持有的该公司的股票在买入后6个月内卖出，或者在卖出后6个月内又买入，由此所得收益归该公司所有。 （2）董事会应当收回上述所得收益。董事会不执行的，负有责任的董事依法承担连带责任。股东有权要求董事会在30日内执行。 （3）董事会未在上述期限内执行的，股东有权为了公司的利益以自己的名义直接向法院提起诉讼。（此为"股东代表诉讼"）
	包括其配偶、父母、子女持有的及利用他人账户持有的股票或证券	

2. 禁止的交易行为

第一类，禁止内幕交易

（1）概念
内幕信息，是指证券交易活动中，涉及发行人的经营、财务或者对该发行人证券的市场价格有重大影响的尚未公开的信息，如公司合并重整、重大投资、订立重要合同、提供重大担保或者从事关联交易等。
（2）禁止的行为
①在内幕信息公开前，内幕信息的知情人（包括非法获取内幕信息的人）不得买卖该公司的证券，或者泄露该信息，或者建议他人买卖该证券；
②内幕信息的知情人和非法获取内幕信息的人利用内幕信息从事证券交易活动，给投资者造成损失的，应当依法承担赔偿责任。

第二类：其他禁止行为

（1）禁止任何人操纵证券市场，影响或者意图影响证券交易价格或者证券交易量；
（2）禁止任何单位和个人编造、传播虚假信息或者误导性信息，扰乱证券市场；
（3）传播媒介及其从事证券市场信息报道的工作人员不得从事与其工作职责发生利益冲突的证券买卖；
（4）任何单位和个人不得违反规定，出借自己的证券账户或者借用他人的证券账户从事证券交易；
（5）禁止投资者违规利用财政资金、银行信贷资金买卖证券；
（6）在境外的证券发行和交易活动，扰乱中国境内市场秩序，损害境内投资者合法权益的，依照《证券法》有关规定处理并追究法律责任；
（7）境外证券监督管理机构不得在中国境内直接进行调查取证等活动；
（8）未经国务院证券监督管理机构和国务院有关主管部门同意，任何单位和个人不得擅自向境外提供与证券业务活动有关的文件和资料。

知识点 241 上市公司收购的程序和规则 ★★

[图例] 报告规则

要约收购

5%
- 事实发生之日起3日内
- 报告+通知+公告
- 上述期限内，收购人禁止买卖该公司股票
- 违反者：买入后36个月内，对超过规定比例部分无表决权

每增减1%
- 该事实发生的次日通知+公告

每增减5%
- 事实发生之日起至公告后3日内报告+公告
- 该事实发生之日起至公告后3日内不得买卖该上市公司的股票
- 违反者：买入后36个月内，对超过规定比例部分无表决权

增至30%继续收购的
- 向被收购公司所有股东发出收购全部/部分股份的要约
- 30~60日；不可撤销
- 收购期内，收购人不得卖出，也不得超出要约的条件买入

通过证券交易所的证券交易，投资者持有或者通过协议、其他安排与他人共同持有一个上市公司已发行的有表决权股份达到法定比例时，要符合报告、公告、通知规则。

达到5%	报告规则	应当在该事实发生之日起3日内，向国务院证券监督管理机构、证券交易所作出书面报告，通知该上市公司，并予公告。
	禁止行为	在上述期限内不得再行买卖该上市公司的股票，但国务院证券监督管理机构规定的情形除外。
	处罚措施	违反的，投资者在买入后的36个月内，对该超过规定比例部分的股份不得行使表决权。

5%~30%之间	报告规则	（1）投资者每增加或减少1%，应当在该事实发生的次日通知该上市公司，并予公告；（可交易） （2）投资者每增加或减少5%，应当进行报告和公告，在该事实发生之日起至公告后3日内，不得再行买卖该上市公司的股票，但国务院证券监督管理机构规定的情形除外。（禁交易）	
	处罚措施	违反上述第2项的，投资者在买入后的36个月内，对该超过规定比例部分的股份不得行使表决权。	
达到30%	发出收购要约	继续进行收购的，应当向该上市公司所有股东发出收购全部或者部分股份的要约。各项收购条件，适用于被收购公司的所有股东。	
	期限	收购要约期限：30~60日。在承诺期限内，收购人不得撤销其收购要约。	
	禁止行为	采取要约收购方式的，收购人在收购期限内： （1）不得卖出被收购公司的股票； （2）不得采取要约规定以外的形式和超出要约的条件买入被收购公司的股票。	

知识点 242 上市公司收购的法律后果★★★

收购期限届满，针对被收购公司（下表W公司）、收购人（下表B公司）、原公司股东（下表W公司股东），会出现下列法律后果：

	后　　果	举　　例
被收购公司 （W公司）	（1）被收购公司（W公司）股权分布不符合证券交易所规定的上市交易要求的，股票终止上市交易。	W公司最低公开发行比例不符合证券交易所的上市条件，则退市。
	（2）被收购公司不再具备股份有限公司条件的，变更企业形式。	W公司不再符合股份公司的设立条件，则变更为有限责任公司。
收购人 （B公司）	（1）收购人持有的被收购的上市公司的股票，在收购行为完成后的18个月内不得转让。	B公司持有的W公司股票，锁定期为18个月。
	（2）其余仍持有被收购公司股票的股东，有权向收购人以收购要约的同等条件出售其股票，收购人应当收购。	W公司股东，可向B公司出售W公司股票。
	（3）收购行为完成后，收购人与被收购公司合并，并将该公司解散的，被解散公司（W公司）的原有股票由收购人依法更换。	若W公司和B公司合并，W公司解散，则W公司股票由B公司更换。
	（4）收购人及其控股股东、实际控制人利用上市公司收购，给被收购公司及其股东造成损失的，应当依法承担赔偿责任。	B公司给W公司及其股东造成损失的，B公司承担赔偿责任。

知识点 243 信息披露 ★★★

发行人及其他信息披露义务人，应当及时依法履行信息披露义务。要点包括：

基本要求	（1）应当真实、准确、完整、简明清晰、通俗易懂； （2）不得有虚假记载、误导性陈述或者重大遗漏。	
披露方式	（1）应当在证券交易场所的网站和符合国务院证券监督管理机构规定条件的媒体发布； （2）同时将其置备于公司住所、证券交易场所，供社会公众查阅。	
同时披露	（1）应当同时向所有投资者披露，不得提前向任何单位和个人泄露。但法律、行政法规另有规定的除外。 （2）证券同时在境内境外公开发行、交易的，其信息披露义务人在境外披露的信息，应当在境内同时披露。	
自愿披露	（1）可以自愿披露与投资者作出价值判断和投资决策有关的信息，但不得与依法披露的信息相冲突，不得误导投资者。 （2）发行人及其控股股东、实际控制人、董事、监事、高级管理人员等作出公开承诺的，应当披露。不履行承诺给投资者造成损失的，应当依法承担赔偿责任。	
董事等直接披露	（1）董事、监事和高级管理人员无法保证证券发行文件和定期报告内容的真实性、准确性、完整性或者有异议的，应当在书面确认意见中发表意见并陈述理由，发行人应当披露； （2）发行人不予披露的，董事、监事和高级管理人员可以直接申请披露。	
定期报告的披露	中期报告	在每一会计年度的上半年结束之日起2个月内（7月1日~8月31日内），报送并公告中期报告。
	年度报告	在每一会计年度结束之日起4个月内（1月1日~4月30日内），报送并公告年度报告，其中的年度财务会计报告应当经符合《证券法》规定的会计师事务所审计。
临时报告的披露	事　由	发生可能对上市公司的股票交易价格、对上市交易公司债券的交易价格产生较大影响的重大事件，投资者尚未得知。
	内　容	披露事件的起因、目前的状态和可能产生的法律后果。

知识点 244 信息披露不实的法律后果 ★★★

1. 行政法律责任

（1）信息披露义务人：责令改正，给予警告，并处以罚款；对直接负责的主管人员和其他直接责任人员：给予警告，并处以罚款。

（2）发行人的控股股东、实际控制人组织、指使从事上述违法行为，或者隐瞒相关事项导致发生上述情形的，处以罚款；对直接负责的主管人员和其他直接责任人员，处以罚款。

2. 民事赔偿责任

信息披露义务人未按照规定披露信息，或者信息披露资料存在虚假记载、误导性陈述或者重大遗漏，致使投资者在证券交易中遭受损失的：

（1）信息披露义务人应当承担赔偿责任。
（2）证券发行时的连带责任
❶发行人的控股股东、实际控制人、董事、监事、高级管理人员和其他直接责任人员，应当与发行人承担连带赔偿责任，但是能够证明自己没有过错的除外；
❷发行人的保荐人、承销的证券公司及其直接责任人员，应当与发行人承担连带赔偿责任，但是能够证明自己没有过错的除外。
（3）证券服务机构的连带责任
❶证券服务机构，是指为证券的发行、上市、交易等证券业务活动制作、出具审计报告及其他鉴证报告、资产评估报告、财务顾问报告、资信评级报告或者法律意见书等文件的机构；
❷其制作、出具的文件有虚假记载、误导性陈述或者重大遗漏，给他人造成损失的，应当与委托人承担连带赔偿责任，但是能够证明自己没有过错的除外。

易错：《证券法》仅要求证券服务机构承担责任，不包含直接责任人员。但若该机构是特殊普通合伙企业，直接责任人员同时具备合伙人身份，该直接责任人员需要承担连带责任。

知识点 245 投资者保护 ★★★

1. 证券公司销售证券、提供服务时的义务
（1）证券公司应当如实说明证券、服务的重要内容，充分揭示投资风险。
（2）证券公司应当按照规定充分了解投资者的基本情况、财产状况、金融资产状况、投资知识和经验、专业能力等相关信息。
（3）证券公司应当销售、提供与投资者上述状况相匹配的证券、服务。
（4）证券公司违反上述规定导致投资者损失的，应当承担相应的赔偿责任。
（5）区分"普通投资者"和"专业投资者"，区别保护。

根据财产状况、金融资产状况、投资知识和经验、专业能力等因素，投资者可以分为普通投资者和专业投资者。由于普通投资者在专业知识和信息方面处于弱势，所以需要对其进行特殊保护。要点为：
❶普通投资者与证券公司发生纠纷的，证券公司应当证明其行为符合法律、行政法规以及国务院证券监督管理机构的规定，不存在误导、欺诈等情形。证券公司不能证明的，应当承担相应的赔偿责任。
❷普通投资者与证券公司发生证券业务纠纷，普通投资者提出调解请求的，证券公司不得拒绝。

2. 上市公司对投资者的保护
（1）分配现金股利。上市公司应当在章程中明确分配现金股利的具体安排和决策程序，依法保障股东的资产收益权。
（2）征集股东权利
❶上市公司董事会、独立董事、持有1%以上有表决权股份的股东、依法设立的投资者保护机构，可以作为征集人（征集人可自行或委托证券公司、证券服务机构，公开请求上市公司股东委托其代为出席股东会，并代为行使提案权、表决权等股东权利）；
❷上市公司禁止以有偿或者变相有偿的方式公开征集股东权利；

❸公开征集股东权利违反法律、行政法规或者国务院证券监督管理机构有关规定，导致上市公司或者其股东遭受损失的，应当依法承担赔偿责任。

知识点 246 投资者保护机构★★★

"投资者保护机构"作为专业的维护投资者权益的机构，首次规定于2019年修订的《证券法》。要点包括：

1. 非诉讼解决机制

（1）投资者与发行人、证券公司等发生纠纷的，双方可以向投资者保护机构申请调解。

（2）投资者保护机构对损害投资者利益的行为，可以依法支持投资者向法院提起诉讼。

（3）投资者保护机构可以受委托就赔偿事宜与受到损失的投资者达成协议，予以先行赔付；先行赔付后，可以依法向发行人以及其他连带责任人追偿。

2. 享有特别股东权，提起股东代表诉讼

（1）前提：在上市公司受到控股股东、实际控制人、董事、监事、高级管理人员损害公司利益时，投资者保护机构持有该公司的股份；

（2）投资者保护机构可以为公司的利益以自己的名义向法院提起"股东代表诉讼"，持股比例和持股期限不受《公司法》规定的限制。

3. 证券民事赔偿诉讼。投资者提起虚假陈述等证券民事赔偿诉讼时，诉讼标的是同一种类，且当事人一方人数众多的，可以依法推选代表人进行诉讼。

	原　告	程　序	举　例
一般代表人诉讼	受到损害的投资者。	投资者在一定期间向法院登记；法院作出的判决、裁定，对参加登记的投资者发生效力。	五洋债券虚假陈述案，受损害投资者30余人，推举投资者代表参加诉讼，其余投资者需向法院登记。
特别代表人诉讼	投资者保护机构受50名以上投资者委托，可以作为代表人参加诉讼。	投资者采用"默示进入，明示退出"的机制。经证券登记结算机构确认的权利人，该诉讼结果对其有效，但投资者明确表示不愿意参加该诉讼的除外。	康美药业集团诉讼，受损害投资者估计超过2万人。投保机构作为原告时，数以万计的投资者只要没有明确表示"不参加"，则判决结果对其有效。

知识点 247 证券机构

1. 证券交易所：为证券集中交易提供场所和设施，组织和监督证券交易的场所，如上交所、深交所、北交所。

（1）会员制证交所

❶实行会员制的证券交易所的财产积累归会员所有，其权益由会员共同享有，在其存续期间，不得将其财产积累分配给会员。

❷进入实行会员制的证券交易所参与集中交易的，必须是证券交易所的会员。证券交易所不得允许非会员直接参与股票的集中交易。

（2）证券交易所应当发布证券交易即时行情。未经证券交易所许可，任何单位和个人不得发布证券交易即时行情。

（3）证券交易所依照法律规定采取措施造成的损失，不承担民事赔偿责任，但存在重大过错的除外。

2. 证券公司

（1）分业经营。证券公司必须将其证券经纪业务、证券承销业务、证券自营业务、证券做市业务和证券资产管理业务分开办理，不得混合操作。

（2）业务规则

自营业务	（1）证券公司的自营业务必须以自己的名义进行，不得假借他人名义或者以个人名义进行； （2）证券公司不得将其自营账户借给他人使用。
经纪业务	（1）证券公司办理经纪业务，不得接受客户的全权委托，不得对客户证券买卖的收益或者赔偿证券买卖的损失作出承诺； （2）证券公司的从业人员不得私下接受客户委托买卖证券。
融资融券	（1）证券公司可依照规定为其客户提供融资融券； （2）但是不得为其股东（或者股东的关联人）提供融资或者担保。

3. 其他证券机构。（略）

二、证券投资基金法律制度

证券投资基金，是指通过公开发售基金份额募集证券投资基金（以下简称"基金"），由基金管理人管理，基金托管人托管，为基金份额持有人的利益，以资产组合方式进行证券投资活动而获取一定收益的投资工具。

依据募集方式，可分为公开募集的基金与非公开募集的基金。

依据运作方式，可分为封闭式基金与开放式基金。

知识点 248 公开募集的基金、非公开募集的基金 ★

1. 募集管理、基金管理人

	公开募集的基金	非公开募集的基金
概念	其指向不特定对象募集资金，或者向特定对象募集资金累计超过200人，以及法律、行政法规规定的其他情形。	其指应当向合格投资者[1]募集，合格投资者累计不得超过200人的基金。
募集管理	（1）公开募集基金，应当经国务院证券监督管理机构注册。未经注册，不得公开或者变相公开募集基金。	（1）收益分配和风险承担由基金合同约定； （2）募集完毕，基金管理人应当向基金行业协会备案。

---

[1] 合格投资者，是指达到规定资产规模或者收入水平，并且具备相应的风险识别能力和风险承担能力、其基金份额认购金额不低于规定限额的单位和个人。

续表

	公开募集的基金	非公开募集的基金
募集管理	（2）基金管理人应当自收到准予注册文件之日起6个月内进行基金募集。 （3）超过6个月开始募集，原注册的事项未发生实质性变化的，应当报国务院证券监督管理机构备案。发生实质性变化的，应当向国务院证券监督管理机构重新提交注册申请。	同 前
基金管理人	由基金管理公司或者经国务院证券监督管理机构按照规定核准的其他机构担任。	（1）可以由部分基金份额持有人作为基金管理人负责基金的投资管理活动，并在基金财产不足以清偿其债务时对基金财产的债务承担无限连带责任；（担任普通合伙人） （2）担任非公开募集基金的基金管理人，应当按照规定向基金行业协会履行登记手续，报送基本情况。

2. 基金募集财产的投资对象

	公开募集基金财产	非公开募集基金财产
允许投资领域	公开募集基金财产应当用于下列投资： （1）上市交易的股票、债券； （2）国务院证券监督管理机构规定的其他证券及其衍生品种。	（1）买卖公开发行的股份有限公司股票、债券、基金份额； （2）买卖国务院证券监督管理机构规定的其他证券及其衍生品种。
禁止投资领域	公开募集基金财产不得用于下列投资或者活动：①承销证券；②违反规定向他人贷款或者提供担保；③从事承担无限责任的投资；④买卖其他基金份额，但是国务院证券监督管理机构另有规定的除外；⑤向基金管理人、基金托管人出资；⑥从事内幕交易、操纵证券交易价格及其他不正当的证券交易活动；⑦禁止的其他活动。	（1）不得向合格投资者之外的单位和个人募集资金； （2）不得通过报刊、电台、电视台、互联网等公众传播媒体或者讲座、报告会、分析会等方式向不特定对象宣传推介。

3. 基金管理人的禁止行为

	公开募集基金	非公开募集基金
	公开募集基金的基金管理人及其董事、监事、高级管理人员和其他从业人员不得有下列行为：	对非公开募集基金的基金管理人进行规范的具体办法，由国务院金融监督管理机
禁止损害基金财产	（1）将其固有财产或者他人财产混同于基金财产从事证券投资； （2）不公平地对待其管理的不同基金财产； （3）侵占、挪用基金财产。	

	公开募集基金	非公开募集基金
禁止损害基金份额持有人	（1）向基金份额持有人违规承诺收益或者承担损失； （2）利用基金财产或者职务之便为基金份额持有人以外的人牟取利益。	构依照《证券投资基金法》第二章的原则制定。
其他	（1）泄露因职务便利获取的未公开信息、利用该信息从事或者明示、暗示他人从事相关的交易活动； （2）玩忽职守，不按照规定履行职责； （3）法律、行政法规和国务院证券监督管理机构规定禁止的其他行为。	

随堂小测

华新基金管理公司是信泰证券投资基金（信泰基金）的基金管理人。华新公司的下列哪些行为是不符合法律规定的？（2012/3/73）[1]

A. 从事证券投资时，将信泰基金的财产独立于自己固有的财产
B. 以信泰基金的财产为公司大股东鑫鑫公司提供担保
C. 就其管理的信泰基金与其他基金的财产，规定不同的基金收益条款
D. 向信泰基金份额持有人承诺年收益率不低于12%

知识点 249　封闭式基金、开放式基金 ★

	封闭式基金	开放式基金
概念	其指基金份额总额在基金合同期限内固定不变，基金份额持有人不得申请赎回的基金。	其指基金份额总额不固定，基金份额可以在基金合同约定的时间和场所申购或者赎回的基金。
募集管理	（1）基金募集期限届满，封闭式基金募集的基金份额总额达到准予注册规模的80%以上，并且基金份额持有人人数符合相关规定的，可办理基金备案手续；（募集成功） （2）封闭式基金扩募或者延长基金合同期限，报国务院证券监督管理机构备案。	（1）开放式基金应当保持足够的现金或者政府债券，以备支付基金份额持有人的赎回款项； （2）基金募集期限届满，开放式基金募集的基金份额总额超过准予注册的最低募集份额总额，并且基金份额持有人人数符合相关规定的，可办理基金备案手续。（募集成功）

知识点 250　基金份额持有人大会

1. 公开募集基金的基金份额持有人有权查阅或者复制公开披露的基金信息资料。
2. 非公开募集基金的基金份额持有人对涉及自身利益的情况，有权查阅基金的财务会计账簿等财务资料。

---

[1]　BCD

3. 决议规则

（1）一般事项，应当经参加大会的基金份额持有人所持表决权的 1/2 以上通过；

（2）特殊事项（转换基金的运作方式、更换基金管理人或者基金托管人、提前终止基金合同、与其他基金合并），应当经参加大会的基金份额持有人所持表决权的 2/3 以上通过。

知识点 251　基金财产★★

基金财产强调"独立性"，即基金财产独立于基金管理人、基金托管人[1]的固有财产。要点包括：

1. 因基金财产的管理、运用或者其他情形而取得的财产和收益，归入基金财产。

2. 基金财产的债务由基金财产本身承担；非因基金财产本身承担的债务，不得对基金财产强制执行。

3. 基金财产的债权，不得与基金管理人、基金托管人固有财产的债务相抵销。

4. 不同基金财产的债权债务，不得相互抵销。

5. 基金管理人、基金托管人因依法解散、被依法撤销或者被依法宣告破产等原因进行清算的，基金财产不属于其清算财产。

24 常考角度总结 SUMMARIZE

1. 收购达到法定比例时的处理、违反收购规则的法律后果。
2. 上市公司虚假信息披露的责任承担。
3. 对普通投资者的特殊保护措施，以及投保机构的特殊规定，如可行使特别股东权。
4. 特别代表人诉讼的先行赔付和诉讼规则。
5. 基金的不同分类及法律规则。

致努力中的你

时间能渡的，都是愿意自渡的人。

---

[1] 基金托管人由依法设立的商业银行或者其他金融机构担任。基金托管人与基金管理人不得为同一机构，不得相互出资或者持有股份。

专题 25 信托法律制度

- 信托的设立
  - 设立信托、信托无效
  - 信托的撤销
  - 信托的终止
- 信托财产
  - 信托财产的独立性
  - 受托人对信托财产的管理
- 信托当事人
  - 委托人
  - 受托人
  - 受益人
- 公益信托
  - 公益信托的范围
  - 公益信托的财产、当事人

信托，是指委托人基于对受托人的信任，将其财产权委托给受托人，由受托人按委托人的意愿以自己的名义，为受益人的利益或者特定目的，进行管理或者处分的行为。

一、信托的设立

知识点 252　合法信托、信托无效 ★★★

	合法信托	信托无效（有下列情形之一的）
目的	设立信托，必须有合法的信托目的。	（1）信托目的违反法律、行政法规或者损害社会公共利益； （2）专以诉讼或者讨债为目的设立信托。
财产	（1）设立信托，必须有确定的信托财产； （2）并且该信托财产必须是委托人合法所有的财产。	（1）信托财产不能确定； （2）委托人以非法财产或者《信托法》规定不得设立信托的财产设立信托。

续表

	合法信托	信托无效（有下列情形之一的）
其他	设立信托，应当采取书面形式。 （1）采取信托合同形式设立信托的，信托合同签订时，信托成立； （2）采取其他书面形式设立信托的，受托人承诺信托时，信托成立。	（1）受益人或者受益人范围不能确定； （2）法律、行政法规规定的其他情形。

知识点 253 信托的撤销 ★★

［情形1］委托人设立信托损害其债权人利益的

（1）债权人有权申请法院撤销该信托；
（2）申请权自债权人知道或者应当知道撤销原因之日起1年内不行使的，归于消灭；
（3）法院依照前述规定撤销信托的，不影响善意受益人已经取得的信托利益。

［情形2］受托人不当处分信托财产或使信托财产受到损失的

（1）委托人有权申请法院撤销该处分行为；
（2）申请权自委托人知道或者应当知道撤销原因之日起1年内不行使的，归于消灭；
（3）委托人有权要求受托人恢复信托财产的原状或者予以赔偿；
（4）共同受益人之一申请法院撤销受托人上述处分行为的，撤销裁定对全体共同受益人有效。

知识点 254 信托的终止 ★★

1. 信托终止的理由

有下列情形之一的，信托终止：①全体受益人放弃信托受益权；②设立信托后，委托人死亡或者依法解散、被依法撤销、被宣告破产时，委托人是唯一受益人；③信托文件规定的终止事由发生；④信托的存续违反信托目的；⑤信托目的已经实现或者不能实现；⑥信托当事人协商同意；⑦信托被撤销；⑧信托被解除。

2. 信托不得终止的情形

（1）信托不因委托人或者受托人的死亡、丧失民事行为能力、依法解散、被依法撤销或者被宣告破产而终止；
（2）信托也不因受托人的辞任而终止；
（3）其他。（略）

二、信托财产

信托财产，包括受托人因承诺信托而取得的财产，以及受托人因信托财产的管理运用、处分或者其他情形而取得的财产。

知识点 255 信托财产的独立性 ★★★

1. 信托财产与委托人未设立信托的其他财产相区别。
2. 信托财产与属于受托人所有的财产相区别。
3. 对信托财产不得强制执行。

> **例外**
> 有下列情形之一的，可对信托财产强制执行：
> （1）设立信托前债权人已对该信托财产享有优先受偿的权利，并依法行使该权利的；
> （2）受托人处理信托事务所产生债务，债权人要求清偿该债务的；
> （3）信托财产本身应担负的税款。

知识点 256 受托人对信托财产的管理 ★★★

1. 受托人不得将信托财产转为其固有财产，不得将其固有财产与信托财产进行交易。
2. 受托人管理运用、处分信托财产所产生的债权，不得与其固有财产产生的债务相抵销。
3. 受托人死亡或者终止，信托财产不属于其遗产或者清算财产。
4. 受托人因处理信托事务所支出的费用、对第三人所负债务，以信托财产承担。受托人以其固有财产先行支付的，对信托财产享有优先受偿的权利。

三、信托当事人

知识点 257 委托人 ★

1. 委托人可以是具有完全民事行为能力的自然人、法人或者依法成立的其他组织。
2. 委托人可以是受益人，也可以是同一信托的唯一受益人。
3. 义务和权利

委托人的义务	目的合法	委托人必须有合法的信托目的。
	财产合法	必须有确定的信托财产，并且该信托财产必须是委托人合法所有的财产。
委托人的权利	知情权	（1）委托人有权了解其信托财产的管理运用、处分及收支情况，并有权要求受托人作出说明； （2）委托人有权查阅、抄录或者复制与其信托财产有关的信托账目以及处理信托事务的其他文件。
	撤销权	（1）受托人违反信托目的处分信托财产或者因违背管理职责、处理信托事务不当致使信托财产受到损失的，委托人有权申请法院撤销该处分行为，并有权要求受托人恢复信托财产的原状或者予以赔偿； （2）撤销申请权，自委托人知道或者应当知道撤销原因之日起1年内不行使的，归于消灭。

续表

委托人的权利	调整、解任权	（1）因设立信托时未能预见的特别事由，致使信托财产的管理方法不利于实现信托目的或者不符合受益人的利益时，委托人有权要求受托人调整该信托财产的管理方法； （2）受托人违反信托目的处分信托财产或者管理运用、处分信托财产有重大过失的，委托人有权依照信托文件的规定解任受托人，或者申请法院解任受托人。

［例］（信托财产独立性）2015年，张某设立弘兴家族信托公司（以下简称"弘兴公司"），将自己名下一套房产和全部存款设置为信托财产，委托弘兴公司管理，指定张子为受益人，并在瑞新银行开设账户管理这笔资金。张某在和甲公司诉讼中，未通过弘兴公司，直接要求瑞新银行转款超千万元用于购买房产供个人使用。该案张某超越了委托人的权利，债权人有权申请撤销信托。

知识点 258 受托人 ★

1. 受托人应当是具有完全民事行为能力的自然人、法人。
2. 受托人可以是受益人，但不得是同一信托的唯一受益人。
3. 义务和权利

受托人的义务		（1）受托人应当遵守信托文件的规定，为受益人的最大利益处理信托事务。 （2）受托人不得利用信托财产为自己谋取利益；否则，所得利益归入信托财产。 （3）受托人以信托财产为限向受益人承担支付信托利益的义务。 （4）受托人应当自己处理信托事务。但信托文件另有规定或者有不得已事由的，可以委托他人代为处理。受托人依法将信托事务委托他人代理的，应当对他人处理信托事务的行为承担责任。
	共同受托人	（1）共同受托人处理信托事务对第三人所负债务，应当承担连带清偿责任； （2）共同受托人之一违反信托目的处分信托财产或者因违背管理职责、处理信托事务不当致使信托财产受到损失的，其他受托人应当承担连带赔偿责任； （3）第三人对共同受托人之一所作的意思表示，对其他受托人同样有效； （4）共同受托人之一职责终止的，信托财产由其他受托人管理和处分。
受托人的权利	获酬权	（1）受托人有权依照信托文件的约定取得报酬。 （2）信托文件未作事先约定的，经信托当事人协商同意，可以作出补充约定；未作事先约定和补充约定的，不得收取报酬。
	辞任权	（1）设立信托后，经委托人和受益人同意，受托人可以辞任； （2）受托人辞任的，在新受托人选出前仍应履行管理信托事务的职责。

知识点 259 受益人

1. 受益人是在信托中享有信托受益权的人。

2. 受益人的权利

（1）受益人可以行使委托人享有的权利。受益人行使上述权利，与委托人意见不一致时，可以申请法院作出裁定。

（2）受益人自信托生效之日起享有信托受益权。信托文件另有规定的，从其规定。

（3）信托受益权：可以用于清偿受益人的到期债务，可以依法转让和继承。

四、公益信托

知识点 260　公益信托的范围

为了下列公共利益目的之一而设立的信托，属于公益信托：

1. 救济贫困；救助灾民；扶助残疾人。
2. 发展社会公益事业，包括：①发展教育、科技、文化、艺术、体育事业；②发展医疗卫生事业；③发展环境保护事业，维护生态环境。

知识点 261　公益信托的财产、当事人

1. 公益信托的信托财产及其收益，不得用于非公益目的。
2. 受托人

（1）公益信托的设立和确定其受托人，应当经有关公益事业的管理机构批准；

（2）公益信托的受托人未经公益事业管理机构批准，不得辞任。

3. 信托监察人

（1）公益信托应当设置信托监察人；

（2）信托监察人有权以自己的名义，为维护受益人的利益，提起诉讼或者实施其他法律行为。

25 常考角度总结—— SUMMARIZE

1. 信托当事人的权利义务：委托人、受托人、受益人。
2. 信托财产独立性。
3. 公益信托的特殊规定。

致努力中的你

气定则心定，心定则事圆。

第三编 PART 3

知识产权法

《第八讲 著作权法 | 08

专题 26 著作权概述

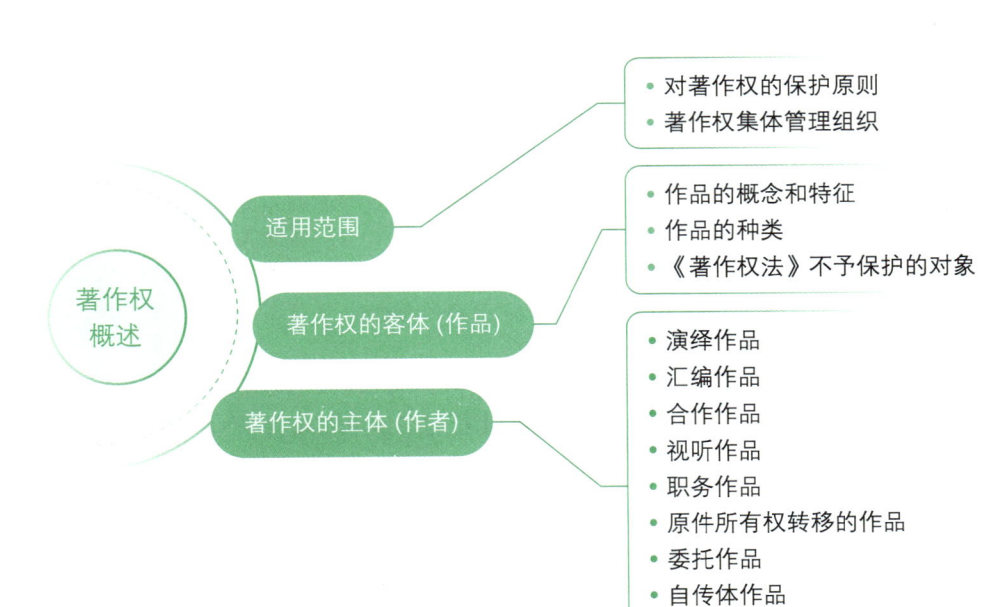

- 著作权概述
  - 适用范围
    - 对著作权的保护原则
    - 著作权集体管理组织
  - 著作权的客体（作品）
    - 作品的概念和特征
    - 作品的种类
    - 《著作权法》不予保护的对象
  - 著作权的主体（作者）
    - 演绎作品
    - 汇编作品
    - 合作作品
    - 视听作品
    - 职务作品
    - 原件所有权转移的作品
    - 委托作品
    - 自传体作品
    - 其他作品

> **考情提要** 新《著作权法》于2021年6月实施。著作权法试题以小案例为主，更加注重理解。本法要从两个方面掌握：①"著作权"；②"与著作权有关的权益"，即邻接权。

一、适用范围

《著作权法》旨在保护文学、艺术和科学作品作者的著作权，以及与著作权有关的权益。

知识点 262 对著作权的保护原则 ★

	内　　容	举　　例
中国作者：自动保护	中国公民、法人或者非法人组织的作品，著作权自作品创作完成之日起产生。 ❶提示：不论是否发表；不需要向著作权主管部门申请或者办理出版许可等手续；和作者的年龄、智力等因素无关。	小栗7岁时写了小说《我要飞》，其享有著作权。但如果他和某出版社签订了出版合同，该合同无效，因为小栗是无民事行为能力人。
外国人、无国籍人：有条件保护	或有协议：根据作者所属国或者经常居住地国同中国签订的协议或者共同参加的国际条约享有著作权的，受中国《著作权法》保护。	A国人Tom创作了小说《风筝》，因为A国和中国均为《伯尔尼保护文学和艺术作品公约》的成员国，该作品可自动获得我国《著作权法》的保护。
	或看出版：（1）作品首先在中国境内出版的，受中国《著作权法》保护；（首版保护） （2）或，首次在中国参加的国际条约的成员国出版的，受中国《著作权法》保护； （3）或，在成员国和非成员国同时出版〔1〕的，受中国《著作权法》保护。	大栗无国籍，经常居住地为乙国，大栗创作的小说《萱草》在丙国首次出版。如果乙国或丙国加入了《伯尔尼保护文学和艺术作品公约》，则《萱草》可受我国《著作权法》保护。

知识点 263 著作权集体管理组织 ★

著作权集体管理组织，是指经过著作权人和与著作权有关的权利人授权，代表著作权人行使著作权或者与著作权有关的权利的非营利法人，如中国音乐著作权协会、中国文字著作权协会等。

1. 著作权集体管理组织的义务

（1）要得到著作权人和与著作权有关的权利人的授权；

（2）应当将使用费的收取和转付、管理费的提取和使用、使用费的未分配部分等总体情况定期向社会公布；

（3）应当建立权利信息查询系统，供权利人和使用者查询。

2. 著作权集体管理组织的权利

（1）被授权后可以以自己的名义为著作权人和与著作权有关的权利人主张权利；

（2）被授权后可以作为当事人进行涉及著作权或者与著作权有关的权利的诉讼、仲裁、

---

〔1〕 同时出版，是指外国人、无国籍人的作品在中国境外首先出版后，30日内在中国境内出版的，视为该作品同时在中国境内出版。

调解活动；

（3）根据授权向使用者收取使用费。

[例] 张某创作歌曲《冬天里》，国航公司将其作为背景音乐在客舱播放，则中国音乐著作权协会经过张某授权，可向国航公司收取使用费。国航公司是"使用者"，张某是"著作权人"，中国音乐著作权协会是音乐著作权人的"著作权集体管理组织"。

二、著作权的客体（作品）

知识点 264　作品的概念和特征 ★★★

作品，是指文学、艺术和科学领域内具有独创性并能以一定形式表现的智力成果。其特征包括：

1. 属于文学、艺术、科学领域的"智力成果"。知识产权属于"无形财产"，保护和激发人的创造力。

2. 具有独创性。《著作权法》保护作品的表达，不保护作品所包含的思想或主题。由不同作者就同一题材创作的作品，只要作品的表达系独立完成并且具有创作性，应当认定作者各自享有独立著作权。

[例] 电影《九层妖塔》和《寻龙诀》选自同一题材，但两部电影均构成独立作品。

3. 具有可复制性。作品可以通过某种有形形式（如图书、电影）复制，从而被他人所感知。

[例1] 某人头脑中关于春节晚会的创意，是否构成作品？（不构成。因为"创意"不能以某种有形形式呈现，仅存在于头脑中，无法被复制。）

[例2] 某人写作的淫秽小说、拍摄的暴力电影，被我国禁止出版、传播。该小说或电影是否构成作品？（构成。因为其符合"独创性、可复制性"的特征，属于作品，只是"国家对作品的出版、传播依法进行监督管理"。）

[例3] 张三使用某开源软件，通过输入提示词方式生成一幅名为"大漠孤烟"的图片（即人工智能生成图片，或称AI绘画图片）并发布于网络平台。李四自己写了一篇文章，给文章配图时使用了上述AI绘画图片。李四是否构成侵权？（构成。AI绘画图片具有"独创性"，体现了张三独创性的智力成果。利用人工智能生成图片，本质上仍然是"人利用工具"进行创作，故应当被认定为作品，受到《著作权法》的保护。）[1]

知识点 265　作品的种类

作品包括下列种类：

1. 文字作品。其指小说、诗词、散文、论文等以文字形式表现的作品。如图书《商经法51专题》。

2. 口述作品。其指即兴的演说、授课、法庭辩论等以口头语言形式表现的作品。

---

[1]　改编自：北京互联网法院民事判决书（2023）京0491民初11279号。

3. 音乐、戏剧、曲艺、舞蹈、杂技艺术作品。如《C小调第五交响曲》的曲谱、郭德纲先生的单口相声《济公传》、芭蕾舞《天鹅湖》。
4. 计算机软件。如 Windows Software 系统软件、游戏软件等。
5. 美术、建筑作品。如一幅画。
6. 摄影作品。如《国家地理杂志》的封面照片。
7. 视听作品。如电影《大决战》、电视剧《庆余年》、抖音或快手平台的短视频作品。
8. 其他作品。（略）

知识点 266 《著作权法》不予保护的对象★

1. 法律、法规，国家机关的决议、决定、命令和其他具有立法、行政、司法性质的文件，及其官方正式译文。如公司法法规。
2. 单纯事实消息。其指通过报纸、期刊、广播电台、电视台等媒体报道的纯粹事实或消息。如《长沙晚报》刊登"本市今天气温35摄氏度"的消息。
3. 历法、通用数表、通用表格和公式。如元素周期表、乘法口诀表等。

三、著作权的主体（作者）

著作权属于作者，《著作权法》另有规定的除外。具体而言：
1. 创作作品的自然人是作者。
2. 由法人或者非法人组织主持，代表法人或者非法人组织意志创作，并由法人或者非法人组织承担责任的作品，法人或者非法人组织视为作者。

知识点 267 演绎作品★★★

演绎作品，是指在已有作品的基础上，经由改编、翻译、注释、整理已有作品而产生的作品。

1. "演绎"的具体方式

改编，即改变作品，创作出具有独创性的新作品的行为。如将小说《鬼吹灯之云南虫谷》改编为电视剧本。

翻译，即将作品从一种语言文字转换成另一种语言文字的行为。如《哈利·波特与魔法石》中文版。

注释，即对文字作品中的字、词、句进行解释。如《〈左传〉难点词汇释义》。

整理，即对内容零散、层次不清的已有文字作品或者材料进行条理化、系统化的加工。

2. 著作权的归属
（1）演绎作品的著作权由演绎人（改编、翻译、注释、整理人）独立享有；
（2）演绎人行使著作权时不得侵犯原作品的著作权。
3. 对演绎作品的再次使用：双许可、双付费。

使用改编、翻译、注释、整理、汇编已有作品而产生的作品进行出版、演出和制作录音录像制品，应当取得该作品的著作权人和原作品的著作权人许可，并支付报酬。

[例] 人民文学出版社要出版《哈利·波特与魔法石》中文版，要经过小说原作者 J. K. 罗琳和翻译者 B 的许可，并向 J. K. 罗琳和 B 支付报酬。

知识点 268　汇编作品★★★

汇编作品，是指汇编若干作品、作品的片段或者不构成作品的数据或者其他材料，对其内容的选择或者编排体现独创性的作品。

1. 构成汇编作品的要件
（1）材料的选择或者编排要体现独创性；
（2）可汇编的材料范围，可以是独立作品，可以是作品片段，也可以是数据或者其他材料。

[例]《现代散文精品汇编》中，每一篇散文均是独立作品；《人物描写经典片段汇编》，是作品片段的汇编；《全国农业经济典型调查数据汇编》，是数据或材料的汇编。

2. 著作权的归属
（1）汇编作品，著作权由汇编人独立享有；
（2）汇编人行使著作权时，不得侵犯原作品的著作权。

3. 对汇编作品的再次使用
和对演绎作品的再次使用的规定相同。（见前文）

知识点 269　合作作品★★★

合作作品，是指 2 人以上合作创作的作品。

1. 著作权的归属
（1）在作品上署名的自然人、法人或者非法人组织为作者，且其在该作品上存在相应权利，但有相反证明的除外。（署名+有相应权利）
（2）合作作品的著作权由合作作者共同享有；没有参加创作的人，不能成为合作作者。例如，为他人创作进行组织工作，提供咨询意见、物质条件，或者进行其他辅助工作的人，均不是作者。

[例] 甲提供资金，乙组织丙和丁以戊为原型创作小说《小河弯弯》。丙写提纲，丁写初稿，丙修改，戊提供生活素材。该小说作者是丙、丁。其余人员均没有参加小说的创作，不是作者。

2. 著作权的行使

	著作权的行使	举　例
可以分割使用	（1）作者对各自创作的部分可以单独享有著作权； （2）行使著作权时不得侵犯合作作品整体的著作权； （3）所得收益无需分配给其他合作者。	栗子写了一首《萱草之歌》，歌词由栗子自己独立创作完成，但"曲"完全照搬《牡丹之歌》（曾经广为传唱的一首电影插曲）。 （1）《牡丹之歌》的曲作者可以主张栗子侵权； （2）《牡丹之歌》的词作者不可以主张栗子侵权，《牡丹之歌》属于可以分割使用的合作作品，《萱草之歌》的歌词和该歌曲的歌词完全不同，不构成对"歌词"著作权的侵权。

续表

著作权的行使	举 例
不可以分割使用	（1）著作权由合作作者通过<u>协商一致</u>行使； （2）不能协商一致，又无正当理由的，任何一方<u>不得阻止</u>他方行使除转让、许可他人专有使用、出质以外的其他权利； （3）所得收益应当<u>合理分配</u>给所有合作作者。	张、王二人共同创作的一幅水彩画，为不可分割的合作作品。 （1）未经协商一致，又无正当理由的，二人均不可将该水彩画的著作权转让、质押、许可他人专有使用； （2）但是除上述三项权利限制外，二人均可行使著作权的其他权利，即使未经协商一致，张或王均有权将该水彩画出版、进行信息网络传播、展览等，但所得收益要合理分配。

知识点 270 视听作品★★★

视听作品，是指摄制在一定介质上，由一系列有伴音或者无伴音的画面组成，并且借助适当装置放映或者以其他方式传播的作品。

1. 著作权的归属

（1）电影作品、电视剧作品的著作权由制作者享有。[1]

（2）其他类型的视听作品（如短视频），著作权归属由当事人约定；没有约定或者约定不明确的，由制作者享有。

2. 著作权的行使

（1）视听作品中，其编剧、导演、摄影、作词、作曲等作者享有署名权，并有权按照与制作者签订的合同获得报酬；

（2）视听作品中的剧本、音乐等可以单独使用的作品的作者有权单独行使其著作权。

知识点 271 职务作品★★★

	概 念	著作权归属
一般职务作品	其指自然人为完成法人或者非法人组织工作任务所创作的作品。	著作权由该自然人享有。
特殊职务作品 （四图一软件 三社两台）	（1）主要利用法人或者非法人组织的物质技术条件创作，并由法人或者非法人组织承担责任的工程设计图、产品设计图、地图、示意图、计算机软件等职务作品。如 Windows Software 系统软件、滴滴打车软件等。 （2）报社、期刊社、通讯社、广播电台、电视台的工作人员创作的职务作品。 （3）法律、行政法规规定或者合同约定著作权由法人或者非法人组织享有的职务作品。	左列职务作品，作者享有署名权，著作权的其他权利由<u>法人或者非法人组织</u>享有，法人或者非法人组织可以给予作者奖励。

---

[1] 一般认为，电影制片单位对其摄制的电影依法享有著作权，如八一电影制片厂。

知识点 272　原件所有权转移的作品 ★★★

01 美术、摄影作品原件所有权的转移，不改变作品著作权的归属

02 美术、摄影作品原件的展览权由原件所有人享有

03 作者将未发表的美术、摄影作品的原件所有权转让给他人，受让人展览该原件不构成对作者发表权的侵犯

[例] 张某购买了当代书法家王某的一幅画。
（1）张某可以行使所有权，如将画撕掉、转售。但张某不得修改、破坏作品完整性，如不得改为自己署名等，即不得有侵犯作品著作权的行为。
（2）张某可以将该画展览，也就是公开陈列该画，不构成侵犯著作权。
（3）若张某通过继承获得王某的全部财产，包括一幅王某生前从未发表的画，此时张某享有所有权＋展览权＋发表权。因为不发表（公之于众）就无法展览（公开陈列）。

知识点 273　委托作品 ★★★

受委托创作的作品，著作权的归属由委托人和受托人通过合同约定。

合同未作明确约定或者没有订立合同的，著作权属于受托人。

知识点 274　自传体作品 ★★★

自传体作品的著作权归属，该特定人物和执笔人或整理人有约定的，从其约定。

无约定的，著作权归该特定人物享有，执笔人或整理人可以要求获得适当的报酬。

[例] 100岁的老律师鄢某口述《我的平淡人生》，由学生 A 记录。该书为自传体作品，作者是鄢某（"该特定人物"）。A 是执笔人，不是作者。

"自传体作品" ≠ "人物传记"　　"人物传记"的著作权人不是"该被写的人"，而是创作者。

知识点 275　其他作品 ★

1. 作者身份不明的作品，由作品原件的所有人行使除署名权以外的著作权。作者身份确定后，由作者或者其继承人行使著作权。
2. 摄影作品，著作权归摄影师享有。
3. 由他人执笔，本人审阅定稿并以本人名义发表的报告、讲话等作品，著作权归报告人或者讲话人享有。著作权人可以支付执笔人适当的报酬。
4. 遗著
（1）著作权属于自然人的，自然人死亡后：
❶ 著作权中的人身权（署名权、修改权、保护作品完整权）由作者的继承人或者受

遗赠人保护；
❷著作权中的财产权在《著作权法》规定的保护期内，依法转移。
（2）著作权属于法人或者非法人组织的，法人或者非法人组织变更、终止后：
❶著作权中的财产权在《著作权法》规定的保护期内，由承受其权利义务的法人或者非法人组织享有；
❷没有承受其权利义务的法人或者非法人组织的，由国家享有。

26 常考角度总结——SUMMARIZE

1. 判断某人是否享有著作权。要区分某人是"中国公民"还是"外国人"。难点："外国人、无国籍人作品"是否享有著作权。
2. 判断某作品是否受到《著作权法》保护。
3. 判断某类作品的作者归属，以及如何行使著作权。

致努力中的你

虽然辛苦，
我还是会选择那种滚烫的人生。

专题 27　著作权的内容与侵权行为

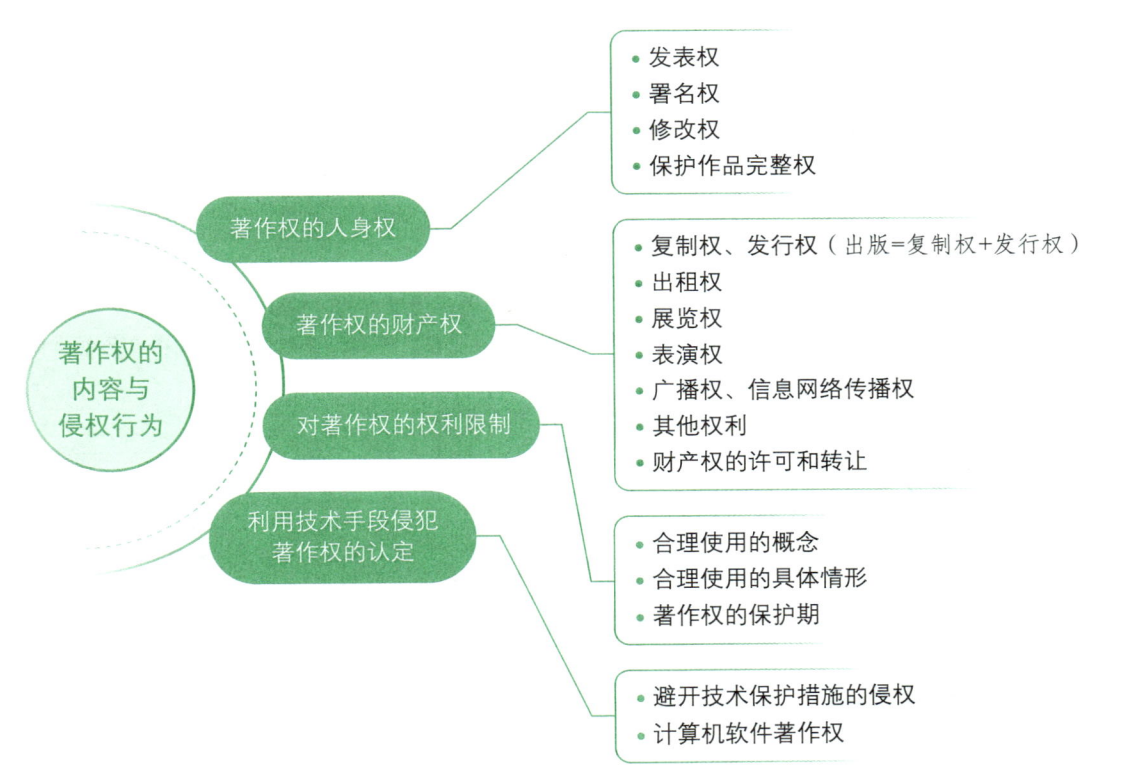

- 著作权的内容与侵权行为
  - 著作权的人身权
    - 发表权
    - 署名权
    - 修改权
    - 保护作品完整权
  - 著作权的财产权
    - 复制权、发行权（出版=复制权+发行权）
    - 出租权
    - 展览权
    - 表演权
    - 广播权、信息网络传播权
    - 其他权利
    - 财产权的许可和转让
  - 对著作权的权利限制
    - 合理使用的概念
    - 合理使用的具体情形
    - 著作权的保护期
  - 利用技术手段侵犯著作权的认定
    - 避开技术保护措施的侵权
    - 计算机软件著作权

著作权，包括人身权和财产权。

一、著作权的人身权

著作人身权，是指著作权人基于作品的创作依法享有的以人格利益为内容的权利。人身权不得许可和转让，不能继承，也不能被非法剥夺或成为强制执行中的执行标的。具体包括：

知识点 276　发表权 ★★★

权利内容	（1）发表权，是指决定作品是否公之于众的权利。公之于众，是指著作权人自行或者经著作权人许可将作品向不特定的人公开，但不以公众知晓为构成条件。

续表

权利内容	(2) 发表权是<u>一次性权利</u>。作品一旦发表，发表权即行消灭。 (3) 发表方式多种多样，作者可以决定以何种方式公之于众。
侵权判定	(1) 他人未经作者许可，将作者作品公之于众的，构成侵权； (2) 一旦作品公开，他人可能会侵犯作者的其他权利（如复制权等），但<u>不再侵犯发表权</u>。

知识点 277　署名权★

权利内容	(1) 署名权，是指表明作者身份，在作品上署名的权利。 (2) 署名方式没有限制。作者可决定自己是否在作品上署名，以及署名的方式、署名的顺序。（署真名、笔名、网名均可以） (3) 作者可禁止未参加创作的人在作品上署名。
侵权判定	(1) 没有参加创作，为谋取个人名利，在他人作品上署名的，构成侵权。 (2) 盗用某人姓名在自己作品上署名的，构成侵权。例如，美院学生张三在自己创作的油画上署另一著名画家A的名字。 (3) 制作、出售假冒他人署名的作品的，构成侵权。

知识点 278　修改权★

权利内容	修改权，是指作者可自行修改或者授权他人修改作品的权利。
侵权判定	例如，甲出版社未经作者同意更改图书《商经法51专题》的章节结构的，构成侵权。

知识点 279　保护作品完整权★★★

权利内容	保护作品完整权，是指保护作品不受歪曲、篡改的权利。
侵权判定	(1) 歪曲他人作品的，构成侵权。例如，"恶搞"某部电影，侵犯了原作品的完整权。 (2) 没有"歪曲"，但篡改他人作品的，构成侵权。例如，出版社编辑将张某的魔幻小说中三条腿的猫改成四条腿的猫，既侵犯作者的修改权，也侵犯原作品的完整权。

[例] 王某在各短视频平台发布了自己拍摄的美食系列视频"王氏香辣小龙虾"，该视频十分火爆。李某利用AI换脸软件，将原视频中王某的脸换成了自己的脸，并改名为"李氏香辣小龙虾"发布。李某既侵犯了王某的修改权，也侵犯了王某的保护作品完整权。

二、著作权的财产权

著作财产权，是指著作权人依法享有的控制作品的使用并获得财产利益的权利。

知识点 280　复制权、发行权（出版＝复制权+发行权）★★★

权利内容	（1）复制权，是指著作权人享有以印刷、复印、拓印、录音、录像、翻录、翻拍、数字化等方式将作品制作一份或者多份的权利； （2）发行权，是指著作权人以出售或者赠与方式向公众提供作品的原件或者复制件的权利。
侵权判定	印刷、销售盗版图书、盗版光盘的，既侵犯作者的复制权，也侵犯发行权。

知识点 281　出租权★★★

权利内容	（1）出租权，是指著作权人享有有偿许可他人临时使用视听作品、计算机软件的原件或者复制件的权利； （2）计算机软件不是出租的主要标的的除外。
侵权判定	（1）限于视听作品（如电影《大决战》）、计算机软件（如 Windows 10 软件）。只有这两类作品的作者才有权阻止他人未经许可的出租行为。例如，乙购买了一本《商经法51专题》图书后出租的，不构成侵权。 （2）计算机软件不是出租的主要标的的，不构成侵权。例如，张某入住酒店后租赁了一台电脑。该电脑中安装有杀毒软件、文字处理软件等。因为酒店出租的标的物是"电脑"，并非"计算机软件"，所以酒店不构成侵犯计算机软件作者的出租权。

知识点 282　展览权★★★

权利内容	（1）展览权，是指著作权人享有公开陈列美术作品、摄影作品的原件或者复制件的权利； （2）作品原件所有权转移的，该原件的展览权由原件所有人享有。
侵权判定	未经作者许可，将一幅美术作品交给出版社制作成画册出版，侵犯的是作者的"复制权+发行权"，但不侵犯"展览权"，因为"展览权"的行为方式是"公开陈列"，而不是"复制、发行"。例如，张某购买一幅美术作品原件，展览时收取观众入场券一次100元（营利性展览该画），不构成侵权，因为张某是该画的所有权人，同时享有该画的展览权。

知识点 283　表演权★★★

权利内容	表演权，是指著作权人享有公开表演作品，以及用各种手段公开播送作品的表演（机械表演）的权利。
侵权判定	公开表演，要经过著作权人许可；经营性单位未经许可播放背景音乐的，构成侵权。例如，甲创作了歌曲《梦中萱草》，歌手大翔未经许可公开商演，构成侵权。又如，某音乐餐厅将甲创作的歌曲《梦中萱草》作为背景音乐播放，侵犯了词曲作者甲的机械表演权。

知识点 284 广播权、信息网络传播权 ★★★

	权利内容	侵权判定
广播权	著作权人享有以有线或者无线方式公开传播或者转播作品，以及通过扩音器或者其他传送符号、声音、图像的类似工具向公众传播广播的作品的权利；但是**不包括下述"信息网络传播权"**。	(1) 广播权只包括一个环节：以有线或者无线方式公开传播； (2) 公众没有自主选定时间和地点获得作品的权利。	(1) 电视台晚上8点放电视节目，观众到时收看，不可自己选择时间，此为"广播权"。若该电视台未经作者许可播放电视剧，则侵犯了作者的"广播权"。 (2) 未经著作权人许可，A视频网站晚上8点播放某电视剧。虽然载体是A网络平台，但侵犯的是作者的"广播权"。因为用户无需下载，在指定时间进入A网站即可观看。 (3) 主播张某在某网络直播间未经词曲作者许可演唱了一首歌曲，虽然载体是某款APP，但侵犯的是词曲作者的"广播权"。因为用户在直播时间进入直播间即可，无需下载。
信息网络传播权	著作权人享有以有线或者无线方式向**公众提供**，使公众可以在其选定的时间和地点获得作品的权利。	信息网络传播权强调"**交互性**"，包括两个环节： (1) 以有线或者无线方式公开传播。（网站上传） (2) 公众自主"下载行为"。下载时间等由用户自行选定。	未经著作权人许可，将文章（或音乐作品、视听作品）上传到网站，供他人下载，侵犯的是作者的"信息网络传播权"，虽然也是公开传播，但未侵犯作者的"广播权"。

知识点 285 其他权利 ★

1. 改编权，是指著作权人享有改变作品，创作出具有独创性的新作品的权利。
2. 翻译权，是指著作权人将作品从一种语言文字转换成另一种语言文字的权利。
3. 汇编权，是指著作权人将作品或者作品的片段通过选择或者编排，汇集成新作品的权利。
4. 放映权，是指著作权人享有通过放映机、幻灯机等技术设备公开再现美术、摄影、视听作品等的权利。
5. 摄制权，是指著作权人以摄制视听作品的方法将作品固定在载体上的权利。

◉ 易混：改编权≠修改权。

改编权产生了新作品，如将小说《鬼吹灯》改编为电影剧本；修改权属于著作人身权，没有产生新作品，没有出现新作者。

知识点 286 财产权的许可和转让 ★

1. 财产权可以许可他人使用，可以转让。许可使用、转让的，可以是其中的一项、多项，也可以是全部权利。

2. 许可使用合同和转让合同中著作权人未明确许可、转让的权利，未经著作权人同意，另一方当事人不得行使。

3. 除合同另有约定外，被许可人许可第三人行使同一权利，必须取得著作权人的许可。

4. 许可使用合同没有约定或者约定不明的，视为被许可人有权排除包括著作权人在内的任何人以同样的方式使用作品。（无约定，为专有许可使用）

5. 不可分割使用的合作作品：不能协商一致又无正当理由的，任何一方不得阻止他方行使除转让、许可他人专有使用、出质以外的其他权利；但是所得收益应当合理分配给所有合作作者。（见上文）

三、对著作权的权利限制[1]

知识点 287　合理使用的概念

合理使用制度，是指在法定情况下使用作品，可以不经著作权人许可，不向其支付报酬。但应当指明作者姓名或者名称、作品名称，并且不得影响该作品的正常使用，也不得不合理地损害著作权人的合法权益。

1 合理使用，可以不经作者许可

2 合理使用，无需向作者支付报酬

3 合理使用，必须符合法定情形（具体情形见下文）

4 应当标注作者、作品来源，保护作品的正常使用

知识点 288　合理使用的具体情形★★★

在下列情况下使用作品，可以不经著作权人许可，不向其支付报酬：

	概　　念	举　　例
个人使用	为个人学习、研究或者欣赏，使用他人已经发表的作品。	（1）张同学拍摄一段美食视频以A曲为背景音乐，若其是保存在电脑硬盘供自己欣赏，符合"合理使用"；（2）但若张同学将上述视频在互联网传播，则需要取得A曲著作权人许可。
转换性使用	为介绍、评论某一作品或者说明某一问题，在作品中适当引用他人已经发表的作品。	（1）翔叔制作了一个5分钟的视频短片，批评A电影缺乏逻辑性，在评论视频中引用了该电影的片段并进行犀利的语言点评。该评论视频的二次创作，已经使得A电影的片段转换成影评论点的证据，构成

---

[1] 通常情况下，他人不经著作权人许可不得使用其作品。但使用者符合法定情况的，可以不经著作权人许可或者不向其支付报酬。这就是"对著作权的权利限制"。

续表

概念		举例
转换性使用	同前	转换性使用，不构成侵权。 (2) 某网络平台出现大量用户上传的对某热播电视剧的"reaction视频"（观看反应类视频），用户边看边评论，其中嵌套该被评论电视剧的完整剧集内容。该案不构成合理使用，侵害著作权人的信息网络传播权。二次创作视频构成合理使用的关键是"新作品的使用形式满足转换性使用"这一要求。[1]
免费表演	免费表演已经发表的作品，该表演未向公众收取费用，也未向表演者支付报酬，且不以营利为目的。	易错：免费表演≠义演。 例如，赈灾义演要向公众收取费用，所以在赈灾义演晚会上演唱歌曲，要经过词曲作者许可并支付报酬。
机械复制	(1) 对设置或陈列在公共场所的艺术作品进行临摹、绘画、摄影、录像。 (2) 临摹人、绘画人、摄影人、录像人可以对其成果以合理的方式和范围再行使用，不构成侵权。通说认为，营利性再行使用的，构成侵权。	甲设计并雕刻了一尊造型别致的雄狮（美术作品）置于店门口招揽顾客。 (1) A对该雄狮拍照、录像等，不构成侵权； (2) B以雄狮为范本制作和销售纪念品，构成侵权； (3) C以该雄狮为立体造型申请注册商标，构成侵权。
汉译少	将中国公民、法人或者非法人组织已经发表的以国家通用语言文字创作的作品翻译成少数民族语言文字作品在国内出版发行。	(1) 张某将A创作的汉语小说《流年》翻译为藏语在人民出版社出版，虽然"翻译"属于"演绎行为"，但张某无需经A的许可，也无需向A支付报酬； (2) 但若张某将该小说翻译为英文出版，则要经过A的许可并支付报酬。
公务合理使用	国家机关为执行公务在合理范围内使用已经发表的作品。	法院将当事人提供的图书复印一份。
教学科研需要	为学校课堂教学或者科学研究，翻译、改编、汇编、播放或者少量复制已经发表的作品，供教学或者科研人员使用，但不得出版发行。	某初三毕业班老师从多本已经出版的图书中，挑选习题汇编为一本数学习题集，供本班同学练习。
本馆收藏	图书馆、档案馆、纪念馆、博物馆、美术馆、文化馆等为陈列或者保存版本的需要，复制本馆收藏的作品。	
盲文	以阅读障碍者能够感知的无障碍方式向其提供已经发表的作品。	将已发表的作品改成盲文出版。

---

[1] 来源：财新网2023年12月1日："B站因'reaction视频'被判赔优酷35万元，影视二创又出新判例"。

续表

概　　念	举　　例
媒体合理使用	(1) 为报道新闻，在报纸、期刊、广播电台、电视台等媒体中不可避免地再现或者引用已经发表的作品； (2) 报纸、期刊、广播电台、电视台等媒体刊登或者播放其他报纸、期刊、广播电台、电视台等媒体已经发表的关于政治、经济、宗教问题的时事性文章，但著作权人声明不许刊登、播放的除外； (3) 报纸、期刊、广播电台、电视台等媒体刊登或者播放在公众集会上发表的讲话，但作者声明不许刊登、播放的除外。

知识点 289　著作权的保护期 ★★★

著作权的保护具有"时间性"，也就是具有法定保护期，超过保护期则不再受著作权法保护。

第一类，永久保护

1. 作品类型：所有类型。
2. 权利类型：人身权的三项，包括署名权、修改权、保护作品完整权。该三项的保护期不受限制。

第二类，终生+死后50年

《著作权法》第 23 条第 1 款　自然人的作品，其发表权、本法第 10 条第 1 款第 5 项至第 17 项规定的权利的保护期为作者终生及其死亡后 50 年，截止于作者死亡后第 50 年的 12 月 31 日；如果是合作作品，截止于最后死亡的作者死亡后第 50 年的 12 月 31 日。

保护期限		(1) 作者终生及其死亡后 50 年，截止于作者死亡后第 50 年的 12 月 31 日； (2) 合作作品，截止于最后死亡的作者死亡后第 50 年的 12 月 31 日。
适用情形	作品类型	(1) 自然人的文字作品、美术作品、音乐作品、摄影作品等类型； (2) 但不包括视听作品。
	权利类型	发表权、财产权。
特殊规定		摄影作品，其发表权、著作权的财产权的保护期在 2021 年 6 月 1 日前已经届满，但依法仍在保护期内的，不再保护。（见下例）

[例]　根据原《著作权法》第 21 条第 3 款的规定，摄影作品的发表权和财产权的保护期为"作品首次发表后第 50 年"；新《著作权法》于 2021 年 6 月 1 日生效，新法第 23 条第 1 款将其修改为"作者终生及其死亡后 50 年"。这涉及二者的衔接问题。例如，张某于 1970 年拍摄了一幅摄影作品，按照旧法的规定，该作品的保护期截止于 2020 年 12 月 31 日，即使张某 2025 年仍在世，但依据新《著作权法》的规定，对该摄影作品不再保护。

第三类，创作完成（或发表）+50年

作品类型	（1）法人或者非法人组织的作品； （2）著作权（署名权除外）由法人或者非法人组织享有的职务作品； （3）视听作品。	
权利类型	发表权	发表权的保护期为 50 年，截止于作品创作完成后第 50 年的 12 月 31 日。
	财产权	（1）财产权利的保护期为 50 年，截止于作品首次发表后第 50 年 12 月 31 日； （2）但作品自创作完成后 50 年内未发表的，《著作权法》不再保护。

四、利用技术手段侵犯著作权的认定

知识点 290 避开技术保护措施的侵权 ★★

1. 技术措施，是指用于防止、限制未经权利人许可浏览、欣赏作品、表演、录音录像制品或者通过信息网络向公众提供作品、表演、录音录像制品的有效技术、装置或者部件。

2. 构成侵权行为

权利人采取了技术措施的，未经权利人许可，除法律、行政法规规定可以避开的情形外，任何组织或者个人实施的下列行为构成侵权：

（1）故意避开或者破坏技术措施；

（2）以避开或者破坏技术措施为目的制造、进口或者向公众提供有关装置或者部件；

（3）故意为他人避开或者破坏技术措施提供技术服务。

3. 不构成侵权行为

下列情形可以避开技术措施，但不得向他人提供避开技术措施的技术、装置或者部件，不得侵犯权利人依法享有的其他权利：

不构成侵权的行为

1. 为学校课堂教学或者科学研究，提供少量已经发表的作品，供教学或者科研人员使用，而该作品无法通过正常途径获取

2. 不以营利为目的，以阅读障碍者能够感知的无障碍方式向其提供已经发表的作品，而该作品无法通过正常途径获取

3. 国家机关依照行政、监察、司法程序执行公务

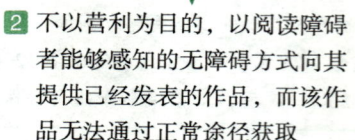

4. 对计算机及其系统或者网络的安全性能进行测试

5. 进行加密研究或者计算机软件反向工程研究

不得侵犯其他权利

知识点 291　计算机软件著作权★★

1. 计算机软件用户未经许可或者超过许可范围商业使用计算机软件的，构成侵权并承担赔偿责任。
2. 软件的复制品持有人不知道也没有合理理由应当知道该软件是侵权复制品的：
（1）不承担赔偿责任；但是，应当停止使用、销毁该侵权复制品。
（2）停止使用并销毁该侵权复制品将给复制品使用人造成重大损失的，复制品使用人可以在向软件著作权人支付合理费用后继续使用。
3. 对提供信息存储空间或者提供搜索、链接服务的网络服务提供者，适用"避风港原则"和"红旗原则"。（具体参见《民法典》第1195~1197条）

27　常考角度总结——SUMMARIZE

1. 著作权的人身权的具体内容，以及对某行为是否构成侵权的判断。
2. 著作权的财产权的具体内容，以及对某行为是否构成侵权的判断。
3. 对某行为是否构成侵权的判断。
4. 合理使用的具体情形。
5. 利用技术手段侵犯著作权的认定。

致努力中的你

我啊，对不放弃可有着绝对的自信。

专题 28 邻接权

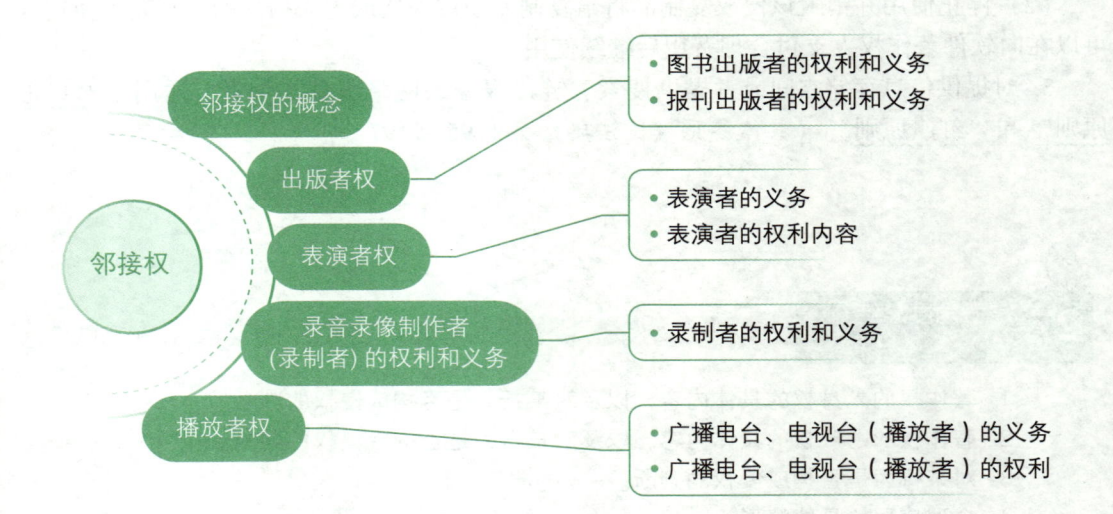

```
                    ┌─ 邻接权的概念
                    │
                    ├─ 出版者权 ──── • 图书出版者的权利和义务
                    │                • 报刊出版者的权利和义务
                    │
          邻接权 ────┤─ 表演者权 ──── • 表演者的义务
                    │                • 表演者的权利内容
                    │
                    ├─ 录音录像制作者
                    │  (录制者)的权利和义务 ─ • 录制者的权利和义务
                    │
                    └─ 播放者权 ──── • 广播电台、电视台（播放者）的义务
                                     • 广播电台、电视台（播放者）的权利
```

一、邻接权的概念

邻接权，又称"与著作权有关的权利"，是指作品传播者对在传播作品过程中产生的劳动成果依法享有的专有权利。《著作权法》赋予"出版者、表演者、录制者、播放者"四类主体以邻接权。

邻接权和著作权的关系：①著作权是作者的权利，邻接权是传播者的权利；②著作权是基础，没有作品，就谈不上作品的传播，就没有传播者的权利；③《著作权法》关于"合理使用"的规则，适用于对邻接权的限制。

[例] 张某个人欣赏一首歌曲构成合理使用时，张某无需词曲作者（著作权人）、演唱者（邻接权人）、唱片公司（邻接权人）的许可，也不用向上述各主体支付报酬。

二、出版者权

☑《商经法51专题》是图书，一本书一个独立书号。

☑《政法论坛》是期刊，为连续出版物。期刊一般单月、双月或每周固定时间出版。

知识点 292　图书出版者的权利和义务 ★★★

1. 出版者的义务

（1）出版图书应当和著作权人订立出版合同，并支付报酬；

（2）图书出版者重印、再版作品的，应当通知著作权人，并支付报酬；

（3）图书脱销[1]后，图书出版者拒绝重印、再版的，著作权人有权终止合同。

2. 出版者的权利

（1）专有出版权。图书出版者对著作权人交付出版的作品，按照合同约定享有的专有出版权受法律保护，他人不得出版该作品。

（2）修改权。图书出版者经作者许可，可以对作品修改、删节。

（3）版式设计权。图书出版者有权许可或者禁止他人使用其出版的图书的版式设计。

3. 教科书出版者的特别规定（法定许可）

对象	为实施义务教育和国家教育规划而编写出版的教科书。
法定许可	在上述教科书中汇编已经发表的作品片段或者短小的文字作品、音乐作品或者单幅的美术作品、摄影作品、图形作品的： （1）可以不经著作权人许可； （2）应当按照规定向著作权人支付报酬，指明作者姓名或者名称、作品名称； （3）不得侵犯著作权人依照《著作权法》享有的其他权利。

📖 易错：仅限于"教科书"，不包括其他类型图书。

知识点 293　报刊出版者的权利和义务 ★★★

1. 修改权

报社、期刊社可以对作品作文字性修改、删节。对内容的修改，应当经作者许可。

2. 先载权

（1）报社、期刊社对著作权人的投稿作品在一定期限内享有先载权；

（2）自稿件发出之日起 15 日内未收到报社通知、30 日内未收到期刊社通知决定刊登的，著作权人可以将同一作品向其他报社、期刊社投稿，双方另有约定的除外。

3. 转载权（不许可，要付费）

作品刊登后，除著作权人声明不得转载、摘编的外，其他报刊可以转载或者作为文摘、资料刊登，但应当按照规定向著作权人支付报酬。

（1）转载，是指报纸、期刊登载其他报刊已发表作品的行为；

（2）转载未注明被转载作品的作者和最初登载的报刊出处的，应当承担消除影响、赔礼道歉等民事责任；

（3）只有"著作权人"明确声明不得转载、摘编的，其他报刊才不可转载、摘编。

［例］张某的散文《春天来了》首次发表于《A 晚报》。

---

[1]　脱销，是指著作权人寄给图书出版者的两份订单在 6 个月内未能得到履行。

（1）首次刊登在《A 晚报》，《A 晚报》报社要经过张某的许可并支付报酬。（许可+付费）

（2）《B 文摘》是双月刊，转载《A 晚报》上的该散文，张某在《A 晚报》上没有声明时，《B 文摘》不需要经过张某的许可就可以转载，但要按相关规定向张某支付转载的报酬。（不许可+付费）

（3）《A 晚报》报社声明"未经本报社许可不得转载"是无效的，《B 文摘》期刊社仍可转载。只有张某声明"未经作者许可不得转载"，《B 文摘》期刊社才不可转载。

（4）C 出版社出版图书《百位散文名家名篇》（非教科书），收录张某的该篇散文，需要张某许可+付费。

（5）D 出版社出版图书《小学一年级语文》（义务教育教科书），收录张某的该篇散文，无需张某许可+付费。

（6）E 网站未经许可"转载"，构成侵权。

（7）F 网站"浅层链接"该文章，不构成侵权。

浅层链接，是指用户在点击链接后会离开设链网站，而进入被链接的网站。此不构成"转载"行为。但在提供搜索或者链接服务时，明知或者应知所链接的作品、表演、录音录像制品侵权的，应当承担共同侵权责任。

三、表演者权

表演者，是指演员、演出单位或者其他表演文学、艺术作品的人。（主体）

表演，即通过表演者的声音、表情、动作公开再现作品或者演奏作品。（客体）

知识点 294 表演者的义务★★★

1. 基本原则

（1）使用他人作品演出，表演者应当取得著作权人（词曲作者）许可，并支付报酬；

（2）演出组织者组织演出，由该组织者取得著作权人许可，并支付报酬；

（3）使用改编、翻译、注释、整理已有作品而产生的作品进行演出的，应当取得演绎著作权人和原作品的著作权人许可，并支付报酬。（表演演绎作品：双许可、双付费）

2. 例外规定

免费表演已经发表的作品，可以不经著作权人许可，不向其支付报酬。

免费表演是双向免费，既不向公众收取费用，也不向表演者支付报酬，且不以营利为目的。（见前文"合理使用"）

［例］A 是英文歌曲《flower》的歌词作者（著作权人），C 将歌词翻译为中文（演绎著作权人），B 是酒吧驻唱歌手（表演者）。B 演唱中文版歌曲，需要 A 和 C 的许可+向 A 和 C 支付报酬。

知识点 295 表演者的权利内容★★★

1. 表演者的人身权

（1）表明表演者身份；

（2）保护表演形象不受歪曲；

（3）权利的保护期不受限制。

2. 表演者的许可权、获酬权

（1）许可他人从现场直播和公开传送其现场表演，并获得报酬；

（2）许可他人录音录像，并获得报酬；

（3）许可他人复制、发行、出租录有其表演的录音录像制品，并获得报酬；

（4）许可他人通过信息网络向公众传播其表演，并获得报酬；

（5）该权利的保护期为50年，截止于该表演发生后第50年的12月31日。

3. 被许可人的义务

被许可人（录音录像制作者、复制发行者、信息网络传播者）使用作品，还应当取得著作权人许可，并支付报酬。

［例1］A是某歌曲的词曲作者（著作权人），B是歌手（表演者）。甲市电视台现场直播B演唱该歌曲的演唱会，需要A和B的许可+向A和B支付报酬。

［例2］C唱片公司（录音制作者）为歌手B（表演者）出一张专辑，A是专辑中歌曲的词曲作者（著作权人）。C唱片公司需要A和B的许可+向A和B支付报酬。

4. 职务表演

职务表演，是指演员为完成本演出单位的演出任务进行的表演。

	权利内容	举 例
演员	（1）享有表明身份和保护表演形象不受歪曲的权利，其他权利归属由当事人约定； （2）职务表演的权利由演员享有的，演出单位可以在其业务范围内免费使用该表演。	A市芭蕾舞剧团组织的大型演出，李某是编舞，张某是领舞。则：李某是著作权人，张某是演员，芭蕾舞团是演出单位。著作权的内容依据上一专题确定，表演者权依据左列确定。
演出单位	当事人没有约定或者约定不明确的，职务表演的权利由演出单位享有。	

四、录音录像制作者（录制者）的权利和义务

［图例］一张录音录像制品的产生过程（如唱片《天空》）

A－著作权人（词曲作者）
B－表演者
C－录音制作者（唱片公司）
D－复制发行者、信息网络传播者

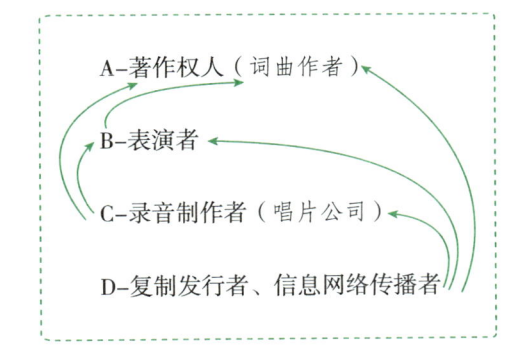

B：A许可并付酬。
C：A+B许可并付酬。
D：A+B+C许可并付酬。

知识点 296 录制者的权利和义务 ★★★

		制作者	被许可人（复制、发行、信网、出租、公播等）
录音录像制品	义务	录音录像制作者使用他人作品制作录音录像制品： （1）应当取得著作权人许可，并支付报酬； （2）录音录像制作者制作录音录像制品，应当同表演者订立合同，并支付报酬； （3）录音录像制作者使用"改编、翻译、注释、整理已有作品而产生的作品"制作录音录像制品的，应当取得"演绎著作权人+原作品的著作权人"许可，并支付报酬。（双许可双付费）	（1）被许可人复制、发行、通过信息网络向公众传播录音录像制品应当同时取得著作权人、表演者许可，并支付报酬； （2）被许可人出租录音录像制品，还应当取得表演者许可，并支付报酬。 ⓘ 提示：被许可人出租录音录像制品，无需经著作权人许可，无需向其支付报酬。因为著作权人（词曲作者）的"出租权"范围，仅包括视听作品和计算机软件。
	权利	录音录像制作者对其制作的录音录像制品： （1）享有许可他人复制、发行、出租、通过信息网络向公众传播并获得报酬的权利； （2）权利的保护期为50年，截止于该制品首次制作完成后第50年的12月31日。	
录音制品	义务	录音制作者使用他人已经合法录制为录音制品的音乐作品制作录音制品，可以不经著作权人许可，但应当按照规定支付报酬；著作权人声明不许使用的不得使用。（见下例）	被许可人复制、发行、通过信息网络向公众传播、出租的规则同上。
	权利	录音制作者对其制作的录音制品，享有"二次获酬权"。 （1）将录音制品用于有线或者无线公开传播，或者通过传送声音的技术设备向公众公开播送的，应当向录音制作者支付报酬。 （2）限于公开传播"录音制品"，不包括"录像制品"。	被许可人（如音乐电台、电视台）公开传播，无需经录音制作者（唱片公司）许可，但要向其支付报酬。

[例] 潘某创作了歌曲《棋子》（潘某是著作权人），王某首次演唱了该歌曲，并由甲唱片公司制作成专辑《天空》（录音制品）。若干年后，乙唱片公司的签约歌手向某翻唱了《棋子》，并制作成专辑《向某的天空》（新录音制品），乙唱片公司仅向中国音乐著作权协会支付了报酬（未许可但付费）。

问：乙唱片公司的行为是否侵犯了著作权？

答：乙唱片公司的行为不构成侵权。因为《棋子》的词曲（音乐作品）曾经被甲唱片公司使用，现被乙唱片公司再次使用，乙唱片公司可以不经潘某（著作权人）许可，但要向其支付报酬。本例中，乙唱片公司向音著协支付了报酬，意味着已经向著作权人支付了报酬，所以是合法的。另外，乙唱片公司无需经原表演者王某、甲唱片公司许可，且无需向王某和甲唱片公司支付报酬。（只需向著作权人-词曲作者支付报酬）

五、播放者权

播放者权的主体：广播电台、电视台。

播放者权的客体：随着科学技术的发展，广播电台、电视台在作品传播过程中发挥了重要作用，其形成的"广播信号"成为《著作权法》保护的对象。

知识点 297　广播电台、电视台（播放者）的义务★★★

	义务内容	举　例
未发表的作品	广播电台、电视台播放他人未发表的作品，应当取得著作权人许可，并支付报酬。	（1）现场直播：央视现场直播歌手王某的个人演唱会，要经过著作权人+歌手二者许可并付费。
已发表的作品	播放他人已发表的作品，可以不经著作权人许可，但应当按照规定支付报酬。	（2）A市音乐电台购买了一张正版《天空》CD盘，在该台《金曲回放》栏目中播放其中一首歌。A市音乐电台： ①无需著作权人（词曲作者）许可，但要付费。因为该唱片中，"词、曲"是已经发表的作品。
现场直播表演	广播电台、电视台现场直播表演： （1）应当取得表演者许可，并支付报酬。 ⓘ 提示：表演者对其表演享有许可他人从现场直播和公开传送其现场表演，并获得报酬的权利。 （2）应当取得著作权人（词曲作者）许可，并支付报酬。	②无需表演者许可。因为不是"现场直播"。 ③无需唱片录制者（唱片公司）许可，但要付费。因为属于"公开传播"录音制品。
视听作品、录像制品	（1）电视台播放他人的视听作品，应当取得视听作品著作权人许可，并支付报酬。 （2）电视台播放他人的录像制品，应当取得录像制作者许可，并支付报酬；还应取得著作权人许可，并支付报酬。	（1）甲电视台播放A影业公司制作的电视剧《山海情》（视听作品），要经过A影业公司（著作权人）的许可并付费。 （2）B公司制作《古代断案故事》节目（录像制品），节目中邀请历史学家张某分100期讲解若干大案。该节目在甲电视台播放。则甲电视台要取得"B公司（录像制作者）+张某（著作权人）"许可并付费。

知识点 298　广播电台、电视台（播放者）的权利★★★

1. 广播电台、电视台有权禁止未经其许可的下列行为：

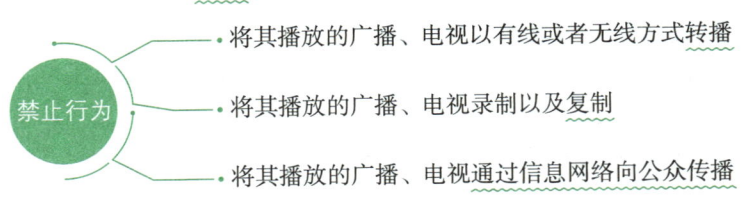

禁止行为
- 将其播放的广播、电视以有线或者无线方式转播
- 将其播放的广播、电视录制以及复制
- 将其播放的广播、电视通过信息网络向公众传播

2. 行使上述权利，不得影响、限制或者侵害他人行使著作权或者与著作权有关的权利。

> **总 结**
>
> 歌曲《天空》，收录于唱片《天空》中。A 为著作权人（词曲作者），B 为表演者（歌手），C 为录音制作者（唱片公司）。
>
> 1. 现场直播
>
> 电台、电视台现场直播歌手王某的个人演唱会，王某演唱《天空》：著作权人（词曲作者）A 许可+付酬；表演者 B 许可+付酬。（A+B，排除 C）
>
> 2. 电台、电视台将唱片《天空》（录音制品）公开传播。[A+C（仅付酬），排除 B]
>
> [例] 北京市音乐电台购买了一张正版《天空》CD 盘，在《金曲回放》栏目中播放《棋子》这首歌。
>
> （1）北京市音乐电台无需任何人许可，但要向著作权人（词曲作者）A+录音制作者（唱片公司）C 支付报酬；
>
> （2）北京市音乐电台无需表演者 B 许可，且不向 B 支付报酬。（因为不是现场直播）
>
> 3. 通过传送声音的技术设备向公众公开播送。（A+C，排除 B）
>
> [例] 商场将唱片中的一首歌曲作为背景音乐公开播送。
>
> （1）商场需要著作权人（词曲作者）A 许可，并要向 A 支付报酬，否则侵犯了 A 的"机械表演权"；
>
> （2）商场无需录音制作者（唱片公司）C 许可，但要向 C 支付报酬；
>
> （3）商场无需表演者 B 许可，且不向 B 支付报酬。（因为不是表演者现场表演）
>
> 4. 出租唱片《天空》（录音录像制品）：表演者 B 许可+付酬；录音制作者 C 许可+付酬。（B+C，排除 A）
>
> 5. 张某未经许可，将北京电视台现场直播演唱会复制了一份供其儿子观看：张某构成合理使用，不受播放者有权"禁止录制、复制"的限制。

28 常考角度总结——SUMMARIZE

1. 汇编教科书以及对报刊转载的特殊规定："教科书"汇编+"报纸、期刊"转载，可以不经作者同意，但要按照规定支付报酬。
2. 表演者的认定，以及其权利和义务。
3. 制作录音制品的许可规则，掌握录制者的"法定许可"情形。
4. 公开传播录音制品。
5. 电台、电视台播放不同类型的作品/录制品。

第九讲 专利法 09

专题 29 专利法概述

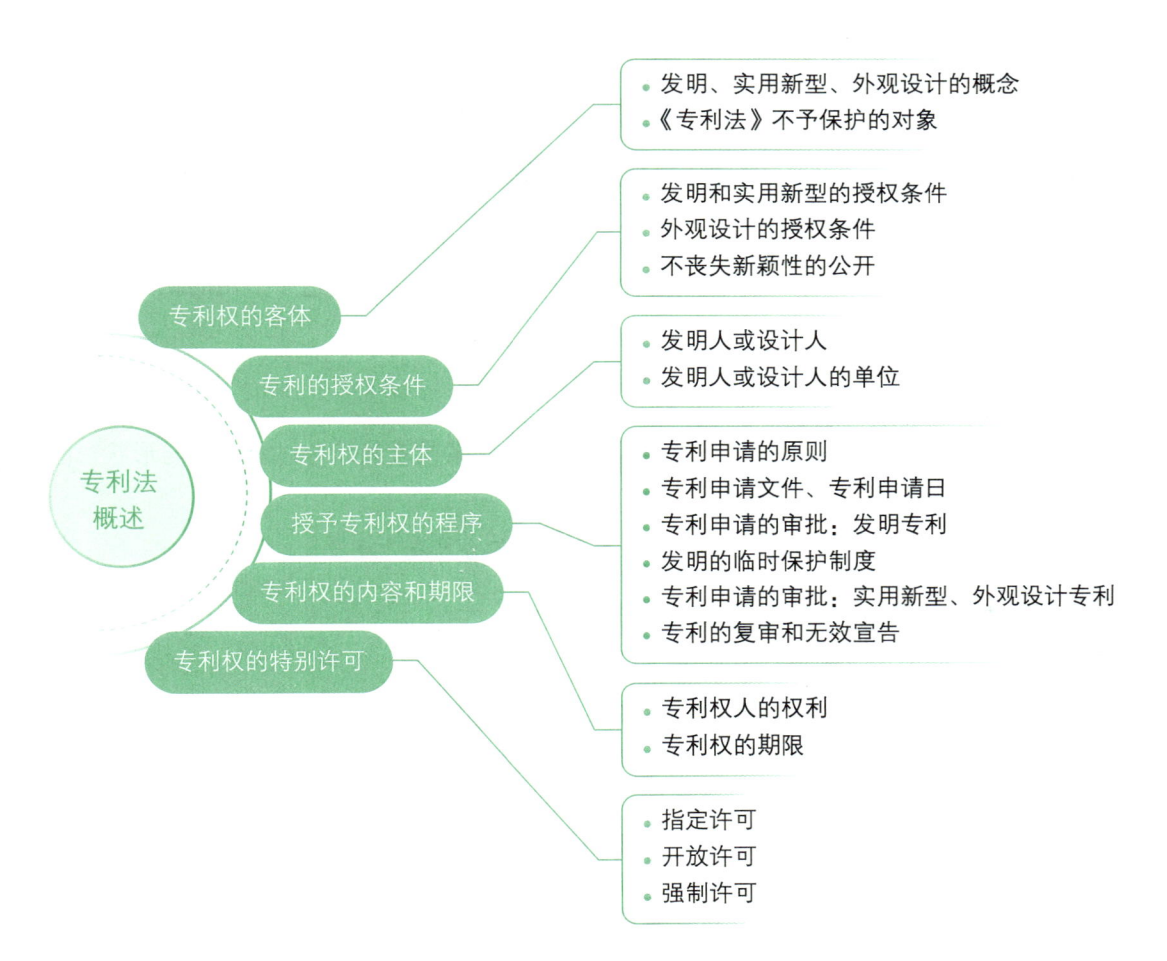

- **专利权的客体**
  - 发明、实用新型、外观设计的概念
  - 《专利法》不予保护的对象

- **专利的授权条件**
  - 发明和实用新型的授权条件
  - 外观设计的授权条件
  - 不丧失新颖性的公开

- **专利权的主体**
  - 发明人或设计人
  - 发明人或设计人的单位

- **授予专利权的程序**
  - 专利申请的原则
  - 专利申请文件、专利申请日
  - 专利申请的审批：发明专利
  - 发明的临时保护制度
  - 专利申请的审批：实用新型、外观设计专利
  - 专利的复审和无效宣告

- **专利权的内容和期限**
  - 专利权人的权利
  - 专利权的期限

- **专利权的特别许可**
  - 指定许可
  - 开放许可
  - 强制许可

> **考情提要**：专利法年均考查1~2题，常以小案例形式考查，题目专业性很强，很难通过日常经验去判断。但越专业的部门法，试题中出现的争议就越少，我们准确理解、掌握，一般就能得分。

一、专利权的客体

知识点 299 发明、实用新型、外观设计的概念

《专利法》所称发明创造，是指发明、实用新型和外观设计。

1. 发明

发明，是指对产品、方法或者其改进所提出的新的技术方案。

发明必须是一种技术方案，通常是自然科学领域的智力成果，具体可以分为：

其指关于新产品或新物质的发明，如白炽灯、手机、洗衣机。

其指为解决某特定技术问题而采用的手段和步骤的发明。例如，生产白炽灯的方法可以申请方法专利。

其指对已有的产品发明或方法发明所作出的实质性革新的技术方案。例如，给白炽灯填充惰性气体后，其质量和寿命都有明显提高，可以申请改进发明。

2. 实用新型

（1）实用新型，是指对产品的形状、构造或者其结合所提出的适于实用的新的技术方案。如新型凸轮、新型刀具等。

（2）实用新型只包括"产品"，不包括"方法"。

3. 外观设计

外观设计，是指对产品的整体或者局部的形状、图案或者其结合以及色彩与形状、图案的结合所作出的富有美感并适于工业应用的新设计。

[例] 北京出租车车身为三种颜色，这三种颜色的组合构成外观设计。

知识点 300 《专利法》不予保护的对象 ★

《专利法》规定，对下列各项不授予专利权：

1. 违反法律、社会公德或者妨害公共利益的发明创造。如赌博的设备。
2. 违反法律、行政法规的规定获取或者利用遗传资源，并依赖该遗传资源完成的发明创造。
3. 科学发现。发明≠发现。例如，基因组的 DNA 排序，属于科学发现，不是发明。
4. 智力活动的规则和方法。[1] 例如，交通规则、语法规则、产品使用说明手册，游戏、娱乐的规则和方法，乐谱、食谱、棋谱等。

---

[1] 智力活动的规则和方法，如"语法规则"，是指导我们如何表达、指导大脑思维活动（智力活动）的规则，不产生"技术效果"，不是一项技术方案，故该类规则不能授予专利权。另一类会产生技术效果的"规则和方法"，如"一种特殊酱香型白酒的酿造方法"，按照这种"酿造方法"会产生新的白酒香型，该类"规则和方法"可以授予专利权（方法发明）。

5. 疾病的诊断和治疗方法。例如，心理疗法、按摩、为预防疾病而实施的各种免疫方法等。[1] 但是，药品或医疗器械可以授予专利权。

6. 动物和植物品种。例如，通过实验室合成的原自然界没有的一种动物新品种（某种观赏猫），不能授予专利权。但对该项所列产品的生产方法，可以授予专利权。

7. 原子核变换方法以及用原子核变换方法获得的物质。

8. 对平面印刷品的图案、色彩或者二者的结合作出的主要起标识作用的设计。如服装的吊牌。

二、专利的授权条件

知识点 301　发明和实用新型的授权条件 ★

授予专利权的发明和实用新型，应当具备新颖性、创造性和实用性。

1. 新颖性

（1）不属于现有技术。现有技术，是指申请日以前在国内外为公众所知的技术。

（2）无抵触申请。即同时没有任何单位或者个人就同样的发明或者实用新型在申请日以前向国务院专利行政部门提出过申请，并记载在申请日以后公布的专利申请文件或者公告的专利文件中。

2. 实用性

该发明或者实用新型能够制造或者使用，并且能够产生积极效果。

3. 创造性

（1）发明，具有突出的实质性特点和显著的进步；

（2）实用新型，具有实质性特点和进步。（创造性弱于发明）

知识点 302　外观设计的授权条件

1. 需要具备"新颖性"

（1）授予专利权的外观设计，应当不属于现有设计[2]；

（2）也没有任何单位或者个人就同样的外观设计在申请日以前向国务院专利行政部门提出过申请，并记载在申请日以后公告的专利文件中。

2. 富有美感

授予专利权的外观设计与现有设计或者现有设计特征的组合相比，应当具有明显区别。

3. 不与在先权利冲突

授予专利权的外观设计不得与他人在申请日以前已经取得的合法权利相冲突。

知识点 303　不丧失新颖性的公开 ★

某项技术方案或设计虽然已经被公开，但满足法定条件的，仍然认定其具备"新颖性"，可以授予专利权。

---

[1] 这是出于人道主义的考虑和社会伦理的原因，医生在诊断和治疗过程中应当有选择各种方法与条件的自由。
[2] 现有设计，是指申请日以前在国内外为公众所知的设计。

不丧失新颖性的情形	时间要求	申请专利的发明创造在申请日以前6个月内公开，且为首次公开。
	公共利益	国家出现紧急状态或者非常情况时，为公共利益目的首次公开的。
	展会级别	在中国政府主办或者承认的国际展览会上首次展出的。
	会议级别	在规定的学术会议或者技术会议上首次发表的。
	他人泄密	他人未经申请人同意而泄露其内容的。
举 例		A公司涉案专利为某款摩托车的外观设计，专利申请日为2014年12月2日。之前A公司为了招商引资，在当年11月14日至17日甲市主办的"摩博会"上展出了与该外观设计特征基本相同的一辆摩托车。本案中，虽然A公司在展出该设计前的6个月内提出了外观设计专利申请，但因展会级别不够，该次展出（公开）导致摩托车的外观设计构成现有设计，专利局不授予其专利权。

三、专利权的主体

知识点 304　发明人或设计人 ★

1. 一般情形

（1）专利权人为发明人或设计人。其无需具有民事行为能力，因为发明创造是事实行为。

（2）在一项发明创造过程中，只负责组织工作的人、为物质技术条件的利用提供方便的人或者从事其他辅助工作的人，不是发明人或者设计人。

2. 委托发明创造

（1）委托开发完成的发明创造，申请专利的权利属于研究开发人。法律另有规定或者当事人另有约定的，从其约定。

（2）研究开发人转让专利申请权的，委托人享有以同等条件优先受让的权利。

（3）研究开发人取得专利权的，委托人可以依法实施该专利。

3. 合作发明创造

（1）合作开发完成的发明创造，申请专利的权利属于合作开发的当事人共有。

（2）专利申请权转让、放弃的处理

一方反对	一方放弃	一方转让
当事人一方不同意申请专利的，另一方或者其他各方不得申请专利。	（1）当事人一方声明放弃其共有的专利申请权的，除当事人另有约定外，可以由另一方单独申请或者由其他各方共同申请； （2）申请人取得专利权的，放弃专利申请权的一方可以免费实施该专利。	当事人一方转让其共有的专利申请权的，其他各方享有以同等条件优先受让的权利。但是，当事人另有约定的除外。

知识点 305 发明人或设计人的单位 ★★★

1. 职务发明创造的概念

职务发明创造，是指执行本单位的任务或者主要是利用本单位的物质技术条件所完成的发明创造，包括：

（1）在本职工作中作出的发明创造。

（2）履行本单位（包括临时工作单位）交付的本职工作之外的任务所作出的发明创造。

（3）退休、调离原单位后或者劳动、人事关系终止后1年内作出的，与其在原单位承担的本职工作或者原单位分配的任务有关的发明创造。

（4）主要利用本单位的物质技术条件所完成的发明创造。如利用本单位的资金、设备、零部件、原材料或者不对外公开的技术资料等。

［例］张某是甲公司的工程师，主要职责是研发智能键盘。

（1）张某在休年假期间研发的键盘，因研发键盘是其本职工作，虽然是张某休假期间研发的，但仍属职务发明；

（2）张某利用甲公司内部数据资料和科研经费完成的发明A，属于职务发明；

（3）张某于2022年3月从甲公司离职，2023年1月研发成功一种智能键盘，该键盘仍属于职务发明。

2. 专利申请权/专利权

（1）申请专利的权利属于该单位，申请被批准后，该单位为专利权人；

（2）该单位可以依法处置其职务发明创造申请专利的权利和专利权，促进相关发明创造的实施和运用；

（3）被授予专利权的单位应当对职务发明创造的发明人或者设计人给予奖励；

（4）发明创造专利实施后，被授予专利权的单位根据其推广应用的范围和取得的经济效益，对发明人或者设计人给予合理的报酬。

3. 利用本单位的物质技术条件所完成的发明创造，单位与发明人或者设计人订有合同，对申请专利的权利和专利权的归属作出约定的，从其约定。

四、授予专利权的程序

知识点 306 专利申请的原则 ★

1. 在先原则

2个以上的申请人分别就同样的发明创造申请专利的，专利权授予最先申请的人。（先到先得）

2. 单一性原则

一件专利申请应当限于一项发明或者实用新型，或者限于一项外观设计。

3. 禁止重复授权原则

（1）授权：同样的发明创造只能授予一项专利权；

（2）申请：同一申请人同日对同样的发明创造既申请实用新型专利又申请发明专利，

先获得的实用新型专利权尚未终止，且申请人声明放弃该实用新型专利权的，可以授予发明专利权。

4. 优先权原则

（1）国际优先权

条件1-时间：申请人自发明或者实用新型在外国第一次提出专利申请之日起12个月内，或者自外观设计在外国第一次提出专利申请之日起6个月内，又在中国就相同主题提出专利申请。

条件2-协议：依照该外国同中国签订的协议或者共同参加的国际条约，或者依照相互承认优先权的原则，可以享有优先权。

[例] 甲公司于1月1日就某项技术向A国专利局提出专利申请，同年9月1日，甲公司就同一项技术又向中国专利局提出专利申请。在满足优先权条件后，虽然9月1日是甲公司向中国提出申请的实际日期，但视1月1日（该日期是在A国的申请时间）为甲公司向中国提出的申请日期。即"后来者得"：申请人在A时间点向A国提出了专利申请，之后又在B时间点向B国就同一专利提出申请，符合一定条件的，在B国的申请时间按照A时间点计算。

（2）国内优先权

申请人自发明或者实用新型在中国第一次提出专利申请之日起12个月内，或者自外观设计在中国第一次提出专利申请之日起6个月内，又向国务院专利行政部门就相同主题提出专利申请的，可以享有优先权。

知识点 307 专利申请文件、专利申请日

专利类型	对应文件（主要文件）		专利申请日
发明、实用新型	请求书	（1）应当写明发明或者实用新型的名称； （2）发明人的姓名，申请人姓名或者名称、地址，以及其他事项。	（1）国务院专利行政部门收到专利申请文件之日为申请日； （2）如果申请文件是邮寄的，以寄出的邮戳日为申请日。
	说明书及其摘要	（1）应当对发明或者实用新型作出清楚、完整的说明，以所属技术领域的技术人员能够实现为准； （2）必要的时候，应当有附图； （3）摘要应当简要说明发明或者实用新型的技术要点。	
	权利要求书	（1）应当以说明书为依据，清楚、简要地限定要求专利保护的范围。 （2）依赖遗传资源完成的发明创造，申请人应当在专利申请文件中说明该遗传资源的直接来源和原始来源；申请人无法说明原始来源的，应当陈述理由。	

续表

专利类型	对应文件（主要文件）		专利申请日
外观设计专利	请求书	（略）	同 前
	图片或者照片、简要说明等文件	该外观设计的图片或者照片应当清楚地显示要求专利保护的产品的外观设计。	

知识点 308 专利申请的审批：发明专利★★★

发明的临时保护期

申请日 ▶ 初步审查

申请日起满18个月 ▶ 公布申请（可提前）

申请日起3年内 ▶ 随时提出请求 ▶ 实质审查　3年内不请求 ▶ 撤回

实质审查后 ▶ 不符合 ▶ 驳回　符　合 ▶ 授权公告

发明的审批程序可概括为"早期公开，延迟审查"。具体包括：

1. 初步审查。国务院专利行政部门收到发明专利申请后，经初步审查认为符合《专利法》要求的，自申请日起满18个月，即行公布；但可以根据申请人的请求早日公布其申请。

2. 实质审查。自申请日起3年内，国务院专利行政部门可以根据申请人随时提出的请求，对其申请进行实质审查。

（1）经实质审查没有发现驳回理由的，授予发明专利权，发给发明专利证书，同时予以登记和公告。

（2）进行实质审查后，认为不符合《专利法》规定的，应当通知申请人陈述意见或者对其申请进行修改。经申请人陈述意见或者进行修改后，国务院专利行政部门仍然认为不符合《专利法》规定的，应当予以驳回。

3. 发明专利权自公告之日起生效。

知识点 309 发明的临时保护制度★★★

临时保护期制度，仅限于申请"发明"专利。

1. 临时保护期，是指自发明申请公布至授权公告期间。

2. 发明专利申请公布后，申请人可以要求实施其发明的单位或者个人支付适当的费用。

3. 追索临时保护期使用费的诉讼时效

发明专利申请公布后至专利权授予前（临时保护期内）使用该发明未支付适当使用费的：

情形1-知害起算

专利权人要求支付使用费的诉讼时效为3年，自专利权人知道或者应当知道他人使用其发明之日起计算。

情形2-授权日起算

专利权人于专利权授予之日前即已知道或者应当知道的，自专利权授予之日起计算。

4. 是否构成侵权的认定

不构成侵权	构成侵权
发明专利公告授权后，未经专利权人许可，为生产经营目的使用、许诺销售、销售在临时保护期间内已由他人制造、销售、进口的产品，且该他人已支付或者书面承诺支付法定的适当费用的，上述使用、许诺销售、销售行为不构成侵犯专利权。	发明专利公告授权后，未经专利权人许可，为生产经营目的制造产品的，构成侵权。

[例] 张某是一项新型汽车节油装置技术的专利权人。

（1）甲公司在张某的发明申请公布后，于临时保护期内利用该技术制造了 1000 台产品，在张某获得发明专利权时，还有 999 台未销售。则在张某获得专利权后，甲公司清库存销售 999 台存货的行为不构成侵权。

（2）甲公司在张某获得专利权后，未经许可而制造该产品的，构成侵权。

知识点 310 专利申请的审批：实用新型、外观设计专利

1. 申请经初步审查没有发现驳回理由的，由国务院专利行政部门作出授予实用新型专利权或者外观设计专利权的决定，发给相应的专利证书，同时予以登记和公告。

2. 申请人对驳回申请的决定不服的：

（1）可以自收到通知之日起 3 个月内向国务院专利行政部门请求复审；

（2）对上述复审决定不服的，可以自收到通知之日起 3 个月内向法院起诉。

知识点 311 专利的复审和无效宣告★★★

1. 专利复审

复审机构为国务院专利行政部门。

复审原因	救济措施（先复审再诉讼）
申请人对驳回申请的决定不服	（1）申请人对驳回申请的决定不服的，可以自收到通知之日起 3 个月内向国务院专利行政部门请求复审； （2）对上述复审决定不服的，可以自收到通知之日起 3 个月内向法院起诉。
请求认定专利无效	（1）自公告授予专利权之日起，任何单位或者个人认为该专利权的授予不符合《专利法》有关规定的，可以请求国务院专利行政部门宣告该专利权无效； （2）对国务院专利行政部门宣告专利权无效或者维持专利权的决定不服的，可以自收到通知之日起 3 个月内向法院起诉。

2. 专利权无效的后果

（1）宣告无效的专利权视为自始即不存在；

（2）宣告专利权无效的决定，对在宣告专利权无效前法院作出并已执行的专利侵权的判决、调解书，已经履行或者强制执行的专利侵权纠纷处理决定，以及已经履行的专利实施许可合同和专利权转让合同，不具有追溯力；

（3）依照上述规定不返还专利侵权赔偿金、专利使用费、专利权转让费，明显违反公平原则的，应当全部或者部分返还；

（4）因专利权人的恶意给他人造成的损失，应当给予赔偿。

五、专利权的内容和期限

知识点 312　专利权人的权利★

1. 标示权

发明人或者设计人有权在专利文件中写明自己是发明人或者设计人。

2. 独占实施权

（1）发明和实用新型专利权被授予后，除《专利法》另有规定的以外，任何单位或者个人未经专利权人许可，都不得实施其专利；

（2）外观设计专利权被授予后，任何单位或者个人未经专利权人许可，都不得实施其专利。

3. 实施许可权

（1）任何单位或者个人实施他人专利的，应当与专利权人订立实施许可合同，向专利权人支付专利使用费；

（2）被许可人无权允许合同规定以外的任何单位或者个人实施该专利。

4. 转让权

（1）专利申请权和专利权可以转让。

（2）转让专利申请权或者专利权的，当事人应当订立书面合同，并向国务院专利行政部门登记，由国务院专利行政部门予以公告。专利申请权或者专利权的转让自登记之日起生效。

（3）中国单位或者个人向外国人、外国企业或者外国其他组织转让专利申请权或者专利权的，应当依照有关法律、行政法规的规定办理手续。

> **萱姑点睛**
>
> **易错▶**专利权转让合同，无需登记生效。专利权转让行为，即受让人要取得专利权，自登记之日起生效。

知识点 313　专利权的期限

1. 保护期限

发明专利权的期限	20年
实用新型专利权的期限	10年
外观设计专利权的期限	15年

2. 专利权的保护期，均自申请日起计算。但是，该申请日不适用"优先权"原则的"优先权日"。

[例] 甲公司于1月1日就某项技术向A国提出发明专利申请，同年4月1日，甲公司就同一项技术向中国提出专利申请，但同年2月1日，乙公司也就同一项技术向中国提出专利申请。

若甲公司符合优先权条件，则1月1日视为其向中国提出申请的日期。也就是说，甲公司相对于乙公司而言，享有优先权，中国应当向甲公司授予专利权。

甲公司被中国授权后，其专利权保护期限自4月1日起计算，因为4月1日是甲公司实际向中国提出申请的日期。

3. 发明的期限补偿规则

01 补偿对象	▶	仅发明专利
02 补偿原因	▶	发明专利申请日起满4年，且自实质审查请求之日起满3年后授予发明专利权的（说明审查期限超过平均审查期限）
03 期限补偿	▶	国务院专利行政部门应专利权人的请求，就发明专利在授权过程中的不合理延迟给予专利权期限补偿，但由申请人引起的不合理延迟除外

4. 新药品发明专利权期限补偿

01 补偿对象	▶	仅新药
02 补偿原因	▶	为补偿新药上市审评审批占用的时间，对在中国获得上市许可的新药相关发明专利，国务院专利行政部门应专利权人的请求给予专利权期限补偿
03 补偿标准	▶	补偿期限不超过5年，新药批准上市后总有效专利权期限不超过14年

六、专利权的特别许可

知识点 314 指定许可★★

1. 对象：对国家利益或者公共利益具有重大意义的国有企业事业单位的发明专利。
2. 实施：国务院有关主管部门和省、自治区、直辖市人民政府报经国务院批准，可以决定在批准的范围内推广应用，允许指定的单位实施。实施单位按照国家规定向专利权人支付使用费。

知识点 315 开放许可★★★

1. 开放许可，是指专利权人自愿以书面方式向国务院专利行政部门声明愿意许可任何单位或者个人实施其专利。
2. 开放许可实施期间，对专利权人缴纳专利年费相应给予减免。

3. 开放许可声明被公告撤回的，不影响在先给予的开放许可的效力。

4. 任何单位或者个人有意愿实施开放许可的专利的，以书面方式通知专利权人，并依照公告的许可使用费支付方式、标准支付许可使用费后，即获得专利实施许可。

5. 专利权人可以与被许可人就许可使用费进行协商后给予普通许可，但不得就该专利给予独占或者排他许可。

> **萱姑点睛**
>
> **易错** ▶ 开放许可不需要签订许可合同。

知识点 316 强制许可★

1. 概念和特征

强制许可，是指符合法定情形，由国务院专利行政部门给予具备实施条件的单位或者个人实施发明专利或者实用新型专利的强制许可。强制许可制度的特征包括：

（1）强制许可制度，限于发明、实用新型专利，不含外观设计专利。

（2）强制许可由专利部门直接给予他人（非专利权人）实施，所以不需要专利权人和实施人签订许可合同。

（3）取得实施强制许可的单位或者个人不享有独占的实施权，并且无权允许他人实施；但应当付给专利权人合理的使用费。

（4）强制许可的实施应当主要为了供应国内市场。[1]

2. 专利权人不实施时的强制许可

满足下列条件的，国务院专利行政部门可以给予他人实施专利的强制许可：

（1）专利权人自专利权被授予之日起满3年，且自提出专利申请之日起满4年，无正当理由未实施或者未充分实施其专利的；

（2）具备实施条件的单位或者个人向国务院专利行政部门提出申请；

（3）具备实施条件的单位或者个人应当证明其以合理的条件请求专利权人许可其实施专利，但未能在合理的时间内获得许可。

3. 避免垄断行为的强制许可

为了消除或者减少垄断行为对竞争产生的不利影响，满足下列条件的，国务院专利行政部门可以给予他人实施专利的强制许可：

（1）专利权人行使专利权的行为被认定为垄断行为；

（2）具备实施条件的单位或者个人向国务院专利行政部门提出申请；

（3）强制许可涉及的发明创造为半导体技术的，其实施限于公共利益的目的，以及为消除或者减少专利权人的垄断行为对竞争产生的不利影响。

4. 为了公共利益、公共健康需要的强制许可

（1）在国家出现紧急状态或者非常情况时，或者为了公共利益的目的，国务院专利行政部门可以给予实施发明专利或者实用新型专利的强制许可；

---

[1] 但有两个例外：①为消除或者减少专利权人的垄断行为对竞争产生的不利影响，不限于供应国内市场；②为了公共健康目的，对取得专利权的药品的强制许可，不限于供应国内市场。

（2）为了公共健康目的，对取得专利权的药品，国务院专利行政部门可以给予制造并将其出口到符合中国参加的有关国际条约规定的国家或者地区的强制许可。

5. 从属专利的强制许可

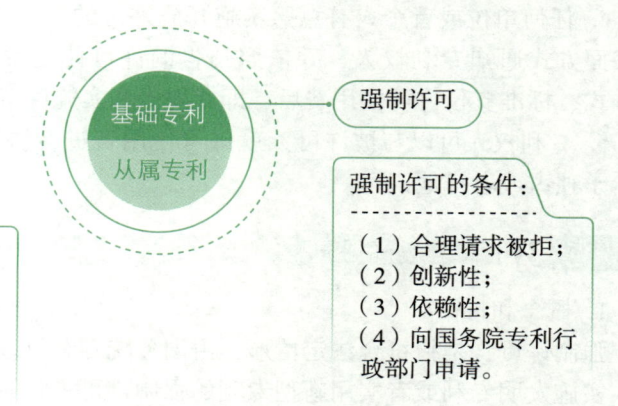

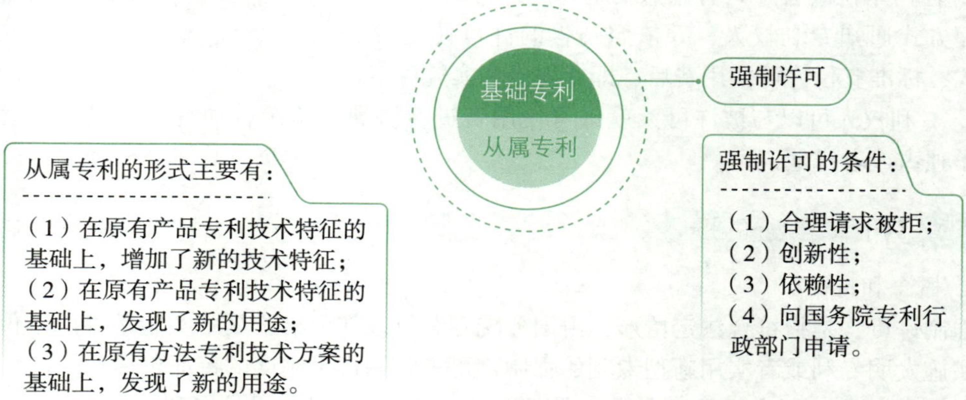

从属专利的形式主要有：
（1）在原有产品专利技术特征的基础上，增加了新的技术特征；
（2）在原有产品专利技术特征的基础上，发现了新的用途；
（3）在原有方法专利技术方案的基础上，发现了新的用途。

强制许可的条件：
（1）合理请求被拒；
（2）创新性；
（3）依赖性；
（4）向国务院专利行政部门申请。

满足下列条件的，可以给予强制许可：

（1）一项取得专利权的发明或者实用新型比前已经取得专利权的发明或者实用新型具有显著经济意义的重大技术进步，其实施又有赖于前一发明或者实用新型的实施。

（2）申请强制许可的单位或者个人提供证据，证明其以合理的条件请求专利权人许可其实施专利，但未能在合理的时间内获得许可。

（3）后一专利权人向国务院专利行政部门提出申请，可以给予实施前一发明或者实用新型的强制许可。

（4）后一专利权人已经依照前述规定被国务院专利行政部门给予实施基础专利的强制许可。根据前一专利权人的申请，国务院专利行政部门也可以给予前一专利权人实施后一发明或者实用新型的强制许可。

29 常考角度总结 SUMMARIZE

1. 不能被授予专利权的发明创造。
2. 职务发明的认定以及专利权归属。
3. 禁止重复授权原则与优先权原则。
4. 发明专利临时保护期的认定和救济措施。
5. 发明专利的期限补偿规则。
6. 专利权无效的认定程序和后果。
7. 推广应用与开放许可的对象和实施，以及对强制许可的限制。
8. 获得从属专利强制许可的条件。
9. 对强制许可的限制。

专题 30 专利侵权行为

```
                          ● 专利权的保护范围
                          ● 专利侵权行为的概念
         专利侵权行为的界定   ● 专利侵权行为的表现形式

                          ● 现有技术抗辩，不构成侵权
                          ● 专利权耗尽，不构成侵权
专利侵权    不视为侵犯        ● 符合先用权原则，不构成侵权
行为       专利权的行为      ● 临时过境使用，不构成侵权
                          ● 非商业使用，不构成侵权
                          ● 仿制药行政审批的需要，不构成侵权

                          ● 药品专利侵权纠纷早期解决机制
         专利侵权纠纷诉讼   ● 侵权损害赔偿的顺序
                          ● 被许可人的诉讼地位
                          ● 专利侵权诉讼与专利无效制度的结合
```

一、专利侵权行为的界定

知识点 317　专利权的保护范围 ★

1. 发明、实用新型的保护范围
（1）专利权的保护范围以其权利要求的内容为准，说明书及附图可以用于解释权利要求；
（2）对于仅在说明书或者附图中描述而在权利要求中未记载的技术方案，权利人在侵犯专利权纠纷案件中将其纳入专利权保护范围的，法院不予支持；
（3）权利人在一审法庭辩论终结前变更其主张的权利要求的，法院应当准许。
2. 外观设计的保护范围：以表示在图片或者照片中的该产品的外观设计为准。

知识点 318　专利侵权行为的概念

《专利法》第 11 条　发明和实用新型专利权被授予后，除本法另有规定的以外，任何单位或者个人未经专利权人许可，都不得实施其专利，即不得为生产经营目的制造、使用、许诺销售、销售、进口其专利产品，或者使用其专利方法以及使用、许诺销售、销售、进口依照该专利方法直接获得的产品。

外观设计专利权被授予后，任何单位或者个人未经专利权人许可，都不得实施其专利，即不得为生产经营目的制造、许诺销售、销售、进口其外观设计专利产品。

专利侵权行为，是指在专利权有效期限内，任何单位或者个人未经专利权人许可又无法律依据，以营利为目的实施他人专利的行为。（无合同依据，无特别许可，均为侵权）

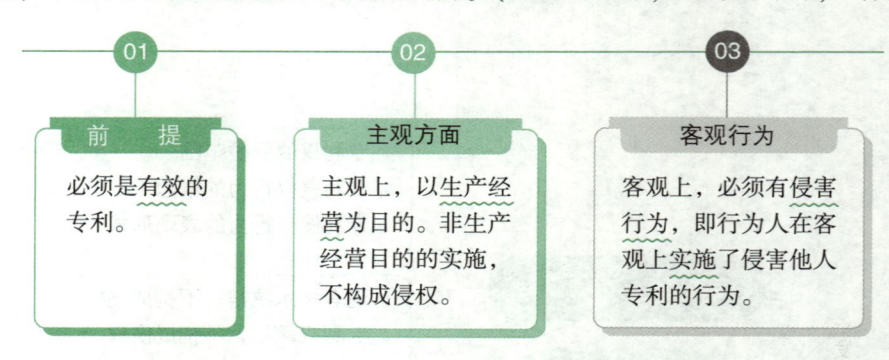

01 前提
必须是有效的专利。

02 主观方面
主观上，以生产经营为目的。非生产经营目的的实施，不构成侵权。

03 客观行为
客观上，必须有侵害行为，即行为人在客观上实施了侵害他人专利的行为。

知识点 319 专利侵权行为的表现形式 ★★★

1. 制造

（1）制造，是指专利权利要求书中所记载的产品技术方案被实现。

（2）产品的数量、质量及制造方法不影响对制造行为的认定。将部件组装成专利产品的行为，属于制造。（其他具体"制造"行为，略）

（3）为生产经营目的，未经许可制造他人专利产品的，构成侵权。

2. 使用

（1）使用该产品，是指专利权利要求书中所记载的产品技术方案的技术功能得到了应用。

（2）使用该方法，是指权利要求书中记载的专利方法技术方案的每一个步骤均被实现的行为。

（3）侵权认定

发明、实用新型：为生产经营目的，未经许可使用他人获得"发明、实用新型"的专利产品的，构成侵权

外观设计：为生产经营目的，未经许可使用他人获得"外观设计"的专利产品的，不构成侵权

原理
外观设计，是指对产品色彩、形状、图案的结合所作出的富有美感并适于工业应用的新设计。外观设计本身不具备"实用性"，但他人"使用"某一个产品，是要使用该产品的功能，要求该产品具备"实用性"。正是因为外观设计专利权不具备"可使用性"，所以仅使用侵犯外观设计专利权的产品的，不构成侵权。

[例1] A公司研发的A芯片获得发明专利。
（1）B公司未经许可制造A芯片，B公司侵犯"A公司的制造权"；
（2）C手机公司明知B公司制造的是侵权芯片，但因价格低廉仍将B公司生产的芯片作为零部件制造手机，C手机公司侵犯"A公司的使用权"。

[例2] A出租车公司均采用现代公司伊兰特车型，并获得外观设计专利权，即出租车车身"三种不同颜色的色彩组合"（简称"三花"）。张某将自己驾驶的现代伊兰特私家车的车身也改装为和A出租车公司的出租车相同的"三花"，并将改装后的私家车用于商业运营。
（1）张某"使用"侵犯A出租车公司外观设计专利权的产品，不构成侵权；
（2）张某改装车的行为构成侵犯A出租车公司的专利权（制造权、销售权）。

3. 销售、许诺销售
（1）产品买卖合同依法成立的，属于销售；
（2）以做广告、在商店橱窗中陈列或者在展销会上展出等方式作出销售商品的意思表示的，构成"许诺销售"；
（3）为生产经营目的，未经许可销售、许诺销售他人专利产品的，构成侵权。

4. 进口
为生产经营目的，未经许可制造、进口他人专利产品的，构成侵权。

5. 侵犯专利方法
侵犯专利方法，是指未经许可，以生产经营为目的，使用其专利方法以及使用、许诺销售、销售、进口依照该专利方法直接获得的产品。
（1）表现形式为：

| 1 | 未经许可"使用他人专利方法"的，构成侵权。 | 2 | 未经许可使用、许诺销售、销售、进口"依照该专利方法直接获得的产品"的，构成侵权。 | 3 | 对于"将依照专利方法直接获得的产品进一步加工、处理而获得的后续产品"，进行再加工、处理的，法院应当认定不属于"使用依照该专利方法直接获得的产品"，不构成侵权。 |

（2）举证责任倒置：专利侵权纠纷涉及新产品制造方法的发明专利的，制造同样产品的单位或者个人（被诉侵权人）应当提供其产品制造方法不同于专利方法的证明。

[例] 甲酒厂获得了"一种特殊酱香型白酒的新型酿造方法"的发明专利，利用该酿造方法生产甲酒。

第1步-直接产品侵权：A酒厂利用该酿造方法生产A酒，构成侵犯甲酒厂的专利权。A酒是"直接获得的产品"。

第2步-后续产品侵权：B酒厂加工处理A酒，获得了适合女士饮用的B酒，B酒厂构成侵犯甲酒厂的专利权。B酒是"使用A酒"获得的"后续产品"。

第3步-不侵权：C酒厂加工处理B酒，不构成侵犯甲酒厂的"专利方法"。

举证责任：现甲酒厂起诉A酒厂未经许可使用该专利方法制造A酒。此时A酒厂（被告、制造者）要承担举证责任，因为"方法发明"比"产品发明"的侵权更加隐蔽，原告甲酒厂很难举证。

6. 帮助、教唆

（1）帮助行为：明知有关产品系专门用于实施专利的材料、设备、零部件、中间物等，未经专利权人许可，为生产经营目的将该产品提供给他人实施了侵犯专利权的行为的，构成帮助他人实施侵权行为；

（2）教唆行为：明知有关产品、方法被授予专利权，未经专利权人许可，为生产经营目的积极诱导他人实施了侵犯专利权的行为的，构成教唆他人实施侵权行为。

7. 合法来源抗辩

合法来源，是指通过合法的销售渠道、通常的买卖合同等正常商业方式取得产品，但该产品属于"未经专利权人许可而制造并售出的"专利侵权产品。

（1）行为方式：限于使用、许诺销售或者销售行为；（不包括"制造"）

（2）上述侵权产品，即使能够证明该产品有合法来源，专利权人也有权请求侵权人停止使用、许诺销售、销售行为；（善意侵权仍构成侵权，但侵权人无需承担赔偿责任）

（3）例外：被诉侵权产品的使用者举证证明其已支付该产品的合理对价的除外。（善意使用者，不停止使用）

8. 基于国家利益、公共利益抗辩

原则：被告构成对专利权的侵犯，权利人请求判令其停止侵权行为的，法院应予支持。

例外：基于国家利益、公共利益的考量，法院可以不判令被告停止被诉行为，而判令其支付相应的合理费用。（是侵权，但不停止）

［例］处理城市污水（市政基础设施）的 A 污水处理厂未经专利权人张某许可，擅自使用侵犯张某专利权的污水处理技术。张某能否起诉要求 A 污水处理厂停止使用该污水处理设备？（不能）

9. 全面覆盖原则

构成侵权：被诉侵权技术方案包含与权利要求记载的全部技术特征相同或者等同的技术特征，法院应当认定其落入专利权的保护范围。（全包括或全包括还有新增，均构成侵权）

VS

不构成侵权：被诉侵权技术方案的技术特征，与权利要求记载的全部技术特征相比，缺少权利要求记载的一个以上的技术特征，或者有一个以上技术特征不相同也不等同的，法院应当认定其没有落入专利权的保护范围。

［例］甲公司拥有一项汽车仪表盘的发明专利，其权利要求记载的必要技术特征可以分解

为 a+b+c+d 四项。乙公司制造了四种仪表盘，其必要技术特征可以作四种分解，甲公司与乙公司的必要技术特征所代表的字母相同，表明其相应的必要技术特征相同或等同。乙公司的哪项技术侵犯了甲公司的专利？（单选）[1]

A. b+c+d
B. a+b+c
C. a+b+d+e
D. a+b+c+d+e

二、不视为侵犯专利权的行为

知识点 320　现有技术抗辩，不构成侵权 ★★★

存在三方：专利权人（A）；被控侵权人（B）；被引证的已有技术方案（C）。

1. 在专利侵权纠纷中，被控侵权人（B）有证据证明其实施的技术或者设计属于现有技术或者现有设计的，不构成侵犯专利权。
2. 现有技术，判断标准是"专利权人（A）专利权的申请日"。
3. 该现有技术（C）是一项在专利权人（A）专利申请日前已有的、单独的技术方案，或者该领域普通技术人员[2]认为是已有技术的显而易见的简单组合成的技术方案。
4. 被控侵权人（B）提供证据，证明被控侵权物（产品或方法）与一项现有技术（C）等同，则被控侵权人（B）的行为不构成侵犯专利权人（A）的专利权。

知识点 321　专利权耗尽，不构成侵权 ★★★

专利产品或者依照专利方法直接获得的产品，由专利权人或者经其许可的单位、个人售出后，使用、许诺销售、销售、进口该产品的，不视为侵犯专利权。

1. 专利权的效力以其在市场上第一次行使权利为限，不得无限期延伸。
2. 专利权耗尽包括专利使用权、销售权、进口权耗尽。（不包含专利制造权）

[例] W 研究所设计了一种高性能发动机，在我国和《保护工业产权巴黎公约》成员国 L 国均获得了发明专利权，并分别给予甲公司在我国、乙公司在 L 国的独占实施许可。萱草公司是中国的一家进口商，其在 L 国购买由乙公司制造销售的该发动机进口至我国销售。

则：萱草公司在我国未经 W 研究所和甲公司许可的销售行为，因符合专利权耗尽，故不构成侵犯专利权。

知识点 322　符合先用权原则，不构成侵权 ★★★

1. 在专利申请日前已经制造相同产品、使用相同方法或者已经作好制造、使用的必要准备，并且仅在原有范围内继续制造、使用的，不视为侵犯专利权。

---

[1] D。甲公司的实用新型专利包括 a+b+c+d 四个技术特征，只有这四个技术特征"一个都不少"地出现在被控侵权物中，才能认定专利侵权成立。A 选项只包含 b+c+d 三个技术特征，缺少技术特征 a，不构成侵权。B 选项缺少技术特征 d，不符合"全面覆盖原则"，不构成侵权。C 选项，技术特征 c 没有被涵盖在被控侵权物中，不构成侵权。D 选项，被控侵权物包含 a+b+c+d+e 五个技术特征，专利权要求书中的全部技术特征 a+b+c+d 一个都不少地出现在被控侵权物之中，符合"全面覆盖原则"，构成侵权。

[2] 普通技术人员，是指具有侵权发生日之前该技术领域一般性的公知知识，能够获知该技术领域一般现有技术，并且具备进行各种常规试验和普通分析工作的手段和能力的技术人员。

2. "原有范围"，包括专利申请日前已有的生产规模以及利用已有的生产设备或者根据已有的生产准备可以达到的生产规模。

[例] A公司的可乐已经有逾百年的生产历史，该公司一直将A可乐配方作为技术秘密保护。现张三破解了该配方并于2018年1月1日将"张三可乐"技术方案申请专利。

则：A公司仍可以在原有范围内生产A可乐，但若扩大规模即构成侵犯张三的专利权。

知识点 323 临时过境使用，不构成侵权 ★

1. 临时通过中国领陆、领水、领空的外国运输工具，为运输工具自身需要而在其装置和设备中使用有关专利的，不视为侵犯专利权。

2. 上述不构成侵权的临时过境使用行为，还需满足依照其所属国同中国签订的协议或者共同参加的国际条约，或者依照互惠原则，不构成侵权的条件。

知识点 324 非商业使用，不构成侵权 ★

专为科学研究和实验而使用有关专利的，不视为侵犯专利权。

知识点 325 仿制药行政审批的需要，不构成侵权 ★

为提供行政审批所需要的信息，制造、使用、进口专利药品或者专利医疗器械的，以及专门为其制造、进口专利药品或者专利医疗器械的，不视为侵犯专利权。

三、专利侵权纠纷诉讼

知识点 326 药品专利侵权纠纷早期解决机制 ★

1. 纠纷时间：药品上市审评审批过程中。

2. 纠纷类型：药品上市许可申请人与有关专利权人或者利害关系人，因申请注册的药品相关的专利权产生纠纷。

3. 处理机制

（1）相关当事人可以向法院起诉，请求就申请注册的药品相关技术方案是否落入他人药品专利权保护范围作出判决；

（2）也可以就申请注册的药品相关的专利权纠纷，向国务院专利行政部门请求行政裁决。

知识点 327 侵权损害赔偿的顺序

1. 侵犯专利权的赔偿数额按照下列方法确定：

（1）按照权利人因被侵权所受到的实际损失或者侵权人因侵权所获得的利益确定；

（2）权利人的损失或者侵权人获得的利益难以确定的，参照该专利许可使用费的倍数合理确定；

（3）上述方法均难以确定的，法院可以根据专利权的类型、侵权行为的性质和情节等因素，确定给予3万元以上500万元以下的赔偿。

2. 对故意侵犯专利权，情节严重的，可以在按照上述（1）（2）确定数额的1倍以上5倍以下确定赔偿数额。

3. 赔偿数额还应当包括权利人为制止侵权行为所支付的合理开支。

知识点 328 被许可人的诉讼地位 ★★★

1. 独占许可

（1）在合同约定的时间和地域范围内，知识产权权利人（许可人）只授权一家被许可人使用其智力成果，许可人和任何第三人均不享有使用权；

（2）被许可人可以单独起诉侵犯知识产权的行为。

2. 排他许可

（1）在合同约定的时间和地域范围内，知识产权权利人（许可人）授权一家被许可人使用其智力成果，许可人保留对该智力成果的使用权，但任何其他第三人均不享有使用权；

（2）被许可人在知识产权权利人不起诉的情况下，可以代位起诉，也可以与知识产权权利人共同起诉。

3. 普通许可

（1）在合同约定的时间和地域范围内，知识产权权利人（许可人）授权多家被许可人使用其智力成果，且许可人自己也保留对该智力成果的使用权。

（2）被许可人原则上不享有起诉权；但是，被许可人和权利人在许可合同中明确约定被许可人可以单独起诉，或者经权利人书面授权单独提起诉讼的，法院应当受理。

知识点 329 专利侵权诉讼与专利无效制度的结合 ★★★

在一项专利侵权诉讼中，被控侵权人可以提出专利无效抗辩。

前文"专利权无效"中已经明确被控侵权人应当向国务院专利行政部门请求宣告专利无效，这涉及侵权诉讼程序和专利行政部门的复审程序如何衔接的问题。规则如下：

1. 侵权诉讼是否中止

	侵犯发明（或经国务院专利行政部门审查维持专利权的侵犯实用新型、外观设计专利权纠纷）案件	侵犯实用新型、外观设计案件
答辩期间内提出	被告在答辩期间内请求宣告该项专利权无效的，法院可以不中止诉讼。	被告在答辩期间内请求宣告该项专利权无效的，法院应当中止诉讼。
答辩期间届满后提出	被告在答辩期间届满后请求宣告该项专利权无效的，法院不应当中止诉讼，但经审查认为有必要中止诉讼的除外。	

2. 被诉专利权被宣告无效：侵权法院先行裁驳

权利人在专利侵权诉讼中主张的权利要求被国务院专利行政部门宣告无效的，审理侵犯专利权纠纷案件的法院可以裁定驳回权利人基于该无效权利要求的起诉。

3. 无效的专利复审决定被行政判决撤销：专利权人另行起诉

有证据证明宣告上述权利要求无效的决定被生效的行政判决撤销的，权利人可以另行起诉。另行起诉的诉讼时效期间从行政判决书送达之日起计算。

[例] A是一项发明的专利权人。A向甲法院起诉B公司侵犯其专利权。B公司提出答辩意见，认为A的发明专利无效，所以B公司不构成侵权。但A的专利是否有效，并非由甲法院审理，B公司必须向专利行政部门提出。

受理日
甲法院不中止侵权案件的审理。（防止B公司将专利无效作为一种策略，滥用该权利）

无效决定日
甲法院裁定驳回A的起诉。（专利行政部门是非常专业的机构，判断错误率很低，大概率A的专利无效。所以甲法院没有必要审理是否侵犯一项无效的发明。）

无效决定被撤销
专利权人A不服，以专利行政部门为被告提起行政诉讼。
（1）若结果是A败诉，则A确定无专利权，A不能再对B公司提出侵权之诉；
（2）若结果是A胜诉，专利权无效的决定被判决撤销，则A的专利权合法有效（虽然这种情况在实务中概率很低，但也是存在的），A可另行起诉B公司侵权。

30 常考角度总结——SUMMARIZE

1. 专利侵权行为的认定：构成侵权的具体行为，以及不构成侵权的具体行为。
2. 专利被许可人的诉权，要分清许可类型。
3. 专利侵权诉讼与专利无效制度的结合。

致努力中的你

有希望之处定有磨练。

第十讲 商标法 10

专题 31 注册商标概述

注册商标概述
- 商标构成的条件
  - 商标的分类
  - 注册商标的构成
  - 禁用标志
  - 禁注标志
- 驰名商标的保护
  - 驰名商标的认定
  - 驰名商标的保护
- 商标注册的原则和程序
  - 商标注册的原则
  - 商标注册的申请、审查和核准
- 商标权的内容
  - 续展权
  - 许可权
  - 转让权

考情提要 商标法年均考查 1~2 题，题型多为小案例，均可以基于法条得出结论，题目难度低于著作权法和专利法。

商标，俗称牌子，是一种商业识别标志。商标最基本的功能就是识别商品或服务的来源，区别相同商品或服务的不同经营者。

一、商标构成的条件

知识点 330 商标的分类★★

商标可分为商品商标、服务商标、集体商标和证明商标等。

1. 商品商标，如"海尔""长虹"等商标。
2. 服务商标，如"国美""苏宁易购"等商标。
3. 集体商标

其指以团体、协会或者其他组织名义注册，供该组织成员在商事活动中使用，以表明使用者在该组织中的成员资格的标志。如我国铁路的"人工"商标。

4. 证明商标

其指由对某种商品或者服务具有监督能力的组织所控制，而由该组织以外的单位或者个人使用于其商品或者服务，用以证明该商品或者服务的原产地、原料、制造方法、质量或者其他特定品质的标志。如纯羊毛标志、电器CCC认证标志。

5. 防御商标

其指在不同类别的商品上使用同一商标。例如，"可口可乐"在碳酸饮料上注册后，其商标注册人又在其他多类商品上注册了"可口可乐"商标。

6. 联合商标

其指在同一类别的不同商品上注册几个相同或近似的商标。例如，"娃哈哈"的商标注册人同时注册了"哈哈娃"等系列标志。

（1）联合商标可以分别获得注册，但其中的每一个商标都不得单独转让，整个联合商标必须一同转让、一同许可使用；

（2）联合商标中的每一个商标都具有相对独立性，其中一个商标被撤销或被终止的，不影响其他商标的效力。

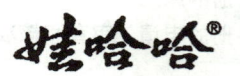

娃哈哈®
商品商标

我国铁路标识·集体商标

纯羊毛标识·证明商标

知识点 331 注册商标的构成★★★

《**商标法**》第6条 法律、行政法规规定必须使用注册商标的商品，必须申请商标注册，未经核准注册的，不得在市场销售。

注册商标，是指经商标局核准注册的商标。商标注册人享有商标专用权，受法律保护。

1. 注册商标的构成要素

任何能够与他人的商品区别开的标志，包括文字、图形、字母、数字、三维标志、颜色组合和声音等，以及上述要素的组合，均可以作为商标申请注册。

[例1] 2016年注册的"中国国际广播电台广播开始曲"是我国首个声音商标；麦当劳的"金拱门"是立体商标。

[例2] 克利斯提·鲁布托（Christian Louboutin）公司申请"红底鞋商标"案中，克利斯提·鲁布托申请注册"使用在鞋底位置的红色"商标。虽然该商标的"标志构成要素不属于上述明确列举的内容，但其并未被商标法明确排除在可以作为商标注册的标志之外"。最高人民法院认定《商标法》未列举的新类型商标在中国可以获得注册并受到保护，确认了限定使用位置的单一颜色商标具有可注册性，即如果克利斯提·鲁布托公司能够证明"红底鞋"标志具有显著性，则"红底鞋"可以作为注册商标在中国受到保护。

2. 符合显著性要求

申请注册的商标应当有显著特征，便于识别。

（1）标志本身具有显著特征。

（2）标志本身不具有显著特征，但经过使用形成了显著特征。例如，"五粮液"本是指用五种粮食酿造的白酒，"五粮"属于主要原料，不具有显著特征，本不能作为商标申请注册。但"五粮液"经过使用，成为特定白酒的标志，所以可以作为商标申请注册。

3. 符合合法性要求

申请注册的商标，不得与他人在先取得的合法权利相冲突。

知识点 332 禁用标志★★★

禁用标志，是指禁止作为商标使用的标志。其既然不能作为商标使用，就更不能作为"注册商标"受《商标法》的保护。（不能注册，不可使用）

1. 特定标志[1]，不予注册并禁止使用。

2. 商标中有商品的地理标志[2]，而该商品并非来源于该标志所标示的地区，误导公众的，不予注册并禁止使用；但是，已经善意取得注册的继续有效。

3. 违反公序良俗的标志，不予注册并禁止使用：

（1）带有民族歧视性的。

（2）带有欺骗性，容易使公众对商品的质量等特点或者产地产生误认的。

（3）有害于社会主义道德风尚或者有其他不良影响的。例如，"MLGB""叫个鸭子"不得作为注册商标使用。

4. 特殊地名，不予注册并禁止使用。

（1）原则：<u>县级以上行政区划的地名、公众知晓的外国地名，不得作为商标</u>。

---

[1] 特定标志，如：

（1）同中华人民共和国的国家名称、国旗、国徽、国歌、军旗、军徽、军歌、勋章等相同或者近似的标志，以及同中央国家机关的名称、标志、所在地特定地点的名称或者标志性建筑物的名称、图形相同的标志；

（2）同外国的国家名称、国旗、国徽、军旗等相同或者近似的标志，但经该国政府同意的除外；

（3）同政府间国际组织的名称、旗帜、徽记等相同或者近似的标志，但经该组织同意或者不易误导公众的除外；

（4）与表明实施控制、予以保证的官方标志、检验印记相同或者近似的标志，但经授权的除外；

（5）同"红十字""红新月"的名称、标志相同或者近似的标志。

[2] 地理标志，是指标示某商品来源于某地区，该商品的特定质量、信誉或者其他特征，主要由该地区的自然因素或者人文因素所决定的标志。

(2) 例外：地名作为集体商标、证明商标组成部分的，可注册。如阜宁大米、潍坊风筝等。

(3) 地名具有其他含义的，可注册。已经注册的使用地名的商标继续有效。

知识点 333 禁注标志★★★

禁注标志，是指缺乏显著特征的标志，不得作为商标注册，但可作为商品标志受到民法的保护。（不能注册但可使用）其具体包括：

1. 仅有本商品的通用名称、图形、型号的。例如，"土豆"牌马铃薯、"闪盘"牌移动存储设备、"鲁锦"牌锦缎，均不可注册。但"含有"通用名称的，如"呀！土豆"，可以注册。

2. 仅直接表示商品的质量、主要原料、功能、用途、重量、数量及其他特点的。例如，"大米"牌米花糖，不可注册。

3. 其他缺乏显著特征的。

上述标志经过使用取得显著特征且便于识别的，可以作为商标注册。如五粮液。

4. 以三维标志申请注册商标的，仅由商品自身的性质产生的形状、为获得技术效果而需有的商品形状或者使商品具有实质性价值的形状，不得注册。

经典案例

"解百纳"商标之争，争议焦点为"解百纳"是否属于通用名称、主要原料。1931年，从"中西融合""海纳百川"的经营理念中得到灵感，烟台张裕集团有限责任公司（以下简称"张裕公司"）总经理将其商标命名为"解百纳"。2001年5月，张裕公司提出"解百纳"商标的注册申请。2002年7月，长城、王朝等几家葡萄酒生产企业以"解百纳"是葡萄酒的通用名称，是法文"cabernet"的翻译，是酿造葡萄酒的主要原料为由，联合提交撤销注册申请，要求撤销"解百纳"商标。"解百纳"商标之争历时9年，最终各方达成和解："解百纳"商标的所有权归张裕集团所有，长城、王朝、威龙三家企业无偿、无限期使用"解百纳"商标。

二、驰名商标的保护

驰名商标，是指在中国境内为相关公众广为知晓的商标。驰名商标不一定是"注册商标"，其只需要满足"广为知晓"的条件即可。

知识点 334 驰名商标的认定

1. 认定驰名商标应当考虑的因素

❶ 相关公众对该商标的知晓程度

❷ 该商标使用的持续时间

❸ 该商标的任何宣传工作的持续时间、程度和地理范围

❹ 该商标作为驰名商标受保护的记录

❺ 该商标驰名的其他因素

2. 驰名商标的"个案认定、被动保护"

（1）驰名商标应当根据当事人的请求，作为处理涉及商标案件需要认定的事实进行认定。

（2）法院对于商标驰名的认定，仅作为案件事实和判决理由，不写入判决主文。以调解方式审结的，在调解书中对商标是否驰名的事实不予认定。

（3）在商标注册审查、商标违法案件查处、商标争议处理过程中，商标局可以对商标驰名情况作出认定。

原理
因为某一商标，如"娃哈哈"商标，需要由商标权人持续维护其市场声誉。某一商标在一个时间点为相关公众广为知晓，但若商标权人不维护其市场声誉或商标权人破产不再使用该商标，时过境迁，该商标在以后的时间点就不再为相关公众广为知晓。所以，要依据案件发生时的具体状况，在个案中对某一商标是否构成"驰名商标"进行认定。

3. 生产、经营者不得将"驰名商标"字样用于商品、商品包装或者容器上，或者用于广告宣传、展览以及其他商业活动中。

知识点 335 驰名商标的保护 ★

1. 未在中国注册的驰名商标

（1）对象：就相同或者类似商品申请注册的商标是复制、摹仿或者翻译他人未在中国注册的驰名商标，容易导致混淆的。

（2）措施：不予注册并禁止使用；停止侵害；不享有损害赔偿请求权。（因为"未注册"没有获得商标专用权）

2. 已经在中国注册的驰名商标

（1）对象：就不相同或者不相类似商品申请注册的商标是复制、摹仿或者翻译他人已经在中国注册的驰名商标，误导公众，致使该驰名商标注册人的利益可能受到损害的。

（2）措施：不予注册并禁止使用；停止侵害；享有损害赔偿请求权。

总结
上述情形可概括为：

未注册＋驰名
同类＋禁注禁用、无赔偿

注册＋驰名
全方位保护＋禁注禁用、有赔偿

三、商标注册的原则和程序

知识点 336 商标注册的原则 ★

1. 自愿注册原则。（略）
2. 诚实信用原则。不以使用为目的的恶意商标注册申请，应当予以驳回。

3. 申请在先原则（先到者先得）

（1）2个或者2个以上的商标注册申请人，在同一种商品或者类似商品上，以相同或者近似的商标申请注册的，初步审定并公告申请在先的商标；

（2）同一天申请的，初步审定并公告使用在先的商标。

4. 一标多类原则

商标注册申请人可以通过一份申请就多个类别的商品申请注册同一商标。

［例］"萱草"商标同时申请在第 25 类体育服装和第 28 类球类商品上使用，可以只提出一份申请。

5. 优先权原则（=外观设计专利优先权）

01 国际优先权	02 国内优先权	03 未要求优先权
商标注册申请人自其商标在外国第一次提出商标注册申请之日起6个月内，又在中国就相同商品以同一商标提出商标注册申请的，依照该外国同中国签订的协议或者共同参加的国际条约，或者按照相互承认优先权的原则，可以享有优先权。	商标在中国政府主办的或者承认的国际展览会展出的商品上首次使用的，自该商品展出之日起6个月内，该商标的注册申请人可以享有优先权。	未提出书面声明或者逾期未提交证明文件的，视为未要求优先权。

知识点 337 商标注册的申请、审查和核准 ★★★

1. 取得商标权的途径

（1）自然人、法人或者其他组织在生产经营活动中，对其商品或者服务需要取得商标专用权的，应当向商标局申请商标注册。不以使用为目的的恶意商标注册申请，应当予以驳回。

（2）2个以上的自然人、法人或者其他组织可以共同向商标局申请注册同一商标，共同享有和行使该商标专用权。

2. 两种特殊申请

（1）注册商标需要在核定使用范围之外的商品上取得商标专用权的，应当另行提出注册申请；

（2）注册商标需要改变其标志的，应当重新提出注册申请。

3. 审查期限

（1）自收到商标注册申请文件之日起，商标局应当在9个月内审查完毕。对初步审定公告的商标，自公告之日起3个月内，可以向商标局提出异议。

（2）公告期满无异议的，予以核准注册，发给商标注册证，并予公告。

4. 商标申请的代理制度

（1）中国人或者中国企业申请商标注册的，可以自行办理，也可以委托依法设立的商标代理机构办理。

（2）外国人或者外国企业在中国申请商标注册的，应当委托依法设立的商标代理机构办理。

（3）商标代理机构对在代理过程中知悉的被代理人的商业秘密，负有保密义务。

（4）商标代理机构的"明确告知""不得接受委托"事项

明确告知	委托人申请注册的商标可能存在《商标法》规定不得注册情形的。（但并非"不得接受委托"）	标志不侵权，但是标志本身违反道德或缺乏显著特征等，不得注册，如"MLGB"商标。
不得接受委托	①不以使用为目的的恶意商标注册申请； ②就同一种商品或者类似商品申请注册的商标与他人在先使用的未注册商标相同或者近似，申请人与该他人具有法定的合同、业务往来关系等而明知该他人商标存在，该他人提出异议的； ③以不正当手段抢先注册他人已经使用并有一定影响的商标的。	"北江饭店"是当地广为人知的老饭店，但"北江"商标未被注册。王某是该饭店的食材供应商。现王某提出注册"北江"餐饮集团。在申请注册时，"北江饭店"提出异议。此时，商标代理机构不得接受王某的委托。

四、商标权的内容

知识点 338 续展权★

1. 注册商标的有效期为 10 年，自核准注册之日起计算。
2. 注册商标有效期满，需要继续使用的：
（1）商标注册人应当在期满前 12 个月内按照规定办理续展手续；
（2）在此期间未能办理的，可以给予 6 个月的宽展期；
（3）期满未办理续展手续的，注销其注册商标。
3. 注册商标期满不再续展的，自注销之日起 1 年内，商标局对与该商标相同或者近似的商标注册申请，不予核准。

知识点 339 许可权★

许可权：商标注册人可以通过签订商标使用许可合同，许可他人使用其注册商标。

1. 商标许可分为独占许可合同、排他许可合同、普通许可合同。被许可人的诉讼地位与《专利法》中的规定相同。
2. 许可人的权利与义务
（1）许可人应当监督被许可人使用其注册商标的商品质量。
（2）许可人应当将其商标使用许可报商标局备案，由商标局公告。未经备案，不得对抗善意第三人。（合同有效）
3. 被许可人的权利与义务
（1）被许可人的名称和商品产地，必须在使用该注册商标的商品上标明；
（2）被许可人应当保证使用该注册商标的商品质量。

知识点 340 转让权 ★

转让注册商标的,转让人和受让人应当签订商标转让协议,并共同向商标局提出转让申请。

1. 转让注册商标经核准后,予以公告。
2. 对容易导致混淆或者有其他不良影响的转让,商标局不予核准。
3. 商标注册人对其在同一种商品上注册的近似的商标(联合商标),或者在类似商品上注册的相同或者近似的商标(防御商标),应当一并转让。
4. 受让人应当保证使用该注册商标的商品质量。受让人自公告之日起享有商标专用权。
5. 注册商标的转让不影响转让前已经生效的商标使用许可合同的效力,但商标使用许可合同另有约定的除外。

31 常考角度总结——SUMMARIZE

1. 注册商标标识合法性的判断。
2. 对驰名商标的特殊保护。
3. 商标申请应遵守的原则。
4. 商标申请的代理制度。

致努力中的你

让我们每天带着希望出门,
如果事与愿违,
就再把希望带回家,
休息休息,
明天继续带出门。

专题 32　商标权的消灭和商标侵权行为

- 商标权的消灭和商标侵权行为
  - 注册商标的无效宣告
    - 商标无效的原因
    - 商标无效宣告的后果
  - 注册商标的撤销、注销
    - 注册商标撤销的原因
    - 注册商标撤销的后果
    - 注册商标的注销
  - 注册商标的侵权认定
    - 商标侵权行为的表现形式
    - 商标权的限制（不构成侵权的行为）

一、注册商标的无效宣告

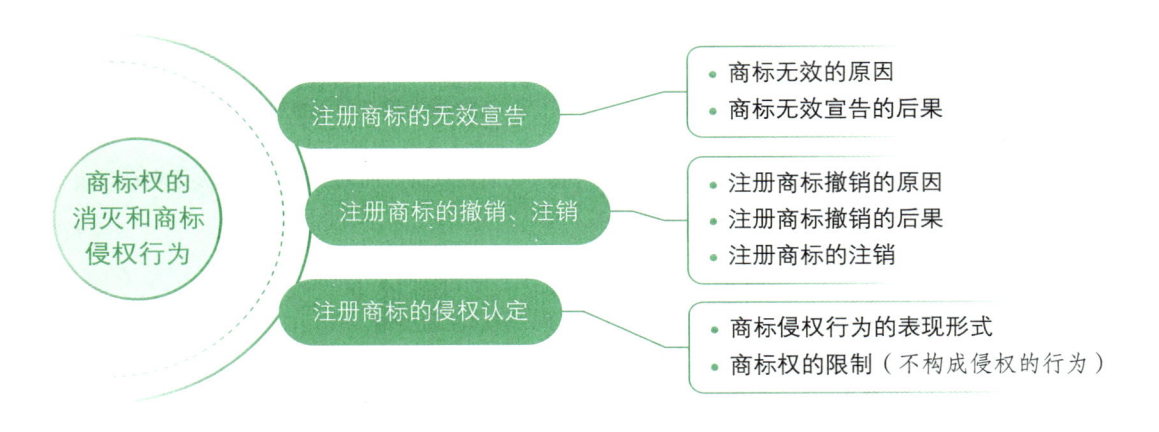

知识点 341　商标无效的原因★★★

第一类：恶意注册、禁注册禁使用

1. 情形
（1）不以使用为目的的恶意商标注册申请。例如，商标囤积，可被宣告无效。
（2）出现"不得作为商标使用"的情形。例如，将国旗、国徽、有害于社会主义道德风尚或者有其他不良影响的标志等注册为商标。
（3）出现"不得作为商标注册"的情形。例如，将仅有本商品的通用名称、图形、型号的标志注册为商标。
（4）商标代理机构除对其代理服务申请商标注册外，申请注册其他商标。
（5）以欺骗手段或者其他不正当手段取得注册。

2. 处理程序
上述情形，在申请商标局注册时，商标局应当予以驳回注册申请。
但若上述商标已经注册，则依据下列规则处理：
（1）由商标局宣告该注册商标无效；当事人对商标局的决定不服的，可以向商标评审机构申请复审。
（2）当事人对商标评审委员会的决定不服的，可以向人民法院起诉。
（3）其他单位或者个人可以请求商标评审委员会宣告注册商标无效。当事人对商标评审委员会的裁定不服的，可以向人民法院起诉。

第二类，侵犯相关人权利

1. 情形

（1）和"在先使用未注册商标"的冲突：就同一种商品或者类似商品申请注册的商标与他人在先使用的未注册商标相同或者近似，申请人与该他人具有法定的合同、业务往来关系或者其他关系而明知该他人商标存在，该他人提出异议；

（2）申请商标注册损害他人现有的在先权利，如侵犯他人的肖像权、著作权、姓名权；

（3）以不正当手段抢先注册他人已经使用并有一定影响的商标；

（4）侵犯驰名商标权；

（5）侵犯地理标志：商标中有商品的地理标志，而该商品并非来源于该标志所标示的地区，误导公众；

（6）无权代理注册商标：未经授权，代理人或者代表人以自己的名义将被代理人或者被代表人的商标进行注册，被代理人或者被代表人提出异议；

（7）其他。（略）

2. 处理程序

上述情形，在申请商标局注册时，商标局应当予以驳回注册申请。

但若上述商标已经注册，则依据下列规则处理：

（1）自商标注册之日起5年内，在先权利人或者利害关系人可以请求商标评审委员会宣告该注册商标无效；

（2）对恶意注册的，驰名商标所有人不受5年的时间限制；

（3）当事人对商标评审委员会的裁定不服的，可以向人民法院起诉；

（4）上述审查过程中，所涉及的在先权利的确定必须以人民法院正在审理或者行政机关正在处理的另一案件的结果为依据的，可以中止审查。

> **易错**：商标无效的两种情况：
> （1）禁注、禁用标志等绝对无效，任何人在任何时候均可申请宣告无效；
> （2）商标侵害他人在先权利的，只有在先权利人或者利害关系人原则上自商标注册之日起5年内有权申请宣告该商标无效。

知识点 342 商标无效宣告的后果 ★★★

1. 被宣告无效的注册商标，视为自始即不存在。

2. 注册商标被宣告无效的，自宣告无效之日起1年内，商标局对与该商标相同或者近似的商标注册申请，不予核准。

3. 宣告注册商标无效的决定或者裁定，对下列事项均无追溯力：

（1）宣告无效前法院作出并已执行的商标侵权案件的判决、裁定、调解书；

（2）工商行政管理部门作出并已执行的商标侵权案件的处理决定；

（3）已经履行的商标转让或者使用许可合同。

4. 因商标注册人的恶意给他人造成的损失，应当给予赔偿。

随堂小测

甲公司在食品上注册"乡巴佬"商标后，与乙公司签订转让合同，获5万元转让费。合同履行后，乙公司起诉丙公司在食品上使用"乡巴佬"商标的侵权行为。法院作出侵权认定的判决书刚生效，"乡巴佬"注册商标就因有"不良影响"被宣告无效。

问1：宣告"乡巴佬"商标无效的裁定对侵权判决不具有追溯力，是否正确？

答：错误。该判决书刚生效，说明"尚未执行"，所以商标无效裁定具有追溯力。

问2：丙公司可以将"乡巴佬"商标作为未注册商标继续使用，是否正确？

答：错误。该标志为禁用标志，不得继续使用。

二、注册商标的撤销、注销

知识点 343 注册商标撤销的原因 ★★★

1. 商标注册人在使用注册商标的过程中，自行改变注册商标、注册人名义、地址或者其他注册事项的，由地方工商行政管理部门责令限期改正；期满不改正的，由商标局撤销其注册商标。

2. 注册商标成为其核定使用的商品的通用名称的，任何单位或者个人可以向商标局申请撤销该注册商标。

[例]"吗啡""阿司匹林"本是商标，但因名气太大逐渐成为特定药品的通用名称，则该商标可被撤销。

3. 注册商标没有正当理由连续3年不使用的，任何单位或者个人可以向商标局申请撤销该注册商标。

知识点 344 注册商标撤销的后果 ★★★

1. 被撤销的注册商标，由商标局予以公告，该注册商标专用权自公告之日起终止。

2. 注册商标自撤销之日起1年内，商标局对与该商标相同或者近似的商标注册申请，不予核准。

3. 对商标局撤销或者不予撤销注册商标的决定，当事人不服的，可以向商标评审委员会申请复审。

4. 当事人对商标评审委员会的决定不服的，可以向人民法院起诉。（先复审，再诉讼）

知识点 345 注册商标的注销 ★

1. 商标注销的原因

（1）注册商标有效期满，商标注册人未办理续展手续的，注销其注册商标。

（2）商标注册人申请注销。商标注册人申请注销其注册商标或者注销其商标在部分指定商品上的注册，经商标局核准注销的，该注册商标专用权或者该注册商标专用权在该部分指定商品上的效力自商标局收到其注销申请之日起终止。

2. 商标注销的后果

注册商标期满不再续展的，自注销之日起1年内，商标局对与该商标相同或者近似的商标注册申请，不予核准。

三、注册商标的侵权认定

知识点 346　商标侵权行为的表现形式★★★

注册商标的专用权，以核准注册的商标和核定使用的商品为限。
有下列行为之一的，均属侵犯注册商标专用权：

1. 假冒（商品同+商标同）

（1）假冒，是指未经商标注册人的许可，在同一种商品上使用与其注册商标相同的商标的行为。

（2）假冒注册商标的商品不得在仅去除假冒注册商标后进入商业渠道。

（3）法院审理商标纠纷案件，应权利人请求，对属于假冒注册商标的商品，除特殊情况外，责令销毁。

（4）对主要用于制造假冒注册商标的商品的材料、工具，责令销毁，且不予补偿；或者在特殊情况下，责令禁止前述材料、工具进入商业渠道，且不予补偿。

2. 仿冒（近似+易混淆）

（1）未经商标注册人的许可，在同一种商品上使用与其注册商标近似的商标。

（2）未经商标注册人的许可，在类似商品上使用与其注册商标相同或者近似的商标，容易导致混淆的。如脉劫（脉动）、康帅傅（康师傅）。

3. 反向假冒

反向假冒，是指未经商标注册人同意，更换其注册商标并将该更换商标的商品又投入市场的行为。该行为包括两个要件：擅自更换+再销售。

［例］甲公司在纸手帕等纸制产品上注册了"茉莉花"文字及图形商标。现乙公司购买甲公司的"茉莉花"纸手帕后，将"茉莉花"商标改为"山茶花"商标，重新包装后销售。乙公司构成"反向假冒"。

4. 制造、销售假冒商标标识

制造、销售假冒商标标识，是指伪造、擅自制造他人注册商标标识或者销售伪造、擅自制造的注册商标标识的行为。

5. 帮助行为

（1）帮助行为，是指故意为侵犯他人商标专用权行为提供便利条件，帮助他人实施侵犯商标专用权的行为；

（2）"提供便利条件"，包括为侵犯他人商标专用权提供仓储、运输、邮寄、印制、隐匿等条件或提供经营场所、网络商品交易平台等。

6. 将他人商标作字号使用

将他人注册商标、未注册的驰名商标作为企业名称中的字号使用，误导公众，构成不正当竞争行为的，依照《反不正当竞争法》处理。

7. 合法来源抗辩

销售不知道是侵犯注册商标专用权的商品，能证明该商品是自己合法取得并说明提供者的，不承担赔偿责任。（是侵权，但不赔偿）

8. 以"未使用注册商标"抗辩

被控侵权人以注册商标专用权人未使用注册商标（简称"商标休眠"）提出抗辩的：

（1）法院可以要求注册商标专用权人提供此前3年内实际使用该注册商标的证据；

（2）注册商标专用权人不能证明此前3年内实际使用过该注册商标，也不能证明因侵权行为受到其他损失的，被控侵权人不承担赔偿责任。

[例1] 甲公司拥有"飞鸿"注册商标，核定使用的商品为酱油等食用调料。乙公司成立在后，特意将"飞鸿"登记为企业字号，并在广告、企业厂牌、商品上突出使用。本案中，乙公司"突出使用"意味着会误导公众，乙公司的行为构成不正当竞争。

[例2] 甲县善福公司（以下简称"甲公司"）的前身为创始于清末的陈氏善福铺，享誉百年，陈某继承祖业后注册了该公司，并规范使用其商业标志。乙县善福公司（以下简称"乙公司"）系张某先于甲公司注册的，且持有"善福100"商标权。甲、乙公司之间存在竞争关系。本案中，甲公司"规范使用"意味着不会误导公众，甲公司的行为不构成不正当竞争。

知识点 347 商标权的限制（不构成侵权的行为）★★★

1. 合理使用商标，不构成侵权。

（1）注册商标中含有的本商品的通用名称、图形、型号，或者直接表示商品的质量、主要原料、功能、用途、重量、数量及其他特点，或者含有的地名，注册商标专用权人无权禁止他人正当使用；

（2）三维标志注册商标中含有的商品自身的性质产生的形状、为获得技术效果而需有的商品形状或者使商品具有实质性价值的形状，注册商标专用权人无权禁止他人正当使用。

[例] "沁州黄"作为商品通用名，是一种黄小米的品种名称。A公司已经将"沁州黄"注册为商标（该商标经过使用获得显著特征）。B公司在其生产、销售的小米的商品包装的明显位置使用了A公司的注册商标。B公司在包装上使用"沁州"文字以表明小米品种来源的行为，属于正当使用，并无不当。

2. 商标的先用权，不构成侵权。

先用权，是指商标注册人申请商标注册前，他人已经在同一种商品或者类似商品上先于商标注册人使用与注册商标相同或者近似并有一定影响的商标的，该他人可以在原使用范围内继续使用该商标。

（1）注册商标专用权人无权禁止该使用人在原使用范围内继续使用该商标；

（2）注册商标专用权人可以要求在先使用者附加适当区别标志。

32 常考角度总结——SUMMARIZE

1. 商标无效的认定，以及对两种商标无效情形的不同处理。
2. 商标侵权行为的认定。

第四编 PART 4

劳动与社会保障法

第十一讲 劳动法律关系 11

专题 33 劳动法一般原理

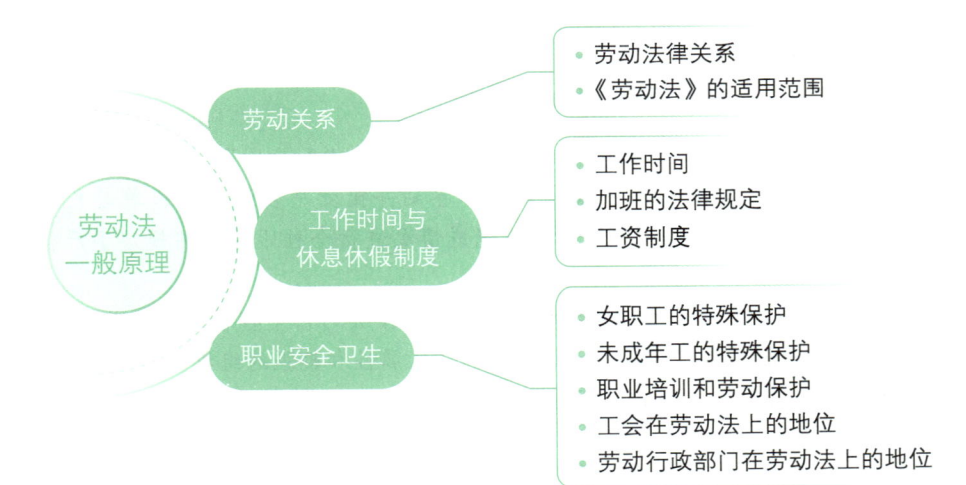

- 劳动法一般原理
  - 劳动关系
    - 劳动法律关系
    - 《劳动法》的适用范围
  - 工作时间与休息休假制度
    - 工作时间
    - 加班的法律规定
    - 工资制度
  - 职业安全卫生
    - 女职工的特殊保护
    - 未成年工的特殊保护
    - 职业培训和劳动保护
    - 工会在劳动法上的地位
    - 劳动行政部门在劳动法上的地位

考情提要

本专题考题灵活并且综合，一道题目中常出现多个考点，如"劳动合同"和"劳动争议的处理"结合、"劳动合同解除或终止"和"劳动者的社会保障"结合。

学习建议：可采用"代入法"，在脑海中形成一个完整的劳动过程，将孤立的知识点用一个人的职业生涯串起来。如职工甲入职、加班、被欠工资、解除合同、经济补偿、申请劳动仲裁、失业后的社会保险……

一、劳动关系

知识点 348 劳动法律关系 ★★★

劳动关系具有下列特征：

1. 劳动关系的核心特征为"劳动管理"，即劳动者与用人单位之间具有人格从属性、经济从属性、组织从属性。

萱姑点睛

易错 ▶ 劳动关系 ≠ 劳务关系。劳务关系没有人身属性和从属属性。

劳动管理

- **人格从属性**：例如，用人单位有权依法管理和使用劳动者，劳动者必须亲自履行劳动义务等。
- **经济从属性**：例如，用人单位向劳动者支付劳动报酬。不具有财产关系属性的无偿、义务、慈善性关系不由劳动法调整。
- **组织从属性**：其指劳动者与用人单位存在身份、组织和经济上的从属关系，用人单位按照其劳动规章制度管理和使用劳动者，双方形成管理与被管理、支配与被支配的关系。

2. 根据用工事实认定用人单位和劳动者之间的关系。

[例] 网约货车司机甲与A信息技术公司（以下简称"A公司"）订立了为期1年的《车辆管理合作协议》，约定甲每日在A公司平台签到并接受平台派单，跑单时长均在8小时以上，每日至少完成4单，平台对甲的订单完成情况进行全程跟踪，并规定了严格的奖惩办法。

本案中，甲与A公司实际上已构成劳动关系。因为A公司对甲存在明显的劳动管理行为，甲与A公司之间具有较强的人格从属性、明显的经济从属性和较强的组织从属性，符合劳动关系情形。（若平台企业仅提供信息中介、交易撮合等服务，没有明显对劳动者进行组织和管理，不宜认定为劳动关系）

总结：新就业形态劳动者与平台企业之间是否存在劳动关系，应当综合考量人格从属性、经济从属性、组织从属性的有无及强弱。

知识点 349 《劳动法》的适用范围 ★

在我国境内的用人单位和与之形成劳动关系的劳动者，适用《劳动法》。

1. 劳动者

（1）禁止用人单位招用未满16周岁的未成年人。

（2）文艺、体育和特种工艺单位招用未满16周岁的未成年人，必须遵守国家有关规定，并保障其接受义务教育的权利。

（3）不适用《劳动法》的人员

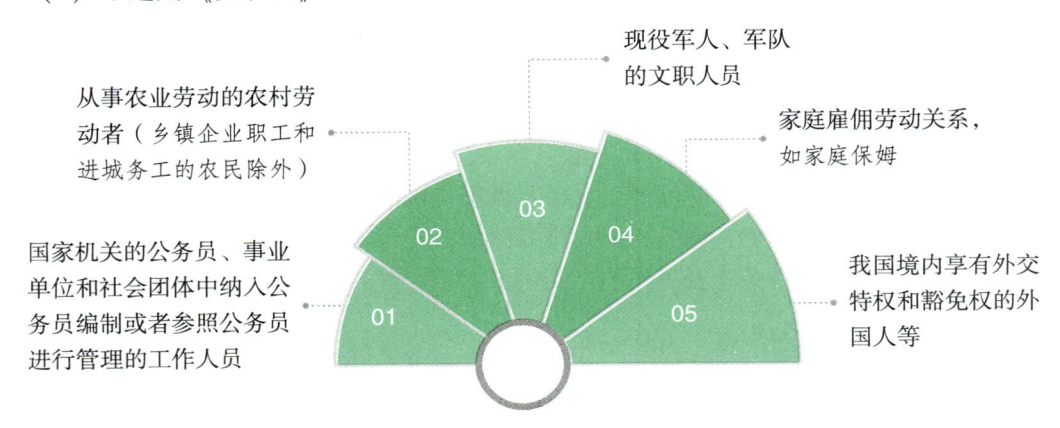

- 01 国家机关的公务员、事业单位和社会团体中纳入公务员编制或者参照公务员进行管理的工作人员
- 02 从事农业劳动的农村劳动者（乡镇企业职工和进城务工的农民除外）
- 03 现役军人、军队的文职人员
- 04 家庭雇佣劳动关系，如家庭保姆
- 05 我国境内享有外交特权和豁免权的外国人等

2. 用人单位

包括我国境内的企业，如国有企业、集体所有制企业、乡镇企业、个人独资企业、合伙企业，以及个体经济组织、民办非企业单位等组织。

二、工作时间与休息休假制度

知识点 350 工作时间★

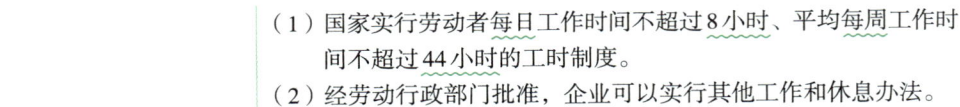

全日制工
（1）国家实行劳动者每日工作时间不超过 8 小时、平均每周工作时间不超过 44 小时的工时制度。
（2）经劳动行政部门批准，企业可以实行其他工作和休息办法。
（3）用人单位应当保证劳动者每周至少休息 1 日。
（4）法定节日期间，用人单位应当依法安排劳动者休假。法定节日包括元旦、春节、国际劳动节、国庆节以及其他休假节日。
（5）劳动者连续工作 1 年以上的，享受带薪年休假。具体办法由国务院规定。

非全日制工（小时工）
劳动者在同一用人单位一般平均每日工作时间不超过 4 小时，每周工作时间累计不超过 24 小时。

知识点 351 加班的法律规定★

1. 加班的限制

（1）用人单位不得违反《劳动法》的规定延长劳动者的工作时间；
（2）因生产经营需要，用人单位经与工会和劳动者协商后可以延长工作时间，一般每日不得超过 1 小时；
（3）因特殊原因需要延长工作时间的，用人单位在保障劳动者身体健康的条件下延长工作时间每日不得超过 3 小时，每月不得超过 36 小时。

2. 不受限制的加班

有下列情形之一的，加班不受限制：

（1）发生自然灾害、事故或者因其他原因，威胁劳动者生命健康和财产安全，需要紧急处理的；

（2）生产设备、交通运输线路、公共设施发生故障，影响生产和公众利益，必须及时抢修的。

3. 加班报酬

（1）安排劳动者延长工作时间的，支付不低于工资的 150% 的工资报酬；

（2）休息日安排劳动者工作又不能安排补休的，支付不低于工资的 200% 的工资报酬；

（3）法定休假日安排劳动者工作的，支付不低于工资的 300% 的工资报酬。

知识点 352 工资制度

用人单位根据本单位的生产经营特点和经济效益，依法自主确定本单位的工资分配方式和工资水平。

1. 工资分配原则

（1）工资分配应当遵循按劳分配原则，实行同工同酬；

（2）工资应当以货币形式按月支付给劳动者本人，不得克扣或者无故拖欠劳动者的工资；

（3）劳动者在法定休假日和婚丧假期间以及依法参加社会活动期间，用人单位应当依法支付工资。

2. 最低工资制度

（1）用人单位支付劳动者的工资不得低于当地最低工资标准。

（2）最低工资的具体标准由省、自治区、直辖市人民政府规定，报国务院备案。

（3）确定和调整最低工资标准应当综合参考下列因素：①劳动者本人及平均赡养人口的最低生活费用；②社会平均工资水平；③劳动生产率；④就业状况；⑤地区之间经济发展水平的差异。

三、职业安全卫生

知识点 353 女职工的特殊保护★

一般规定	（1）禁止安排女职工从事矿山井下、国家规定的第四级体力劳动强度的劳动和其他禁忌从事的劳动； （2）女职工生育享受不少于 90 天的产假。
生理期	（禁"三高低冷"）不得安排女职工在经期从事高处、低温、冷水作业和国家规定的第三级体力劳动强度的劳动。
孕 期	（禁"加班夜班三强"） （1）不得安排女职工在怀孕期间从事国家规定的第三级体力劳动强度的劳动和孕期禁忌从事的劳动； （2）对怀孕 7 个月以上的女职工，不得安排其延长工作时间和夜班劳动。

哺乳期	（禁"加班夜班三强"）在女职工哺乳未满1周岁的婴儿期间： （1）不得安排其从事国家规定的第三级体力劳动强度的劳动和哺乳期禁忌从事的其他劳动； （2）不得安排其延长工作时间和夜班劳动。

知识点 354　未成年工的特殊保护 ★

未成年工是指 16~18 周岁的劳动者。

1. 用人单位应当对未成年工定期进行健康检查。
2. 不得安排未成年工从事矿山井下、有毒有害、国家规定的第四级体力劳动强度的劳动和其他禁忌从事的劳动。

易错："有毒有害的工作"，女职工一般无禁止即可从事；但未成年工禁止从事该类工作，因为未成年工尚未到 18 周岁，还处于身体发育阶段。

知识点 355　职业培训和劳动保护 ★

职业培训	（1）从事特种作业的劳动者必须经过专门培训并取得特种作业资格； （2）从事技术工种的劳动者，上岗前必须经过培训； （3）用人单位应当建立职业培训制度，按照国家规定提取和使用职业培训经费，根据本单位实际，有计划地对劳动者进行职业培训。
劳动保护	（1）用人单位必须为劳动者提供符合国家规定的劳动安全卫生条件和必要的劳动防护用品； （2）用人单位必须对从事有职业危害作业的劳动者定期进行健康检查； （3）新建、改建、扩建工程的劳动安全卫生设施必须与主体工程同时设计、同时施工、同时投入生产和使用。
劳动者的权利	（1）劳动者对危害生命安全和身体健康的行为，有权提出批评、检举和控告； （2）劳动者对用人单位管理人员违章指挥、强令冒险作业，有权拒绝执行。

知识点 356　工会在劳动法上的地位

工会依法维护劳动者的合法权益。

1. 重要规章制度

（1）用人单位在制定、修改或者决定有关劳动报酬、工作时间等直接涉及劳动者切身利益的规章制度或者重大事项时，应当与工会或者职工代表平等协商确定；

（2）在规章制度和重大事项决定实施过程中，工会认为不适当的，有权向用人单位提出；

（3）工会有权参与社会保险重大事项的研究，参加社会保险监督委员会，对与职工社会保险权益有关的事项进行监督。

2. 劳动合同纠纷

（1）用人单位违反劳动法律、法规和劳动合同、集体合同的，工会有权提出意见或者要求纠正。

（2）用人单位单方解除劳动合同的，应当事先将理由通知工会。

（3）用人单位解除劳动合同，工会认为不适当的，有权提出意见。如果用人单位违反法律、法规或者劳动合同，工会有权要求重新处理。

（4）用人单位确需裁减人员的，应当提前30日向工会说明情况，听取工会的意见。

3. 在用人单位内设立的劳动争议调解委员会，主任由工会代表担任。

知识点 357 劳动行政部门在劳动法上的地位

1. 用人单位裁减人员的方案，需要向劳动行政部门报告。

2. 集体合同订立后，应当报送劳动行政部门。

3. 经营劳务派遣业务，应当向劳动行政部门依法申请行政许可。

4. 用人单位不能实行法定工时制、法定休假日制度时的替代方案，应当经劳动行政部门审批。

5. 劳动争议仲裁委员会主任由劳动行政部门代表担任。劳动争议仲裁委员会由劳动行政部门代表、同级工会代表、用人单位方面的代表组成。

33 常考角度总结 SUMMARIZE

1. 加班正当性的认定及报酬标准。
2. 对女职工和未成年工的保护措施的差异。
3. 劳动保护与职业培训合法性的判断。

致努力中的你

其实人跟树是一样的，
越是向往高处的阳光，
它的根就越要伸向黑暗的地底。

专题 34　劳动合同的订立和特殊条款

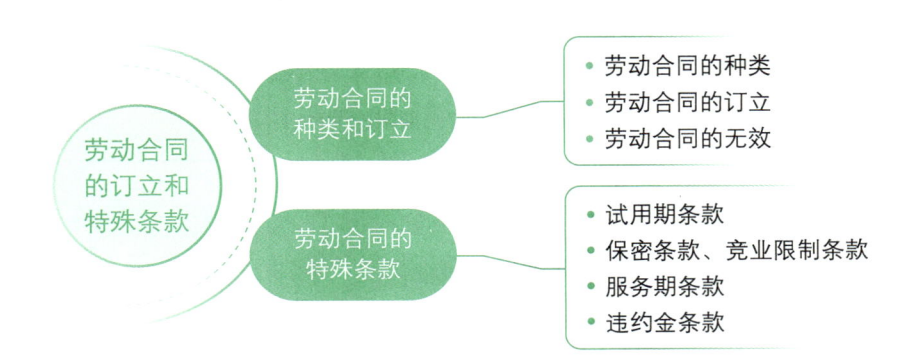

- 劳动合同的订立和特殊条款
  - 劳动合同的种类和订立
    - 劳动合同的种类
    - 劳动合同的订立
    - 劳动合同的无效
  - 劳动合同的特殊条款
    - 试用期条款
    - 保密条款、竞业限制条款
    - 服务期条款
    - 违约金条款

一、劳动合同的种类和订立

知识点 358　劳动合同的种类 ★★

劳动合同分为固定期限劳动合同、无固定期限劳动合同和以完成一定工作任务为期限的劳动合同。

第一类，固定期限劳动合同

其指用人单位与劳动者约定合同终止时间的劳动合同。

第二类，无固定期限劳动合同

其指用人单位与劳动者约定无确定终止时间的劳动合同。

协商订立	用人单位与劳动者协商一致，可以订立无固定期限劳动合同。
法定情形	（1）劳动者在同一用人单位连续工作满 10 年以上，当事人双方同意续延劳动合同的，如果劳动者提出订立无固定期限的劳动合同，应当订立无固定期限的劳动合同；（《劳动法》第 20 条第 2 款）（见下例） （2）用人单位应当与劳动者签订无固定期限劳动合同而未签订的，可以视为双方之间存在无固定期限劳动合同关系，并以原劳动合同确定双方的权利义务关系。
未订立合同情形	自用工之日起满 1 年，用人单位不与劳动者订立书面劳动合同的，视为已订立无固定期限劳动合同。
不适用情形	公益性岗位，其劳动合同不适用无固定期限劳动合同的规定以及支付经济补偿的规定。

[例] Tina 在菲洛巧克力公司（中意合资）连续工作满10年，当 Tina 主张续签下一个合同时，公司主张双方协商是否续订无固定期限劳动合同。
问：公司的主张是否合法？
答：不合法。公司有义务和 Tina 订立无固定期限劳动合同，而不是"协商"。

第三类，以完成一定工作任务为期限的劳动合同

其指用人单位与劳动者约定以某项工作的完成为合同期限的劳动合同。

知识点 359 劳动合同的订立 ★★★

1. 建立劳动关系与订立劳动合同的关系

（1）用人单位自用工之日起即与劳动者建立劳动关系。建立劳动关系应当订立书面劳动合同。

（2）用人单位与劳动者在用工前订立劳动合同的，劳动关系自用工之日起建立。

（3）用人单位招用与其他用人单位尚未解除或者终止劳动合同的劳动者，给其他用人单位造成损失的，应当承担连带赔偿责任。（此处"损失"是指直接经济损失，不包括间接经济损失）

2. 未订立书面劳动合同的处理

[图例]

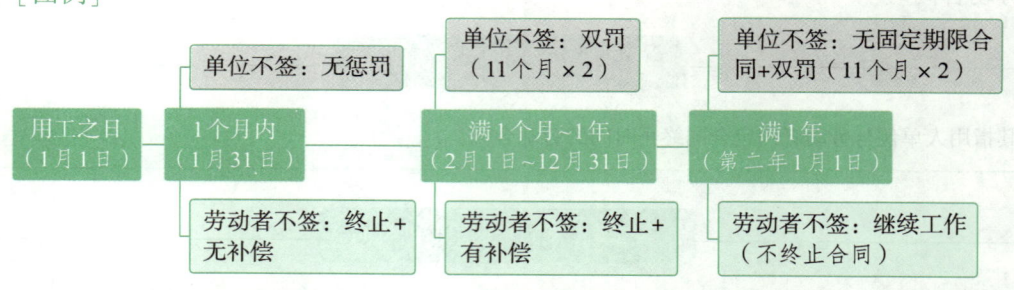

用工之日（1月1日）	1个月内（1月31日）	满1个月~1年（2月1日~12月31日）	满1年（第二年1月1日）
	单位不签：无惩罚	单位不签：双罚（11个月×2）	单位不签：无固定期限合同+双罚（11个月×2）
	劳动者不签：终止+无补偿	劳动者不签：终止+有补偿	劳动者不签：继续工作（不终止合同）

[规则]"已建立劳动关系，但未签订书面劳动合同"的，依据"时间+主体"处理。要点包括：

时间点 1 自用工之日起 1 个月内

用人单位	未签书面劳动合同的，不用承担不利后果。
劳动者	（1）经用人单位书面通知后，劳动者不与用人单位订立书面劳动合同的，用人单位应当书面通知劳动者终止劳动关系； （2）此时，用人单位无需向劳动者支付经济补偿，但是应当支付其实际工作时间的劳动报酬。

时间点 2 自用工之日起超过 1 个月不满 1 年

用人单位	（1）未与劳动者订立书面劳动合同的，应当向劳动者每月支付 2 倍的工资，并与劳动者补订书面劳动合同；

	时间点2　自用工之日起超过1个月不满1年
用人单位	（2）上述用人单位向劳动者每月支付2倍工资的起算时间，为用工之日起满1个月的次日，截止时间为补订书面劳动合同的前一日。 ⊙易错：此处"第2倍工资"，不是劳动者的劳动报酬，可理解为用人单位的赔偿金。所以劳动者索要用人单位不订立书面劳动合同的"第2倍工资"，要受到仲裁时效1年的限制。（劳动仲裁时效，见下文）
劳动者	（1）不与用人单位订立书面劳动合同的，用人单位应当书面通知劳动者终止劳动关系； （2）此时，用人单位要支付经济补偿。
	时间点3　自用工之日起满1年
用人单位	（1）未与劳动者订立书面劳动合同的，自用工之日起满1个月的次日至满1年的前一日，向劳动者每月支付2倍的工资； （2）并视为自用工之日起满1年的当日已经与劳动者订立无固定期限劳动合同。
劳动者	满1年后，用人单位不得终止劳动关系。

知识点 360　劳动合同的无效

1. 劳动合同无效的情形（《劳动法》第18条第1款）[1]

（1）违反法律、行政法规订立劳动合同；

（2）采取欺诈、威胁等手段订立劳动合同。

2. 劳动合同无效的处理

（1）无效的劳动合同，从订立的时候起，就没有法律约束力；

（2）确认劳动合同部分无效的，如果不影响其余部分的效力，其余部分仍然有效；

（3）劳动合同的无效，由劳动争议仲裁委员会或者人民法院确认。

二、劳动合同的特殊条款

知识点 361　试用期条款★★

1. 一般规定

（1）同一用人单位与同一劳动者只能约定一次试用期。（目的：防止用人单位滥用试用期规定）

（2）试用期包含在劳动合同期限内。劳动合同仅约定试用期的，试用期不成立，该期限为劳动合同期限。

（3）用人单位违反规定与劳动者约定试用期的，由劳动行政部门责令改正。

（4）违法约定的试用期已经履行的，由用人单位以劳动者试用期满月工资为标准，按已经履行的超过法定试用期的期间向劳动者支付赔偿金。

---

[1] 关于劳动合同无效事由，《劳动合同法》第26条第1款和《劳动法》第18条第1款表述有所不同，但实质意思基本相同。本书采用《劳动法》的规定。

2. 试用期的期限

劳动合同期限	不满3个月的	3个月以上不满1年的	1年以上不满3年的	3年以上的
	不得约定试用期	试用期不得超过1个月	试用期不得超过2个月	试用期不得超过6个月

3. 试用期间的工资（≥80%且≥最低工资）

（1）不得低于本单位相同岗位最低档工资或者劳动合同约定工资的 80%；

（2）不得低于用人单位所在地的最低工资标准。

[例1] 2021 年 3 月签订的劳动合同，有效期至 2022 年 7 月。其试用期最长为 2 个月。

[例2] 试用期满后工资为 2000 元，当地最低工资为 1580 元，则试用期工资最低为 1600 元；若当地最低工资为 1680 元，则试用期工资最低为 1680 元。

4. 不得约定试用期的情形

（1）以完成一定工作任务为期限的劳动合同；

（2）劳动合同期限不满 3 个月的。

5. 试用期劳动合同的解除

（1）劳动者有严重过错的，用人单位可以解除试用期劳动合同；

（2）劳动者因自身原因不能胜任工作的，用人单位可以解除试用期劳动合同。

易错：解除原因均在"劳动者"。若是用人单位的原因，如重整裁员，此时不可裁减试用期劳动者，因为试用期并不长，可等试用到期自然终止。

知识点 362 保密条款、竞业限制条款 ★★

1. 保密条款

用人单位与劳动者可以在劳动合同中约定保守用人单位的商业秘密和与知识产权相关的保密事项。

2. 竞业限制条款

用人单位可以在劳动合同或者保密协议中与特定劳动者约定竞业限制条款，约定特定劳动者在解除、终止劳动合同后的一定期限内，不得到与本单位生产或者经营同类产品、从事同类业务的有竞争关系的其他用人单位任职，或者不得自己开业生产或者经营同类产品、从事同类业务。

期限	在解除或者终止劳动合同后，下述人员的竞业限制期限不得超过 2 年。（离职后≤2 年）
劳动者	（1）竞业限制的人员限于用人单位的高级管理人员、高级技术人员和其他负有保密义务的人员。

劳动者	（2）劳动者违反竞业限制约定，同时满足： ①应当按照约定向用人单位支付违约金； ②用人单位有权要求劳动者按照约定继续履行竞业限制义务。[1]
用人单位	（1）用人单位可以与劳动者约定在解除或者终止劳动合同后，在竞业限制期限内按月给予劳动者经济补偿； （2）用人单位未按照约定给予经济补偿，劳动者履行了竞业限制义务的，有权要求用人单位按照前12个月平均工资的30%（同时≥最低工资）按月支付经济补偿； （3）用人单位3个月未支付经济补偿的，劳动者可以请求解除竞业限制约定； （4）用人单位解除竞业限制协议，劳动者有权请求用人单位额外支付3个月的竞业限制经济补偿。

知识点 363 服务期条款 ★★

1. 前提

（1）用人单位为劳动者提供专项培训费用，对其进行专业技术培训的，可以与该劳动者订立协议，约定服务期。

（2）劳动合同期满，但服务期尚未到期的，劳动合同应当续延至服务期满；双方另有约定的，从其约定。

2. 劳动者违反服务期的认定

违反服务期	未违反服务期
（1）非因用人单位的过错，劳动者提前解除约定服务期的劳动合同的，构成劳动者违反服务期；	（1）因用人单位的重大过错，劳动者提出解除服务期劳动合同的，不构成劳动者违反服务期；（用人单位重大过错，具体内容见下文"解除劳动合同的条件和程序"）
（2）因劳动者的重大过错，用人单位提前解除服务期劳动合同的，构成劳动者违反服务期。（劳动者重大过错，具体内容见下文"解除劳动合同的条件和程序"）	（2）用人单位因裁员、情势变更，解除未到服务期的劳动合同的，不构成劳动者违反服务期。

3. 违反服务期约定的处理

（1）劳动者应当按照约定向用人单位支付违约金；

（2）违约金不得超过服务期尚未履行部分所应分摊的培训费用。

知识点 364 违约金条款 ★★

《劳动合同法》明确规定只有在两种情形下，劳动者违约时需要承担违约金，即不允

---

[1] 因为竞业限制的对象是高管、高级技术人员等掌握用人单位重要经营信息、技术信息的人员，如果他们到竞争对手企业工作，会对原用人单位造成极大不利影响，所以上述人员违约，不仅要支付违约金，而且由于竞业限制更主要的目的是不能让其到竞争对手企业工作，所以其还要"继续履行竞业限制义务"。

许用人单位任意约定由劳动者承担违约金：

1. 劳动者违反服务期约定的，应当按照约定向用人单位支付违约金。
2. 劳动者违反竞业限制约定的，应当按照约定向用人单位支付违约金。

总结

违反服务期 两情形 → ○ 提前主动辞职 ○ 有过错被开除

支付违约金 两情形 → ○ 违反服务期 ○ 违反竞业限制

随堂小测

1. 甲厂与工程师江某签订了保密协议，甲厂认为保密义务理应包括竞业限制义务。江某辞职后能否立即到和甲厂有竞争业务的乙厂工作？

答：可以。甲厂未明确约定江某负有竞业限制义务，则江某有权到乙厂工作。

2. 甲厂与工程师江某签订了保密协议。若江某违反了保密协议，江某是否要向甲厂支付违约金？

答：不用支付。违反保密协议不属于需要支付违约金的法定情形。但江某要对甲厂承担赔偿责任。

致努力中的你

> 不论何种钻石，
> 在刚被发掘出来之时都只是普通的石块。
> 如果没有精巧地切割、打磨，
> 是无法绽放光芒的。
> 同样，人也要好好打磨名为"自己"的原石。

专题 35 劳动合同的解除和终止

劳动合同的解除和终止

- 解除劳动合同的条件和程序
  - 劳动者单方解除
  - 用人单位单方解除
  - 用人单位裁员（《劳动合同法》第41条；《劳动法》第27条）
  - 不得解除劳动合同的情形（《劳动法》第29条）

- 解除劳动合同的经济补偿
  - 支付经济补偿的情形
  - 无需支付经济补偿的情形
  - 经济补偿的标准
  - 劳动合同解除的赔偿金

劳动者的"重大过错"：①劳动者严重违反用人单位的规章制度的；②劳动者严重失职，营私舞弊，给用人单位造成重大损害的；③劳动者同时与其他用人单位建立劳动关系，对完成本单位的工作任务造成严重影响，或者经用人单位提出，拒不改正的；④劳动者以欺诈、胁迫的手段或者乘人之危，使用人单位在违背真实意思的情况下订立或者变更劳动合同的；⑤劳动者被依法追究刑事责任的。

用人单位的"重大过错"：①用人单位未按照劳动合同约定提供劳动保护或者劳动条件的；②用人单位未及时足额支付劳动报酬的；③用人单位未依法为劳动者缴纳社会保险费的；④用人单位的规章制度违反法律、法规的规定，损害劳动者权益的；⑤因用人单位欺诈等致使劳动合同无效的；⑥用人单位以暴力、威胁或者非法限制人身自由的手段强迫劳动者劳动的；⑦用人单位违章指挥、强令冒险作业危及劳动者人身安全的。

一、解除劳动合同的条件和程序

在劳动合同履行过程中，用人单位和劳动者既可以协商一致解除合同，也可以由一方单方面解除劳动合同。（重点是"单方解除劳动合同"的具体情形）

知识点 365　劳动者单方解除 ★★

1. 预告解除（《劳动法》第31条）

劳动者解除劳动合同，应当提前30日以书面形式通知用人单位。

2. 立即解除（《劳动法》第 32 条）

有下列情形之一的，劳动者可以随时通知用人单位解除劳动合同：

（1）在试用期内的；

（2）用人单位以暴力、威胁或者非法限制人身自由的手段强迫劳动的；

（3）用人单位未按照劳动合同约定支付劳动报酬或者提供劳动条件的。

知识点 366 用人单位单方解除 ★★

1. 预告解除（《劳动法》第 26 条）

出现下列情形之一的，用人单位解除合同时应当提前 30 日以书面形式通知劳动者本人，并且应当事先将理由通知工会：

（1）劳动者患病或者非因工负伤，在规定的医疗期满后，不能从事原工作也不能从事由用人单位另行安排的工作的；

（2）劳动者不能胜任工作，经过培训或者调整工作岗位，仍不能胜任工作的；

（3）劳动合同订立时所依据的客观情况发生重大变化，致使原劳动合同无法履行，经当事人协商不能就变更劳动合同达成协议的。

2. 及时解除（《劳动法》第 25 条）

劳动者有下列情形之一的，用人单位可以解除劳动合同：

（1）在试用期间被证明不符合录用条件的；

（2）严重违反劳动纪律或者用人单位规章制度的；

（3）严重失职，营私舞弊，对用人单位利益造成重大损害的；

（4）被依法追究刑事责任的。

知识点 367 用人单位裁员（《劳动合同法》第 41 条；《劳动法》第 27 条）★★

裁员，是指企业在经营困难等情况下批量解除和劳动者的合同。

1. 启动裁员程序的原因

用人单位濒临破产进行法定整顿期间或者生产经营状况发生严重困难，确需裁减人员。

2. 条件

（1）用人单位需要裁减人员 20 人以上或者裁减不足 20 人但占企业职工总数 10% 以上。

（2）裁员时，应当优先留用下列人员：

❶与本单位订立较长期限的固定期限劳动合同的；

❷与本单位订立无固定期限劳动合同的；

❸家庭无其他就业人员，有需要扶养的老人或者未成年人的。

> **萱姑点睛**
> 点睛 ▶ 两老顶梁柱，裁时优先留。

3. 裁员程序

（1）用人单位应当提前 30 日向工会或者全体职工说明情况，听取工会或者职工的意见；

（2）经向劳动行政部门报告后，可以裁减人员；

（3）用人单位裁减人员，在 6 个月内录用人员的，应当优先录用被裁减的人员。

知识点 368　不得解除劳动合同的情形（《劳动法》第29条）★★★

前　提	劳动者有下列情形之一的： （1）患职业病或者因工负伤并被确认丧失或者部分丧失劳动能力的； （2）患病或者负伤，在规定的医疗期内的； （3）女职工在孕期、产期、哺乳期内的； （4）法律、行政法规规定的其他情形。
原　则	用人单位不得以上述劳动者出现"不能从事原工作也不能从事由用人单位另行安排的工作；劳动者不能胜任工作；订立时依据的客观情况发生重大变化；用人单位确需裁减人员"等情形而解除劳动合同。
例　外	上述劳动者出现"用人单位可及时解除合同情形"（即在试用期间被证明不符合录用条件的；严重违反劳动纪律或用人单位规章制度的；严重失职，营私舞弊，对用人单位利益造成重大损害的；被追究刑事责任的），用人单位可及时解除劳动合同。

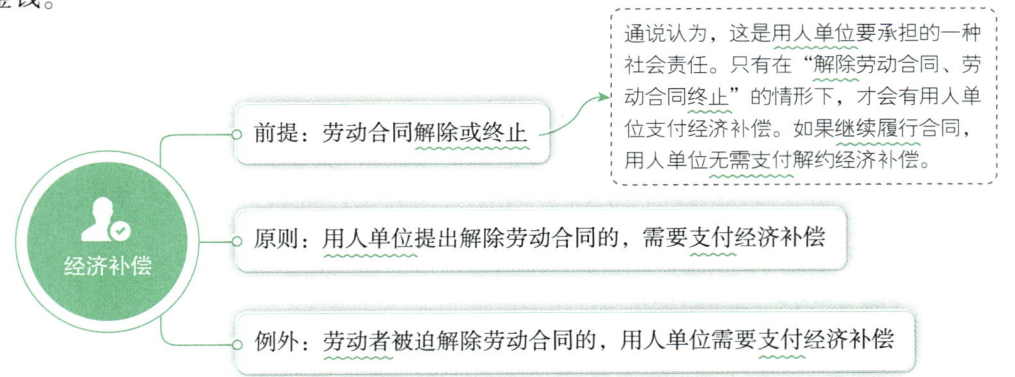

二、解除劳动合同的经济补偿

经济补偿，是指当劳动合同依法解除或终止时，用人单位需要支付给劳动者一定数额的金钱。

经济补偿
- 前提：劳动合同解除或终止
- 原则：用人单位提出解除劳动合同的，需要支付经济补偿
- 例外：劳动者被迫解除劳动合同的，用人单位需要支付经济补偿

> 通说认为，这是用人单位要承担的一种社会责任。只有在"解除劳动合同、劳动合同终止"的情形下，才会有用人单位支付经济补偿。如果继续履行合同，用人单位无需支付解约经济补偿。

知识点 369　支付经济补偿的情形★★★

1. 用人单位解除下列劳动合同，需要支付经济补偿：

合同解除	（1）用人单位向劳动者提出解除劳动合同，并与劳动者协商一致解除劳动合同的； （2）劳动者不能胜任工作、客观情况变化导致不能再履行原合同，用人单位依《劳动合同法》规定解除劳动合同的； （3）用人单位裁员的。
合同终止	（1）用人单位终止劳动合同的； （2）用人单位经营期限届满不再继续经营，导致劳动合同不能继续履行的； （3）劳动合同期满，用人单位降低劳动合同约定条件续订劳动合同，劳动者不同意续订，终止固定期限劳动合同的。

2. 劳动者被迫提出解除劳动合同的,用人单位需要支付经济补偿。

用人单位有下列情形之一,迫使劳动者提出解除劳动合同的,用人单位应当支付劳动报酬和经济补偿,并可支付赔偿金。[1]

(1) 以暴力、威胁或者非法限制人身自由的手段强迫劳动的;

(2) 未按照劳动合同约定支付劳动报酬或者提供劳动条件的;

(3) 克扣或者无故拖欠劳动者工资的;

(4) 拒不支付劳动者延长工作时间工资报酬的;

(5) 低于当地最低工资标准支付劳动者工资的。

> **萱姑点睛**
>
> **易错** ▶ 单位有过错,劳动者可及时解除劳动合同+经济补偿+过错赔偿金。

知识点 370 无需支付经济补偿的情形 ★★★

1. 用人单位解除下列劳动合同,无需支付经济补偿:

合同解除	劳动者有过错的(如严重违规违法),用人单位可以解除劳动合同,无需支付经济补偿。
合同终止	劳动合同期满,用人单位维持或者提高劳动合同约定条件续订劳动合同,劳动者不同意续订,终止固定期限劳动合同的。
公益性岗位	(1) 公益性岗位,是指地方各级人民政府及县级以上地方人民政府有关部门为安置就业困难人员提供的给予岗位补贴和社会保险补贴的岗位; (2) 该种劳动合同解除或者终止时,用人单位无需支付经济补偿金。
小时工	无经济补偿。

2. 劳动者自愿解除劳动合同的,无经济补偿。

劳动者提出解除劳动合同并与用人单位协商一致解除劳动合同的,用人单位无需支付经济补偿。

知识点 371 经济补偿的标准 ★★

按照劳动者在本单位的工作年限、月工资计算。

工作年限	一般情形	(1) 按劳动者在本单位工作的年限,每满1年支付1个月工资的标准向劳动者支付; (2) 6个月以上不满1年的,按1年计算; (3) 不满6个月的,向劳动者支付半个月工资的经济补偿。
	特殊情形	劳动者非因本人原因从原用人单位被安排到新用人单位工作的,要区分:(见下例) (1) 原用人单位已经向劳动者支付经济补偿的,新用人单位在依法解除、终止劳动合同计算支付经济补偿的工作年限时,不再计算劳动者在原用人单位的工作年限;

---

[1]《最高人民法院关于审理劳动争议案件适用法律问题的解释(一)》第45条。

工作年限	特殊情形	（2）原用人单位未支付经济补偿的，在计算支付经济补偿或赔偿金的工作年限时，劳动者在原用人单位的工作年限合并计算为新用人单位工作年限。
月工资	一般情形	（1）月工资：劳动者在劳动合同解除或者终止前12个月的平均工资。低于当地最低工资标准的，按照当地最低工资标准计算。 （2）月工资按照劳动者应得工资计算，包括计时工资或者计件工资以及奖金、津贴和补贴等货币性收入。
	特殊情形	（1）工作不满12个月的，按照实际工作的月数计算平均工资； （2）月工资高于本地区上年度职工月平均工资3倍的，向其支付经济补偿的标准按职工月平均工资3倍的数额支付，向其支付经济补偿的年限最高不超过12年。

［例］甲教育培训公司前几年快速扩张，兼并"巨娃"中小培训公司并接受其员工。栗子原来在巨娃公司工作5年，在甲公司已经工作2年。今年，甲公司因经营困境决定裁减职工。

（1）若巨娃公司被兼并时，已经向栗子支付了经济补偿，甲公司裁员时，仅以栗子在甲公司的工作年限计算经济补偿金；

（2）若巨娃公司被兼并时，没有向栗子支付经济补偿，甲公司裁员时，需要合并工作年限计算经济补偿金。

知识点 372 劳动合同解除的赔偿金★★★

1. 前提：用人单位违法解除、终止劳动合同

（1）解除劳动合同的理由违法。例如，以不能胜任工作为由，解除了与怀孕女职工 A 的劳动合同。

（2）解除劳动合同的程序违法。例如，建立了工会组织的用人单位解除劳动合同，未按照规定事先通知工会。但起诉前用人单位已经补正有关程序的除外。

2. 处理

［情形1］继续履行

出现上述违法解除劳动合同情形：
（1）劳动者要求继续履行劳动合同的，用人单位应当继续履行；
（2）用人单位无需支付经济补偿。

［情形2］不再履行

（1）劳动者不要求继续履行劳动合同，或者劳动合同已经不能继续履行的，用人单位应当依照经济补偿（N）标准的2倍向劳动者支付赔偿金（2N）；
（2）用人单位不再支付经济补偿。

［例］甲互联网公司裁员时，依法解除和张三（男）的劳动合同，需支付经济补偿（N）。甲公司裁员时，以不能胜任工作为由，解除与怀孕女职工A的劳动合同的，需支付赔偿金（2N），此时，不再支付经济补偿。

3. 计算标准

（1）用人单位支付了经济赔偿金的，不再支付经济补偿；

（2）赔偿金＝2倍经济补偿。

用人单位发生重大过错（如暴力威胁、欠薪等），迫使劳动者提出解除劳动合同的，用人单位应当支付劳动报酬+经济补偿，并可支付赔偿金。（此处的"赔偿金"依据用人单位过错计算，和"经济补偿"的计算标准不同）

> **萱姑点睛**
>
> **提示 ▶** 不要和"劳动者被迫解除劳动合同，可同时要求经济补偿+赔偿金"混淆。

35 常考角度总结——SUMMARIZE

1. 新形态劳动关系的认定。
2. 未订立书面劳动合同在不同时间段的处理。
3. 对劳动合同条款合法性的认定：试用期、竞业限制、服务期、违约金条款。
4. 解除劳动合同的理由和程序。（要掌握解除理由、解约程序是否合法）
5. 支付经济补偿的情形。
6. 经济补偿的计算标准及其与经济赔偿的关系。

附 件
APPENDIX

劳动合同解除的法律对比

	《劳动合同法》（2012年修正）	《劳动法》（2018年修正）	对比
协商解除	第36条　用人单位与劳动者协商一致，可以解除劳动合同。	第24条　经劳动合同当事人协商一致，劳动合同可以解除。	规定相同，本书采用《劳动法》的法条表述。
劳动者			
预告解除	第37条　劳动者提前30日以书面形式通知用人单位，可以解除劳动合同。劳动者在试用期内提前3日通知用人单位，可以解除劳动合同。	第31条　劳动者解除劳动合同，应当提前30日以书面形式通知用人单位。	《劳动法》取消了：劳动者在试用期内提前3日……

续表

	《劳动合同法》（2012年修正）	《劳动法》（2018年修正）	对比
	劳动者		
立即解除	第38条　用人单位有下列情形之一的，劳动者可以解除劳动合同： （一）未按照劳动合同约定提供劳动保护或者劳动条件的； （二）未及时足额支付劳动报酬的； （三）未依法为劳动者缴纳社会保险费的； （四）用人单位的规章制度违反法律、法规的规定，损害劳动者权益的； （五）因本法第26条第1款规定的情形致使劳动合同无效的； （六）法律、行政法规规定劳动者可以解除劳动合同的其他情形。 　　用人单位以暴力、威胁或者非法限制人身自由的手段强迫劳动者劳动的，或者用人单位违章指挥、强令冒险作业危及劳动者人身安全的，劳动者可以立即解除劳动合同，不需事先告知用人单位。	第32条　有下列情形之一的，劳动者可以随时通知用人单位解除劳动合同： （一）在试用期内的； （二）用人单位以暴力、威胁或者非法限制人身自由的手段强迫劳动的； （三）用人单位未按照劳动合同约定支付劳动报酬或者提供劳动条件的。	此处修改较大，应以2018年修正的《劳动法》为准： （1）需要通知单位；（即使"强迫劳动"，解除时也需要通知单位） （2）增加"试用期内，劳动者可随时通知解除"。
	用人单位		
及时解除	第39条　劳动者有下列情形之一的，用人单位可以解除劳动合同： （一）在试用期间被证明不符合录用条件的； （二）严重违反用人单位的规章制度的； （三）严重失职，营私舞弊，给用人单位造成重大损害的； （四）劳动者同时与其他用人单位建立劳动关系，对完成本单位的工作任务造成严重影响，或者经用人单位提出，拒不改正的； （五）因本法第26条第1款第1项规定的情形致使劳动合同无效的； （六）被依法追究刑事责任的。	第25条　劳动者有下列情形之一的，用人单位可以解除劳动合同： （一）在试用期间被证明不符合录用条件的； （二）严重违反劳动纪律或者用人单位规章制度的； （三）严重失职，营私舞弊，对用人单位利益造成重大损害的； （四）被依法追究刑事责任的。	（1）表述略有不同，但实质内容相同；（本书以《劳动法》法条为准） （2）用"严重违反劳动纪律"概括"多个劳动关系、劳动合同无效"。
预告解除	第40条　有下列情形之一的，用人单位提前30日以书面形式通知劳动者本人或者额外支付劳动者1个月工资后，可以解除劳动合同：	第26条　有下列情形之一的，用人单位可以解除劳动合同，但是应当提前30日以书面形式通知劳动者本人：	（1）《劳动法》未规定"代通金"。其余内容两法相同。

续表

	《劳动合同法》（2012年修正）	《劳动法》（2018年修正）	对 比
	用人单位		
预告解除	（一）劳动者患病或者非因工负伤，在规定的医疗期满后不能从事原工作，也不能从事由用人单位另行安排的工作的； （二）劳动者不能胜任工作，经过培训或者调整工作岗位，仍不能胜任工作的； （三）劳动合同订立时所依据的客观情况发生重大变化，致使劳动合同无法履行，经用人单位与劳动者协商，未能就变更劳动合同内容达成协议的。	（一）劳动者患病或者非因工负伤，医疗期满后，不能从事原工作也不能从事由用人单位另行安排的工作的； （二）劳动者不能胜任工作，经过培训或者调整工作岗位，仍不能胜任工作的； （三）劳动合同订立时所依据的客观情况发生重大变化，致使原劳动合同无法履行，经当事人协商不能就变更劳动合同达成协议的。	（2）本书以《劳动法》法条为准。
裁 员	第41条　有下列情形之一，需要裁减人员20人以上或者裁减不足20人但占企业职工总数10%以上的，用人单位提前30日向工会或者全体职工说明情况，听取工会或者职工的意见后，裁减人员方案经向劳动行政部门报告，可以裁减人员： （一）依照企业破产法规定进行重整的； （二）生产经营发生严重困难的； （三）企业转产、重大技术革新或者经营方式调整，经变更劳动合同后，仍需裁减人员的； （四）其他因劳动合同订立时所依据的客观经济情况发生重大变化，致使劳动合同无法履行的。 裁减人员时，应当优先留用下列人员： （一）与本单位订立较长期限的固定期限劳动合同的； （二）与本单位订立无固定期限劳动合同的； （三）家庭无其他就业人员，有需要扶养的老人或者未成年人的。 用人单位依照本条第1款规定裁减人员，在6个月内重新招用人员的，应当通知被裁减的人员，并在同等条件下优先招用被裁减的人员。	第27条　用人单位濒临破产进行法定整顿期间或者生产经营状况发生严重困难，确需裁减人员的，应当提前30日向工会或者全体职工说明情况，听取工会或者职工的意见，经向劳动行政部门报告后，可以裁减人员。 用人单位依据本条规定裁减人员，在6个月内录用人员的，应当优先录用被裁减的人员。	（1）《劳动法》减少了对用人单位裁员的限制，更加体现了单位的自主经营权； （2）本书以《劳动法》法条为准。

《劳动合同法》（2012年修正）	《劳动法》（2018年修正）	对　　比
用人单位		

	《劳动合同法》（2012年修正）	《劳动法》（2018年修正）	对　　比
不得解除	**第42条**　劳动者有下列情形之一的，用人单位不得依照本法第40条、第41条的规定解除劳动合同： （一）从事接触职业病危害作业的劳动者未进行离岗前职业健康检查，或者疑似职业病病人在诊断或者医学观察期间的； （二）在本单位患职业病或者因工负伤并被确认丧失或者部分丧失劳动能力的； （三）患病或者非因工负伤，在规定的医疗期内的； （四）女职工在孕期、产期、哺乳期的； （五）在本单位连续工作满15年，且距法定退休年龄不足5年的； （六）法律、行政法规规定的其他情形。	**第29条**　劳动者有下列情形之一的，用人单位不得依据本法第26条、第27条的规定解除劳动合同： （一）患职业病或者因工负伤并被确认丧失或者部分丧失劳动能力的； （二）患病或者负伤，在规定的医疗期内的； （三）女职工在孕期、产期、哺乳期内的； （四）法律、行政法规规定的其他情形。	（1）《劳动法》的规定更加严格，仅具体规定了三种情况： ①确诊职业病或重工伤； ②医疗期内； ③女职工。 《劳动法》取消了两种情况： ①未确诊的职业病劳动者； ②工作期限长的老员工。 （2）本书以《劳动法》法条为准。

致努力中的你

种子破土发芽前没有任何的迹象，
是因为没到那个时间点。

专题 36 特殊劳动关系

特殊劳动关系
- 集体合同
  - 集体合同的订立和生效（《劳动法》第33、34条）
- 劳务派遣
  - 劳务派遣单位
  - 劳务派遣关系中的"用工单位"
  - 劳务派遣纠纷
- 非全日制用工
  - 非全日制用工的认定
  - 非全日制用工与一般劳动关系的区别

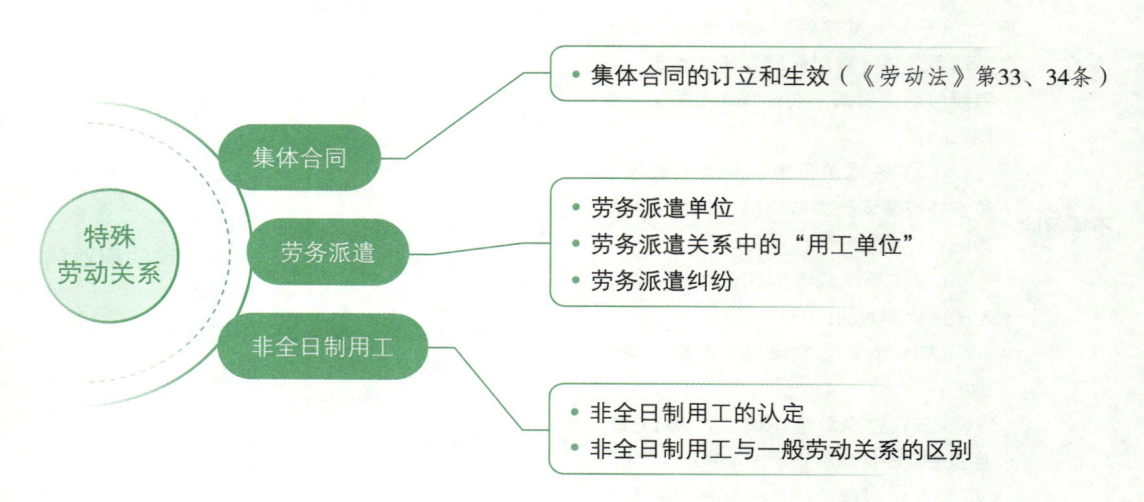

一、集体合同

集体合同，是指企业职工一方与用人单位通过平等协商，就劳动报酬、工作时间、休息休假、劳动安全卫生、保险福利等事项订立的书面协议。

知识点 373 集体合同的订立和生效 ★

1. 集体合同的订立（《劳动法》第33、34条）

（1）集体合同草案应当提交职工代表大会或者全体职工讨论通过。

（2）集体合同由<u>工会代表职工与企业签订</u>；没有建立工会的企业，由职工推举的代表与企业签订。

（3）集体合同签订后应当报送劳动行政部门；劳动行政部门自收到集体合同文本之日起 15 日内未提出异议的，集体合同即行生效。

2. 集体合同的效力（《劳动法》第35条）

（1）依法签订的集体合同对企业和企业全体职工具有约束力。

（2）职工个人与企业订立的劳动合同中劳动条件和劳动报酬等标准不得低于集体合同的规定。

> **萱姑点睛**
> 易错▶集体合同"默示生效"，不需要劳动行政部门批准。

> **萱姑点睛**
> 提示▶集体合同的效力高于（单个）劳动合同。

> **易错**：集体合同 VS.（单个）劳动合同

1 当事人不同
前者的当事人为劳动者团体（如工会）和用人单位；后者的当事人为劳动者和用人单位。

2 签订程序不同
前者的草案应当提交职工代表大会或者全体职工讨论通过；后者双方协商一致即可。

3 形式不同
前者要报劳动行政部门备案；后者无此要求。

二、劳务派遣

劳务派遣，是指劳务派遣单位与实际用工单位签订派遣协议，将与劳务派遣机构建立了劳动合同关系的劳动者派遣到用工单位，用工单位使用劳动者，并向派遣机构支付管理费而形成的关系。劳务派遣法律关系是典型的"雇、用分离"。

［例］甲公司与张某签订劳务派遣合同（劳动合同），甲公司虽然是用人单位，但张某并不在甲公司上班。乙医院与甲公司签订劳务派遣协议（民事合同），甲公司派张某到乙医院工作。乙医院是实际用工单位，但乙医院并未和张某签订劳动合同。

知识点 374 劳务派遣单位 ★★★

1. 劳务派遣单位，是劳动关系中的"用人单位"，它和劳动者签订劳动合同。
2. 经营劳务派遣业务，应当向劳动行政部门依法申请行政许可。未经许可，任何单位和个人不得经营劳务派遣业务。
3. 劳务派遣单位和用工单位之间订立劳务派遣协议。劳务派遣协议是民事合同，应当约定派遣岗位和人员数量、派遣期限、劳动报酬和社会保险费的数额与支付方式以及违反协议的责任。
4. 劳务派遣单位的义务

订立 劳动合同	（1）劳务派遣单位应当与被派遣劳动者订立2年以上的固定期限书面劳动合同； （2）劳务派遣单位应当将劳务派遣协议的内容告知被派遣劳动者； （3）劳务派遣单位不得以非全日制用工形式招用被派遣劳动者。
付薪	（1）劳务派遣单位向劳动者按月支付劳动报酬； （2）劳务派遣单位不得克扣用工单位按照劳务派遣协议支付给被派遣劳动者的劳动报酬； （3）被派遣劳动者在无工作期间，劳务派遣单位应当按照当地最低工资标准，向其按月支付报酬。
禁自派遣	（1）用人单位不得设立劳务派遣单位向本单位或者所属单位派遣劳动者； （2）用人单位或者其所属单位不得出资或合伙设立劳务派遣单位，向本单位或者所属单位派遣劳动者。
禁收费	劳务派遣单位不得向被派遣劳动者收取费用。

	续表
承担社会保险责任	（1）跨地区派遣劳动者的，应当在用工单位所在地为被派遣劳动者参加社会保险，按照用工单位所在地的规定缴纳社会保险费，被派遣劳动者按照国家规定享受社会保险待遇； （2）被派遣劳动者在用工单位因工作遭受事故伤害的（工伤），劳务派遣单位应当依法申请工伤认定，承担工伤保险责任。

知识点 375 劳务派遣关系中的"用工单位" ★

1. 用工单位使用的被派遣劳动者数量不得超过其用工总量的10%。（用工总量＝本单位合同工＋派遣工）

2. 劳务派遣用工只能在临时性、辅助性或者替代性的工作岗位上实施。劳务派遣用工是补充形式。

（1）临时性工作岗位，是指存续时间不超过6个月的岗位；

（2）辅助性工作岗位，是指为主营业务岗位提供服务的非主营业务岗位；

萱姑点睛

易错▶此处的"不超过6个月"，不是指劳动者的实际工作时间，而是指岗位存续≤6个月。

（3）替代性工作岗位，是指用工单位的劳动者因脱产学习、休假等原因无法工作的一定期间内，可以由其他劳动者替代工作的岗位。

3. 用工单位的义务

同工同酬义务	（1）用工单位应当按照同工同酬原则，对被派遣劳动者与本单位同类岗位的劳动者实行相同的劳动报酬分配办法；（但"具体支付劳动报酬方"是"劳务派遣单位"） （2）用工单位应当支付加班费、绩效奖金，提供与工作岗位相关的福利待遇。
执行劳动标准	（1）用工单位应当执行国家劳动标准，提供相应的劳动条件和劳动保护； （2）用工单位应当对在岗被派遣劳动者进行工作岗位所必需的培训。
禁分割劳动合同	用工单位不得将连续用工期限分割订立数个短期劳务派遣协议。
禁再派遣、禁收费	（1）用工单位不得将被派遣劳动者再派遣到其他用人单位； （2）用工单位不得向被派遣劳动者收取费用。

［例］甲劳务派遣公司和乙医院约定，张某在乙医院的工作期限为4个周期，每个周期为半年，每个周期结束前订立新的劳务派遣协议。则该约定无效，因为其属于将连续用工期限分割订立数个短期劳务派遣协议。

知识点 376 劳务派遣纠纷 ★★★

1. 用工单位害劳动者。用工单位违反《劳动合同法》有关劳务派遣的规定，给被派遣劳动者造成损害的，劳务派遣单位与用工单位承担连带赔偿责任。

2. 劳动者害他人。劳务派遣期间，被派遣的工作人员因执行工作任务造成他人损害的，由接受劳务派遣的用工单位承担侵权责任；劳务派遣单位有过错的，承担相应的责任。（《民法典》第1191条第2款）

随堂小测

甲劳务派遣公司（以下简称"甲公司"）将李某派遣至乙医院工作。在乙医院按劳务派遣协议向甲公司支付所有费用后，甲公司从李某的首月工资中扣减了 500 元。

问：李某主张甲公司和乙医院承担连带责任的主张是否正确？

答：错误。甲公司是劳务派遣单位，是用人单位，所以仅由甲公司承担赔偿责任。

三、非全日制用工

知识点 377　非全日制用工的认定 ★

非全日制用工，是指以小时计酬为主，劳动者在同一用人单位一般平均每日工作时间不超过 4 小时，每周工作时间累计不超过 24 小时的用工形式。

知识点 378　非全日制用工与一般劳动关系的区别 ★

1. 非全日制用工双方可以签订书面协议，也可以订立口头协议。
2. 从事非全日制用工的劳动者可以与 1 个或者 1 个以上用人单位订立劳动合同；但是，后订立的劳动合同不得影响先订立的劳动合同的履行。
3. 非全日制用工双方当事人任何一方都可以随时通知对方终止用工。
4. 非全日制用工劳动报酬结算支付周期最长不得超过 15 日。
5. 非全日制用工双方当事人不得约定试用期。终止用工，用人单位不向劳动者支付经济补偿。

总结　非全日制用工与一般劳动关系的区别可概括为："四可三无"。

四可：可书面/可口头/可随时终止/可多合同

三无：无试用期/无经补/非月薪

36 常考角度总结—— SUMMARIZE

1. 法定无固定期限劳动合同的情况。
2. 劳务派遣合法性的判断。其又可细分为：
   （1）谁是用人单位？有哪些义务？
   （2）用工单位有哪些义务？

(3) 劳务派遣纠纷如何处理？
3. 非全日制用工与一般劳动关系的区别。

附 件
APPENDIX

无固定期限劳动合同与集体合同的法律对比

	《劳动合同法》（2012年修正）	《劳动法》（2018年修正）	对比
无固定期限劳动合同	第14条 无固定期限劳动合同，是指用人单位与劳动者约定无确定终止时间的劳动合同。 用人单位与劳动者协商一致，可以订立无固定期限劳动合同。有下列情形之一，劳动者提出或者同意续订、订立劳动合同的，除劳动者提出订立固定期限劳动合同外，应当订立无固定期限劳动合同： （一）劳动者在该用人单位连续工作满10年的； （二）用人单位初次实行劳动合同制度或者国有企业改制重新订立劳动合同时，劳动者在该用人单位连续工作满10年且距法定退休年龄不足10年的； （三）连续订立2次固定期限劳动合同，且劳动者没有本法第39条和第40条第1项、第2项规定的情形，续订劳动合同的。 用人单位自用工之日起满1年不与劳动者订立书面劳动合同的，视为用人单位与劳动者已订立无固定期限劳动合同。	第20条 劳动合同的期限分为有固定期限、无固定期限和以完成一定的工作为期限。 劳动者在同一用人单位连续工作满10年以上，当事人双方同意续延劳动合同的，如果劳动者提出订立无固定期限的劳动合同，应当订立无固定期限的劳动合同。	（1）《劳动法》仅规定了一种情形； （2）本书以《劳动法》法条为准。
集体合同	第51~56条。 第51条第2款 集体合同由工会代表企业职工一方与用人单位订立；尚未建立工会的用人单位，由上级工会指导劳动者推举的代表与用人单位订立。	第33~34条。 第33条第2款 集体合同由工会代表职工与企业签订；没有建立工会的企业，由职工推举的代表与企业签订。	（1）《劳动法》取消了"由上级工会指导"； （2）其余内容实质上相同； （3）本书以《劳动法》法条为准。

专题 37　劳动争议的认定和处理

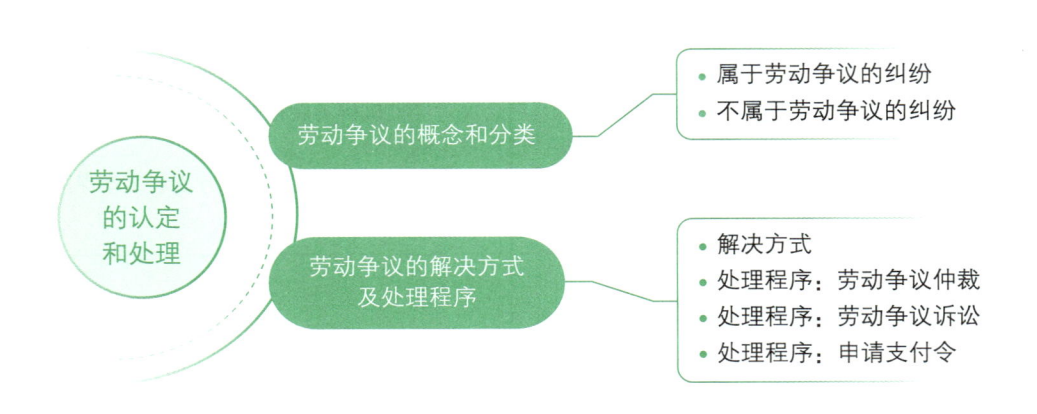

一、劳动争议的概念和分类

劳动争议，是指劳动者和用人单位因执行劳动法律、法规或者履行劳动合同、集体合同发生的纠纷。

知识点 379　属于劳动争议的纠纷 ★★★

第一类，劳动关系存续期间属于劳动争议的纠纷

（1）劳动者与用人单位在履行劳动合同过程中发生的纠纷。
（2）双方没有订立书面劳动合同，但已形成劳动关系后发生的纠纷。
（3）双方因劳动关系是否已经解除或终止，以及应否支付解除或终止劳动关系经济补偿金发生的纠纷。例如，张某自动离职1年后回原单位要求复职被拒绝而引发的纠纷，属于确认劳动关系的纠纷，是劳动争议。
（4）劳动者要求用人单位支付加付赔偿金[1]发生的纠纷。例如，单位欠薪且逾期不支付的，除应当向劳动者支付工资外，还要加付赔偿金。
（5）持有《外国专家证》并取得《外国人来华工作许可证》的外国人，与我国境内的用人单位建立的用工关系，可以认定为劳动关系。

---

[1] "加付赔偿金"见《劳动合同法》第85条的规定："用人单位有下列情形之一的，由劳动行政部门责令限期支付劳动报酬、加班费或者经济补偿；劳动报酬低于当地最低工资标准的，应当支付其差额部分；逾期不支付的，责令用人单位按应付金额50%以上100%以下的标准向劳动者加付赔偿金：①未按照劳动合同的约定或者国家规定及时足额支付劳动者劳动报酬的；②低于当地最低工资标准支付劳动者工资的；③安排加班不支付加班费的；④解除或者终止劳动合同，未依照本法规定向劳动者支付经济补偿的。"

第二类，劳动关系解除或终止后属于劳动争议的纠纷

（1）劳动者请求用人单位返还其收取的劳动合同定金、保证金、抵押金、抵押物发生的纠纷；
（2）劳动者请求用人单位办理人事档案、社会保险关系等移转手续发生的纠纷。

第三类，与社会保险有关的属于劳动争议的纠纷

（1）劳动者因为工伤、职业病，请求用人单位依法给予工伤保险待遇发生的纠纷；
（2）用人单位未为劳动者办理社会保险手续，且社会保险经办机构不能补办，导致劳动者无法享受社会保险待遇，劳动者要求用人单位赔偿损失发生的纠纷；
（3）劳动者退休后，与尚未参加社会保险统筹的原用人单位因追索养老金、医疗费、工伤保险待遇和其他社会保险待遇而发生的纠纷。

知识点 380 不属于劳动争议的纠纷★★★

［判断标准］争议主体不合格，不属于"劳动者—用人单位"之间的纠纷。

第一类，行政争议

（1）劳动者请求社会保险经办机构发放社会保险金的纠纷。
　　［例］张某要求社保中心发放养老金。由于张某并非社保中心的"劳动者"，故张某和社保中心之间的此纠纷是行政争议，不属于劳动争议。
（2）劳动者对劳动能力鉴定委员会的伤残等级鉴定结论或者对职业病诊断鉴定委员会的职业病诊断鉴定结论的异议纠纷。

第二类，劳务纠纷

（1）用人单位与其招用的已经依法享受养老保险待遇或者领取退休金的人员发生用工争议的，应当按劳务关系处理；（已经退休的人员不属于劳动者，争议主体错误）
（2）外国人未依法取得就业证件即与中国境内的用人单位签订劳动合同的，其与用人单位之间不存在劳动关系，发生的用工争议按劳务关系处理；
（3）家庭或者个人与家政服务人员之间的纠纷；
（4）个体工匠与帮工、学徒之间的纠纷；
（5）农村承包经营户与受雇人之间的纠纷。

二、劳动争议的解决方式及处理程序

知识点 381 解决方式

发生劳动争议，当事人可以采取下列方式解决：
1. 协商、和解。（略）

2. 当事人不愿协商、协商不成或者达成和解协议后不履行的，可以向调解组织申请调解。

3. 不愿调解、调解不成或者达成调解协议后不履行的，可以向劳动争议仲裁委员会申请仲裁。

4. 对仲裁裁决不服的，除《劳动争议调解仲裁法》另有规定的外，可以向人民法院提起诉讼。

> **萱姑点睛**
>
> 提示 ▶ 协商、调解、和解，均不是劳动争议解决的必经程序。但劳动争议必须先仲裁才能提起诉讼。

知识点 382 处理程序：劳动争议仲裁 ★★★

1. 当事人

（1）劳动者和用人单位为劳动争议的双方当事人；

（2）劳动者一方在10人以上且有共同请求的，可以推举代表参加调解、仲裁或者诉讼活动；

（3）劳务派遣单位或者用工单位与劳动者发生劳动争议的，劳务派遣单位和用工单位为共同当事人；[1]

（4）用人单位招用尚未解除劳动合同的劳动者。

《劳动法》第99条　用人单位招用尚未解除劳动合同的劳动者，对原用人单位造成经济损失的，该用人单位应当依法承担连带赔偿责任。

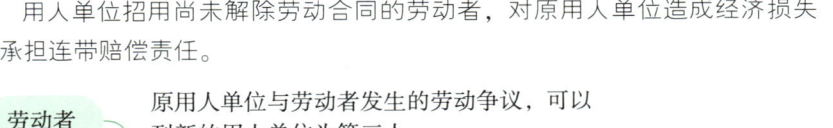

原单位VS.
- **劳动者**：原用人单位与劳动者发生的劳动争议，可以列新的用人单位为第三人
- **新单位**：原用人单位以新的用人单位侵权为由提起诉讼，可以列劳动者为第三人
- **新单位和劳动者**：原用人单位以新的用人单位和劳动者共同侵权为由提起诉讼的，新的用人单位和劳动者为共同被告

2. 举证责任

举证责任

- **原则**：谁主张，谁举证
  发生劳动争议时，当事人对自己提出的主张有责任提供证据。

- **例外1**　加班费纠纷
  （1）加班事实：劳动者应当就加班事实的存在承担举证责任；
  （2）劳动者有证据证明用人单位掌握加班事实存在的证据，用人单位不提供的，由用人单位承担不利后果；
  （3）加班报酬：由用人单位负举证责任。（加班报酬属于劳动报酬，故由用人单位负举证责任）

  > 例如，加班的交接班记录由劳动者提供。

- **例外2**　特定情形的举证责任
  因用人单位作出的开除、除名、辞退、解除劳动合同、减少劳动报酬、计算劳动者工作年限等决定引发的劳动争议，由用人单位负举证责任。

---

[1] 参见《劳动合同法》第92条第2款的规定："……用工单位给被派遣劳动者造成损害的，劳务派遣单位与用工单位承担连带赔偿责任。"

3. 规章制度的证据效力

（1）用人单位通过民主程序制定的规章制度，不违反国家法律、行政法规及政策规定，并已向劳动者公示的，可以作为确定双方权利义务的依据；

（2）用人单位制定的内部规章制度与集体合同或者劳动合同约定的内容不一致，劳动者请求优先适用合同约定的，人民法院应予支持；

（3）当事人在调解组织主持下达成的具有劳动权利义务内容的调解协议，具有劳动合同的约束力，可以作为人民法院裁判的根据。

4. 仲裁的管辖

[原则] 管辖二选一

劳动争议由劳动合同履行地或者用人单位所在地的劳动争议仲裁委员会管辖

[例外] 由劳动合同履行地的劳动争议仲裁委员会管辖

双方当事人分别向劳动合同履行地和用人单位所在地的劳动争议仲裁委员会申请仲裁的，由劳动合同履行地的劳动争议仲裁委员会管辖

5. 仲裁的时效

	时效计算	举例
一般情形	自劳动争议发生之日起1年内向劳动争议仲裁委员会提出书面申请。	对开除、除名、辞退、计算劳动者工作年限等决定不服而发生的劳动争议。
欠薪纠纷 存续期间	劳动关系存续期间因拖欠劳动报酬发生争议的，劳动者申请仲裁不受1年仲裁时效期间的限制。（欠薪+在职，时效不受限）	甲公司拖欠张某2018年上半年8000元工资，张某于2022年8月1日离开甲公司，则张某索要拖欠的劳动报酬，应在2023年8月1日前提起劳动仲裁。
欠薪纠纷 终止之后	劳动关系终止的，应当自劳动关系终止之日起1年内提出。	

6. 仲裁终局裁决事项

（1）小额纠纷

追索劳动报酬、工伤医疗费、经济补偿或者赔偿金，仲裁裁决涉及数项，每项确定的数额均不超过当地月最低工资标准12个月金额的，应当按照终局裁决处理，裁决书自作出之日起发生法律效力。

（2）劳动标准纠纷

因执行国家的劳动标准在工作时间、休息休假、社会保险等方面发生的争议，仲裁裁决为终局裁决，裁决书自作出之日起发生法律效力。

（3）其他类型

❶劳动争议仲裁裁决的类型，以仲裁裁决书确定为准；

❷ 同一仲裁裁决同时包含终局裁决事项和非终局裁决事项的，按照**非终局裁决处理**。

7. 对上述终局裁决不服的处理

对终局裁决不服的处理

- **劳动者不服**
  劳动者对上述终局仲裁裁决不服的，可以自收到仲裁裁决书之日起15日内向人民法院提起诉讼。ⓘ提示：仅劳动者可以起诉用人单位，此即"倾斜保护"。

- **用人单位不服**
  （1）用人单位有证据证明上述终局仲裁裁决"确有错误"[1]的，可以自收到仲裁裁决书之日起30日内向劳动争议仲裁委员会所在地的中级人民法院申请撤销裁决；ⓘ提示：不可以直接起诉劳动者。
  （2）仲裁裁决被人民法院裁定撤销的，当事人可以自收到裁定书之日起15日内就该劳动争议事项向人民法院提起诉讼。

- **劳动者满意，单位不服**
  用人单位向劳动争议仲裁机构所在地的中级人民法院申请撤销裁决，劳动者向人民法院申请执行的，人民法院应当裁定中止执行。

- **双方均不服**
  劳动者向基层人民法院提起诉讼，用人单位向劳动争议仲裁机构所在地的中级人民法院申请撤销仲裁裁决的，中级人民法院应当不予受理或者裁定驳回用人单位的申请。

8. 其他规则

（1）当事人对裁决中的部分事项不服提起诉讼的，劳动争议仲裁裁决**不发生法律效力**。

（2）对**多个**劳动者的劳动争议作出仲裁裁决，部分劳动者不服提起诉讼的：

❶ 仲裁裁决对提起诉讼的劳动者不发生法律效力；

❷ 仲裁裁决对未提起诉讼的部分劳动者发生法律效力，如其申请执行，执行法院应当受理。

知识点 383 处理程序：劳动争议诉讼★★★

1. 劳动争议仲裁和诉讼的关系

原则——先裁再诉

（1）劳动争议仲裁机构不予受理或者逾期未作出决定的，申请人可提起诉讼；
（2）劳动争议仲裁机构逾期未作出仲裁裁决的，申请人可提起诉讼；
（3）对仲裁裁决不服的，除《劳动争议调解仲裁法》另有规定的外，申请人可提起诉讼；
（4）仲裁裁决被法院裁定撤销的，申请人可提起诉讼。

---

[1]"确有错误"是指：①适用法律、法规确有错误的；②劳动争议仲裁委员会无管辖权的；③违反法定程序的；④裁决所根据的证据是伪造的；⑤对方当事人隐瞒了足以影响公正裁决的证据的；⑥仲裁员在仲裁该案时有索贿受贿、徇私舞弊、枉法裁决行为的。

例外1 ▶ 仅裁无诉

（1）对小额纠纷等终局裁决不服的，用人单位不可直接起诉劳动者。
（2）当事人不服劳动争议仲裁机构作出的预先支付劳动者劳动报酬、工伤医疗费、经济补偿或者赔偿金的裁决，提起诉讼的，法院不予受理。
（3）用人单位不履行上述裁决中的给付义务，劳动者依法申请强制执行的，法院应予受理。
（4）劳动争议仲裁机构作出的调解书已经发生法律效力，一方当事人反悔提起诉讼的，法院不予受理；已经受理的，裁定驳回起诉。

易错：这是"仲裁机构"作出的调解书，不是"调解组织"作出的调解书。

例外2 ▶ 无裁可诉

（1）劳动者以用人单位的工资欠条为证据直接提起诉讼，诉讼请求不涉及劳动关系其他争议的，视为拖欠劳动报酬争议，按照普通民事纠纷受理；
（2）当事人在法定调解组织主持下仅就劳动报酬争议达成调解协议，用人单位不履行调解协议确定的给付义务，劳动者直接提起诉讼的，可以按照普通民事纠纷受理。

2. 劳动争议诉讼的管辖（《最高人民法院关于审理劳动争议案件适用法律问题的解释（一）》第3、4条）

（1）劳动争议案件由用人单位所在地或者劳动合同履行地的基层人民法院管辖。劳动合同履行地不明确的，由用人单位所在地的基层人民法院管辖。法律另有规定的，依照其规定。

（2）劳动者与用人单位均不服劳动争议仲裁机构的同一裁决，向同一人民法院起诉的，人民法院应当并案审理，双方当事人互为原告和被告，对双方的诉讼请求，人民法院应当一并作出裁决。在诉讼过程中，一方当事人撤诉的，人民法院应当根据另一方当事人的诉讼请求继续审理。

（3）双方当事人就同一仲裁裁决分别向有管辖权的人民法院起诉的，后受理的人民法院应当将案件移送给先受理的人民法院。（时间优先）

易错：仲裁管辖 VS. 诉讼管辖

	劳动争议的仲裁	劳动争议的诉讼
管辖二选一	由劳动合同履行地或者用人单位所在地的劳动争议仲裁委员会管辖。	由用人单位所在地或者劳动合同履行地的基层人民法院管辖。
分别申请	由劳动合同履行地的劳动争议仲裁委员会管辖。	后受理的人民法院应当将案件移送给先受理的人民法院。

知识点 384 处理程序：申请支付令 ★★

因用人单位拖欠劳动报酬、工伤医疗费、经济补偿或者赔偿金事项，劳动者可以向当地法院申请支付令。

[情形1]
劳动者直接向当地法院申请支付令
（1）支付令被法院裁定终结督促程序后，劳动者应当先向劳动争议仲裁委员会申请仲裁；
（2）劳动者不能就劳动争议事项直接向法院起诉。

[情形2]
达成调解协议后，劳动者申请支付令
（1）用人单位和劳动者达成调解协议，用人单位在协议约定期限内不履行的，劳动者可以持调解协议书向法院申请支付令；
（2）上述支付令被法院裁定终结督促程序后，劳动者可以依据调解协议直接向法院提起诉讼。

37 常考角度总结——SUMMARIZE

1. 判断某项纠纷是否构成劳动争议。
2. 劳动争议仲裁和诉讼规则。

致努力中的你

那些难走的路，
往往都是向上的路。

12 第十二讲
社会保险与军人保险法律关系

专题 38 社会保险与军人保险法律关系

- 社会保险与军人保险法律关系
  - 社会保险法概述
  - 社会保险的险种
    - 基本养老保险
    - 基本医疗保险
    - 工伤保险
    - 职工因第三人的原因受到伤害
    - 失业保险
    - 生育保险
    - 社会保险待遇的衔接
  - 军人保险的法律规则
    - 军人伤亡保险
    - 退役养老保险
    - 退役医疗保险
    - 随军未就业的军人配偶保险
    - 军人保险基金、经办与监督

一、社会保险法概述

社会保险制度，是国家和社会保障公民在年老、疾病、工伤、失业、生育等情况下获得物质帮助的权利。

1. 社会保险是一项强制性保险，用人单位和劳动者均要参加。
2. 劳动者依法享受社会保险待遇。劳动者死亡后，其遗属依法享受遗属津贴。
3. 社会保险基金

（1）包括五项：基本养老保险基金、基本医疗保险基金、工伤保险基金、失业保险基金、生育保险基金；

（2）基本医疗保险基金、生育保险基金：合并建账及核算，预算合并编制；

（3）其他三项社会保险基金：按照社会保险险种分别建账，分账核算，预算按照社会保险项目分别编制。

4. 社会保险基金的管理

（1）社会保险基金专款专用，任何组织和个人不得侵占或者挪用；

（2）社会保险基金在保证安全的前提下，按照国务院规定投资运营实现保值增值；

（3）社会保险基金不得违规投资运营，不得用于平衡其他政府预算，不得用于兴建、改建办公场所和支付人员经费、运行费用、管理费用，或者违反法律、行政法规规定挪作其他用途。

二、社会保险的险种

知识点 385 基本养老保险 ★★★

基本养老保险，是保障公民在年老时从国家和社会获得物质帮助的权利。

（一）缴费

1. 由用人单位和职工共同缴纳基本养老保险费。

用人单位应当按照国家规定的本单位职工工资总额的比例缴纳基本养老保险费，记入基本养老保险统筹基金。

职工应当按照国家规定的本人工资的比例缴纳基本养老保险费，记入个人账户。

2. 灵活就业人员可以参加基本养老保险，由个人缴纳基本养老保险费。

灵活就业人员，是指无雇工的个体工商户、未在用人单位参加基本养老保险的非全日制从业人员以及其他灵活就业人员。

（二）支付

基本养老保险金由统筹养老金和个人账户养老金组成。

1. 参加基本养老保险的个人，达到法定退休年龄时累计缴费满15年的，按月领取基本养老金。

2. 个人跨统筹地区就业的，其基本养老保险关系随本人转移，缴费年限累计计算。

3. 个人达到法定退休年龄时，基本养老金分段计算、统一支付。

4. 个人账户不得提前支取，记账利率不得低于银行定期存款利率，免征利息税。

5. 个人死亡的，个人账户余额可以继承。

知识点 386 基本医疗保险 ★

国家建立和完善城镇居民基本医疗保险制度、新型农村合作医疗制度。

1. 缴费

（1）用人单位和职工按照国家规定共同缴纳基本医疗保险费；

（2）灵活就业人员可以参加职工基本医疗保险，由个人按照国家规定缴纳基本医疗保险费；

（3）城镇居民基本医疗保险实行个人缴费和政府补贴相结合；

（4）享受最低生活保障的人、丧失劳动能力的残疾人、低收入家庭60周岁以上的老年人和未成年人等所需个人缴费部分，由政府给予补贴。（补贴对象：残疾低保、一老一小）

2. 支付

（1）符合基本医疗保险药品目录、诊疗项目、医疗服务设施标准的医疗费用，按照国家规定从基本医疗保险基金中支付。

（2）急诊、抢救的医疗费用，按照国家规定从基本医疗保险基金中支付。

（3）参保人员医疗费用中应当由基本医疗保险基金支付的部分，由社会保险经办机构与医疗机构、药品经营单位直接结算。

（4）不纳入基本医疗保险基金支付范围的医疗费用

> 第三人不支付或者无法确定第三人的，由基本医疗保险基金先行支付。基本医疗保险基金先行支付后，有权向第三人追偿。

01 应当从工伤保险基金中支付的

02 应当由第三人负担的

03 应当由公共卫生负担的

04 在境外就医的

3. 个人跨统筹地区就业的，其基本医疗保险关系随本人转移，缴费年限累计计算。

知识点 387 工伤保险 ★★★

职工因工作原因受到事故伤害或者患职业病，且经工伤认定的，享受工伤保险待遇；其中，经劳动能力鉴定丧失劳动能力的，享受伤残待遇。

1. 缴费（单缴）

（1）用人单位应当按照本单位职工工资总额，根据社会保险经办机构确定的费率缴纳工伤保险费；

（2）职工不缴纳工伤保险费。

2. 工伤保险责任承担

[情形1] 用人单位未参保："独自承担"

（1）用人单位未依法缴纳工伤保险费，发生工伤事故的，由用人单位支付工伤保险待遇。

（2）用人单位不支付的，从工伤保险基金中先行支付。

（3）从工伤保险基金中先行支付的工伤保险待遇应当由用人单位偿还。用人单位不偿还的，社会保险经办机构可以依法追偿。

[情形2] 用人单位参保："分别承担"

用人单位依法缴纳工伤保险费，发生工伤事故的，费用分别承担。要点为：

	由用人单位支付的费用	由工伤保险基金支付的费用
治疗期间的费用	治疗工伤期间的工资福利。	（1）治疗工伤的医疗费用和康复费用； （2）住院伙食补助费、到统筹地区以外就医的交通食宿费。
伤残津贴	五级、六级伤残职工按月领取的伤残津贴。	一至四级伤残职工按月领取的伤残津贴。
补助金	终止或者解除劳动合同时，应当享受的一次性伤残就业补助金。	（1）一次性伤残补助金； （2）终止或者解除劳动合同时，应当享受的一次性医疗补助金。
其他	（无）	（1）安装配置伤残辅助器具所需费用； （2）生活不能自理的，经劳动能力鉴定委员会确认的生活护理费； （3）因工死亡的，其遗属领取的丧葬补助金、供养亲属抚恤金和因工死亡补助金； （4）劳动能力鉴定费。

[情形3] 劳务派遣中的工伤关系

劳务派遣单位（用人单位）派遣的职工在用工单位工作期间因工伤亡的，劳务派遣单位（用人单位）为承担工伤保险责任的单位。

原理
工伤保险关系依附于劳动合同关系，故由劳动派遣单位（用人单位）承担工伤保险责任。

3. 其他
（1）不认定为工伤的情形
❶故意犯罪的；
❷醉酒或者吸毒的；
❸自残或者自杀的；
❹职工因工外出期间，从事与工作或者受用人单位指派外出学习、开会无关的个人活动受到伤害，社会保险行政部门不认定为工伤的。
（2）工伤职工有下列情形之一的，停止享受工伤保险待遇：
❶丧失享受待遇条件的；
❷拒不接受劳动能力鉴定的；
❸拒绝治疗的。

萱姑点睛
点睛▶罪酒毒杀，不是工伤。

知识点 388 职工因第三人的原因受到伤害 ★★★

	解决方案	举例
工伤认定	（工伤单独认定）社会保险行政部门以职工或者其近亲属已经对第三人提起民事诉讼或者获得民事赔偿为由，作出不予受理工伤认定申请或者不予认定工伤决定的，人民法院不予支持。	甲公司职工张某上班途中发生车祸，被李某的电动车撞伤，李某负全部责任。 （1）张某已经从李某处获得民事赔偿5万元，不影响对张某工伤的认定。因为二者法律关系不同。 （2）已经认定张某构成工伤的，张某可直接要求社保机构支付伤残津贴、伤残补助金等，不受张某是否起诉李某、是否从李某处获得民事赔偿的影响。 （3）已经认定张某构成工伤，其因车祸住院花费的医疗费用是1万元，则该笔费用由李某承担，因为李某侵权才导致张某住院治疗。该笔医疗费用社保机构不再支付。
赔偿	（民事赔偿和工伤保险待遇可兼得）社会保险行政部门已经作出工伤认定，职工或者其近亲属未对第三人提起民事诉讼或者尚未获得民事赔偿，起诉要求社会保险经办机构支付工伤保险待遇的，人民法院应予支持。	
医疗费用的承担	（医疗费用是单份） （1）由于第三人的原因造成工伤，第三人不支付工伤医疗费用或者无法确定第三人的，由工伤保险基金先行支付； （2）工伤保险基金先行支付后，有权向第三人追偿。	

知识点 389 失业保险 ★

1. 领取失业保险金的条件。失业人员符合下列条件的，从失业保险基金中领取失业保险金：①失业前用人单位和本人已经缴纳失业保险费满1年的；②非因本人意愿中断就业的；③已经进行失业登记，并有求职要求的。

随堂小测

问：张三从甲教育培训公司辞职，能否领取失业保险金？李四因为重大违规被甲公司开除，能否领取失业保险金？

答：张三不能领取。李四能领取，中断就业并非李四的意愿。

2. 领取失业保险金的期限。失业人员失业前用人单位和本人累计缴费的年限，决定了劳动者失业后领取失业保险金的最长期限。

累计缴费不满1年	累计缴费满1年不足5年	累计缴费满5年不足10年	累计缴费10年以上
无领取期限	最长为12个月	最长为18个月	最长为24个月

3. 停止领取失业保险金的情形。失业人员在领取失业保险金期间有下列情形之一的，停止领取失业保险金，并同时停止享受其他失业保险待遇：①重新就业的；②应征服兵役的；③移居境外的；④享受基本养老保险待遇的；⑤无正当理由，拒不接受当地人民政府

指定部门或者机构介绍的适当工作或者提供的培训的。

知识点 390 生育保险

生育保险待遇，包括生育医疗费用和生育津贴。
1. 生育医疗费用，包括：①生育的医疗费用；②计划生育的医疗费用。
2. 生育津贴
（1）生育津贴，包括：①女职工生育享受产假；②享受计划生育手术休假。
（2）生育津贴按照职工所在用人单位上年度职工月平均工资计发。
3. 用人单位已经缴纳生育保险费的，其职工享受生育保险待遇，劳动者不缴纳生育保险费。

知识点 391 社会保险待遇的衔接★

1. 工伤职工与非因工致残
（1）工伤职工符合领取基本养老金条件的，停发伤残津贴，享受基本养老保险待遇；
（2）基本养老保险待遇低于伤残津贴的，从工伤保险基金中补足差额；
（3）在未达到法定退休年龄时因病或者非因工致残完全丧失劳动能力的，可以领取病残津贴，所需资金从基本养老保险基金中支付。
2. 失业人员
（1）失业人员在领取失业保险金期间，参加职工基本医疗保险，享受基本医疗保险待遇；
（2）失业人员应当缴纳的基本医疗保险费从失业保险基金中支付，个人不缴纳基本医疗保险费；
（3）享受基本养老保险待遇的，停止享受失业保险待遇。
3. 其他
（1）参加职工基本医疗保险的个人，达到法定退休年龄时累计缴费达到国家规定年限的，退休后不再缴纳基本医疗保险费，按照国家规定享受基本医疗保险待遇；
（2）参加基本养老保险的个人，因病或者非因工死亡的，其遗属可以领取丧葬补助金和抚恤金。

三、军人保险的法律规则

知识点 392 军人伤亡保险★

1. 军人个人不缴纳伤亡保险费。
2. 因战、因公死亡，因战、因公、因病致残的，应给付军人死亡保险金或军人残疾保险金。
3. 已经评定残疾等级的因战、因公致残的军人退役参加工作后旧伤复发的，享受相应的工伤待遇。
4. 不享受军人伤亡保险待遇的情形（罪酒毒杀，不享有）：①故意犯罪的；②醉酒或者吸毒的；③自残或者自杀的。

知识点 393　退役养老保险 ★

1. 国家给予退役养老保险补助，军人个人不缴纳。
2. 军人入伍前或者退出现役后参加基本养老保险的，由相关部门办理转移接续手续。
3. 军人服现役年限与入伍前和退出现役后参加职工基本养老保险的缴费年限合并计算。（入伍前+现役+退役后）

知识点 394　退役医疗保险 ★

1. 军官、文职干部、士官应当缴纳军人退役医疗保险费，国家以同等数额给予补助。
2. 义务兵、供给制学员不缴纳军人退役医疗保险费，由国家补助。
3. 军人入伍前或者退出现役后参加基本医疗保险的，由相关部门办理转移接续手续。
4. 军人服现役年限与入伍前和退出现役后参加职工基本医疗保险的缴费年限合并计算。

知识点 395　随军未就业的军人配偶保险 ★

1. 随军未就业的军人配偶保险，包括养老保险、医疗保险。
2. 个人应当缴纳养老保险费和医疗保险费，国家给予相应的补助。
3. 随军未就业的军人配偶无正当理由拒不接受就业安置或当地人民政府指定部门、机构介绍的适当工作、提供的就业培训的，停止给予保险缴费补助。
4. 随军未就业期间+在地方缴费期间：缴费年限合并计算。

知识点 396　军人保险基金、经办与监督

1. 军人保险基金
（1）按照军人保险险种分别建账，分账核算，执行军队的会计制度；
（2）专款专用，按照规定的项目、范围和标准支出，任何单位和个人不得贪污、侵占、挪用，不得变更支出项目、扩大支出范围或者改变支出标准。
2. 保险经办与监督
（1）军队后勤（联勤）机关财务部门应当按时足额支付军人保险金；
（2）军队后勤（联勤）机关财务部门和地方社会保险经办机构应当建立健全军人保险经办管理制度，及时办理军人保险和社会保险关系转移接续手续。

38 常考角度总结 SUMMARIZE

1. 对社保强制险的理解以及各险种的具体规则。
2. 社会保险待遇衔接的处理。
3. 军人保险的具体险种，以及其和社会保险的衔接。

第五编
PART 5

经济法与
环境资源法

13 第十三讲 经济法

专题 39 反垄断法

- 反垄断法
  - 经营者的垄断行为
    - 垄断协议的认定
    - 市场支配地位的认定
    - 滥用市场支配地位行为的认定
    - 经营者集中的认定
    - 申报规则
    - 审查规则
    - 救济手段
    - 行为主体
    - 行为方式
  - 反垄断行政监管、违反反垄断法的法律责任
    - 反垄断监管体系和调查措施
    - 违反反垄断法的法律责任

考情提要：本法年均考查 1 题，试题灵活，均来源于真实案例、热点事件。

一、经营者的垄断行为

《反垄断法》

第3条 本法规定的垄断行为包括：

（一）经营者达成垄断协议；

（二）经营者滥用市场支配地位；

（三）具有或者可能具有排除、限制竞争效果的经营者集中。

第9条 经营者不得利用数据和算法、技术、资本优势以及平台规则等从事本法禁止的垄断行为。

（一）垄断协议

垄断协议，是指经营者排除、限制竞争的协议、决定或者其他协同行为。其分为横向垄断协议、纵向垄断协议、组织帮助行为。

知识点 397 垄断协议的认定★★★

1. 横向垄断协议

横向垄断协议，是指具有竞争关系的经营者之间达成的下列垄断协议：

（1）固定或者变更商品价格。例如，因原材料成本上涨，多家方便面企业（A、B、C……）决定集体涨价。

（2）限制商品的生产数量或者销售数量。

（3）分割销售市场或者原材料采购市场。

（4）限制购买新技术、新设备或者限制开发新技术、新产品。

（5）联合抵制交易。例如，多家方便面企业（A、B、C……）决定统一不给甲超市供货。

（6）国务院反垄断执法机构认定的其他垄断协议。

2. 纵向垄断协议

纵向垄断协议，是指经营者与交易相对人之间达成的下列垄断协议：

（1）固定向第三人转售商品的价格；

（2）限定向第三人转售商品的最低价格。

上述情形，经营者能够证明其不具有排除、限制竞争效果的，不予禁止。

> **萱姑点睛**
> **易错** ▶ 限制最高价不构成纵向垄断。

[例]（茅台酒"限价令"事件）2012年12月底，茅台酒厂（上游厂家）要求茅台经销商（下游销售商）向第三人转售53度飞天茅台的团购价不能低于1400元/瓶。这构成"纵向垄断"。因为销售商可根据自己的利润空间自行决定"对外转售价格"，联合定价违背市场规律。

3. 组织、帮助行为

（1）经营者不得组织其他经营者达成垄断协议，或者为其他经营者达成垄断协议提供实质性帮助；（轴辐协议）

（2）行业协会不得组织本行业的经营者从事《反垄断法》第二章禁止的垄断行为。

[例1] 甲公司是著名的百货零售商，与多家上游生产商单独签订了独家销售协议。该案中，甲公司为中心参与者（轴心），上游生产商为一般参与者（辐条）。法院认为，构成轴辐合

谋需要具备三个要件：①存在着整体性的非法计划或共同方案；②所有生产商都知道其他生产商也会参与这项计划，至少每个生产商都了解该计划的目的和后果；③有证据证明所有的生产商都积极参与了以上计划。法院认为，该案不构成垄断，因为没有证据证明所有生产商都知道其他生产商都会参与这项计划，也没有证据表明这些生产商本身积极参与了合谋。[1]

[例2] A平台是一家提供在线旅行预订服务的系统，旅行社可以通过A平台实现预订。A平台通过邮箱向所有平台内的旅行社群发邮件，要求"将旅行折扣上限定为3%"，否则A平台将会利用算法自动将超过的折扣调整为3%。没有一家旅行社对此提出异议。该案中，A平台为中心参与者（轴心），平台内的旅行社为一般参与者（辐条）。法院认为，可以推定为所有旅行社已经参与到了一个默示的合谋协议当中，旅行社能预期到潜在的协同行为，A平台也就成了帮助协议达成的一方。该案构成垄断。[2]

4. 垄断协议的豁免条款

（1）经营者之间并非以限制竞争为目的，而是为公共利益达成的合意或者一致行动，不构成垄断。

（2）可豁免情形，即经营者能够证明所达成的协议属于下列情形之一的，不构成垄断：

协议内容（包括一致行动）	协议目的（目的具有正当性）	附加条件
研发产品的联合协议	为改进技术、研究开发新产品的。	经营者还应当证明：①该项协议不会严重限制相关市场的竞争；②该项协议能够使消费者分享由此产生的利益。
统一标准的联合协议	为提高产品质量、降低成本、增进效率，统一产品规格、标准或者实行专业化分工的。	
中小企业联合协议	为提高中小经营者经营效率，增强中小经营者竞争力的。	
公共利益联合协议	为实现节约能源、保护环境、救灾救助等社会公共利益的。	
缓解经济联合协议	因经济不景气，为缓解销售量严重下降或生产明显过剩的。	
对外经济合作联合协议	为保障对外贸易和对外经济合作中的正当利益的。	（无）

总结
横向 ▶ 是指彼此存在竞争关系的企业之间的关系。（同行之间）
纵向 ▶ 是指处于不同经营阶段且有买卖关系的企业之间的关系。（渠道之间）

（二）滥用市场支配地位

《反垄断法》禁止具有市场支配地位的经营者从事滥用市场支配地位的行为。可知，认定该种垄断行为需要考虑两个方面：①经营者是否具有市场支配地位；②该行为是否构成滥用市场支配地位。

---

[1] 来源：陈永伟："轴辐协议的前世今生"，载《经济观察报》2020年12月7日。
[2] 来源：陈永伟："新《反垄断法》的平台相关条文解读"，载《知产财经》2022年7月26日。

知识点 398　市场支配地位的认定 ★★★

1. 相关市场

相关市场，是指经营者在一定时期内就特定商品或者服务（以下统称"商品"）进行竞争的商品范围和地域范围。

2. 认定方法

市场支配地位，是指经营者在相关市场内具有能够控制商品价格、数量或者其他交易条件，或者能够阻碍、影响其他经营者进入相关市场能力的市场地位。

> **[原则]** 认定经营者是否具有"市场支配地位"要考虑的因素
>
> （1）相关市场的竞争状况；
> （2）该经营者在相关市场的市场份额，控制销售市场或者原材料采购市场的能力、财力和技术条件；
> （3）其他经营者对该经营者在交易上的依赖程度、进入相关市场的难易程度；
> （4）其他因素。
>
> 🔸 易错："大≠市场支配""独家经营≠市场支配"。要注重"综合判断"。

> **[例外]** 有下列情形之一的，可以推定经营者具有市场支配地位
>
> （1）1个经营者在相关市场的市场份额达到1/2的。
> （2）2个经营者在相关市场的市场份额合计达到2/3的，但要排除其中市场份额不足1/10的经营者。例如，A（8%）+B（60%）≥2/3，但A不具有市场支配地位。
> （3）3个经营者在相关市场的市场份额合计达到3/4的，但要排除其中市场份额不足1/10的经营者。
> （4）被推定具有市场支配地位的经营者，有证据证明不具有市场支配地位的，不应当认定其具有市场支配地位。

知识点 399　滥用市场支配地位行为的认定 ★★★

《反垄断法》禁止具有市场支配地位的经营者从事下列滥用市场支配地位的行为：

	要　　　点	举　　　例
价格垄断	（1）以不公平的高价销售商品或者以不公平的低价购买商品； （2）没有正当理由，以低于成本的价格销售商品。	A特大零售网络平台在进行年中大促时，低于成本价销售，或要求供货商以远低于正常市场价格供货。
拒绝交易	没有正当理由，拒绝与交易相对人进行交易。	A特大型石油企业拒绝向民营加油站供油。
限定交易	没有正当理由，限定交易相对人只能与其进行交易或者只能与其指定的经营者进行交易。	A特大零售网络平台要求入驻商家"2选1"。（见下文）

续表

要点		举例
强制搭售	没有正当理由搭售商品，或者在交易时附加其他不合理的交易条件。	A省唯一的有线电视公司安装有限电视网络时，不提供免费电视节目，要求用户必须在3个收费套餐中选择。
差别待遇	没有正当理由，对条件相同的交易相对人在交易价格等交易条件上实行差别待遇。	互联网平台的"大数据杀熟"。
其他	其他滥用市场支配地位的行为。	——

经典案例

阿里巴巴滥用市场支配地位案

本案相关市场：中国境内网络零售平台服务市场。

本案滥用市场支配地位的行为方式：没有正当理由，限定交易相对人只能与其进行交易。

自2015年以来，阿里巴巴对平台内商家提出"2选1"要求，禁止平台内商家在其他竞争性平台开店或参加促销活动，并借助市场力量、平台规则和数据、算法等技术手段，采取多种奖惩措施保障"2选1"要求的执行，维持、增强自身市场力量，获取不正当竞争优势。阿里巴巴集团实施"2选1"的行为排除、限制了中国境内网络零售平台服务市场的竞争。

2021年4月10日，市场监管总局依法作出行政处罚，责令阿里巴巴集团停止违法行为，并处以其2019年中国境内销售额4557.12亿元的4%的罚款，计182.28亿元。

3Q大战

3Q大战代指"奇虎360和腾讯"之间的一系列纠纷，其中影响最大的是奇虎360诉腾讯公司"滥用市场支配地位"垄断案。

2012年11月，奇虎公司指控腾讯公司滥用其在即时通信软件及服务相关市场的市场支配地位，索赔1.5亿元。2014年10月16日，最高人民法院认为"本案现有证据并不足以支持腾讯公司具有市场支配地位的结论"，奇虎360败诉。

（点评：该案止步于"市场支配地位"认定环节，既然无法认定腾讯公司具有市场支配地位，也就无法判断其行为为"是否构成滥用"）

（三）经营者集中

知识点 400　经营者集中的认定★

经营者集中，是指下列情形：

1. 经营者合并。
2. 经营者通过取得股权或者资产的方式取得对其他经营者的控制权。
3. 经营者通过合同等方式取得对其他经营者的控制权或者能够对其他经营者施加决定性影响。

知识点 401 申报规则 ★★

1. 需要申报的情形

（1）经营者集中达到国务院规定的申报标准的，经营者应当事先向国务院反垄断执法机构申报，未申报的不得实施集中；

（2）经营者集中未达到国务院规定的申报标准，但有证据证明该经营者集中具有或者可能具有排除、限制竞争效果的，国务院反垄断执法机构可以要求经营者申报。

2. 无需申报的情形

（1）参与集中的一个经营者拥有其他每个经营者50%以上有表决权的股份或者资产的；

（2）参与集中的每个经营者50%以上有表决权的股份或者资产被同一个未参与集中的经营者拥有的。

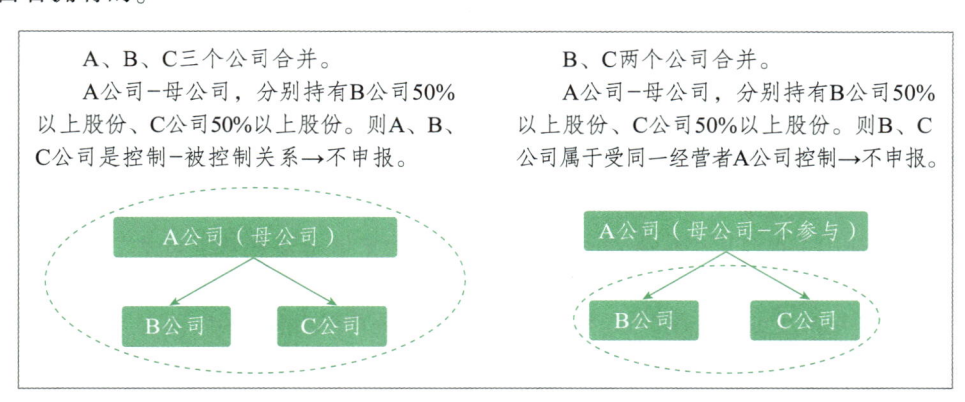

> A、B、C三个公司合并。
> A公司-母公司，分别持有B公司50%以上股份、C公司50%以上股份。则A、B、C公司是控制-被控制关系→不申报。
>
> B、C两个公司合并。
> A公司-母公司，分别持有B公司50%以上股份、C公司50%以上股份。则B、C公司属于受同一经营者A公司控制→不申报。

知识点 402 审查规则 ★

1. 审查应考虑的因素

（1）相关市场的市场集中度；

（2）参与集中的经营者在相关市场的市场份额及其对市场的控制力；

（3）经营者集中对市场进入、技术进步的影响，对消费者和其他有关经营者的影响，对国民经济发展的影响；

（4）其他因素。

2. 特殊规则

（1）应当健全经营者集中分类分级审查制度；

（2）加强对涉及国计民生等重要领域的经营者集中的审查，提高审查质量和效率；

（3）对外资并购境内企业或者以其他方式参与经营者集中，涉及国家安全的，还应当进行国家安全审查。

3. 审查期间，经营者不得实施集中。

知识点 403 救济手段 ★

1. 对反垄断执法机构作出的禁止经营者集中、限制经营者集中的决定不服的，先申请行政复议；对行政复议决定不服的，可以依法提起行政诉讼。

(1) 仅限于"经营者集中"决定；
(2) 救济手段：先复议再诉讼。

2. 对反垄断执法机构作出的其他决定不服的，可以依法申请行政复议或者提起行政诉讼。

(1) 其他决定，是指对构成垄断协议、构成滥用市场支配地位等的认定；
(2) 救济手段：或复议或诉讼。

经典案例

可口可乐收购汇源案

可口可乐收购汇源一案，经过半年多的审查，最终于 2009 年 3 月 18 日被否决，成为第一例被禁止经营者集中的案件。禁止集中的原因包括：

1. 集中完成后，可口可乐公司可能利用其在碳酸软饮料市场的支配地位，搭售、捆绑销售果汁饮料，或者设定其他排他性的交易条件，集中限制果汁饮料市场竞争，导致消费者被迫接受更高价格、更少种类的产品。

2. 由于既有品牌对市场进入的限制作用，潜在竞争难以消除该等限制竞争效果。

3. 集中还挤压了国内中小型果汁企业生存空间，给中国果汁饮料市场竞争格局造成不良影响。

最终，国务院反垄断执法机构以"此项集中将对竞争产生不利影响"为由，禁止二者集中。

（四）行政机关、公共组织的排除、限制竞争行为

《反垄断法》第 10 条　行政机关和法律、法规授权的具有管理公共事务职能的组织不得滥用行政权力，排除、限制竞争。

知识点 404　行为主体 ★

实施利用行政权力排除、限制竞争的行为的主体，包括：

1. 行政机关

其包括除中央政府外的各级政府、中央机构中的各有关职能部门和地方各级政府的职能部门。例如，甲省政府、省交通厅的"排、限"行政行为，都受《反垄断法》调整。

2. 具有管理公共事务职能的组织

其指虽然不是行政机关，但具有行政职权的组织。

知识点 405　行为方式 ★★

上述主体实施的下列行为，构成滥用行政权力的排除、限制竞争行为：

行为方式		举例
限定经营	滥用行政权力，限定或者变相限定单位或者个人经营、购买、使用其指定的经营者提供的商品。	甲省政府发文规定，处级以上干部购车必须购买本省产的某品牌汽车，否则不给上牌照。

续表

	行为方式	举例
妨碍商品自由流通	滥用行政权力妨碍商品在地区之间的自由流通，包括： （1）对外地商品设定歧视性收费项目、实行歧视性收费标准，或者规定歧视性价格； （2）对外地商品规定与本地同类商品不同的技术要求、检验标准，或者对外地商品采取重复检验、重复认证等歧视性技术措施，限制外地商品进入本地市场； （3）采取专门针对外地商品的行政许可，限制外地商品进入本地市场； （4）设置关卡或者采取其他手段，阻碍外地商品进入或者本地商品运出。	A市规定，凡外地汽车进入A市，要交8万元的上牌照费。这导致B省产的汽车在A市1年只卖了24辆。 B省反击，针对A市产的S品牌汽车每辆多收7万元的"特困企业解困资金"。 （A市、B省的行为均构成排除、限制竞争行为）
妨碍其他经营者正常竞争	（1）滥用行政权力，通过与经营者签订合作协议、备忘录等方式，妨碍其他经营者进入相关市场或者对其他经营者实行不平等待遇，排除、限制竞争； （2）滥用行政权力，以设定歧视性资质要求、评审标准或者不依法发布信息等方式，排斥或者限制经营者参加招标投标以及其他经营活动； （3）滥用行政权力，采取与本地经营者不平等待遇等方式，排斥、限制、强制或者变相强制外地经营者在本地投资或者设立分支机构； （4）滥用行政权力，强制或者变相强制经营者从事《反垄断法》规定的垄断行为。	（1）甲省交通厅规定，本省客运车辆在本省高速段的高速费减半，外省车辆要全价收费。 （2）但是，乙县政府发文规定，施工现场只能使用预拌的商品混凝土，不得现场搅拌。该规定没有排除、限制竞争，是正常的行政行为。
制定排、限规则	滥用行政权力，制定含有排除、限制竞争内容的规定。	（略）

二、反垄断行政监管、违反反垄断法的法律责任

知识点 406 反垄断监管体系和调查措施 ★

反垄断执法机构	[仅总局、省局，享有执法权] （1）国务院反垄断执法机构负责反垄断执法工作；（市场监督管理总局） （2）国务院反垄断执法机构可以授权省、自治区、直辖市人民政府相应的机构负责有关反垄断执法工作。（市场监督管理省局）
调查措施	[中止调查] 被调查的经营者承诺在反垄断执法机构认可的期限内采取具体措施消除该行为后果的，反垄断执法机构可以决定中止调查；中止调查的，应当对经营者履行承诺的情况进行监督。
	[终止调查] 经营者履行承诺的，反垄断执法机构可以决定终止调查。
	其他措施。（略）

知识点 407 违反反垄断法的法律责任 ★★

1. 民事责任和刑事责任

民事责任	共同规定	（1）经营者实施垄断行为，给他人造成损失的，依法承担民事责任； （2）原告因调查、制止垄断行为所支付的合理开支计入损失赔偿范围。
	垄断协议特殊规定	（1）垄断协议的合同内容、行业协会的章程等违反《反垄断法》或者其他法律、行政法规的强制性规定的，法院应当依法认定其无效； （2）因横向垄断协议引发的民事纠纷案件中，被告应对该协议不具有排除、限制竞争的效果承担举证责任。
	公益诉讼：经营者实施垄断行为，损害社会公共利益的，设区的市级以上人民检察院可以依法提起民事公益诉讼。	
刑事责任	违反《反垄断法》的规定，构成犯罪的，依法追究刑事责任。	

2. 行政责任（垄断协议）

达成并实施	经营者违反《反垄断法》规定，达成并实施垄断协议的，由反垄断执法机构责令停止违法行为，没收违法所得，并处上一年度销售额1%以上10%以下的罚款，上一年度没有销售额的，处500万元以下的罚款。 [例] 2013年，茅台酒厂因为达成并实施"垄断协议"被罚款超5亿元，是它2012年销售额的10%。这是顶格处罚。
达成未实施	经营者尚未实施所达成的垄断协议的，可以处300万元以下的罚款。
主动报告+提供证据	经营者主动向反垄断执法机构报告达成垄断协议的有关情况并提供重要证据的，反垄断执法机构可以酌情减轻或者免除对该经营者的处罚。
个人责任	经营者的法定代表人、主要负责人和直接责任人员对达成垄断协议负有个人责任的，可以处100万元以下的罚款。
行业协会	（1）行业协会违反《反垄断法》规定，组织本行业的经营者达成垄断协议的，由反垄断执法机构责令改正，可以处300万元以下的罚款； （2）情节严重的，社会团体登记管理机关可以依法撤销登记。

3. 行政责任（行政机关、公共组织滥用行政权力实施排除、限制竞争行为）

上级机关	反垄断执法机构
责令改正；对直接负责的主管人员和其他直接责任人员依法给予处分	可以向有关上级机关提出依法处理的建议

萱姑点睛

易错 ▶ 反垄断执法机构仅有"建议权"，无"处罚权"。

4. 行政责任：其他垄断行为。（略）

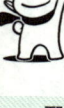

39 常考角度总结

1. 对行为的定性，如判断某市场行为是否构成垄断，以及构成何种垄断。
2. 对行为的处理。违反反垄断法的法律责任包括：行政责任、民事责任、刑事责任、公益诉讼等。
3. 本专题常考角度具体包括：
   （1）垄断协议的认定和处理；
   （2）滥用市场支配地位的认定；
   （3）判断行为是否构成经营者集中及其申报、审查规则；
   （4）行政行为是否构成垄断的认定及对构成垄断的行政行为的处理。

致努力中的你

不为模糊不清的未来担忧，
只为清清楚楚的现在努力。

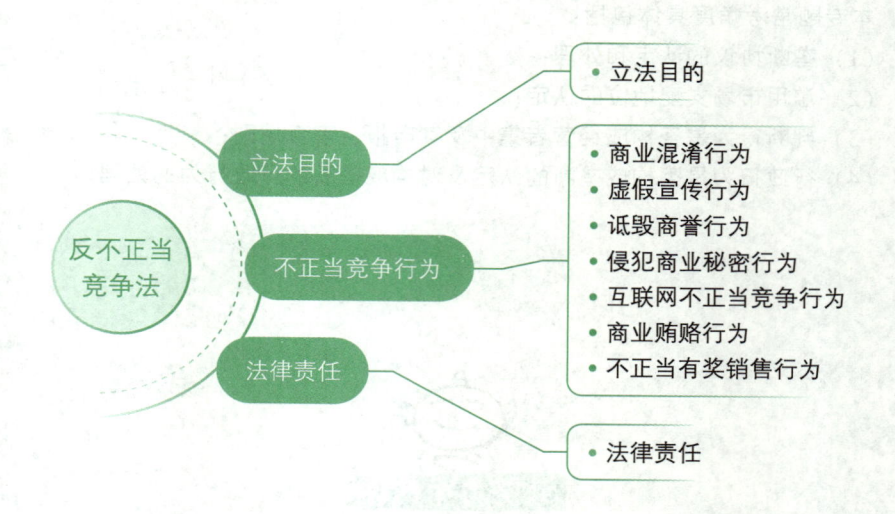

专题 40 反不正当竞争法

```
反不正当竞争法
├── 立法目的 ── 立法目的
├── 不正当竞争行为
│   ├── 商业混淆行为
│   ├── 虚假宣传行为
│   ├── 诋毁商誉行为
│   ├── 侵犯商业秘密行为
│   ├── 互联网不正当竞争行为
│   ├── 商业贿赂行为
│   └── 不正当有奖销售行为
└── 法律责任 ── 法律责任
```

考情提要：本法年均考查 1 题，试题灵活，均来源于真实案例、热点事件。

一、立法目的

知识点 408 立法目的

1. 立法目的

为了促进社会主义市场经济健康发展，鼓励和保护公平竞争，制止不正当竞争行为，保护经营者和消费者的合法权益，制定《反不正当竞争法》。

2. 经营原则

（1）经营者在生产经营活动中，应当遵循自愿、平等、公平、诚信的原则，遵守法律和商业道德。

（2）现实经济生活中常常会出现各种"打擦边球"的情形，随着科学技术的发展，也会出现新型竞争行为，《反不正当竞争法》列举的情况难以全部涵盖。所以判断某一市场行为是否构成"不正当竞争"，标准是看是否"遵循自愿、平等、公平、诚信的原则，遵守法律和商业道德"。

二、不正当竞争行为

不正当竞争行为，是指经营者在生产经营活动中，违反《反不正当竞争法》规定，扰乱市场竞争秩序，损害其他经营者或者消费者的合法权益的行为。

知识点 409 商业混淆行为★★★

混淆行为，是指经营者实施的引人误认为是他人商品或者与他人存在特定联系的行为。常见情形包括：

1. 商品名、包装、装潢混淆

经营者擅自使用与他人有一定影响的商品名称、包装、装潢等相同或者近似的标识。

（1）"使用"，是指将有一定影响的标识用于商品、商品包装或者容器以及商品交易文书上，或者广告宣传、展览以及其他商业活动中，用于识别商品来源的行为；

（2）"装潢"，是指由经营者营业场所的装饰、营业用具的式样、营业人员的服饰等构成的具有独特风格的整体营业形象。

[例1]"康帅夫"方便面，构成对"康师傅"商品名称的混淆。

[例2]"九头鹰"酒家将"九头鸟"酒家的灯箱招牌式样、服务员服装、店面装修等照搬，达到足以使消费者误认的程度，构成和"九头鸟"酒家装潢相混淆。

[例3] C公司（Christian Louboutin）"红底鞋"商品名称和使用在女士高跟鞋外鞋底的红色装潢设计构成"有一定影响的商品名称""有一定影响的包装装潢"。

2. 企业名、姓名混淆

经营者擅自使用他人有一定影响的企业名称（包括简称、字号、在中国境内进行商业使用的境外企业名称等）、社会组织名称（包括简称等）、姓名（包括笔名、艺名、译名等）。

[例1]"A青旅"是"A市中国青年旅行社"的简称，经过多年的使用和宣传已享有较高市场知名度。若干年后，A市另一旅游公司"国青国际旅行社"也使用"A青旅"的名称，虽然是"简称"，仍构成混淆。

[例2] 某服装公司将NBA巨星Michael Jordan的中文译名（乔丹）作为服装商品名称，构成混淆。

3. 域名、网名、网页混淆

经营者擅自使用他人有一定影响的域名主体部分、网站名称、网页等。

4. 其他足以引人误认为是他人商品或者与他人存在特定联系的混淆行为

（1）将他人注册商标、未注册的驰名商标作为企业名称中的字号使用，误导公众；

（2）引人误认为与他人具有商业联合、许可使用、商业冠名、广告代言等特定联系。

5. 销售、帮助行为

（1）销售带有违反上述规定的标识的商品，引人误认为是他人商品或者与他人存在特定联系的，构成混淆；

（2）销售不知道是违反上述规定的侵权商品，能证明该商品是自己合法取得并说明提供者的，经营者不承担赔偿责任；

（3）故意为他人实施混淆行为提供仓储、运输、邮寄、印制、隐匿、经营场所等便利条件的，构成共同侵权。

知识点 410 虚假宣传行为★★★

虚假的商业宣传，是指经营者在商业宣传过程中，提供不真实的商品相关信息，欺骗、误导相关公众的行为。

1. 对商品本身的虚假宣传

（1）经营者对其商品的性能、功能、质量等作虚假或者引人误解的商业宣传，欺骗、误导消费者；

（2）经营者对其商品的销售状况、用户评价、曾获荣誉等作虚假或者引人误解的商业宣传，欺骗、误导消费者；

（3）经营者对商品作片面的宣传或者对比；

（4）经营者将科学上未定论的观点、现象等当作定论的事实用于商品宣传；

（5）经营者使用歧义性语言进行商业宣传；

（6）其他足以引人误解的商业宣传行为。

[例1] A国产家具品牌在广告中宣称自己为进口家具；B水果经销商将在山西等地收购的当地苹果，装进印有"阿克苏糖心苹果"和"产地：新疆阿克苏"等字样的纸箱运往全国销售。这是对商品质量的虚假宣传。

[例2] 某洗衣粉广告宣称"提高10倍清洁度"。此为引人误解的宣传。

2. 帮助行为

其指经营者通过组织虚假交易等方式，帮助其他经营者进行虚假或者引人误解的商业宣传。

[例] 网络购物中，利用虚假"刷单"买商业好评；某网红奶茶店铺雇人排队。

3. 证明责任

当事人主张经营者从事上述行为并请求赔偿损失的，应当举证证明其因虚假或者引人误解的商业宣传行为受到损失。

知识点 411 诋毁商誉行为★★★

商业诋毁，是指经营者编造、传播虚假信息或者误导性信息，损害竞争对手的商业信誉、商品声誉的行为。

1. 行为方式：有捏造、散布虚假事实的行为。如果发布的消息是真实的，不构成商业诋毁。

2. 行为主体为有竞争关系的经营者。

[例] A饮料厂在《萱草晚报》上写软文、发广告诋毁同行B公司的商誉，A饮料厂可构成诋毁商誉；但《萱草晚报》和B公司不是同行，没有竞争关系，《萱草晚报》不构成"诋毁B公司的商誉"，其可构成侵权。

3. 主观心态为故意。过失不构成"诋毁"。

4. 有特定的损害对象。当事人主张经营者实施了商业诋毁行为的，应当举证证明自己为该商业诋毁行为的特定损害对象。

易混：商业诋毁 VS. 虚假宣传

商业诋毁
虚假地说"别人坏"。例如，甲公司是生产弱碱性天然瓶装水的公司，无根据地宣传所有的"纯净水"均对消费者健康有害处，误导消费者。此构成商业诋毁，诋毁所有生产纯净水厂家的声誉。

VS

虚假宣传
虚假地说"自己好"。例如，A桃片（一种糕点）生产厂家的广告和外包装均写明"百年老店，始于清末"，但其和真实的"百年老店"并无历史联系。此构成虚假宣传。

知识点 412 侵犯商业秘密行为 ★

商业秘密，是指不为公众所知悉、具有商业价值并经权利人采取相应保密措施的技术信息、经营信息等商业信息。例如，最有名的商业秘密当属"可口可乐的配方"。

1. 侵犯商业秘密的行为方式

侵犯商业秘密的行为方式可概括为非法获取，非法披露，非法使用，教唆、帮助。其具体包括：

（1）以盗窃、贿赂、欺诈、胁迫、电子侵入或者其他不正当手段获取权利人的商业秘密；

（2）披露、使用或者允许他人使用以前项手段获取的权利人的商业秘密；

（3）违反保密义务或者违反权利人有关保守商业秘密的要求，披露、使用或者允许他人使用其所掌握的商业秘密；

（4）教唆、引诱、帮助他人违反保密义务或者违反权利人有关保守商业秘密的要求，获取、披露、使用或者允许他人使用权利人的商业秘密。

萱姑点睛

易错 ▶ 仅违法"获取"但尚未"使用"商业秘密的，仍然构成侵权。

2. 侵犯商业秘密的主体

（1）实施上述违法行为的主体，均构成侵犯商业秘密；

（2）第三人明知或者应知商业秘密权利人的员工、前员工或者其他单位、个人实施上述违法行为，仍然获取、披露、使用或者允许他人使用该商业秘密的，视为侵犯商业秘密。

知识点 413 互联网不正当竞争行为 ★★★

《反不正当竞争法》第 12 条　经营者利用网络从事生产经营活动，应当遵守本法的各项规定。

经营者不得利用技术手段，通过影响用户选择或者其他方式，实施下列妨碍、破坏其他经营者合法提供的网络产品或者服务正常运行的行为：

……

具体而言，互联网不正当竞争的行为方式包括：

1. 流量劫持

（1）未经其他经营者同意，在其合法提供的网络产品或者服务中，插入链接、强制进行目标跳转；

（2）"强制进行目标跳转"，是指未经其他经营者和用户同意而直接发生的目标跳转；

（3）仅插入链接，目标跳转由用户触发的，不能一概认定为"不正当竞争行为"，应当综合考虑插入链接的具体方式、是否具有合理理由、对用户利益和其他经营者利益的影响等因素，以此判断该行为是否违法。

[例]搜狗通过输入法的候选词功能屡次劫持其他网站流量。用户使用"搜狗"输入法在"A网站"上搜索某信息时，若不完全输入词组，点击对话框自动弹出的联想词后，就会自动被从A网站劫持到"搜狗搜索"。

2. 强制卸载：经营者事前未明确提示并经用户同意，以误导、欺骗、强迫用户修改、关闭、卸载等方式，恶意干扰或者破坏其他经营者合法提供的网络产品或者服务。

[例]用户安装"3721网络实名"软件后，其无提示也不经用户同意直接卸载用户安装的"百度IE搜索伴侣"。

3. 恶意不兼容：恶意对其他经营者合法提供的网络产品或者服务实施不兼容的行为。

[例]用户安装奇虎公司的"360安全卫士"后，将阻碍安装"金山网盾"。

4. 其他妨碍、破坏其他经营者合法提供的网络产品或者服务正常运行的行为。

📖 易错：

1. 认为"技术无罪"，出现行为定性错误。（判断标准：是否遵循诚信原则，是否遵守法律和商业道德）

2. 和互联网领域的其他行为混淆，如"避风港原则""红旗原则"等。

3. 《反不正当竞争法》和"避风港原则""红旗原则"的规范对象不同：

（1）《反不正当竞争法》规范"技术手段"，目的是判断"影响用户选择"的行为是否正当；

（2）"避风港原则""红旗原则"的目的是解决"网络服务提供者为网络用户提供存储、搜索或者链接等网络技术服务时，是否承担与著作权或相关权利有关的信息审查义务"的问题。

知识点 414 商业贿赂行为

1. 经营者不得采用财物或者其他手段实施贿赂行为，以谋取交易机会或者竞争优势。

2. 不认定为商业贿赂的行为：经营者在交易活动中，以明示方式向交易相对方支付折扣，或者向中间人支付佣金。支付折扣、佣金的经营者和接受折扣、佣金的经营者，均应当如实入账。

3. 商业贿赂的对象包括：①交易相对方的工作人员；②受交易相对方委托办理相关事务的单位或者个人；③利用职权或者影响力影响交易的单位或者个人。

知识点 415 不正当有奖销售行为

经营者在进行有奖销售时，存在下列情形之一的，构成"不正当有奖销售"：

1. 所设奖的种类、兑奖条件、奖金金额或者奖品等有奖销售信息不明确，影响兑奖。
2. 采用谎称有奖或者故意让内定人员中奖的欺骗方式进行有奖销售。
3. 抽奖式的有奖销售，最高奖的金额超过5万元。

［例］某商场举办抽奖式有奖销售，最高奖为5万元购物券，并规定用购物券购物满1000元的，可再获得一次抽奖机会。商场多次开奖，金额累计超过5万元。本案中，该商场的行为不违法，两次抽奖式销售金额并不累计计算。

三、法律责任

知识点 416　法律责任★

1. 经营者违反《反不正当竞争法》规定，给他人造成损害的，应当依法承担民事责任。
2. 对于同一侵权人针对同一主体在同一时间和地域范围实施的侵权行为，人民法院已经认定侵害著作权、专利权或者注册商标专用权等并判令承担民事责任，当事人又以该行为构成不正当竞争为由请求同一侵权人承担民事责任的，人民法院不予支持。

［例］克利斯提·鲁布托（Christian Louboutin）公司证明了"红底鞋"（使用在鞋底位置的特定红色）标志具有显著性，则"红底鞋"可以作为注册商标在中国受到保护。同时，北京知识产权法院认定该"红底鞋"商品名称和使用在女士高跟鞋外鞋底的红色装潢设计构成"有一定影响的商品名称""有一定影响的包装装潢"。如果同一侵权人对"红底鞋"实施侵权，则侵权方或依据《商标法》承担赔偿责任，或依据《反不正当竞争法》承担赔偿责任。（二者的计算标准相同）

3. 被诉不正当竞争行为发生在中国领域外，但侵权结果发生在中国领域内的，由该侵权结果发生地人民法院管辖。
4. 侵权损害赔偿的计算方法

01 按照权利人因被侵权所受到的实际损失确定；
02 实际损失难以计算的，按照侵权人因侵权所获得的利益确定；
03 赔偿数额还应当包括经营者为制止侵权行为所支付的合理开支；
04 经营者实施"混淆行为""侵犯商业秘密的行为"，权利人因被侵权所受到的实际损失、侵权人因侵权所获得的利益难以确定的，由法院根据侵权行为的情节判决给予权利人500万元以下的赔偿。

40 常考角度总结——SUMMARIZE

1. 对行为的定性，如判断某市场行为是否构成不正当竞争行为。
2. 混淆行为、互联网不正当竞争、虚假宣传，是近年高频考点。

专题 41 消费者权益保护法

消费者权益保护法
- 消费者的权利
  - 《消费者权益保护法》的适用对象（消费者的概念）
  - 安全保障权
  - 自主选择权、公平交易权
  - 知情权
  - 消费者的其他权利
- 经营者的义务
  - 保证商品和服务安全的义务
  - 召回的义务
  - 退货的义务
  - 保护消费者个人信息的义务
  - 经营者的其他义务
- 消费争议的解决
  - 消费争议解决的途径、消费者组织
  - 网购消费纠纷
  - 网络直播购物纠纷
  - 虚假广告消费纠纷
  - 预收款纠纷
  - 其他纠纷
- 法律责任
  - 欺诈的法律责任
  - 故意侵权的加重责任

考情提要：本专题年均考查 1 题，注重实务和热点事件，强调分析、解决真实纠纷的能力，综合考查各种消费纠纷。例如，网络直播带货纠纷、银行泄露客户存款信息纠纷、商场"吃人电梯"案，以及房屋中介公司"防跳单"条款是否侵犯消费者的权利。

一、消费者的权利

知识点 417 《消费者权益保护法》的适用对象（消费者的概念）★

1. 《消费者权益保护法》的适用对象
（1）消费者为生活消费需要购买、使用商品或者接受服务，其权益受《消费者权益保护法》保护；
（2）经营者为消费者提供其生产、销售的商品或者提供服务，应当遵守《消费者权益保护法》。

2. 消费者的概念
（1）消费者，是指为个人生活消费需要购买、使用商品和接受服务的自然人；
（2）农民购买、使用直接用于农业生产的生产资料，参照《消费者权益保护法》执行。

［例1］ 大栗买了一件衣服自己穿，属于"生活消费"，受《消费者权益保护法》保护。但是，A商场从B制衣厂进货1000件衣服出售，A商场和B制衣厂因为服装质量产生的纠纷，不受《消费者权益保护法》调整，应该由民法调整。

［例2］ 农民小栗购买种子、化肥，这是购买生产资料，虽然不属于购买个人生活消费品，但由于农民是弱势群体，因此发生的纠纷也受《消费者权益保护法》调整。

知识点 418 安全保障权 ★★

消费者在购买、使用商品和接受服务时享有人身、财产安全不受损害的权利。
1. 向消费者免费提供商品或者服务的经营者应当对消费者尽到安全保障义务。
2. 宾馆、商场、餐馆等经营场所的经营者，应当对消费者尽到安全保障义务。
（1）经营者应当对经营场所及设施采取必要的安全防护措施，并设置相应的警示标识；
（2）消费者在经营场所遇到危险或者受到侵害时，经营者应当给予及时、必要的救助。

［例］ 栗子在收费羽毛球馆打球，扣球落地时踩到一只突然闯入球馆的猫，该猫为工作人员喂养的流浪猫，栗子避让不及，摔倒导致十级伤残。羽毛球馆作为经营者未尽到安全保障义务。（本案不宜采用饲养动物造成损害的侵权处理）

知识点 419 自主选择权、公平交易权 ★★

消费者享有自主选择商品或者服务、获得公平交易条件、拒绝经营者的强制交易行为的权利。

1. 自主选择
（1）消费者有权自主选择提供商品或者服务的经营者，自主选择商品品种或者服务方式，自主决定购买或者不购买任何一种商品、接受或者不接受任何一项服务；
（2）消费者在自主选择商品或者服务时，有权进行比较、鉴别和挑选。

2. 公平交易
消费者在购买商品或者接受服务时：
（1）有权获得质量保障、价格合理、计量正确等公平交易条件。

（2）有权拒绝经营者的强制交易行为。经营者不得以暴力、胁迫、限制人身自由等方式或者利用技术手段，强制或者变相强制消费者购买商品或者接受服务，或者排除、限制消费者选择其他经营者提供的商品或者服务。

> **易错**："公平交易权"存在于"交易"环节，是消费者在"购买商品、接受服务"环节享有的权利。例如，A 公司生产、销售的一款新车设计不成熟，发生交通事故造成人员伤亡。这没有损害消费者的公平交易权，因为并未出现交易环节（购车）的强制交易，而是损害了消费者的"安全保障权"。

知识点 420 知情权 ★★

消费者享有知悉其购买、使用的商品或者接受的服务的真实情况的权利。

1. 应当显著标示相关信息

（1）经营者通过搭配、组合等方式提供商品或者服务的，应当以显著方式提请消费者注意；

（2）采取自动展期、自动续费等方式提供服务的，应当在消费者接受服务前和自动展期、自动续费等日期前，以显著方式提请消费者注意；

（3）通过网络、电视、电话、邮购等方式提供商品或者服务的，应当在其首页、视频画面、语音、商品目录等处以显著方式标明或者说明其真实名称和标记；

（4）租赁他人柜台或者场地提供商品或者服务的，或者通过宣讲、抽奖、集中式体验等方式提供商品或者服务的，应当以显著方式标明其真实名称和标记。

2. 禁止虚构相关信息

经营者不得采取下列方式欺骗、误导消费者：

（1）经营者不得虚构经营者资质、资格或者所获荣誉；

（2）经营者不得虚构商品或者服务交易信息、经营数据；

（3）经营者不得篡改、编造、隐匿用户评价等方式。

3. 禁止差别对待

经营者不得在消费者不知情的情况下，对同一商品或者服务在同等交易条件下设置不同的价格或者收费标准。

知识点 421 消费者的其他权利

1. 获取赔偿权。其指消费者享有依法获得赔偿的权利。
2. 受尊重权。其指消费者享有人格尊严、民族风俗习惯得到尊重的权利，享有个人信息依法得到保护的权利。
3. 结社权。其指消费者享有依法成立维护自身合法权益的社会组织的权利。
4. 获得相关知识权。（略）
5. 监督批评权。（略）

二、经营者的义务

为了保护消费者享有的一系列权利，经营者需要承担下列义务：

知识点 422 保证商品和服务安全的义务 ★★

1. 经营者的义务
（1）应当保证其提供的商品或者服务符合保障人身、财产安全的要求；
（2）对可能危及人身、财产安全的商品和服务，经营者应当向消费者作出真实的说明和明确的警示，并说明和标明正确使用商品或者接受服务的方法以及防止危害发生的方法。

2. 经营场所、公共场所的经营者的义务
宾馆、商场、银行、车站、机场、体育场馆、娱乐场所等经营场所、公共场所的经营者、管理者或者群众性活动的组织者：
（1）未尽到安全保障义务，造成他人损害的，应当承担侵权责任。（《民法典》第1198条第1款）
（2）因第三人的行为造成他人损害的，由第三人承担侵权责任；经营者、管理者或者组织者未尽到安全保障义务的，承担相应的补充责任。

[例] 刘某持建行的银联卡到离家较近的中国银行某分行取款机取2000元，刘某在ATM机上取款时，该机已被犯罪分子非法安装了读卡器和针孔摄像头，其银行卡信息资料和密码被窃取、银行卡被非法复制，刘某的银行卡被盗刷4万余元。两行均参加全国银行卡联合组织。

问：谁要对刘某承担赔偿责任？

答：中国银行某分行没有适当地履行安全保障义务，应承担违反安全保障义务的责任。（此为本案再审改判的观点）本案和最高人民法院第169号指导案例"徐某诉招商银行股份有限公司上海延西支行银行卡纠纷案"不同。最高人民法院第169号指导案例的裁判要点为：持卡人提供证据证明他人盗用持卡人名义进行网络交易，请求发卡行承担被盗刷账户资金减少的损失赔偿责任，发卡行未提供证据证明持卡人违反信息妥善保管义务，仅以持卡人身份识别信息和交易验证信息相符为由主张不承担赔偿责任的，人民法院不予支持。

知识点 423 召回的义务 ★★

1. 前提
经营者发现其提供的商品或者服务存在缺陷，有危及人身、财产安全的危险。

2. 措施
（1）生产或者进口商品的经营者应当制定召回计划[1]，并承担消费者因商品被召回所支出的必要费用；
（2）相关经营者（商品销售、租赁、修理、零部件生产供应、受委托生产等）应当依法履行召回相关协助和配合义务；
（3）有关行政部门发现并认定经营者提供的商品或者服务存在缺陷，有危及人身、财产安全危险的，应当立即责令经营者采取停止销售、警示、召回、无害化处理、销毁、停

---

[1] 召回计划包括：向有关行政部门报告和告知消费者；采取停止销售、警示、召回、无害化处理、销毁、停止生产或者服务等措施。

止生产或者服务等措施。

> 📖 **易错**：此处的"经营者"应当缩小解释为"生产者"。即，召回义务的主体不包括"销售者"。例如，萱草超市发现其经正规渠道进货经营的 A 品牌奶粉被媒体曝光含"三聚氰胺"，对人体极为有害。此时，应当由 A 品牌奶粉厂家召回奶粉，萱草超市没有"召回"的义务，但需要履行"协助召回"义务。

知识点 424 退货的义务 ★★★

1. 一般情形的退货义务

前 提	经营者提供的商品或者服务不符合质量要求。	
承担义务方式	（1）经营者履行退货、更换、修理等义务； （2）经营者应当承担运输等必要费用。	
修、换、退的有效期限	一般情形	（1）自交付商品或者提供服务完结之日起计算。 （2）履行更换义务后，承担更换、修理等义务的有效期限：自更换完成之日起重新计算；经营者修理的时间不计入上述有效期限。
	另行安装	需要另行安装的，自商品安装完成之日起计算。
退货款项	一般情形	退货的，应当按照发票等购货凭证上显示的价格一次性退清相关款项。
	特殊情形	经营者能够证明消费者实际支付的价格与显示的价格不一致的，按照消费者实际支付的价格退清相关款项。

2. 经营者无理由退货的义务

前 提	经营者采用网络、电视、电话、邮购等经营方式销售商品。 （原理：无法当面直接验货，购物风险高于在实体店购物）	
消费者退货的要求	退货期限	消费者有权自收到商品之日起 7 日内退货，且无需说明理由。
	商品完好	（1）退货的商品应当完好； （2）消费者基于查验需要打开商品包装，或者为确认商品的品质和功能进行合理调试而不影响商品原有品质、功能和外观的，经营者应当予以退货。
	运费承担	消费者承担退回商品的运费，经营者和消费者另有约定的除外。
经营者的义务	退款期限	应当自收到退回商品之日起 7 日内返还消费者支付的商品价款。
	标注义务	（1）应当以显著方式对不适用无理由退货的商品进行标注，提示消费者在购买时进行确认，不得将不适用无理由退货作为消费者默认同意的选项； （2）未经消费者确认，经营者不得拒绝无理由退货。

3. 不适用"无理由退货"的商品

前提：针对特殊商品类型，虽然经营者采用网络、电视、电话、邮购等经营方式销售商品，但消费者不可"无理由退货"。

要　　点		举　　例
列举类型	消费者定作的商品。	下列商品不适用"无理由退货": （1）定作的情侣头像 T 恤； （2）在线下载的游戏充值卡； （3）已经拆封的 CD 音乐盘。
	鲜活易腐的商品。	
	在线下载或者消费者拆封的音像制品、计算机软件等数字化商品。	
	交付的报纸、期刊。	
概括类型	除上述所列商品外，其他根据商品性质并经消费者在购买时确认不宜退货的商品。	[例1] 大栗网购一顶帽子，网店付款页面有提示"一经拆封，概不退货"。本例适用"7 天无理由退货"。 [例2] 小栗通过"拆盲盒、拆福袋"方式，网购了 50 个盲盒福袋，共计 2 万元。甲网店付款页面有提示"一经拆袋，概不退货"。小栗在约定时间拆开福袋后，大失所望。由于盲盒商品的特殊性，本例不适用"7 天无理由退货"规则。

点睛

网络购物有风险；退货运费要自担。
退货退款均 7 日；5 类退货要理由。

知识点 425　保护消费者个人信息的义务★★★

1. 经营者收集、使用消费者个人信息的要求

（1）要经消费者同意。

（2）应当遵循合法、正当、必要的原则。不得过度收集消费者个人信息，不得采用一次概括授权、默认授权等方式，强制或者变相强制消费者同意收集、使用与经营活动无直接关系的个人信息。

要明示收集、使用信息的目的、方式和范围；要公开其收集、使用规则，不得违反法律、法规的规定和双方的约定。

2. 确保信息安全

（1）经营者要确保信息安全，防止消费者个人信息泄露、丢失。在发生或者可能发生信息泄露、丢失的情况时，应当立即采取补救措施。

（2）经营者及其工作人员对收集的消费者个人信息必须严格保密，不得泄露、出售或者非法向他人提供。

[例] 演员甲和 A 文化公司劳动合同纠纷案中，B 银行向争议一方 A 文化公司提供了甲名下的银行流水单。这是典型的泄露个人信息行为。

3. 发送商业性信息的要求

（1）经营者未经消费者同意或者请求，或者消费者明确表示拒绝的，不得向其发送商业性信息，或者拨打商业性电话；

（2）消费者同意的，经营者应当提供明确、便捷的取消方式。

知识点 426　经营者的其他义务★

1. 对耐用商品等的瑕疵举证义务

（1）范围：机动车、计算机、电视机、电冰箱、空调器、洗衣机等耐用商品或者装饰装修等服务；

（2）消费者自接受上述商品或者服务之日起6个月内发现瑕疵，发生争议的，由经营者承担有关瑕疵的举证责任。

2. 店堂告示

（1）经营者不得以格式条款、通知、声明、店堂告示等方式，作出排除或者限制消费者权利、减轻或者免除经营者责任、加重消费者责任等对消费者不公平、不合理的规定；

（2）经营者不得利用格式条款并借助技术手段强制交易。

[例]　某饭店张贴醒目通告："自带白酒收开瓶费100元，包间消费人均最低40元。"该店堂告示限制了消费者的权利，是无效条款。

3. 经营者不得作虚假或者引人误解的宣传。

4. 经营者提供商品或者服务应当明码标价，应当标明其真实名称和标记。租赁他人柜台或者场地的经营者，应当标明其真实名称和标记。

5. 消费者索要发票等购货凭证或者服务单据的，经营者必须出具。

6. 经营者不得对消费者进行侮辱、诽谤，不得搜查消费者的身体及其携带的物品，不得侵犯消费者的人身自由。

三、消费争议的解决

（一）消费者权益的保护

知识点 427　消费争议解决的途径、消费者组织★

消费争议，可请求消费者协会或者依法成立的其他调解组织进行调解。消费者协会和其他消费者组织是依法成立的对商品和服务进行社会监督的保护消费者合法权益的社会组织。

1. 对消费者组织的限制

（1）不得从事商品经营和营利性服务；

（2）不得以收取费用或者其他牟取利益的方式向消费者推荐商品和服务。

2. 消费者协会的公益性职责

（1）参与制定有关消费者权益的法律、法规、规章和强制性标准；

（2）受理消费者的投诉，并对投诉事项进行调查、调解；

（3）投诉事项涉及商品和服务质量问题的，可以委托具备资格的鉴定人鉴定，鉴定人应当告知鉴定意见；

（4）就损害消费者合法权益的行为，支持受损害的消费者提起诉讼或者依照《消费者权益保护法》提起诉讼；

（5）消费者协会可以组织开展比较试验、消费调查、消费评议、投诉信息公示、对投诉商品提请鉴定、发布消费提示警示等。

（6）其他。（略）

3. 公益诉讼

对侵害众多消费者合法权益的行为，中国消费者协会以及在省、自治区、直辖市设立的消费者协会，可以向人民法院提起诉讼。

📚 易错：

（1）个体消费者权益受损的，消费者协会不能直接提起诉讼；

（2）只有中消协+省消协可以提起公益诉讼，其他消费者协会、消费者组织不能提起公益诉讼。

（二）解决争议的若干特殊规则

知识点 428　网购消费纠纷 ★★★

1. 销售者或服务者的责任

消费者通过网络交易平台购买商品或接受服务，其合法权益受到损害的，消费者可以向销售者或者服务者要求赔偿。

2. 网络交易平台提供者的责任

（1）网络交易平台提供者不能提供销售者或服务者的真实名称、地址和有效联系方式的，消费者也可以向网络交易平台提供者要求赔偿；（平台赔偿后，有权向卖家追偿）

（2）网络交易平台提供者作出更有利于消费者的承诺的，应当履行承诺；

（3）网络交易平台提供者明知或者应知销售者或者服务者利用其平台侵害消费者合法权益，未采取必要措施的，依法与该销售者或者服务者承担连带责任。

[例] 甲商户入驻 A 网络购物平台（以下简称"A 平台"），销售假冒 L 品牌的衣服。L 品牌向 A 平台先后投诉共计 7 次，每次 A 平台都仅删除甲商户该款衣服的图片，随后甲商户又能设置和销售该款衣服。本案中，A 平台难以证明其已"采取必要措施"加以阻止，否则不会导致 L 品牌多次向平台投诉。因此，A 网络购物平台要承担连带责任。

知识点 429　网络直播购物纠纷 ★★★

1. 网络直播营销平台经营者

（1）应当建立健全消费者权益保护制度，明确消费争议解决机制；

（2）发生消费争议的，直播营销平台经营者应当根据消费者的要求提供直播间运营者、直播营销人员相关信息以及相关经营活动记录等必要信息。

2. 直播间运营者、直播营销人员

发布的直播内容构成商业广告的，应当履行广告发布者、广告经营者或者广告代言人的义务。（见下文"虚假广告消费纠纷"）

知识点 430　虚假广告消费纠纷 ★★★

1. 提供商品或服务的经营者的责任

经营者利用虚假广告或者其他虚假宣传方式提供商品或者服务，消费者合法权益受到损害的，可以向该经营者要求赔偿。

2. 广告经营者、发布者的责任

（1）广告经营者、发布者不能提供经营者的真实名称、地址和有效联系方式的，应当承担赔偿责任；

（2）广告经营者、发布者设计、制作、发布关系消费者生命健康商品或者服务的虚假广告，造成消费者损害的，应当与提供该商品或者服务的经营者承担连带责任。

3. 推荐者的责任

社会团体或者其他组织、个人在关系消费者生命健康商品或者服务的虚假广告或者其他虚假宣传中向消费者推荐商品或者服务，造成消费者损害的，应当与提供该商品或者服务的经营者承担连带责任。

点睛

生命健康商品或服务+虚假广告+造成消费者损害→广告经营者等+虚假广告中推荐的组织、个人+商品经营者承担连带责任。

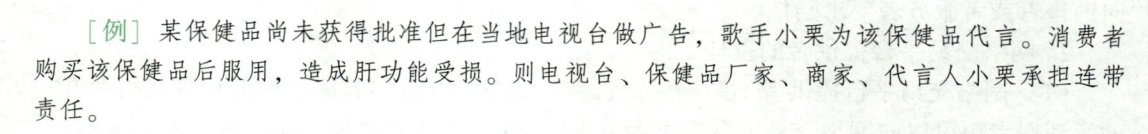

[例] 某保健品尚未获得批准但在当地电视台做广告，歌手小栗为该保健品代言。消费者购买该保健品后服用，造成肝功能受损。则电视台、保健品厂家、商家、代言人小栗承担连带责任。

知识点 431　预收款纠纷 ★★★

经营者以预收款方式提供商品或者服务的，要履行下列义务：

1. 应当与消费者订立书面合同。
2. 应当按照约定提供。不得降低商品或者服务质量，不得任意加价。
3. 经营者未按照约定提供商品或者服务的：

01	02	03
应当按照消费者的要求履行约定或者退回预付款，并应当承担预付款的利息和消费者必须支付的合理费用	出现重大经营风险，有可能影响经营者正常提供商品或者服务的，应当停止收取预付款	决定停业或者迁移服务场所的，应当提前告知消费者，消费者有权要求继续履行，或者要求退还未消费的预付款余额

知识点 432　其他纠纷 ★

1. 网络游戏服务纠纷

（1）提供网络游戏服务的，应当符合关于网络游戏服务相关时段、时长、功能和内容等方面的规定和标准；

（2）针对未成年人设置相应的时间管理、权限管理、消费管理等功能，在注册、登录等环节严格进行用户核验。

2. 展销会纠纷

（1）消费者在展销会、租赁柜台购买商品或者接受服务，其合法权益受到损害的，可以向销售者或者服务者要求赔偿；

（2）展销会结束或者柜台租赁期满后，消费者也可以向展销会的举办者、柜台的出租者要求赔偿。

四、法律责任

知识点 433　欺诈的法律责任★★★

欺诈行为，是指经营者故意在提供的商品或服务中，以虚假陈述或者其他不正当手段欺骗、误导消费者，致使消费者权益受到损害的行为。

经营者欺诈的，其赔偿责任为：

	要　　点	举　　例
一般规则	（1）经营者提供商品或者服务有欺诈行为的，应当按照消费者的要求增加赔偿其受到的损失，增加赔偿的金额为消费者购买商品的价款或者接受服务的费用的3倍； （2）增加赔偿的金额不足500元的，为500元； （3）法律另有规定的，依照其规定。	[例1] 一辆进口豪车在运输时有轻微的车门漆面损伤，经销商打蜡处理后将该情况上传于该车辆的维修记录系统。但在车主提车时，4S店没有告知车主该情况。该经销商没有"刻意隐瞒"，虽侵犯了消费者的知情权，但不构成"欺诈"。 [例2] 在某互联网平台的"网购节"活动中，某公司就一款移动电源先涨价，再打折销售。该行为构成"欺诈"。
例　外	（1）但是，商品或者服务的标签标识、说明书、宣传材料等存在不影响商品或者服务质量且不会对消费者造成误导的瑕疵的除外。 （2）骗取经营者的赔偿或者对经营者进行敲诈勒索的，不适用上述赔偿规定，依照《治安管理处罚法》等有关法律、法规处理；构成犯罪的，依法追究刑事责任。	夹带、掉包、造假、篡改商品生产日期、捏造事实等，属于"骗取"经营者或"敲诈勒索"。

知识点 434　故意侵权的加重责任★★★

经营者的加重责任，是指同时满足下列两个条件时，受害人有权要求经营者赔偿损失，并有权要求所受损失2倍以下的惩罚性赔偿：

条件1
经营者明知商品或者服务存在缺陷，仍然向消费者提供。

条件2
造成消费者或者其他受害人死亡或者健康严重损害。

[例] 甲厂生产的"吃人电梯"多次发生事故，但甲厂均未引起重视，说明"经营者明知"产品缺陷。现在大栗在北京某地铁站出口搭乘甲厂生产的电梯入站时，电梯突然逆行导致大栗身亡。

41 常考角度总结 SUMMARIZE

1. 消费者权利的内容。
2. 经营者行为的正当性判断。
3. 和现实密切关联的消费纠纷，如网购纠纷、预付款纠纷、侵犯个人信息纠纷等。
4. 经营者是否构成欺诈，以及经营者何时要承担惩罚性赔偿责任。
5. 经营者故意侵权的加重责任。

致努力中的你

明天，后天，大后天，
每天都有要做的事吧。
现实永远都不会消失，
既然如此，干脆就不要逃避，
和现实一同奔跑吧。

专题 42　产品质量和食品安全法

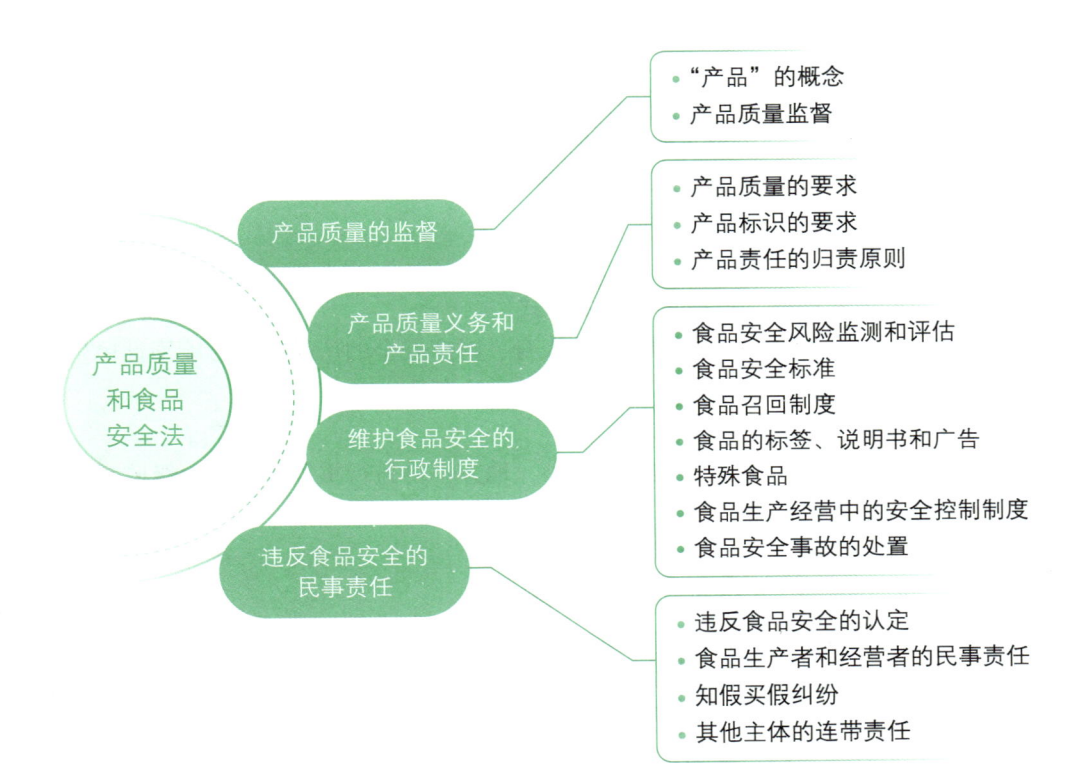

```
                                    • "产品"的概念
                                    • 产品质量监督
              ┌─ 产品质量的监督 ─┤
              │                    • 产品质量的要求
              │                    • 产品标识的要求
              │                    • 产品责任的归责原则
              │
              │  产品质量义务和
              ├─ 产品责任
产品质量       │
和食品 ────────┤                    • 食品安全风险监测和评估
安全法         │                    • 食品安全标准
              │  维护食品安全的    • 食品召回制度
              ├─ 行政制度 ─────────┤ • 食品的标签、说明书和广告
              │                    • 特殊食品
              │                    • 食品生产经营中的安全控制制度
              │                    • 食品安全事故的处置
              │
              │                    • 违反食品安全的认定
              │  违反食品安全的    • 食品生产者和经营者的民事责任
              └─ 民事责任 ─────────┤ • 知假买假纠纷
                                    • 其他主体的连带责任
```

考情提要
1. 《产品质量法》，常和《民法典》《食品安全法》结合考查，每年不超过 1 题。
2. 《食品安全法》，年均考查 1 题。

一、产品质量的监督[1]

知识点 435　"产品"的概念

1. 《产品质量法》所称"产品"，是指经过加工、制作，用于销售的产品。
2. 建设工程使用的建筑材料、建筑构配件和设备以及军工企业生产的民用产品，适用

---

[1] 该部分内容见《产品质量法》。

《产品质量法》规定。

3. 下列物品不属于《产品质量法》规定的"产品"：
（1）天然的物品、非用于销售的物品，如未加工的原油；
（2）建设工程、军工产品。

知识点 436 产品质量监督 ★

1. 认证制度

国家推行企业质量体系认证制度、产品质量认证制度。
（1）企业根据自愿原则申请企业质量体系认证、产品质量认证。
（2）产品质量认证机构应当跟踪检查；对不符合认证标准而使用认证标志的，要求其改正；情节严重的，取消其使用认证标志的资格。

2. 抽查制度

我国对产品的监督检查，以抽查为主要方式。
（1）抽查对象：①可能危及人体健康和人身、财产安全的产品；②影响国计民生的重要工业产品；③消费者、有关组织反映有质量问题的产品。
（2）抽查的样品应当随机抽取。
（3）禁止重复抽查。国家监督抽查的产品，地方不得另行重复抽查；上级监督抽查的产品，下级不得另行重复抽查。

3. 检查制度（四禁止）

根据监督抽查的需要，可以对产品进行检验。
（1）不得向被检查人收取检验费用；
（2）从事产品质量检验、认证的社会中介机构，不得与行政机关和其他国家机关存在隶属关系或者其他利益关系；
（3）市场监督管理部门、其他国家机关、产品质量检验机构不得向社会推荐生产者的产品；
（4）市场监督管理部门、其他国家机关、产品质量检验机构不得以对产品进行监制、监销等方式参与产品经营活动。

二、产品质量义务和产品责任

生产者应当对其生产的产品质量负责，并要保证产品或者其包装上的标识符合法律规定。

知识点 437 产品质量的要求 ★

1. 不存在危及人身、财产安全的不合理的危险。
2. 符合相关标准
（1）有保障人体健康和人身、财产安全的国家标准、行业标准的，应当符合该标准；
（2）符合在产品或者其包装上注明采用的产品标准，符合以产品说明、实物样品等方式表明的质量状况。
3. 具备产品应当具备的使用性能，但是，对产品存在使用性能的瑕疵作出说明的除外。

[例] 某品牌羊毛被外包装上注明面料棉100%、填充物羊毛50%。经鉴定，该被羊毛含量为32%，其国家标准为30%以上。此种情况下，生产者仍违反了产品质量要求，需要承担违约责任。

知识点 438 产品标识的要求 ★

要 点		举 例
一般要求	(1) 产品或者其包装上的标识必须真实； (2) 有产品质量检验合格证明； (3) 有中文标明的产品名称、生产厂厂名和厂址； (4) 需要标明产品规格、等级、所含主要成份的名称和含量的，用中文相应予以标明。	（略）
日期标识	限期使用的产品，应当在显著位置清晰地标明生产日期和安全使用期或者失效日期。	瓶装饮料包装上标明"生产日期：2024年10月10日，保质期：2个月"。
警示标识	(1) 使用不当，容易造成产品本身损坏或者可能危及人身、财产安全的产品，应当有警示标志或者中文警示说明； (2) 有特殊要求的产品（如易碎、易燃、易爆、有毒、有腐蚀性、有放射性等危险物品以及储运中不能倒置的产品等），其包装质量必须符合相应要求，依照国家有关规定作出警示标志或者中文警示说明，标明储运注意事项。	
不附加标识情形	裸装[1]的食品和其他根据产品的特点难以附加标识的裸装产品，可以不附加产品标识。	在水果摊上购买的一个西瓜。

知识点 439 产品责任的归责原则 ★★★

产品责任，是指因产品存在缺陷造成人身、缺陷产品以外的其他财产（以下简称"他人财产"）损害的民事赔偿责任。

[例] 对"缺陷产品"的理解
(1) "直排式燃气热水器"已经被国家明令淘汰，属于缺陷产品。
(2) 栗子用某品牌钢化玻璃杯喝水时，水杯突然爆炸。如果涉案水杯经检测没有质量问题，该水杯的热冲击、耐热持久性均符合国家相关标准，则经营者无需承担产品责任，因为水杯不是缺陷产品。

1. 生产者、销售者的连带责任

受害人可以向产品的生产者要求赔偿，也可以向产品的销售者要求赔偿。

---

[1] "裸装"是和"包装"对应的概念，是指没有包装的产品。

2. 销售者过错

由于销售者的过错使产品存在缺陷，造成人身、他人财产损害的，销售者应当承担赔偿责任。销售者不能指明缺陷产品的生产者也不能指明缺陷产品的供货者的，销售者应当承担赔偿责任。

[例] 由于B超市保管不当使得爆竹受潮变质，该爆竹在点燃后出现延迟燃放或熄火（哑炮）的情况，大栗在查看哑炮时被炸伤。

3. 推荐人的连带责任

社会团体、社会中介机构对产品质量作出承诺、保证，而该产品又不符合其承诺、保证的质量要求，给消费者造成损失的，与产品的生产者、销售者承担连带责任。

4. 第三人的过错责任

运输者、仓储者等第三人的过错使产品存在缺陷，造成他人损害的，产品生产者、销售者赔偿后，有权向第三人追偿。

5. 免责情形

出现下列情形之一的，生产者不承担赔偿责任：①未将产品投入流通的；②产品投入流通时，引起损害的缺陷尚不存在的；③将产品投入流通时的科学技术水平尚不能发现缺陷的存在的。

6. 产品投入流通后发现产品缺陷的处理

（1）生产者、销售者应当及时采取警示、召回等补救措施；

（2）生产者、销售者未及时采取补救措施或者补救措施不力造成损害的，应当承担侵权责任。

7. 损害赔偿请求权

因产品存在缺陷造成损害要求赔偿的请求权，在造成损害的缺陷产品交付最初消费者满10年丧失；但是，尚未超过明示的安全使用期的除外。

易混：

（1）因产品存在缺陷造成损害要求赔偿的诉讼时效为3年，"损害赔偿请求权时效"为10年；

（2）"损害赔偿请求权时效"自"造成损害的缺陷产品交付最初消费者"时起计算，满10年丧失，而不是自"消费者知道或应当知道受到损害"时开始计算。

三、维护食品安全的行政制度[1]

知识点 440 食品安全风险监测和评估 ★

1. 国家建立食品安全风险监测制度，对食源性疾病、食品污染以及食品中的有害因素进行监测。

2. 国家建立食品安全风险评估制度，运用科学方法，根据食品安全风险监测信息、科学数据以及有关信息，对食品、食品添加剂、食品相关产品中生物性、化学性和物理性危害因素进行风险评估。

---

[1] 该部分内容见《食品安全法》。

3. 食品安全风险评估不得向生产经营者收取费用，采集样品应当按照市场价格支付费用。

4. 食品安全风险评估结果是制定、修订食品安全标准和实施食品安全监督管理的科学依据。

知识点 441 食品安全标准 ★★

《食品安全法》第 25 条规定，除食品安全标准外，不得制定其他食品强制性标准。

1. 国家标准
（1）由国务院卫生行政部门会同国务院食品安全监督管理部门制定、公布；
（2）由国务院标准化行政部门提供国家标准编号。

2. 地方标准
（1）对地方特色食品，没有食品安全国家标准的，省、自治区、直辖市人民政府卫生行政部门可以制定并公布食品安全地方标准。如云南玫瑰鲜花饼的地方标准。
（2）地方标准报国务院卫生行政部门备案。
（3）食品安全国家标准制定后，该地方标准即行废止。

3. 企业标准
国家鼓励食品生产企业制定严于食品安全国家标准或者地方标准的企业标准，在本企业适用，并报省、自治区、直辖市人民政府卫生行政部门备案。

4. 食品安全风险评估结果是制定、修订食品安全标准和实施食品安全监督管理的科学依据。

> **易错：**
> （1）A 同学认为："没有风干面的食品安全国家标准时，可以先行制定地方标准，待国家标准制定后，酌情存废。"（错误）
> （2）B 同学认为："有风干面的食品安全国家标准时，可以制定并公布食品安全地方标准，但应当严于国家标准。"（错误）

知识点 442 食品召回制度 ★★

1. 召回的对象
不符合食品安全标准或有证据证明可能危害人体健康的食品。

2. 召回的主体
（1）食品生产者负有召回义务
食品生产者发现其生产的食品不符合食品安全标准或有证据证明可能危害人体健康的，应当立即停止生产，召回已经上市销售的食品，通知相关生产经营者和消费者，并记录召回和通知情况。
（2）食品经营者没有召回义务
食品经营者发现其经营的食品有上述情形的，应当立即停止经营，通知相关生产经营者和消费者，并记录停止经营和通知情况。食品生产者认为应当召回的，应当立即召回。
（3）由于食品经营者的原因造成其经营的食品有上述情形的，食品经营者应当召回。

（4）食品生产经营者未依照规定召回或者停止经营的，县级以上人民政府食品安全监督管理部门可以责令食品生产经营者召回或者停止经营。

3. 对召回食品的处理

（1）食品生产经营者应当对召回的食品采取无害化处理、销毁等措施，防止其再次流入市场。

（2）对因标签、标志或者说明书不符合食品安全标准而被召回的食品，食品生产者在采取补救措施且能保证食品安全的情况下可以继续销售；销售时应当向消费者明示补救措施。

> 易错："食品经营者"是指"从事食品销售和餐饮服务"的主体（《食品安全法》第2条第1款第1项），如超市、餐厅（商家），不包括"食品生产者"；"食品生产者"是指"从事食品生产和加工"的主体（《食品安全法》第2条第1款第1项），如三鹿奶粉厂家。

知识点 443 食品的标签、说明书和广告 ★

共同规则

1. 不得含有虚假内容，不得涉及疾病预防、治疗功能。
2. 食品和食品添加剂与其标签、说明书的内容不符的，不得上市销售。

特殊规则

1. 裸装食品

裸装的食品和其他根据产品的特点难以附加标识的裸装产品，可以不附加产品标识。

2. 散装食品

容器、外包装上要标明食品的名称、生产日期或者生产批号、保质期以及生产经营者的名称、地址、联系方式等内容。

3. 预包装食品

包装上应当有标签。标签应当标明食品的名称、规格、净含量、生产日期、成分或者配料表、产品标准代号、保质期以及生产者的名称、地址、联系方式等事项。

4. 转基因食品

应当按照规定显著标示。例如，转基因大豆应在其外包装上注明"转基因大豆"，该种大豆加工为豆油后，应注明"转基因大豆加工品"。

5. 食品添加剂

应当有标签、说明书和包装，并在标签上载明"食品添加剂"字样。

知识点 444 特殊食品 ★★★

1. 食用农产品

（1）食用农产品，是指供食用的源于农业的初级产品；

（2）食用农产品的质量安全管理，由《农产品质量安全法》规定，不适用《食品安全法》；

（3）食用农产品的市场销售、有关质量安全标准的制定、有关安全信息的公布、《食品安全法》对农业投入品作出规定的，适用《食品安全法》。

[例] 大米、玉米是食用农产品。但"橄榄调和油"是经过加工制作的，并非源于农业的初级产品，故不属于食用农产品。

可以简单理解为：直接从地上长出来的、直接从树上摘下来的，为"食用农产品"。

2. 保健食品

保健食品介于"食品"和"药品"之间，如蜂王浆、虫草含片、复合维生素片等。

（1）保健食品原料目录、允许保健食品声称的保健功能目录，由国务院食品安全监督管理部门（"总局"）会同国务院卫生行政部门、国家中医药管理部门制定、调整并公布。

（2）列入保健食品原料目录的原料只能用于保健食品生产，不得用于其他食品生产。

（3）使用保健食品原料目录外原料的保健食品应当经国务院食品安全监督管理部门注册。

[例] 冬虫夏草被调整出保健食品原料目录，现A公司若要用虫草制作保健食品（如虫草口服液、虫草含片），需要经过总局注册。

（4）首次进口的保健食品应当经国务院食品安全监督管理部门注册。

（5）首次进口的保健食品中属于补充维生素、矿物质等营养物质的，应当报国务院食品安全监督管理部门备案。

（6）保健食品的标签、说明书不得涉及疾病预防、治疗功能，要载明适宜人群、不适宜人群、功效成分或者标志性成分及其含量等，并声明"本品不能代替药物"。

（7）保健食品广告的内容应当经生产企业所在地的省级政府食品安全监督管理部门审查批准，取得保健食品广告批准文件。（省局批准）

3. 特殊医学用途配方食品[1]

《特殊医学用途配方食品注册管理办法》（国家市场监督管理总局令第85号公布）于2024年1月1日实施。其中和法考相关的内容概括如下：

（1）特殊医学用途配方食品应当经国家市场监督管理总局注册。

（2）特殊医学用途配方食品的标签、说明书应当按照国家市场监督管理总局的规定进行标识。

❶标签应当在主要展示版面标注产品名称、注册号、适用人群以及"请在医生或者临床营养师指导下使用"；

❷标签、说明书应当标示"不适用于非目标人群使用""本品禁止用于肠外营养支持和静脉注射"；

❸标签、说明书不得含有虚假内容，不得涉及疾病预防、治疗功能，不得对产品中的营养素及其他成分进行功能声称，不得误导消费者。

萱姑点睛

点睛▶特殊医学用途配方食品广告适用《广告法》和有关法律、行政法规关于药品广告管理的规定。

4. 婴幼儿配方乳粉

（1）产品配方应当经国务院食品安全监督管理部门注册；

（2）不得以分装方式生产婴幼儿配方乳粉；

---

[1] 某些婴儿的消化系统无法吸收婴幼儿配方乳粉中的乳蛋白，会造成过敏反应；有的疾病患者无法通过正常饮食获得充足的营养支持，会造成营养不良。此时，则需要"特殊医学用途配方食品"满足身体营养需求。

（3）同一企业不得用同一配方生产不同品牌的婴幼儿配方乳粉；（同一企业同一配方同一品牌）

（4）专供婴幼儿和其他特定人群的主辅食品，其标签还应当标明主要营养成分及其含量。

5. 目录管理

（1）公布主体：由省级以上人民政府食品安全监督管理部门及时公布；

（2）公布对象：保健食品、特殊医学用途配方食品、婴幼儿配方乳粉目录。

> **总结**
>
> 总局注册或备案事项：
> （1）婴幼儿配方乳粉的产品配方；（总局注册）
> （2）特殊医学用途配方食品；（总局注册）
> （3）使用保健食品原料目录外原料的保健食品；（总局注册）
> （4）首次进口的保健食品；（总局注册）
> （5）首次进口的保健食品中属于补充维生素、矿物质等营养物质的；（总局备案）
> （6）影响不限于特定区域的，总局统一公布。

知识点 445 食品生产经营中的安全控制制度 ★★

1. 对农作物的管理

（1）食用农产品生产者不得使用国家明令禁止的农业投入品，应当严格执行农业投入品使用安全间隔期或者休药期的规定；

（2）禁止将剧毒、高毒农药用于蔬菜、瓜果、茶叶和中草药材等国家规定的农作物。

2. 对互联网平台的管理

网络食品交易第三方平台提供者应当：

（1）对入网食品经营者进行实名登记，明确其食品安全管理责任；依法应当取得许可证的，还应当审查其许可证。

（2）发现入网食品经营者有违反《食品安全法》规定行为的，应当及时制止并立即报告所在地县级人民政府食品安全监督管理部门。

（3）发现严重违法行为的，应当立即停止提供网络交易平台服务。

3. 国家对食品添加剂生产实行许可制度

（1）生产者利用新的食品原料生产食品，或者生产食品添加剂新品种、食品相关产品新品种，应当向国务院卫生行政部门提交相关产品的安全性评估材料；

（2）生产经营的食品中可以添加按照传统既是食品又是中药材的物质。

4. 对食品推荐的管理

（1）县级以上人民政府食品安全监督管理部门和其他有关部门、食品检验机构、食品行业协会不得以广告或者其他形式向消费者推荐食品；（禁止推荐）

（2）消费者组织不得以收取费用或者其他牟取利益的方式向消费者推荐食品。（禁止营利推荐）

知识点 446 食品安全事故的处置★★

1. **应急预案制度**。应对食品安全事故的预案，可以分为如下三级：

国家预案	其指国务院组织制定的国家食品安全事故应急预案
地方政府预案	县级以上地方人民政府制定本行政区域的食品安全事故应急预案，并报上一级人民政府备案
企业预案	食品生产经营企业应当制定食品安全事故处置方案，定期检查本企业各项食品安全防范措施的落实情况，及时消除事故隐患

2. **食品安全信息统一公布制度**：①国家建立统一的食品安全信息平台，未经授权不得发布《食品安全法》第 118 条第 1 款中规定的有关信息。②任何单位和个人不得编造、散布虚假食品安全信息。③食品安全风险警示信息、重大食品安全事故及其调查处理信息，公布主体为：

总局公布	影响不限于特定区域的，由国务院食品安全监督管理部门统一公布。
省局公布	影响限于特定区域的，也可以由有关省级食品安全监督管理部门公布。

3. **食品安全事故的报告和处理**。发生食品安全事故，或者医疗机构发现其接收的病人属于食源性疾病病人或者疑似病人的，应当及时报告或通告。其要点包括：

事故发生单位、医院	发生食品安全事故的单位、接收病人进行治疗的单位应当及时向事故发生地县级人民政府食品安全监督管理部门、卫生行政部门报告。
卫健委	县级人民政府卫生行政部门应当及时通报同级食品安全监督管理部门。
食品安全监督部门	县级人民政府食品安全监督管理部门接到报告后，应当按照应急预案的规定向本级人民政府和上级人民政府食品安全监督管理部门报告。县级人民政府和上级人民政府食品安全监督管理部门应当按照应急预案的规定上报。
政　　府	县级以上人民政府应当立即成立事故处置指挥机构，启动应急预案。
疾控中心	县级以上疾病预防控制机构：①应当对事故现场进行卫生处理；②应当对与事故有关的因素开展流行病学调查，有关部门应当予以协助；③应当向同级食品安全监督管理、卫生行政部门提交流行病学调查报告。

四、违反食品安全的民事责任

知识点 447 违反食品安全的认定★★★

"违反食品安全"，既包括食品质量不符合食品安全标准的情形，也包括食品标签、说明书不符合食品安全标准的情形[1]。例如，某奶粉质量二级，但标签标注为"质量一级"，

---
[1]《食品安全法》第 26 条规定："食品安全标准应当包括下列内容：……④对与卫生、营养等食品安全要求有关的标签、标志、说明书的要求；……"

即使该奶粉质量合格，仍属于违反食品安全。

知识点 448 食品生产者和经营者的民事责任 ★★★

1. 赔偿责任的主体

（1）消费者因不符合食品安全标准的食品受到损害的，可以向食品经营者（商家）要求赔偿损失，也可以向食品生产者（厂家）要求赔偿损失；

（2）接到消费者赔偿要求的生产经营者，应当实行首负责任制，先行赔付，不得推诿。

2. 赔偿金的数额

针对生产不符合食品安全标准的食品或者经营明知是不符合食品安全标准的食品的生产经营者，消费者可主张如下赔偿金：

（1）要求赔偿损失；

（2）向生产者或者经营者要求支付价款 10 倍或者损失 3 倍的赔偿金；

（3）增加赔偿的金额不足 1000 元的，可要求赔偿 1000 元。

3. 食品的标签、说明书违反食品安全标准

（1）标签、说明书重大瑕疵的，支持 10 倍惩罚性赔偿；

（2）标签、说明书轻微瑕疵，即"存在不影响食品安全且不会对消费者造成误导的瑕疵"的，支持退货，但不支持 10 倍惩罚性赔偿。

4. 生产经营者"免责抗辩"的若干情形

（1）不得以购买者明知食品、药品存在质量问题而仍然购买为由进行免责抗辩；

（2）不得以消费者未对食品或药品的赠品支付对价为由进行免责抗辩；

（3）经检验确认产品不合格的，不得以该食品、药品具有检验合格证明为由进行免责抗辩。

[强调] 知假买假可获赔偿仅限于"食品、药品"领域。

5. 其他规定

（1）食品生产经营者财产不足以同时承担民事赔偿责任和缴纳罚款、罚金时，先承担民事赔偿责任；

（2）被吊销许可证的食品生产经营者及其法定代表人、直接负责的主管人员和其他直接责任人员，自处罚决定作出之日起 5 年内不得申请食品生产经营许可，或者从事食品生产经营管理工作、担任食品生产经营企业食品安全管理人员；

（3）因食品安全犯罪被判处有期徒刑以上刑罚的，终身不得从事食品生产经营管理工作，也不得担任食品生产经营企业食品安全管理人员。

知识点 449 知假买假纠纷 ★★★

《消费者权益保护法》和《食品安全法》对"知假买假"并没有作出明确规定，导致这一问题在理论界和实务界都存在争议。

综合《最高人民法院办公厅对十二届全国人大五次会议第 5990 号建议的答复意见》（法办函〔2017〕181 号）、《最高人民法院关于审理食品药品惩罚性赔偿纠纷案件适用法律若干问题的解释》（2024 年 8 月）的规定，目前司法实践中采取如下处理规则：

1. 在食品、药品领域，在合理生活消费需要的范围内支持"知假买假"，即"过罚相当"。

（1）在食品、药品领域，消费者即使明知商品为假冒伪劣仍然购买，并以此诉讼索赔时，人民法院不能以其知假买假为由不予支持，即适用"惩罚性赔偿"。这是基于特殊背景下的特殊政策考量。

（2）短期高频次"知假买假"，采取"过罚相当"。

《最高人民法院关于审理食品药品惩罚性赔偿纠纷案件适用法律若干问题的解释》第14条规定："购买者明知所购买食品不符合食品安全标准，在短时间内多次购买，并多次依照食品安全法第148条第2款规定就同一不符合食品安全标准的食品起诉请求同一生产者或者经营者支付惩罚性赔偿金的，人民法院应当在合理生活消费需要范围内依法支持其诉讼请求。人民法院可以综合保质期、普通消费者通常消费习惯、购买者的购买频次等因素认定购买者每次起诉的食品数量是否超出合理生活消费需要。"

【经典案例】

案情：2023年6月14日，戴某在被告某商行开设的网店中花××元购买减肥药后，发现该减肥药属于没有生产厂家信息、生产日期及食品配料的三无产品。在之后的1个月内，戴某两次在同网店中下单同款减肥药，共计花费××元。三次下单全部完成后，戴某以该减肥药包装信息不合法，系三无产品为由起诉，诉求退还货款并10倍赔偿。

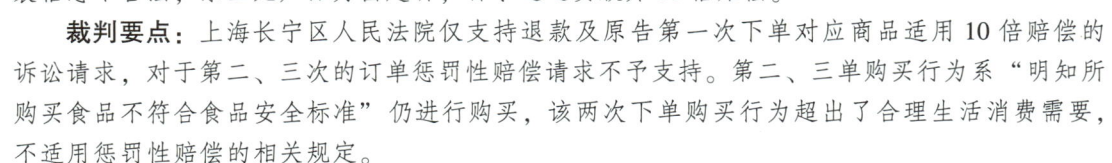

裁判要点：上海长宁区人民法院仅支持退款及原告第一次下单对应商品适用10倍赔偿的诉讼请求，对于第二、三次的订单惩罚性赔偿请求不予支持。第二、三单购买行为系"明知所购买食品不符合食品安全标准"仍进行购买，该两次下单购买行为超出了合理生活消费需要，不适用惩罚性赔偿的相关规定。

2. 在普通消费产品领域，不支持"知假买假"。

消费者获得惩罚性赔偿的前提是经营者存在欺诈行为。对于知假买假人而言，不存在其主观上受到欺诈的情形……不宜将食药纠纷的特殊政策推广适用到所有消费者保护领域。即不适用"惩罚性赔偿"。

知识点 450 其他主体的连带责任 ★★★

1 提供生产经营场所或其他条件的人 + 食品生产经营者 → 连带责任

明知他人未取得食品生产经营许可从事食品生产经营活动，或者未取得食品添加剂生产许可从事食品添加剂生产活动，仍为其提供生产经营场所或者其他条件，使消费者的合法权益受到损害的，应当与食品、食品添加剂生产经营者承担连带责任。

2 集中交易市场开办者、柜台出租者、展销会举办者 + 食品经营者 → 连带责任

集中交易市场的开办者、柜台出租者、展销会的举办者允许未依法取得许可的食品经营者进入市场销售食品，或者未履行检查、报告等义务，使消费者的合法权益受到损害的，应当与食品经营者承担连带责任。

3 互联网平台 + 食品经营者 → 连带责任

网络食品交易第三方平台提供者未对入网食品经营者进行实名登记、审查许可证，或

者未履行报告、停止提供网络交易平台服务等义务，使消费者的合法权益受到损害的，应当与食品经营者承担连带责任。

4 食品检验机构（食品认证机构）+食品生产经营者→连带责任

食品检验机构出具虚假检验报告，或者认证机构出具虚假认证结论，使消费者的合法权益受到损害的，应当与食品生产经营者承担连带责任。

5 代言人+广告经营者、发布者+食品生产经营者→连带责任

（1）广告经营者、发布者设计、制作、发布虚假食品广告，使消费者的合法权益受到损害的，应当与食品生产经营者承担连带责任；

（2）社会团体或者其他组织、个人在虚假广告或者其他虚假宣传中向消费者推荐食品，使消费者的合法权益受到损害的，应当与食品生产经营者承担连带责任。

随堂小测

徐某在甲超市购买了标注萱草食品公司生产的葡萄酒数瓶，共消费3000元。徐某发现上述食品标签上标注"配料：葡萄汁、微量二氧化硫"，但未标注二氧化硫的具体含量。现查明，该批葡萄酒符合我国食品卫生要求，并经国家相关部门检验合格。

问：徐某起诉要求甲超市支付3万元赔偿金，其诉讼请求能否得到支持？

答：不能。该标签仅具有轻微瑕疵。从购物经验而言，消费者会关注食品日期，但不会注重配料的具体含量，标签瑕疵不会对消费者造成误导。所以本案可支持退货，但是不支持10倍赔偿。

易错：赔偿责任的区别

	《消费者权益保护法》	《食品安全法》
适用对象	（1）欺诈，如出售假货、价格欺诈； （2）明知商品或服务存在缺陷+死伤。	（1）不符合食品安全标准的食品； （2）标签、说明书重大瑕疵。
赔偿标准	（1）欺诈：退一赔三，500保底； （2）故意侵权（死伤）的加重责任：损失2倍以下的惩罚性赔偿。	可选择： （1）或退一赔十，1000保底； （2）或损失3倍的赔偿金，1000保底。

42 常考角度总结——SUMMARIZE

1. 维护食品安全的行政制度内容。
2. 对违反食品安全的生产经营者的惩罚性赔偿。

专题 43 商业银行与银行业监督管理

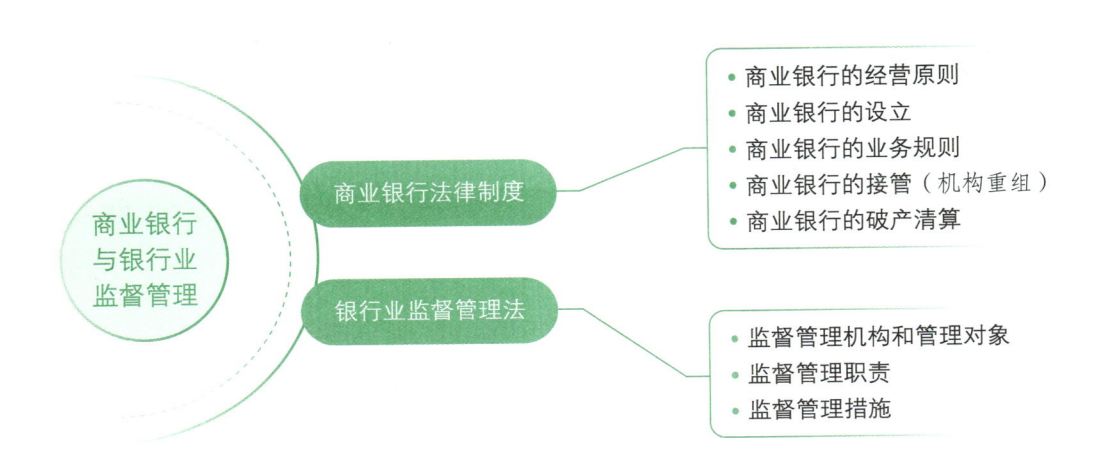

```
商业银行与银行业监督管理
├─ 商业银行法律制度
│   • 商业银行的经营原则
│   • 商业银行的设立
│   • 商业银行的业务规则
│   • 商业银行的接管（机构重组）
│   • 商业银行的破产清算
└─ 银行业监督管理法
    • 监督管理机构和管理对象
    • 监督管理职责
    • 监督管理措施
```

一、商业银行法律制度

商业银行，是指依照《商业银行法》和《公司法》设立的吸收公众存款、发放贷款、办理结算等业务的企业法人。其组织形式为有限责任公司、股份有限公司。

知识点 451　商业银行的经营原则 ★

商业银行以安全性、流动性、效益性为经营原则，实行自主经营、自担风险、自负盈亏、自我约束。

1. 流动性与安全性呈正比关系：资产流动性越强，其安全性越高。
2. 效益性与安全性呈反比关系：效益性越高，风险性也就越高，其安全性则越低。

知识点 452　商业银行的设立 ★

1. 取得经营许可证、营业执照。
（1）设立商业银行，应当经国务院银行业监督管理机构（国家金融监督管理机关）审查批准，颁发经营许可证；
（2）未经批准，任何单位和个人不得从事吸收公众存款等商业银行业务，任何单位不得在名称中使用"银行"字样；
（3）取得经营许可证后，向工商行政管理部门办理登记，领取营业执照。
2. 有符合条件的注册资本。

注册资本应当是实缴资本，并满足最低限额：

设立农村商业银行的注册资本最低限额	5000万元人民币
设立城市商业银行的注册资本最低限额	1亿元人民币
设立全国性商业银行的注册资本最低限额	10亿元人民币
国务院银行业监督管理机构可以调整注册资本最低限额	不得少于上述规定的限额（可高不可低）

3. 设立商业银行，需要有具备任职专业知识和业务工作经验的董事、高级管理人员。

4. 商业银行分支机构的设立

（1）设立分支机构，必须经国务院银行业监督管理机构审查批准。（分支机构包括分行、支行、分理处等）

（2）分支机构不按行政区划设立。

（3）拨付各分支机构营运资金额的总和，不得超过总行资本金总额的60%。

（4）分支机构不具有法人资格。分支机构在总行授权范围内依法开展业务，其民事责任由总行承担。总行对其分支机构实行全行统一核算、统一调度资金、分级管理的财务制度。

知识点 453　商业银行的业务规则 ★★★

1. 对存款人的保护

（1）商业银行要保证存款本金和利息的支付，不得拖延、拒绝支付存款本金和利息；

（2）对个人储蓄存款，商业银行有权拒绝任何单位或者个人查询、冻结、扣划，但法律另有规定的除外；

（3）商业银行应当向中国人民银行交存存款准备金，留足备付金。

2. 贷款的规则

商业银行在办理贷款业务时，要遵守下列规则：

（1）任何单位和个人不得强令商业银行发放贷款或者提供担保。

（2）经商业银行审查、评估，确认借款人资信良好，确能偿还贷款的，可以提供无需担保的贷款。

（3）商业银行因行使抵押权、质权而取得的不动产或者股权，应当自取得之日起2年内予以处分。

[例] A银行2020年1月1日通过实现抵押权取得某大楼的所有权，至迟应当在2022年1月1日出售。

（4）应当与借款人订立书面合同，应当对借款人的借款用途、偿还能力、还款方式等情况进行严格审查。

（5）商业银行审批贷款时，应当实行审贷分离、分级审批。

易错：银行审查信息过于宽泛。例如，大学生小栗向A银行申请"校园贷"，A银行审查小栗的学习、恋爱经历等情况。这是错误的，因为这些信息与小栗是否能还钱无关联。

3. 资产负债比例的管理

商业银行贷款，应当遵守下列资产负债比例管理的规定：

	内　　容	目　　的	举　　例
两个下限	资本充足率不得低于8%。（≥8%）	抑制风险资产过度膨胀，监测银行抵御风险的能力。	（略）
	流动性资产余额与流动性负债余额的比例：不得低于25%。$\dfrac{流动性资产余额}{流动性负债余额} \geq 25\%$（$\dfrac{1}{4}$）	资产流动性比例：反映商业银行的资产流动性水平。	A银行流动性资产余额为25万元（如现金），则流动性负债余额应≤100万元（如应付工资、应付票据）。
一个上限	对同一借款人的贷款余额与商业银行资本余额的比例：不得超过10%。（≤10%）	防范贷款风险。	A银行资本余额100万元，则甲最多可贷款10万元。

4. 对关系人贷款的限制（人情贷）

（1）关系人：商业银行的董事、监事、管理人员、信贷业务人员及其近亲属，以及前述人员投资或者担任高级管理职务的公司、企业和其他经济组织。

（2）商业银行不得向关系人发放信用贷款；向关系人发放担保贷款的条件不得优于其他借款人同类贷款的条件。

（3）贷款合同的效力。《商业银行法》对"人情贷"的限制属于"规范强制性"。如果银行和关系人签订的贷款合同符合《民法典》的要求，则贷款合同有效。

[例] A银行和关系人甲签订了一份信用贷款合同，或者向关系人甲发放无息贷款，但对其他同类借款人发放的均为正常贷款利率贷款。A银行是违规贷款，要追究相关责任人的法律责任。但是，该贷款合同有效。

5. 分业经营规则

（1）商业银行在我国境内不得从事信托投资业务；

（2）商业银行在我国境内不得从事证券经营业务；

（3）商业银行不得向非自用不动产投资或者向非银行金融机构和企业投资，但国家另有规定的除外。

6. 同业拆借规则

同业拆借，是指商业银行因临时资金不足向其他银行及金融机构临时借款。同业拆借一般都是短期的，是各金融机构彼此间的一种资金调剂活动。例如，A银行手头紧，向B银行借钱周转。

其具体规则包括：①应当遵守中国人民银行的规定；②拆出资金限于交足存款准备金、留足备付金和归还中国人民银行到期贷款之后的闲置资金；③拆入资金用于弥补票据结算、联行汇差头寸的不足和解决临时性周转资金的需要；④禁止利用拆入资金发放固定资产贷款或

萱姑点睛

点睛▶拆出→闲钱；拆入→临时性周转；禁投禁贷。

者用于投资。

知识点 454 商业银行的接管（机构重组）★★★

1. 接管的原因

商业银行已经或者可能发生信用危机，严重影响存款人的利益时，国务院金融监督管理机构可以依法对该银行实行接管或促成机构重组。

2. 接管的后果

（1）被接管的商业银行的债权债务关系不因接管而变化；

（2）自接管开始之日起，由接管组织行使商业银行的经营管理权力；

（3）接管最长不得超过 2 年；

（4）接管和机构重组均不为商业银行破产的前提。

3. 接管的措施

（1）被接管、重组或者被撤销的，国务院金融监督管理机构有权要求该银行业金融机构的董事、高级管理人员和其他工作人员，按照要求履行职责；

（2）直接负责的董事、高级管理人员和其他直接责任人员出境将对国家利益造成重大损失的，经国务院金融监督管理机构负责人批准，可通知出境管理机关依法阻止其出境；

（3）申请司法机关禁止其转移、转让财产或者对其财产设定其他权利。

知识点 455 商业银行的破产清算 ★

商业银行不能支付到期债务，经国务院金融监督管理机构同意，由法院依法宣告其破产。其要点包括：

1. 破产原因：商业银行出现不能支付到期债务的情形。

2. 成立清算组。商业银行破产，要经过国务院金融监督管理机构同意。商业银行被宣告破产的，由法院组织国务院金融监督管理机构等有关部门和有关人员成立清算组，进行清算。

3. 清算顺序。商业银行破产清算时，在支付清算费用、所欠职工工资和劳动保险费用后，应当优先支付个人储蓄存款的本金和利息。

清算费用 → 职工债权 → 个人储蓄存款本息 → 税 → 破产债权

二、银行业监督管理法

知识点 456 监督管理机构和管理对象 ★

1. 管理机构

国家金融监督管理总局负责对全国银行业金融机构及其业务活动的监督管理工作。

2. 管理对象

（1）商业银行、城市信用合作社、农村信用合作社等吸收公众存款的金融机构以及政策性银行；

（2）金融资产管理公司、信托投资公司、财务公司、金融租赁公司；

（3）经批准设立的其他金融机构、经批准在境外设立的金融机构以及上述金融机构在境外的业务活动；

（4）其他金融机构。（如保险公司）

知识点 457 监督管理职责 ★★★

第一类，需经国家金融监督管理机构批准或备案的事项

（1）银行业金融机构的设立，分支机构的设立、合并、分立、接管、破产、终止。
（2）银行业金融机构变更名称、变更注册资本、变更总行或者分支行所在地、修改章程。
（3）调整银行业金融机构的业务范围，以及调整业务范围内的业务品种。

[例] 甲商业银行拟推出"原油宝"期货新型理财产品，但该业务品种在其现有业务范围之外，则该理财产品需要审批。

（4）对银行业金融机构的董事和高级管理人员实行任职资格管理。更换董事、高级管理人员时，应当报国家金融监督管理机构审查其任职资格。
（5）任何单位和个人购买商业银行股份总额5%以上的，应当事先经国家金融监督管理机构批准。

第二类，需符合中国人民银行规定的事项

商业银行有下列情形之一，由中国人民银行责令改正；……情节特别严重或者逾期不改正的，中国人民银行可以建议国务院银行业监督管理机构责令停业整顿或者吊销其经营许可证；构成犯罪的，依法追究刑事责任：
（1）未经批准办理结汇、售汇的；
（2）未经批准在银行间债券市场发行、买卖金融债券或者到境外借款的；
（3）违反规定同业拆借的；
（4）拒绝或者阻碍中国人民银行检查监督的；
（5）提供虚假的或者隐瞒重要事实的财务会计报告、报表和统计报表的；
（6）未按照中国人民银行规定的比例交存存款准备金的。

对比：金融监督管理机构 VS. 中国人民银行（职权）

	金融监督管理机构	中国人民银行
行政事务监管	（1）改名改地改范围； （2）变人变钱变章程； （3）生生死死要审批。	无 权
同业拆借	无 权	不遵守央行规定的同业拆借。
外 汇	未经批准买卖、代理买卖外汇。	未经批准办理结汇、售汇。
债 券	未经批准买卖政府债券或者发行、买卖金融债券的。	未经批准在银行间债券市场发行、买卖金融债券或者到境外借款的。

	金融监督管理机构	中国人民银行
存款、贷款	（1）违反规定吸收存款，发放贷款的； （2）向关系人发放信用贷款或者发放担保贷款的条件优于其他借款人同类贷款的条件的； （3）未遵守资本充足率、资产流动性比例、同一借款人贷款比例等规定的。	未按照中国人民银行规定的比例交存存款准备金、备付金的。
财务造假	提供虚假的或者隐瞒重要事实的财务会计报告、报表和统计报表的。	

知识点 458 监督管理措施 ★★★

1. 突发事件的处理

对可能引发系统性银行业风险、严重影响社会稳定的突发事件：

（1）金融监督管理机构应当立即向国务院金融监督管理机构负责人报告；

（2）国务院金融管理机构负责人认为需要向国务院报告的，应当立即向国务院报告，并告知中国人民银行、国务院财政部门等有关部门；

（3）国务院金融监督管理机构应当会同中国人民银行、国务院财政部门等有关部门建立银行业突发事件处置制度……及时、有效地处置银行业突发事件。

2. 审慎经营规则

（1）概念

审慎经营规则，包括风险管理、内部控制、资本充足率、资产质量、损失准备金、风险集中、关联交易、资产流动性等内容。

（2）违反审慎经营规则的处理

❶银行业金融机构违反审慎经营规则的，国务院金融监督管理机构或其省一级派出机构应当责令限期改正。

❷逾期未改正的，经国务院金融监督管理机构或其省一级派出机构批准，可以采取下列措施：

	措 施	总结（2停4限）
业 务	责令暂停部分业务、停止批准开办新业务。	停业务停新增
	停止批准增设分支机构。	
资 产	限制分配红利和其他收入。	限分红限资产
	限制资产转让。	
人 员	责令控股股东转让股权或者限制有关股东的权利。	限股东限高管
	责令调整董事、高级管理人员或者限制其权利。	

3. 其他监管措施

（1）现场检查、非现场监管

❶国务院银行业监督管理机构应当对银行业金融机构的业务活动及其风险状况进行非

现场监管，建立银行业金融机构监督管理信息系统，分析、评价银行业金融机构的风险状况；

❷应当对银行业金融机构的业务活动及其风险状况进行现场检查。

（2）信息共享、信息披露

❶国务院银行业监督管理机构应当和中国人民银行、国务院其他金融监督管理机构建立监督管理信息共享机制；

❷应当责令银行业金融机构按照规定，如实向社会公众披露财务会计报告、风险管理状况、董事和高级管理人员变更以及其他重大事项等信息。

（3）查询、冻结

❶经金融监督管理机构或者其省一级派出机构负责人批准，金融监督管理机构有权查询涉嫌金融违法的银行业金融机构及其工作人员以及关联行为人的账户；

❷对涉嫌转移或者隐匿违法资金的，经金融监督管理机构负责人批准，可以申请司法机关予以冻结。

💡**易错**：以下两项措施不能由金融监督管理机构直接采取：①申请司法机关禁止银行业金融机构中直接负责的董事、高级管理人员和其他责任人员转移、转让财产或者对其财产设定其他权利；②申请司法机关予以冻结。

43 常考角度总结—— SUMMARIZE

1. 商业银行的业务规则，如贷款规则、同业拆借规则。
2. 商业银行需要审批或备案的事项。区分"金监总局"和"央行"职权。
3. 防范商业银行经营风险的措施。重点掌握违反"审慎经营"规则的处理。
4. 商业银行的接管、破产。

致努力中的你

忠实自己的感觉，

认真做每一件事，

不要烦，不要放弃，不要敷衍。

专题 44 税收征纳实体法

```
税收征纳实体法
├── 实体税法概述
│   • 实体税法分类
│   • 税法法律关系
│   • 税法的基本原则
├── 个人所得税
│   • 纳税人与扣缴义务人
│   • 纳税事项：综合所得
│   • 纳税事项：其他所得
│   • 个人所得税的税收减免
│   • 纳税调整、税额抵免
│   • 纳税申报
├── 企业所得税
│   • 纳税人
│   • 纳税事项（应纳税所得额的计算）
│   • 税收优惠
│   • 税收调整
└── 其他实体税法
    • 车船税
    • 增值税
    • 消费税
```

考情提要：实体税法的考查偏实务，专业性强，但题目均为"法条翻版"，没有理解上的难度。

特别提示：《增值税法》于 2024 年 12 月 25 日通过，标志着我国第一大税种正式立法，其重要性不可忽视。这是今年备考的重点。

一、实体税法概述

知识点 459　实体税法分类 ★

税收征纳实体法主要包括商品税法、所得税法、财产税法、行为税法。

1. 商品税法，主要包括增值税法、消费税法、关税法、烟叶税法等。
2. 所得税法，主要包括企业所得税法、个人所得税法。
3. 财产税法，主要包括资源税法、房产税法、土地增值税法、土地使用税法、耕地占用税法、契税法、车船税法等。
4. 行为税法，主要包括印花税法等。

知识点 460 税法法律关系

税法是调整税收关系的法律规范的总称，其调整的是国家税务机关与纳税主体的关系。税收法律关系的一方主体始终是国家，税收法律关系主体双方具有单方面的权利与义务内容。

1. 税务机关
（1）税务机关包括各级税务局、税务分局、税务所、省以下税务局的稽查局；
（2）稽查局专司偷税、逃避追缴欠税、骗税、抗税案件的查处。

2. 纳税主体
纳税主体包括纳税人和扣缴义务人。纳税人，是指负有纳税义务的单位和个人；扣缴义务人，是指法律、行政法规规定负有代扣代缴、代收代缴税款义务的单位和个人。

3. 纳税人的权利（"减、免、退、延"的权利）
（1）申请减税、免税、退税的权利。
（2）纳税人因有特殊困难，不能按期缴纳税款的，经省级税务局、地方税务局批准，可以延期缴纳税款，但是最长不得超过3个月。不予批准的，从缴纳税款期限届满之日起，按日加收滞纳税款万分之五的滞纳金。

4. 纳税人、扣缴义务人均享有的权利
（1）陈述权、申辩权。
（2）申请行政复议、提起行政诉讼、请求国家赔偿等权利。
（3）有权控告和检举税务机关、税务人员的违法违纪行为。
（4）有权要求税务机关为纳税人、扣缴义务人的情况保密。

[例] 张某要求查询丈夫的个人所得税申报信息，税务机关有权予以拒绝。因为张某的丈夫是纳税人，税务机关拒绝张某查询，正是为了保护纳税人的秘密，是符合法律规定的。

知识点 461 税法的基本原则 ★★★

1. 税收法定原则
（1）该原则是指税种的设立、税率的确定和税收征收管理等税收基本制度只能通过法律制定。税务机关无相应法律依据不得征税。例如，是否设立房地产税，必须通过法律制定。
（2）在税收征收管理领域，该原则是指税收的开征、停征以及减税、免税、退税、补税，依照法律的规定执行；法律授权国务院规定的，依照国务院制定的行政法规的规定执行。

[例] 甲公司已经缴纳了销售货款100万元的企业所得税，但随后该销售合同被依法解除。问：甲公司基于该销售合同缴纳的企业所得税款能否申请退税？

答：不能申请退税。合同解除会在合同当事人之间产生返还、违约金等后果，但税收征收管理体现的是"国家-纳税人"之间的关系，应遵循税收法定原则，征税和退税均要依照法律的规定执行。

2. 实质课税原则

该原则是指对于一项税法规范是否适用于某一特定情况，除考虑是否符合税法规定的税收要素外，还应根据实际情况，尤其要根据是否有利于经济发展来判断决定是否征税。

3. 禁止类推适用原则

该原则是指当税法有漏洞时，依据税收法定原则，不允许以类推适用方法来弥补税法漏洞。

4. 禁止溯及课税原则

该原则是指新颁布实施的税收实体法仅对其生效后发生的应税事实或税收法律行为产生效力，而不对其生效之前发生的应税事实或税收法律行为溯及课税。

5. 诚信原则。（略）

二、个人所得税

个人所得税，是以"个人所得"为纳税对象的税种。"个人所得"的具体形式，包括：现金、实物、有价证券和其他形式的经济利益。

知识点 462　纳税人与扣缴义务人 ★★★

1. 纳税人

其指取得应税所得的个人。纳税人分为居民个人（又称"税务居民"）、非居民个人两类。

	居民个人	非居民个人
认定标准	（1）在中国境内有住所[1]的个人； （2）或者，无住所而一个纳税年度内在中国境内居住累计满183天的个人。（按一年365天算，183天是"超过半年"）	（1）在中国境内无住所又不居住的个人； （2）或者，无住所而一个纳税年度内在中国境内居住累计不满183天的个人。
征税对象	从中国境内和境外取得的所得，均要缴纳个人所得税。	从中国境内取得的所得，缴纳个人所得税。

🔖 易错：

1. "张某和其妻是双职工，家庭取得的工资薪金所得可合并计算，减除法定费用后的余额，为个人所得税的应纳税所得额。"（此表述错误。我国不是以"家庭"为纳税主体，应当由张某和其妻各自缴纳个人所得税。）

2. 以国籍来区分"居民个人"和"非居民个人"。例如，"非居民纳税人是指不具有中国国籍但有来源于中国境内所得的个人"的表述错误。是否为税务居民不是以国籍来确定，而是采取"住所+居住时间"的判断标准。

---

[1] 住所，是指因户籍、家庭、经济利益关系而在中国境内习惯性居住的场所。

2. 扣缴义务人

（1）扣缴义务人，是指支付所得的单位或者个人；

（2）扣缴义务人应当按照国家规定办理全员全额扣缴申报，并向纳税人提供其个人所得和已扣缴税款等信息；

（3）对扣缴义务人按照所扣缴的税款，付给2%的手续费。

知识点 463 纳税事项：综合所得 ★★★

1. 综合所得的范围

（1）工资、薪金所得（包括奖金、年终加薪等）；

（2）劳务报酬所得（如法律、会计、经纪中介服务费）；

（3）稿酬所得；

（4）特许权使用费所得（如提供专利权、商标权、著作权等使用权取得的所得）。

2. 应纳税所得额的计算

	居民个人	非居民个人
纳税所得额	应纳税所得额=每一纳税年度的收入额-费用60 000元-专项扣除-专项附加扣除-其他扣除。[1]	（1）非居民个人的"工资、薪金"应纳税所得额=每月收入额-费用5000元； （2）非居民个人"劳务报酬、稿酬、特许权使用费"：以每次收入额为应纳税所得额。
计算标准	（1）按年合并报税，并采用"汇算清缴"[2]； （2）税率适用3%~45%的超额累进税率。	（1）按月、按次计算，无需"汇算清缴"； （2）税率适用3%~45%的超额累进税率。

知识点 464 纳税事项：其他所得

1. 经营所得

（1）经营所得，包括个体工商户、个人独资企业投资人、合伙企业的个人合伙人取得的经营所得；

（2）每一纳税年度的收入总额-（成本+费用+损失），为应纳税所得额；

（3）适用5%~35%的超额累进税率。

2. 利息、股息、红利所得

（1）以每次收入额为应纳税所得额；

（2）适用20%的比例税率。

3. 财产租赁所得

（1）每次收入不超过4000元的，减除费用800元；

---

[1]（1）专项扣除，包括"社保三险+住房公积金"（社保包含基本养老保险、基本医疗保险、失业保险）。

（2）专项附加扣除，包括子女教育、继续教育、大病医疗、住房贷款利息或者住房租金、赡养老人等支出。

（3）其他扣除，是指个人将其所得对教育、扶贫、济困等公益慈善事业进行捐赠，捐赠额未超过纳税人申报的应纳税所得额30%的部分，可以从其应纳税所得额中扣除；国务院规定对公益慈善事业捐赠实行全额税前扣除的，从其规定。

[2] 综合所得的"汇算清缴"：居民个人取得综合所得，有扣缴义务人的，由其按月或者按次预扣预缴税款。需要办理汇算清缴的，应当在取得所得的次年3月1日至6月30日内办理汇算清缴。

(2) 每次收入4000元以上的，减除20%的费用，其余额为应纳税所得额；
(3) 适用20%的比例税率。

4. 财产转让所得
(1) 转让财产的收入额－（财产原值+合理费用），为应纳税所得额；
(2) 适用20%的比例税率。

5. 偶然所得
(1) 偶然所得，是指个人得奖、中奖、中彩以及其他偶然性质的所得；
(2) 以每次收入额为应纳税所得额；
(3) 适用20%的比例税率。

附：个税税率表

个人所得税税率表（综合所得适用）

级 数	全年应纳税所得额	税率（%）
1	不超过36 000元的	3
2	超过36 000元至144 000元的部分	10
3	超过144 000元至300 000元的部分	20
4	超过300 000元至420 000元的部分	25
5	超过420 000元至660 000元的部分	30
6	超过660 000元至960 000元的部分	35
7	超过960 000元的部分	45

知识点 465 个人所得税的税收减免 ★★

1. 免税事项

下列各项个人所得，免征个人所得税：①省级人民政府、国务院部委和中国人民解放军军以上单位，以及外国组织、国际组织颁发的科学、教育、技术、文化、卫生、体育、环境保护等方面的奖金；②国债和国家发行的金融债券利息；③按照国家统一规定发给的补贴、津贴；④福利费、抚恤金、救济金；⑤保险赔款；⑥军人的转业费、复员费、退役金；⑦按照国家统一规定发给干部、职工的安家费、退职费、基本养老金或者退休费、离休费、离休生活补助费；⑧依照有关法律规定应予免税的各国驻华使馆、领事馆的外交代表、领事官员和其他人员的所得；⑨中国政府参加的国际公约、签订的协议中规定免税的所得；⑩国务院规定的其他免税所得。

2. 减税事项

有下列情形之一的，可以减征个人所得税：①残疾、孤老人员和烈属的所得；②因自然灾害遭受重大损失的。

上述减征个税的具体幅度和期限，由省、自治区、直辖市人民政府规定，并报同级人民代表大会常务委员会备案。

> **萱姑点睛**
> 免税、减税事项 ▶
> 补贴救济赔转退，
> 奖金国债免个税，
> 残孤烈灾减个税。

国务院可以规定其他减税情形，报全国人民代表大会常务委员会备案。

知识点 466　纳税调整、税额抵免 ★

1. 纳税调整
税务机关可对下列情形进行纳税调整：
（1）个人与其关联方之间的业务往来不符合独立交易原则而减少本人或者其关联方应纳税额，且无正当理由；
（2）居民个人控制的，或者居民个人和居民企业共同控制的设立在实际税负明显偏低的国家（地区）的企业，无合理经营需要，对应当归属于居民个人的利润不作分配或者减少分配；
（3）个人实施其他不具有合理商业目的的安排而获取不当税收利益。
税务机关对上述情形作出纳税调整，需要补征税款的，应当补征税款，并依法加收利息。

2. 税额抵免
居民个人从中国境外取得的所得，可以从其应纳税额中抵免已在境外缴纳的个人所得税税额，但抵免额不得超过该纳税人境外所得依照《个人所得税法》规定计算的应纳税额。

知识点 467　纳税申报

有下列情形之一的，纳税人应当依法办理纳税申报：
1. 取得综合所得需要办理汇算清缴。
2. 取得应税所得没有扣缴义务人。
3. 取得应税所得，扣缴义务人未扣缴税款。
4. 取得境外所得。（时间：次年3月1日至6月30日内申报纳税）
5. 因移居境外注销中国户籍。（时间：应当在注销中国户籍前办理税款清算）
6. 非居民个人在中国境内从2处以上取得工资、薪金所得。（时间：次月15日内申报纳税）
7. 国务院规定的其他情形。

三、企业所得税

企业所得税是以企业在一定期间内的纯所得为征税对象的税种。
我国对内外资企业实行统一的所得税法、统一的税率、统一的税前扣除范围和标准、统一的税收优惠政策。

知识点 468　纳税人 ★

1. 个人独资企业、合伙企业不适用《企业所得税法》。
2. 在我国境内的企业和其他取得收入的组织为企业所得税的纳税人。
企业可以区分为"居民企业"和"非居民企业"两类。

(1) 居民企业

① 依法在中国境内成立的企业；

② 依照外国（地区）法律成立但实际管理机构在中国境内的企业；

③ 征税对象：来源于中国境内、境外的所得；

④ 税率为25%。

(2) 非居民企业

① 依照外国（地区）法律成立且实际管理机构不在中国境内，但在中国境内设立机构、场所的企业。

② 在中国境内未设立机构、场所，但有来源于中国境内所得的企业。

③ 征税对象：来源于中国境内的所得。

④ 税率

	征税对象	税率
在中国境内设立机构、场所	其所设机构、场所取得的来源于中国境内的所得	25%
	发生在中国境外但与其所设机构、场所有实际联系的所得	
	取得的所得与其所设机构、场所没有实际联系	20%
在中国境内未设立机构、场所	来源于中国境内的所得	20%

知识点 469 纳税事项（应纳税所得额的计算）★★★

［计算公式］应纳税所得额＝企业每一纳税年度的收入总额－（不征税收入＋免税收入＋各项扣除＋允许弥补的以前年度亏损）。

1. 收入

	内　　容	举　　例
收入总额	企业以货币形式和非货币形式从各种来源取得的收入	企业销售货物收入，转让财产收入，股息、红利等权益性投资收益等。
不征税收入	(1) 财政拨款； (2) 依法收取并纳入财政管理的行政事业性收费、政府性基金； (3) 国务院规定的其他不征税收入。	企业取得的"库区维护基金""三峡工程建设基金"。
免税收入	(1) 国债利息收入； (2) 符合条件的居民企业之间的股息、红利等权益性投资收益； (3) 在中国境内设立机构、场所的非居民企业从居民企业取得与该机构、场所有实际联系的股息、红利等权益性投资收益； (4) 符合条件的非营利组织的收入。	2024年，财政部网站公布了2024年一般国债、超长期特别国债发行有关安排。企业购买国债的利息收入，属于"免税收入"。

2. 支出

税前扣除的一般原则：权责发生制原则、配比原则、相关性原则、确定性原则、合理性原则。

可以税前扣除的支出	企业实际发生的与取得收入有关的、合理的支出，包括成本、费用、税金、损失和其他支出，准予在计算应纳税所得额时扣除。 （1）成本，是指企业销售商品、提供劳务等的成本。如工资薪金支出。 （2）费用，是指企业在生产、经营商品以及提供劳务等过程中发生的销售费用、管理费用和财务费用等（已经计入成本的有关费用除外）。如企业业务招待费、广告费用。 （3）税金，是指企业发生的除企业所得税和允许抵扣的增值税以外的企业实际缴纳的各项税金及附加。如消费税、出口关税、资源税、车船税等。 （4）公益性捐赠支出。企业发生的公益性捐赠支出，在年度利润总额12%以内的部分，准予在计算应纳税所得额时扣除；超过年度利润总额12%的部分，准予结转以后3年内在计算应纳税所得额时扣除。 （5）其他。（略）	
不得税前扣除的支出	不确定的支出	（1）向投资者支付的股息、红利等权益性投资收益款项； （2）企业所得税税款； （3）未经核定的准备金支出。
	不合理的支出	（1）税收滞纳金； （2）罚金、罚款和被没收财物的损失。
	不相关的支出	（1）《企业所得税法》第9条规定以外的捐赠支出（非公益性捐赠支出）； （2）赞助支出。
	其他	（略）
加计扣除的支出	下列支出，可以在计算应纳税所得额时加计扣除： （1）开发新技术、新产品、新工艺发生的研究开发费用。 （2）安置残疾人员及国家鼓励安置的其他就业人员所支付的工资。"工资"，仅包括"特殊工资"，若某企业为安置残疾人员所购置的专门设施，不可以在计算企业所得税时加计扣除。	

3. 亏损

（1）企业在汇总计算缴纳企业所得税时，其境外营业机构的亏损不得抵减境内营业机构的盈利；

（2）企业纳税年度发生的亏损，准予向以后年度结转，用以后年度的所得弥补，但结转年限最长不得超过5年。

点睛

某项支出是否可税前扣除，可从下列角度区分：

➤ 是"合理支出"还是"违规违章支出"？是"确实的支出"还是"可能的支出"？

➤ 是"与生产经营有关的支出"还是"与生产经营无关的支出"？

知识点 470 税收优惠★★★

税收优惠（也即减免税），即国家对重点扶持和鼓励发展的产业和项目，给予企业所得税优惠。法考常考的优惠措施包括：

1. 特殊所得

企业的下列所得，可以免征、减征企业所得税：

（1）从事农、林、牧、渔业项目的所得；

（2）从事国家重点扶持的公共基础设施项目投资经营的所得；

（3）从事符合条件的环境保护、节能节水项目的所得；

（4）符合条件的技术转让所得。

> **萱姑点睛**
> 点睛▶农村公鸡很环保。

2. 特殊企业

（1）符合条件的小型微利企业，减按20%的税率征收企业所得税；

（2）国家需要重点扶持的高新技术企业，减按15%的税率征收企业所得税；

（3）创业投资企业从事国家需要重点扶持和鼓励的创业投资，可以按投资额的一定比例抵扣应纳税所得额；

（4）非居民企业在中国境内未设立机构、场所的，或者虽设立机构、场所但取得的所得与其所设机构、场所没有实际联系的，适用税率为20%。

> **萱姑点睛**
> 点睛▶小微高新创投有优惠。

知识点 471 税收调整★★

原则➡企业（或外国企业在中国境内设立的从事生产、经营的机构、场所）与其关联方之间的业务往来，应当按照独立企业之间的业务往来收取或者支付价款、费用。

例外➡❶企业与其关联方之间的业务往来，不符合独立交易原则而减少企业或者其关联方应纳税收入或者所得额的，税务机关有权按照合理方法调整。
❷企业实施其他不具有合理商业目的的安排而减少其应纳税收入或者所得额的，税务机关有权按照合理方法调整。

[例] 关联企业间的税收调整：B公司持有中国D公司95%的股权，F公司持有B公司100%的股权，A基金在境外某群岛注册，该群岛系低税率地区。A基金获得F公司26%的股权之后，将该股权转让给了境外的M上市公司。经查，A基金、F公司、M上市公司均不从事实质性经营活动，F公司的股权转让价主要取决于中国D公司的估值。

结论：A基金-M上市公司之间转让的股权为中国D公司的股权，A基金应就股权转让所得向我国税务机关进行纳税申报，我国税务机关有权按照合理方法调整其应纳税的所得额（A基金在低税率地区）。

四、其他实体税法

知识点 472　车船税 ★

1. 纳税人：在我国境内属于《车船税法》所附《车船税税目税额表》规定的车辆、船舶的所有人或者管理人，为车船税的纳税人。

2. 车船税纳税义务发生时间为取得车船所有权或者管理权的当月。车船税按年申报缴纳。

3. 免征对象：①捕捞、养殖渔船；②军队、武装警察部队专用的车船；③警用车船；④悬挂应急救援专用号牌的国家综合性消防救援车辆和国家综合性消防救援专用船舶；⑤依照法律规定应当予以免税的外国驻华使领馆、国际组织驻华代表机构及其有关人员的车船；⑥节约能源、使用新能源的车船。[1]

> **萱姑点睛**
> 点睛▶军警消外电渔，可免车船税。

4. 减征车船税的对象

（1）受严重自然灾害影响纳税困难以及有其他特殊原因确需减税、免税的，可以减征或者免征车船税；

（2）省级政府根据当地实际情况，可以对公共交通车船，农村居民拥有并主要在农村地区使用的摩托车、三轮汽车和低速载货汽车（农用车），定期减征或者免征车船税。

知识点 473　增值税 ★★

1. 纳税人

（1）在中国境内销售货物、服务、无形资产、不动产（称为"应税交易"）的单位和个人（包括个体工商户）；

（2）进口货物的单位和个人（包括个体工商户）。

2. 税款征收。增值税由税务机关征收，进口货物的增值税由海关代征。

3. 税率

税率	应税交易事项	举 例
13%	除法律另有规定外，以下税率为13%： （1）纳税人销售货物、加工修理修配服务[2]、有形动产租赁服务； （2）纳税人进口货物。	（1）苏宁电器公司销售一台电视，售价为1万元；（销售货物） （2）某汽车修理厂为客户更换汽车发动机零部件，修理费用为1万元；（加工修理修配服务） （3）某设备租赁公司将一辆建筑用塔吊租给客户使用，租金为1万元。（有形动产租赁服务）

---

[1] 关于新能源车船，《车船税法》第4条规定："对节约能源、使用新能源的车船可以减征或者免征车船税；……具体办法由国务院规定，并报全国人民代表大会常务委员会备案。" 2018年《财政部、税务总局、工业和信息化部、交通运输部关于节能新能源车船享受车船税优惠政策的通知》第2条规定："对新能源车船，免征车船税。……" 因此，现阶段对节约能源、使用新能源的车船，免征车船税。

[2] 加工，是指委托方提供原料及主要材料，受托方按照委托方的要求，制造货物并收取加工费的业务；修理修配，是指受托方对损伤和丧失功能的货物进行修复，使其恢复原状和功能的业务。

续表

税率	应税交易事项	举例
9%	除法律另有规定外，以下税率为9%： （1）纳税人销售交通运输、邮政、基础电信、建筑、不动产租赁服务。 （2）纳税人销售不动产、转让土地使用权。 （3）纳税人销售或者进口下列货物：①农产品、食用植物油、食用盐；②自来水、暖气、冷气、热水、煤气、石油液化气、天然气、二甲醚、沼气、居民用煤炭制品；③图书、报纸、杂志、音像制品、电子出版物；④饲料、化肥、农药、农机、农膜。	（1）某长途汽车公司从北京到上海的客运服务收费1000元；（交通运输服务） （2）中国邮政公司寄送一个包裹收费100元；（邮政服务） （3）中国联通公司、中国电信公司等为居民提供100元/月的宽带包月服务； （4）某公司将办公室出租给另一家公司，租金为1万元/月。
6%	纳税人销售除上述规定以外的其他服务、无形资产，税率为6%。	（1）某银行为客户提供支付结算服务或其他金融服务； （2）某保险公司为客户提供健康险等保险产品的保费收入。
0	（1）纳税人出口货物，税率为0；国务院另有规定的除外。 （2）境内单位和个人跨境销售国务院规定范围内的服务、无形资产，税率为0。	（1）某中国软件公司为美国的客户提供定制的软件开发服务，合同金额为10万元； （2）某中国企业将一项专利技术转让给国外的公司，专利转让收入10万元。
3%	（小规模纳税人等）适用简易计税方法计算缴纳增值税的征收率为3%。	（略）

4. 税收优惠

类　　型	优惠事项	提　　示
免税主体	小规模纳税人发生应税交易，销售额未达到起征点的，免征增值税。（起征点标准由国务院规定，报全国人民代表大会常务委员会备案）	小规模纳税人，是指年应征增值税销售额未超过500万元的纳税人。
免税项目	（1）农业生产者销售的自产农产品、相关技术培训业务、家禽等的配种和疾病防治； （2）医疗机构提供的医疗服务； （3）古旧图书，自然人销售的自己使用过的物品； （4）直接用于科学研究、科学试验和教学的进口仪器、设备； （5）外国政府、国际组织无偿援助的进口物资和设备； （6）由残疾人的组织直接进口供残疾人专用的物品，残疾人个人提供的服务； （7）托儿所、幼儿园、养老机构、残疾人服务机构提供的育养服务，婚姻介绍服务，殡葬服务； （8）学校提供的学历教育服务，学生勤工俭学提供的服务；	⊙点睛 免税商品和服务： 自产自销农作物， 医疗学历双服务， 古旧图书二手货， 科研外援进口货， 残疾托幼婚殡葬， 文宗门票可免税。

类　型	优惠事项	提　示
免税项目	（9）纪念馆、图书馆等举办文化活动的门票收入，宗教场所举办文化、宗教活动的门票收入。	同　前
专项优惠	国务院对支持小微企业发展、扶持重点产业、鼓励创新创业就业、公益事业捐赠等情形可以制定增值税专项优惠政策。	（略）

5. 不征税情形

有下列情形之一的，不属于应税交易，不征收增值税：①员工为受雇单位或者雇主提供取得工资、薪金的服务；②收取行政事业性收费、政府性基金；③依照法律规定被征收、征用而取得补偿；④取得存款利息收入。

6. 纳税人可以放弃增值税优惠；放弃优惠的，在36个月内不得享受该项税收优惠，小规模纳税人除外。

知识点 474　消费税

消费税，是指以特定消费品的流转额为征税对象的税种。

1. 消费税的纳税人，为在我国境内生产、委托加工和进口应税消费品的单位和个人。

2. 消费税的应税消费品主要为高耗能、高污染和高档消费品，具体包括：①烟、酒、成品油（含铅汽油除外）和用于调和汽油的主要原材料；②250毫升以上排量的摩托车、小汽车、高尔夫球及球具、鞭炮、焰火；③高档化妆品、贵重首饰及珠宝玉石、高档手表、游艇；④木制一次性筷子、实木地板、电池、涂料。

> **萱姑点睛**
> 应税消费品 ▶
> 烟酒油，车鞭球，
> 宝石名表水中游；
> 木筷子，木地板，
> 电池涂料高污染。

3. 分别核算。纳税人兼营不同税率的应税消费品，应当分别核算销售额、销售数量。未分别核算，或者将不同税率的应税消费品组成成套消费品销售的，从高适用税率。

44　常考角度总结——

1. 对税法基本原则的理解。
2. 税务机关的范围、纳税人的权利、税法的基本原则，近年各考过一次。
3. 个人所得税：①判断是属于居民个人还是非居民个人；②综合所得的范围及纳税规则；③纳税调整和税额抵免的认定。
4. 企业所得税：①判断是属于居民企业还是非居民企业；②企业所得税收入、支出与亏损的认定；③税收优惠的具体情形、可税收调整的事项。
5. 车船税的免、减情形。

专题 45 税收征收管理法律制度

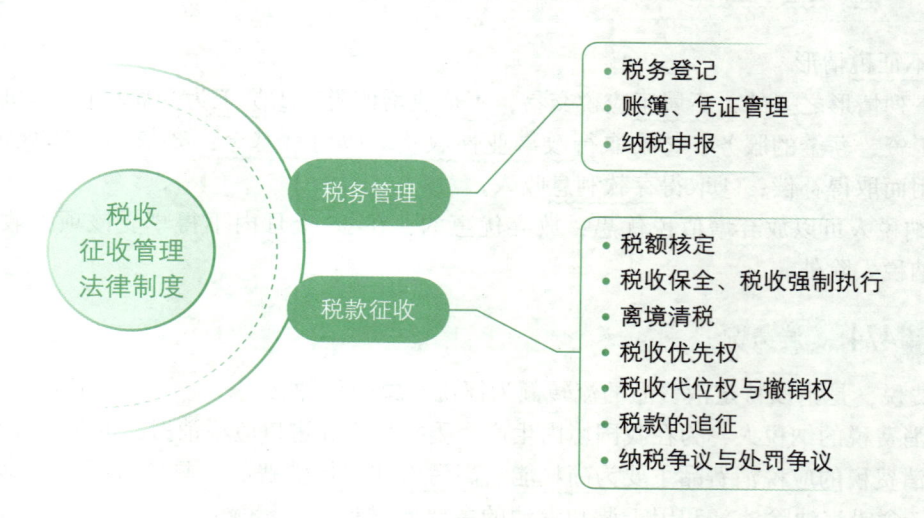

```
税收征收管理法律制度
├── 税务管理
│   • 税务登记
│   • 账簿、凭证管理
│   • 纳税申报
└── 税款征收
    • 税额核定
    • 税收保全、税收强制执行
    • 离境清税
    • 税收优先权
    • 税收代位权与撤销权
    • 税款的追征
    • 纳税争议与处罚争议
```

《税收征收管理法》的制定是为了加强税收征收管理，规范税收征收和缴纳行为，保障国家税收收入，保护纳税人的合法权益，促进经济和社会发展。凡依法由税务机关征收的各种税收的征收管理，均适用《税收征收管理法》。

一、税务管理

税务管理，分为"税务登记""账簿、凭证管理""纳税申报"三个方面。

知识点 475 税务登记 ★

1. 税务登记的主体为从事生产、经营的纳税人。
2. 从事生产、经营的纳税人外出经营，在同一地累计超过 180 天的，应当在营业地办理税务登记手续。

知识点 476 账簿、凭证管理 ★

1. 从事生产、经营的纳税人应当按照国家有关规定设置账簿。
2. 生产、经营规模小又确无建账能力的纳税人，可以聘请经批准从事会计代理记账业务的专业机构或者财会人员代为建账和办理账务。
3. 纳税人、扣缴义务人会计制度健全，能够通过计算机正确、完整计算其收入和所得或者代扣代缴、代收代缴税款情况的，其计算机输出的完整的书面会计记录，可视同会计账簿。

知识点 477　纳税申报★

1. 如实申报
纳税人必须依照确定的申报期限、申报内容如实办理纳税申报，报送纳税资料。

2. 申报方式
纳税人、扣缴义务人可以直接到税务机关办理纳税申报或者报送代扣代缴、代收代缴税款报告表，也可以按照规定采取邮寄、数据电文或者其他方式办理上述申报、报送事项。

3. 延期申报
纳税人、扣缴义务人不能按期办理纳税申报或者报送代扣代缴、代收代缴税款报告表的，经税务机关核准，可以延期申报。

二、税款征收

各项税款征收措施，是《税收征收管理法》最为重要的考点。

知识点 478　税额核定★★

1. 核定情形
纳税人有下列情形之一的，税务机关有权核定其应纳税额：

账簿原因	（1）依规定可以不设置账簿的； （2）依规定应当设置账簿但未设置的； （3）擅自销毁账簿或者拒不提供纳税资料的； （4）虽设置账簿，但账目混乱或者成本资料、收入凭证、费用凭证残缺不全，难以查账的。
其他原因	（1）发生纳税义务，未按照规定的期限办理纳税申报，经税务机关责令限期申报，逾期仍不申报的； （2）纳税人申报的计税依据明显偏低，又无正当理由的。

2. 核定方法
税务机关可以采用下列任何一种方法核定纳税人应纳税额，也可以同时采用两种以上的方法核定：
（1）参照当地同类行业或者类似行业中经营规模和收入水平相近的纳税人的税负水平核定；
（2）按照营业收入或者成本加合理的费用和利润的方法核定；
（3）按照耗用的原材料、燃料、动力等推算或者测算核定；
（4）按照其他合理方法核定。

知识点 479　税收保全、税收强制执行★★

1. 概念
税收保全，是指当税务机关有根据认为从事生产、经营的纳税人有逃避纳税义务行为时（即出现"逃税预期"），在规定的纳税期之前采取的措施。

税收强制执行，是指当纳税人、扣缴义务人、纳税担保人超过规定期限仍未缴纳税款时，税务机关可以采取措施强制征收。

	税收保全	税收强制执行
前 提	未到纳税期限。	欠缴税款（过期未缴纳）。
对 象	从事生产、经营的纳税人。	从事生产、经营的纳税人、扣缴义务人、纳税担保人。
措施1–责令缴纳	（1）税务机关可以责令限期缴纳应纳税款； （2）在限期内发现纳税人有明显的转移、隐匿其应纳税的商品、货物以及其他财产或者应纳税的收入的迹象的，税务机关可以责成纳税人提供纳税担保。	由税务机关责令限期缴纳。
措施2–保全或执行	如果纳税人不能提供纳税担保，经县以上税务局（分局）局长批准，税务机关可以采取下列税收保全措施： （1）冻结纳税人的金额相当于应纳税款的存款； （2）扣押、查封纳税人的价值相当于应纳税款的商品、货物或者其他财产。	逾期仍未缴纳的，经县以上税务局（分局）局长批准，税务机关可以采取下列强制执行措施： （1）从其存款中扣缴税款； （2）扣押、查封、依法拍卖或者变卖其价值相当于应纳税款的商品、货物或者其他财产，以拍卖或者变卖所得抵缴税款； （3）对未缴纳的滞纳金同时强制执行。
措施3–后续措施	（1）在规定的限期内缴纳税款的，税务机关必须立即解除税收保全措施； （2）限期期满仍未缴纳税款的，经县以上税务局（分局）局长批准，税务机关可以采取扣缴税款措施，依法拍卖或者变卖，以拍卖或者变卖所得抵缴税款。	（无）

2. 对必需品的限制

（1）个人及其所扶养家属维持生活必需的住房和用品，不在税收保全措施、强制执行措施的范围之内；

（2）机动车辆、金银饰品、古玩字画、豪华住宅或者一处以外的住房不属于"必需的住房和用品"，可以采取税收保全措施和强制执行措施；

（3）单价5000元以下的其他生活用品属于"必需品"，不得采取税收保全措施和强制执行措施。

知识点 480 离境清税 ★

1. 概念

离境清税，是指欠缴税款的纳税人或者其法定代表人需要出境的，应当在出境前向税务机关结清应纳税款、滞纳金或者提供担保。

2. 措施

应当在出境前向税务机关结清应纳税款、滞纳金或者提供担保；未结清税款、滞纳金，又不提供担保的，税务机关可以通知出境管理机关阻止其出境。

知识点 481 税收优先权★★★

为解决税款与债权人债权、行政罚款的关系，《税收征收管理法》规定了税收优先权制度。

[图示]

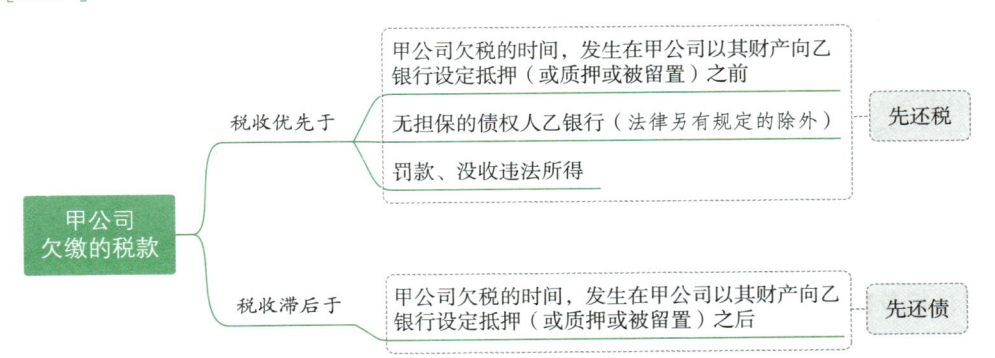

```
                   ┌─ 甲公司欠税的时间，发生在甲公司以其财产向乙
                   │  银行设定抵押（或质押或被留置）之前
           税收优先于├─ 无担保的债权人乙银行（法律另有规定的除外）    → 先还税
           │       └─ 罚款、没收违法所得
甲公司
欠缴的税款 ─┤
           │
           └ 税收滞后于 ── 甲公司欠税的时间，发生在甲公司以其财产向乙
                         银行设定抵押（或质押或被留置）之后          → 先还债
```

1. 税收绝对优先权

（1）税务机关征收税款，税收优先于无担保债权，法律另有规定的除外；

（2）纳税人欠缴税款，同时又被行政机关决定处以罚款、没收违法所得的，税收优先于罚款、没收违法所得。

2. 税收相对优先权

（1）纳税人欠缴的税款发生在纳税人以其财产设定抵押、质押或者纳税人的财产被留置之前的，税收应当先于抵押权、质权、留置权执行；

（2）纳税人欠缴的税款发生在纳税人以其财产设定抵押、质押或者纳税人的财产被留置之后的，税收应当后于抵押权、质权、留置权执行。

[例] 甲公司应当在 2019 年 3 月 1 日缴纳税款，但一直未缴。

（1）若 2020 年 1 月 1 日，甲公司将一处房屋抵押给乙银行，由于"税款到期在前"（2019 年 3 月 1 日）、"债权设定在后"（2020 年 1 月 1 日），因此该抵押房屋被拍卖或变卖后，其价款先缴税后还债。

（2）若 2018 年 10 月 1 日，甲公司将一处房屋抵押给乙银行，由于"税款到期在后"（2019 年 3 月 1 日）、"债权设定在前"（2018 年 10 月 1 日），因此该抵押房屋被拍卖或变卖后，其价款先还债后缴税。

知识点 482 税收代位权与撤销权★★★

为解决税款与"次债务人"的关系，《税收征收管理法》规定了税收代位权与撤销权。

[图例]

```
A公司 ←— 甲公司无偿转让、放弃债权 —— 甲公司（债权人+欠税人）
                                            |
                                       甲公司欠税款
                                            ↓
                                        税务机关
```

1. 适用情形

（1）欠缴税款的纳税人因怠于行使到期债权、放弃到期债权或者无偿转让财产，对国家税收造成损害的；

（2）欠缴税款的纳税人以明显不合理的低价转让财产而受让人知道该情形，对国家税收造成损害的。

2. 措施

（1）税务机关可以向法院请求以自己的名义代位行使欠税人的债权，或者可以请求法院撤销欠税人的行为；

（2）税务机关代位权、撤销权的行使范围以欠税人的债权为限；

（3）税务机关行使代位权、撤销权的必要费用，由欠税人负担；

（4）税务机关依照上述规定行使代位权、撤销权的，不免除欠税人尚未履行的纳税义务和应承担的法律责任。

知识点 483 税款的追征★★★

1. 概念

税款追征制度，是指当纳税人、扣缴义务人未缴或者少缴税款时，税务机关在"何时"可以追回税款的制度。如果经过法定追征期限，则税务机关无权要求纳税人、扣缴义务人补缴税款。

2. 原因、期限和措施

由于欠缴税款的原因不同，税款追征期限也随之不同，具体为：

追征原因		追征时间	追征措施
税务机关的原因，致使未缴或少缴税款。		3年内	补缴税款，并不得加收滞纳金。
纳税人、扣缴义务人的原因	失误（如计算错误）未缴或少缴税款，累计数额10万元以内。	3年内	补缴税款，并加收滞纳金。
	失误（如计算错误）未缴或少缴税款，累计数额10万元以上。	5年内	补缴税款，并加收滞纳金。
	偷税、抗税、骗税等原因。	无期限限制	补缴税款，并加收滞纳金。

知识点 484 纳税争议与处罚争议★★

1. 纳税争议

纳税人、扣缴义务人、纳税担保人同税务机关在纳税上发生争议时：①必须先依照税务机关的纳税决定缴纳或者解缴税款及滞纳金或者提供相应的担保；②然后可以依法申请行政复议；③对行政复议决定不服的，可以依法向法院起诉。（先缴税-后复议-再诉讼）

2. 处罚争议

当事人对税务机关的处罚决定、强制执行措施或者税收保全措施不服的，可以依法申请行政复议，也可以依法向法院起诉。（或复议或诉讼）

3. 当事人对税务机关的处罚决定逾期不申请行政复议也不向法院起诉、又不履行的，作出处罚决定的税务机关可以采取强制执行措施，或者申请法院强制执行。

45 常考角度总结——SUMMARIZE

1. 税收保全措施、税收强制执行措施的区别。
2. 税收代位权、撤销权、优先权的具体措施。
3. 税款追征期限和金额。

致努力中的你

取乎其上，得乎其中；
取乎其中，得乎其下；
取乎其下，则无所得矣。

专题 46 审计法律制度

审计法律制度
- 审计机关
- 审计职责
- 审计权限
- 审计程序

《审计法》第 1 条　为了加强国家的审计监督，维护国家财政经济秩序，提高财政资金使用效益，促进廉政建设，保障国民经济和社会健康发展，根据宪法，制定本法。

知识点 485　审计机关★

国家实行审计监督制度。

1. 审计机关依照法律规定独立行使审计监督权，不受其他行政机关、社会团体和个人的干涉。

2. 地方各级审计机关对本级人民政府和上一级审计机关负责并报告工作，审计业务以上级审计机关领导为主。

3. 上级审计机关对下级审计机关审计管辖范围内的重大审计事项，可以直接进行审计，但是应当防止不必要的重复审计。

4. 国务院和县级以上地方人民政府，应当每年向本级人民代表大会常务委员会提出审计工作报告。

知识点 486　审计职责★★★

1. 总原则

审计机关依照《审计法》的规定对国务院各部门和地方各级人民政府及其各部门的财政收支、国有的金融机构和企业事业组织的财务收支等，进行审计监督。

（1）财政收支，是从国家的角度，对其以资金形态再分配社会产品的理论概括。凡属于国家分配范畴内的资金活动，都可以称之为财政收支。

（2）财务收支，是从部门、企业、单位的角度，对反映其经济活动的资金运动所作的理论概括。凡是与财政部门无直接缴款、拨款关系的单位资金活动，习惯上称之为财务收支。

2. 审计署的职责范围

（1）对中央预算执行情况、决算草案以及其他财政收支情况进行审计监督，向国务院总理提出审计结果报告；

（2）对中央银行的财务收支，进行审计监督。

3. 地方各级审计机关的职责范围

在行政首长（如省长、市长、区长）和上一级审计机关的领导下，审计机关对下列事项进行审计监督：

	审计对象	审计内容	举 例
财政收支	本级各部门预、决算	本级各部门（含直属单位）预算的执行情况和决算以及其他财政收支情况。	A市审计局对A市交通局、农业局等预算的执行情况进行审计。
	下级政府预、决算	下级政府预算的执行情况和决算以及其他财政收支情况。	A市审计局对下属区政府预算的执行情况进行审计。
	政府建设项目预、决算	政府投资和政府投资为主的建设项目的预算执行情况和决算。	A市政府出资设立的B城投公司的预算执行情况和决算。
		其他关系国家利益和公共利益的重大公共工程项目的资金管理使用和建设运营情况。	对重大政府投资项目自立项批准至竣工投产过程中的重点环节、重要节点，进行动态和持续的审计监督。
财务收支	社保基金、捐赠资金	政府部门管理的和其他单位受政府委托管理的社会保险基金、全国社会保障基金、社会捐赠资金以及其他公共资金的财务收支。	城镇居民医疗保险基金、社保养老基金。
	事业组织	国家的事业组织和使用财政资金的其他事业组织的财务收支。	清华大学、国家图书馆、人民出版社。
	外援、贷款项目	国际组织和外国政府援助、贷款项目的财务收支。	接受外国政府援助的某铁路电气化改造项目。
	国有企业、国有金融机构、国有资本占控股地位或者主导地位的企业、金融机构	（1）资产、负债、损益以及其他财务收支情况； （2）经国务院批准，审计署可以对其他金融机构进行专项审计调查或者审计。	中国工商银行、中石油、中石化。
被审计单位的落实情况	根据经批准的审计项目计划安排，审计机关可以对被审计单位贯彻落实国家重大经济社会政策措施情况进行审计监督。		

知识点 487 审计权限★

1. 审计机关可以进行全面审计，也可以对其中的特定事项进行专项审计。
2. 要求提供并检查财务会计资料权
（1）审计机关有权要求被审计单位按照审计机关的规定提供财务、会计资料以及与财政收支、财务收支有关的业务、管理等资料，包括电子数据和有关文档；
（2）被审计单位不得拒绝、拖延、谎报；
（3）被审计单位负责人应当对本单位提供资料的及时性、真实性和完整性负责；
（4）审计机关通过政务信息系统和数据共享平台取得的电子数据等资料能够满足需要的，不得要求被审计单位重复提供。

3. 调查权
（1）审计机关有权就审计事项的有关问题向有关单位和个人进行调查，并取得有关证明材料；
（2）审计机关有权对与国家财政收支有关的特定事项，向有关地方、部门、单位进行专项审计调查；
（3）审计机关经县级以上人民政府审计机关负责人批准，有权查询被审计单位在金融机构的账户，有权查询被审计单位违反国家规定将公款转入其他单位、个人在金融机构账户的与审计事项相关的存款。

4. 行政强制措施权

被审计单位的行为	审计机关的权限
转移、隐匿、篡改、毁弃财务、会计资料以及与财政收支、财务收支有关的业务、管理等资料，转移、隐匿、故意毁损所持有的违反国家规定取得的资产	（1）审计机关有权予以制止； （2）必要时，经县级以上人民政府审计机关负责人批准，有权封存有关资料和违反国家规定取得的资产； （3）对其中在金融机构的有关存款需要予以冻结的，应当向法院提出申请； （4）审计机关采取上述措施不得影响被审计单位合法的业务活动和生产经营活动。
被审计单位正在进行的违反国家规定的财政收支、财务收支行为	（1）审计机关有权予以制止； （2）制止无效的，经县级以上人民政府审计机关负责人批准，通知财政部门和有关主管机关、单位暂停拨付与违反国家规定的财政收支、财务收支行为直接有关的款项；已经拨付的，暂停使用。

知识点 488 审计程序

审计程序可以分为审计准备阶段、审计实施阶段、审计报告阶段。
1. 审计准备阶段
（1）审计机关根据审计事项组成审计组；
（2）应当在实施审计3日前，向被审计单位送达审计通知书；

（3）遇有特殊情况，经县级以上人民政府审计机关负责人批准，可直接持审计通知书实施审计。

2. 审计实施阶段

（1）调查时，审计人员应当不少于2人，并出示其工作证件和审计通知书副本；

（2）审计方式。（略）

3. 审计报告阶段

> **第一步，审计组报告**
>
> （1）审计组对审计事项实施审计后，应当提出审计报告；
> （2）审计组的审计报告报送审计机关前，应当征求被审计单位的意见；
> （3）审计组向审计机关提出审计组的审计报告，应当将被审计单位的书面意见一并报送审计机关。

> **第二步，审计机关审定、签发**
>
> （1）审计机关对审计组的审计报告进行审议，并对被审计单位对审计组的审计报告提出的意见一并研究后，出具审计机关的审计报告；
> （2）审计机关应当将审计机关的审计报告和审计决定送达被审计单位和有关主管机关、单位，并报上一级审计机关；
> （3）审计决定自送达之日起生效；
> （4）上级审计机关认为下级审计机关作出的审计决定违反国家有关规定的，可以责成下级审计机关予以变更或者撤销，必要时也可以直接作出变更或者撤销的决定。

4. 救济措施

类型	措施	
财务收支	或复议或诉讼	被审计单位对审计机关作出的有关财务收支的审计决定不服的，可以依法申请行政复议或者提起行政诉讼。
财政收支	本级政府裁决	被审计单位对审计机关作出的有关财政收支的审计决定不服的，可以提请审计机关的本级政府裁决，本级政府的裁决为最终决定。

46 常考角度总结 SUMMARIZE

1. 审计监督的职责。
2. 审计监督中的具体权限。
3. 审计具体程序。

专题 47 土地权属法律制度

- 土地权属法律制度
  - 土地所有权和使用权
    - 土地所有权
    - 土地使用权
    - 土地用途管制
    - 土地权属争议的处理
  - 耕地保护制度
    - 耕地保护的基本政策：占用补偿
    - 永久基本农田保护
  - 建设用地管理制度
    - 土地征收
    - 农用地转用审批
    - 临时用地管理
    - 乡镇企业、公共设施、公益事业建设用地管理
    - 宅基地
    - 集体经营性建设用地

考情提要：《土地管理法》于 2019 年修正，修正部分对实务影响很大，请大家一定要重视修正部分。

一、土地所有权和使用权

知识点 489　土地所有权

我国实行土地的社会主义公有制，即全民所有制和劳动群众集体所有制。

1. 全民所有，即国家所有土地的所有权由国务院代表国家行使。城市市区的土地属于国家所有。

2. 农民集体所有：①农村和城市郊区的土地，除由法律规定属于国家所有的以外，属于农民集体所有；②宅基地和自留地、自留山，属于农民集体所有。

3. 任何单位和个人不得侵占、买卖或者以其他形式非法转让土地。

4. 依法登记的土地的所有权和使用权受法律保护，任何单位和个人不得侵犯。

知识点 490　土地使用权 ★

1. 国有土地和农民集体所有的土地，可以依法确定给单位或者个人使用。
2. 农民集体所有的土地的经营、管理

	所有权	使用权
村	属于村农民集体所有的	由村集体经济组织或者村民委员会经营、管理。
组	已经分别属于村内 2 个以上农村集体经济组织的农民集体所有的	由村内各该农村集体经济组织或者村民小组经营、管理。
乡	已经属于乡（镇）农民集体所有的	由乡（镇）农村集体经济组织经营、管理。

3. 土地承包经营：家庭承包方式
（1）农民集体所有和国家所有依法由农民集体使用的耕地、林地、草地，以及其他依法用于农业的土地，采取农村集体经济组织内部的家庭承包方式承包。
（2）家庭承包的耕地的承包期为 30 年，草地的承包期为 30～50 年，林地的承包期为 30～70 年；耕地承包期届满后再延长 30 年，草地、林地承包期届满后依法相应延长。
4. 土地承包经营：其他承包方式
（1）不宜采取家庭承包方式的荒山、荒沟、荒丘、荒滩等，可以采取招标、拍卖、公开协商等方式承包，从事种植业、林业、畜牧业、渔业生产；
（2）承包期限、双方的权利和义务等均由承包合同约定。

知识点 491　土地用途管制 ★

1. 国家实行土地用途管制制度。依据土地用途，可将土地分为：
（1）农用地：直接用于农业生产的土地。如耕地、林地、草地等。
（2）建设用地：建造建筑物、构筑物的土地。如城乡住宅和公共设施用地、工矿用地等。
（3）未利用地：农用地和建设用地以外的土地。
2. 国有土地和集体所有的土地，均可以作为农用地、建设用地。

[例] 国有农场，土地性质为国有土地，土地用途为农用地；集体经营性建设用地中的农村工厂用地，土地性质为集体所有，土地用途为建设用地。

知识点 492　土地权属争议的处理 ★

[第 1 步] 先协商	[第 2 步] 政府处理	[第 3 步] 提起行政诉讼	[强调]
土地所有权和使用权争议，由当事人协商解决。	协商不成的，由人民政府处理。 （1）单位之间的争议，由县级以上人民政府处理； （2）个人之间、个人与单位之间的争议，由乡级人民政府或者县级以上人民政府处理。	当事人对有关人民政府的处理决定不服的，可以向法院起诉。	在权属争议解决前，任何一方不得改变土地利用现状。

二、耕地保护制度

知识点 493 耕地保护的基本政策：占用补偿★

1. 国家保护耕地，实行占用耕地补偿制度，严格控制耕地转为非耕地。
2. 禁止任何单位和个人闲置、荒芜耕地。已经办理审批手续的非农业建设占用耕地而不使用的：

- 1年内不使用的 → 恢复耕种。
- 1年以上2年以下不使用的 → 缴纳闲置费。
- 连续2年不使用的 → 无偿收回土地使用权。该幅土地原为农民集体所有的，应当交由原农村集体经济组织恢复耕种。

3. 禁止毁坏森林、草原开垦耕地，禁止围湖造田和侵占江河滩地。
4. 禁止占用耕地建窑、建坟或者擅自在耕地上建房、挖砂、采石、采矿、取土等。

知识点 494 永久基本农田保护★★★

1. 永久基本农田的范围

永久基本农田一般应当占本行政区域内耕地的80%以上。下列耕地应当划为永久基本农田：①经批准确定的粮、棉、油、糖等重要农产品生产基地内的耕地；②有良好的水利与水土保持设施的耕地，正在实施改造计划以及可以改造的中、低产田和已建成的高标准农田；③蔬菜生产基地；④农业科研、教学试验田；⑤国务院规定应当划为永久基本农田的其他耕地。

> **萱姑点睛**
> 永久基本农田 ▶
> 粮棉油糖菜，
> 科研实验田。

2. 保护措施

（1）任何单位和个人不得擅自占用或者改变永久基本农田的用途；
（2）禁止占用永久基本农田发展林果业和挖塘养鱼；
（3）禁止通过擅自调整总体规划等方式规避永久基本农田农用地转用或者土地征收的审批；
（4）永久基本农田转为建设用地的，由国务院批准；
（5）项目选址确实难以避让永久基本农田，涉及农用地转用或者土地征收的，必须经国务院批准。

三、建设用地管理制度

知识点 495 土地征收★

1. 征收原因

为了公共利益的需要，有下列情形之一，确需征收农民集体所有的土地的，可以依法实施征收：

（1）军事和外交需要用地的；

（2）由政府组织实施的能源、交通、水利、通信、邮政等基础设施建设需要用地的；

（3）由政府组织实施的科技、教育、文化、卫生、体育、生态环境和资源保护、防灾减灾、文物保护、社区综合服务、社会福利、市政公用、优抚安置、英烈保护等公共事业需要用地的；

（4）由政府组织实施的扶贫搬迁、保障性安居工程建设需要用地的；

（5）在土地利用总体规划确定的城镇建设用地范围内，经省级以上人民政府批准由县级以上地方人民政府组织实施的成片开发建设需要用地的；

（6）其他情形。

2. 征收补偿

征收土地应当给予公平、合理的补偿，保障被征地农民原有生活水平不降低、长远生计有保障。

知识点 496　农用地转用审批★

1. 国家为了公共利益的需要，可以依法对土地实行征收或者征用并给予补偿。
2. 建设占用土地，涉及农用地转为建设用地的，应当办理农用地转用审批手续。
3. 征收农用地的，应当先行办理农用地转用审批。
4. 审批机关

类　　型		征收审批	农用地转用审批[1]	关　　系
永久基本农田		国务院批准	永久基本农田转为建设用地的，由国务院批准。	（1）征收农用地的，应当先行办理农用地转用审批； （2）经国务院批准农用地转用的，或者经省级政府在征地批准权限内批准农用地转用的，同时办理征地审批手续，不再另行办理征地审批； （3）超过征地批准权限的，应当另行办理征地审批。
非永久基本农田	（1）永久基本农田以外的耕地超过35公顷； （2）其他土地超过70公顷的。	国务院批准	（1）土地利用总体规划范围内，由原批准土地利用总体规划的机关或授权机关批准； （2）土地利用总体规划范围外，由国务院或者国务院授权的省级政府批准。	
	其他（如其他土地小于70公顷、其他耕地小于35公顷）。	省级政府批准		

---

[1]《土地管理法》第44条　建设占用土地，涉及农用地转为建设用地的，应当办理农用地转用审批手续。

永久基本农田转为建设用地的，由国务院批准。

在土地利用总体规划确定的城市和村庄、集镇建设用地规模范围内，为实施该规划而将永久基本农田以外的农用地转为建设用地的，按土地利用年度计划分批次按照国务院规定由原批准土地利用总体规划的机关或者其授权的机关批准。在已批准的农用地转用范围内，具体建设项目用地可以由市、县人民政府批准。

在土地利用总体规划确定的城市和村庄、集镇建设用地规模范围外，将永久基本农田以外的农用地转为建设用地的，由国务院或者国务院授权的省、自治区、直辖市人民政府批准。

知识点 497 临时用地管理 ★

1. 临时用地由县级以上人民政府自然资源主管部门批准。
2. 土地使用者应当根据土地权属，与有关自然资源主管部门或者农村集体经济组织、村民委员会签订临时使用土地合同，并按照合同的约定支付临时使用土地补偿费。
3. 不得修建永久性建筑物。
4. 临时使用土地期限一般不超过2年。

知识点 498 乡镇企业、公共设施、公益事业建设用地管理 ★

1. 符合相关规划

乡镇企业、乡（镇）村公共设施、公益事业、农村村民住宅等乡（镇）村建设：①建设用地，应当符合乡（镇）土地利用总体规划和土地利用年度计划，并依法办理审批手续；②应当按照村庄和集镇规划，合理布局，综合开发，配套建设。

2. 自办企业和共办企业建设用地的审批程序

（1）农村集体经济组织兴办企业或者与其他单位、个人以土地使用权入股、联营等形式共同举办企业的，应当向县级以上地方人民政府自然资源主管部门提出申请；

（2）由县级以上地方人民政府批准；

（3）涉及占用农用地的，应当办理农用地转用审批手续。

3. 公共设施、公益事业建设用地的审批程序

（1）乡（镇）村公共设施、公益事业建设，需要使用土地的，经乡（镇）人民政府审核；

（2）向县级以上地方人民政府自然资源主管部门提出申请；

（3）由县级以上地方人民政府批准。

知识点 499 宅基地 ★

1. 农村村民一户只能拥有一处宅基地。（一户一宅）
2. 人均土地少、不能保障一户拥有一处宅基地的地区……保障农村村民实现户有所居。
3. 农村村民建住宅，不得占用永久基本农田，并尽量使用原有的宅基地和村内空闲地。
4. 农村村民出卖、出租、赠与住宅后，再申请宅基地的，不予批准。
5. 国家允许进城落户的农村村民依法自愿有偿退出宅基地，鼓励农村集体经济组织及其成员盘活利用闲置宅基地和闲置住宅。

知识点 500 集体经营性建设用地 ★★★

1. 概念

集体经营性建设用地，是指土地利用总体规划、城乡规划确定为工业、商业等经营性用途，并经依法登记的建设用地。

2. 流通

（1）集体经营性建设用地的土地所有权人可以通过出让、出租等方式交由单位或者个

人使用；

（2）应当签订书面合同，经本集体经济组织成员的村民会议 2/3 以上成员或者 2/3 以上村民代表的同意；

（3）通过出让等方式取得的集体经营性建设用地使用权可以转让、互换、出资、赠与或者抵押，但法律、行政法规另有规定或者土地所有权人、土地使用权人签订的书面合同另有约定的除外；

（4）集体经营性建设用地的出租，集体建设用地使用权的出让及其最高年限、转让、互换、出资、赠与、抵押等，参照同类用途的国有建设用地执行。

47 常考角度总结——SUMMARIZE

1. 永久基本农田的范围。（2019 年《土地管理法》修正）
2. 集体经营性建设用地的确权和流转。（2019 年《土地管理法》新增）
3. 农用地转用审批。
4. 土地的所有权和使用权制度。

致努力中的你

记忆的坐标有多么清晰，
前进的脚步就有多么坚定。

专题 48 城市房地产管理法律制度

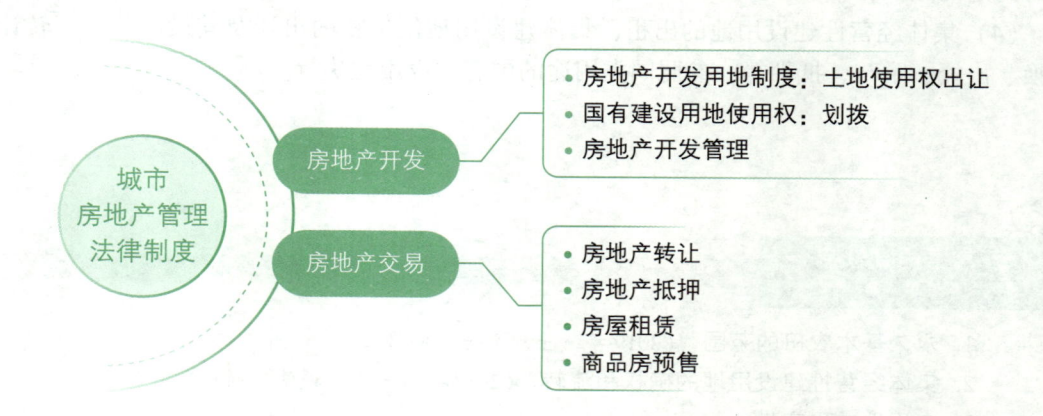

城市房地产管理法律制度
- 房地产开发
  - 房地产开发用地制度：土地使用权出让
  - 国有建设用地使用权：划拨
  - 房地产开发管理
- 房地产交易
  - 房地产转让
  - 房地产抵押
  - 房屋租赁
  - 商品房预售

一、房地产开发

房地产开发，是指在依据《城市房地产管理法》取得国有土地使用权的土地上进行基础设施、房屋建设的行为。

知识点 501 房地产开发用地制度：土地使用权出让★

我国国有土地使用权取得最常见的两种方式：出让和划拨。

出让土地使用权：可以作价入股、合资、合作开发经营房地产。

1. 出让的概念

出让，是指国家将国有土地使用权在一定年限内出让给土地使用者，由土地使用者向国家支付土地使用权出让金的行为。

2. 出让方式

（1）包括拍卖、招标或者双方协议；

（2）土地管理部门（出让方）与土地使用者（建设单位）签订书面出让合同。

3. 改变出让土地用途

（1）必须取得出让方和市、县人民政府城市规划行政主管部门的同意；

（2）签订土地使用权出让合同变更协议或者重新签订土地使用权出让合同，相应调整土地使用权出让金。

4. 出让土地使用权续期

（1）依法取得的土地使用权在出让合同约定的使用年限届满前不收回。在特殊情况下，根据社会公共利益的需要，可以依照法律程序提前收回，并根据土地使用者使用土地的实际年限和开发土地的实际情况给予相应的补偿。

（2）土地使用权出让合同约定的使用年限届满的，处理为：

住宅用地

住宅建设用地使用权期限届满的，自动续期。续期费用的缴纳或者减免，依照法律、行政法规的规定办理。（《民法典》第359条第1款）

非住宅用地（如工业用地）

非住宅建设用地使用权期限届满的，按照下列规定办理：
①土地使用者需要继续使用土地的，应当迟于届满前1年申请续期，除根据社会公共利益需要收回该幅土地的，应当予以批准。经批准准予续期的，应当重新签订土地使用权出让合同，依照规定支付土地使用权出让金。（《城市房地产管理法》第22条第1款）
②土地使用者未申请续期或者虽申请续期但依照上述规定未获批准的，土地使用权由国家无偿收回。（《城市房地产管理法》第22条第2款）

知识点 502 国有建设用地使用权：划拨 ★★★

划拨土地使用权：不可作价入股、合资、合作开发经营房地产。

1. 划拨的概念

划拨，是指县级以上人民政府依法批准，在土地使用者缴纳补偿、安置等费用后将该幅土地交付其使用，或者将土地使用权无偿交付给土地使用者使用的行为。

（1）划拨是行政行为；

（2）以划拨方式取得土地使用权的，除法律、行政法规另有规定外，没有使用期限的限制；

（3）仅缴纳补偿、安置费用，也可无偿划拨。

2. 可划拨的建设用地项目

下列建设用地，经县级以上人民政府依法批准，可以以划拨方式取得：

（1）国家机关用地和军事用地。如望湖乡政府办公楼建设用地。

（2）城市基础设施用地和公益事业用地。

［例］西关镇人民医院建设用地可以划拨取得，但是南湖别墅区通往南山镇的道路建设用地属于商业用地，不可划拨取得。

（3）国家重点扶持的能源、交通、水利等基础设施用地。

（4）法律、行政法规规定的其他用地。

知识点 503 房地产开发管理 ★

1. 划拨土地使用权：土地使用权人未经有批准权的人民政府批准，以划拨土地使用权

作为投资与他人订立合同合作开发房地产的，应当认定合同无效。但起诉前已经办理批准手续的，应当认定合同有效。

2. 合作开发房地产合同的当事人一方具备房地产开发经营资质的，应当认定合同有效。

3. 当事人双方均不具备房地产开发经营资质的，应当认定合同无效。但起诉前当事人一方已经取得房地产开发经营资质或者已依法合作成立具有房地产开发经营资质的房地产开发企业的，应当认定合同有效。

二、房地产交易

房地产交易可分为房地产转让、房地产抵押、房屋租赁。

房地产转让、抵押，应当签订书面转让合同。土地使用权出让合同载明的权利、义务随之转移（房地一体）。房地产转让、抵押，当事人应当依法办理权属登记。房地产成交采取价格申报制度。

知识点 504 房地产转让★★★

房地产转让，是指房地产权利人通过买卖、赠与或者其他合法方式将其房地产转移给他人的行为。

[类型一] 出让地+房转让

以出让方式取得土地使用权的，转让房地产时，应当符合下列要求：

证 书	（1）取得土地使用权证书； （2）转让房地产时房屋已经建成的，还应当持有房屋所有权证书。
资 金	（1）按照出让合同约定已经支付全部土地使用权出让金； （2）按照出让合同约定进行投资开发，属于房屋建设工程的，完成开发投资总额的25%以上，属于成片开发土地的，形成工业用地或者其他建设用地条件。
年 限	转让房地产后，其土地使用权的使用年限为原土地使用权出让合同约定的使用年限减去原土地使用者已经使用年限后的剩余年限。

[类型二] 划拨地+房转让

以划拨方式取得土地使用权的，转让房地产时，应当符合下列要求：

（1）应当按照国务院规定，报有批准权的人民政府审批；

（2）政府准予转让的，由受让方办理土地使用权出让手续，并依照国家有关规定缴纳土地使用权出让金；

（3）有批准权的人民政府按照国务院规定决定可以不办理土地使用权出让手续的，转让方应当按照国务院规定将转让房地产所获收益中的土地收益上缴国家或者作其他处理。

随堂小测

甲同学认为："以划拨方式取得土地使用权的房地产转让，不办理土地使用权出让手续的，受让方应缴纳土地使用权转让费，转让方应当按规定将转让房地产所获收益中的土地收益上缴国家。"

问：其主张是否正确？

答：错误。一共要缴纳两笔转让费，但本案中土地使用权仅转让了一次。

知识点 505 房地产抵押 ★★★

房地产抵押，是指抵押人以其合法的房地产以不转移占有的方式向抵押权人提供债务履行担保的行为。债务人不履行债务时，抵押权人有权依法以抵押的房地产拍卖所得的价款优先受偿。

[类型一] 以出让方式取得的土地使用权

（1）可以单独设定抵押权。若该土地上有房屋，应当将该国有土地上的房屋同时抵押。（房地一体）
（2）建设用地使用权抵押后，该土地上新增的建筑物不属于抵押财产。该建设用地使用权实现抵押权时，应当将该土地上新增的建筑物与建设用地使用权一并处分。但是，新增建筑物所得的价款，抵押权人无权优先受偿。（《民法典》第417条）

[类型二] 以划拨方式取得的土地使用权

（1）不得单独设定抵押权；
（2）若该土地上有房地产，以房地产设定抵押时必须同时抵押房地产所占用的划拨土地使用权；（划拨土地使用权+地上房屋，可一同抵押）
（3）上述房地产抵押，依法拍卖该房地产后，应当从拍卖所得的价款中缴纳相当于应缴纳的土地使用权出让金的款额后，抵押权人方可优先受偿。

知识点 506 房屋租赁 ★

房屋租赁，是指房屋所有权人作为出租人将其房屋出租给承租人使用，由承租人向出租人支付租金的行为。

[类型一] 以出让方式取得的土地使用权	[类型二] 以划拨方式取得的土地使用权
房屋所有权人将以出让方式取得使用权的国有土地上建成的房屋出租的，依据民法规则处理。	以营利为目的，房屋所有权人将以划拨方式取得使用权的国有土地上建成的房屋出租的，应当将租金中所含土地收益上缴国家。具体办法由国务院规定。

知识点 507 商品房预售 ★

商品房预售，是指预售人（房地产开发商）将尚未竣工验收合格的期房预先出售给预购人（购房人），由预购人根据预售合同支付房款的一种房地产买卖形式。

预售条件	（1）预售人已交付全部土地使用权出让金，取得土地使用权证书；持有建设工程规划许可证。 （2）按提供预售的商品房计算，投入开发建设的资金达到工程建设总投资的25%以上，并已经确定施工进度和竣工交付日期。 （3）预售人取得商品房预售许可证明。
合同效力	（1）出卖人未取得商品房预售许可证明，与买受人订立的商品房预售合同，应当认定无效，但是在起诉前取得商品房预售许可证明的，可以认定有效。 （2）预售人应当将预售合同登记备案。商品房预售合同未按照规定办理登记备案手续的，预售合同有效，但不得对抗善意第三人。

48 常考角度总结 SUMMARIZE

1. 出让与划拨的区别；可以以划拨方式取得的建设用地的范围。
2. 以划拨方式取得的土地使用权，其上房地产的转让、抵押、租赁规则。
3. 房地产交易有效性的认定。

致努力中的你

追风赶月莫停留，
平芜尽处是春山。

专题 49 城乡规划和不动产登记法律制度

城乡规划和不动产登记法律制度
- 城乡规划的制定
  - 规划制定的共同要求
  - 城市规划和镇规划
  - 乡规划和村庄规划
- 城乡规划的实施
  - 用地规划许可
  - 工程规划许可
- 不动产登记法律规则
  - 不动产登记的机构
  - 不动产登记的对象
  - 不动产登记的种类
  - 不动产登记簿
  - 登记程序

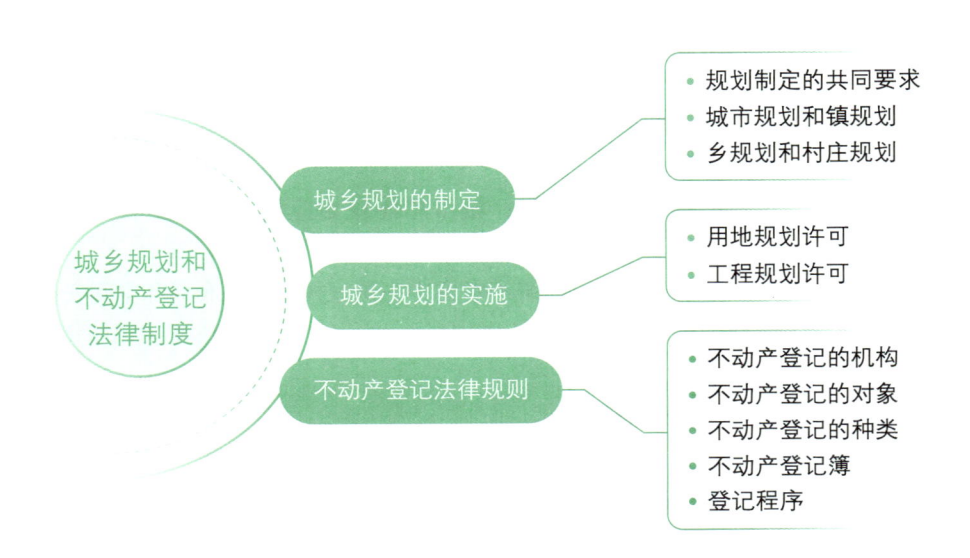

一、城乡规划的制定

城乡规划，包括城镇体系规划、城市规划、镇规划、乡规划和村庄规划。
城市规划、镇规划分为总体规划、近期建设规划和详细规划。
详细规划分为控制性详细规划和修建性详细规划。

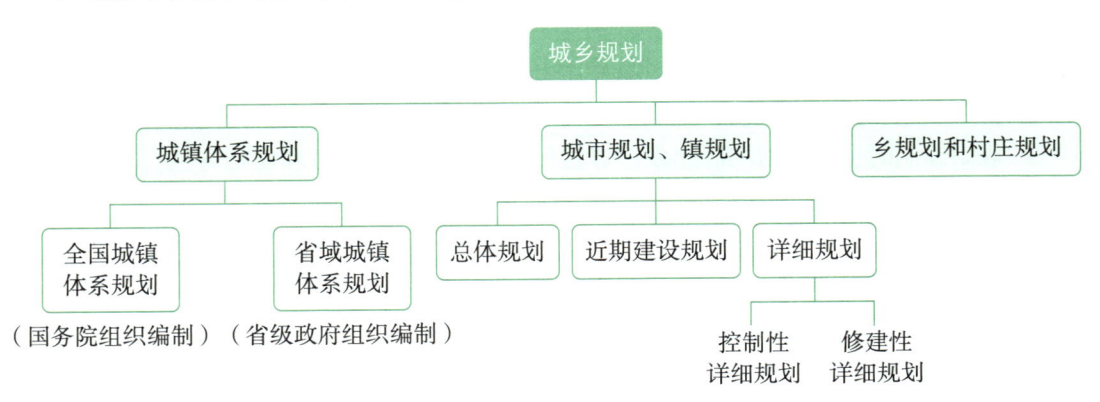

城乡规划
- 城镇体系规划
  - 全国城镇体系规划（国务院组织编制）
  - 省域城镇体系规划（省级政府组织编制）
- 城市规划、镇规划
  - 总体规划
  - 近期建设规划
  - 详细规划
    - 控制性详细规划
    - 修建性详细规划
- 乡规划和村庄规划

知识点 508　规划制定的共同要求

1. 城乡规划报送审批前，组织编制机关应当依法将城乡规划草案予以公告，并采取论证会、听证会或者其他方式征求专家和公众的意见。

2. 城乡规划组织编制机关应当委托具有相应资质等级的单位承担城乡规划的具体编制工作。

3. 取得相应等级的资质证书后，方可在资质等级许可的范围内从事城乡规划编制工作。

知识点 509 城市规划和镇规划★★★

1. 总体规划

（1）省域城镇体系规划、总体规划，应当先经本级人大常委会审议，然后报上一级人民政府审批。

（2）省域城镇体系规划、城市总体规划、镇总体规划批准前，审批机关应当组织专家和有关部门进行审查。

（3）总体规划的规划期限一般为20年；城市总体规划应当对城市更长远的发展作出预测性安排。

（4）首都的总体规划、详细规划应当统筹考虑中央国家机关用地布局和空间安排的需要。

（5）在城镇总体规划确定的建设用地范围以外，不得设立各类开发区和城市新区。

2. 近期建设规划

（1）近期建设规划的规划期限为5年。

（2）近期建设规划的内容：①以重要基础设施、公共服务设施和中低收入居民住房建设以及生态环境保护为重点内容；②明确近期建设的时序、发展方向和空间布局。

3. 详细规划

详细规划具体可分为控制性详细规划、修建性详细规划。

（1）控制性详细规划。根据城市总体规划的要求，城乡规划主管部门组织编制城市的控制性详细规划。

（2）修建性详细规划：①应当符合控制性详细规划；②城乡规划主管部门和镇人民政府可以组织编制重要地块的修建性详细规划。

知识点 510 乡规划和村庄规划

1. 乡规划应当包括本行政区域内的村庄发展布局。

2. 村庄规划在报送审批前，应当经村民会议或者村民代表会议讨论同意。

3. 规划编制时，从农村实际出发，尊重村民意愿，体现地方和农村特色。

二、城乡规划的实施

知识点 511 用地规划许可★★★

1. 基本要求

（1）应当优先安排基础设施以及公共服务设施的建设；[1]

（2）不得在城乡规划确定的建设用地范围以外作出规划许可。

---

[1] 基础设施，如供水、排水、供电、供气、道路、通信、广播电视等；公共服务设施，如学校、卫生院、文化站、幼儿园、福利院等。

2. 出让用地规划许可

在城市、镇规划区内以出让方式提供国有土地使用权的建设项目，规划许可程序为：

（1）在国有土地使用权出让前，城市、县人民政府城乡规划主管部门应当依据控制性详细规划，提出出让地块的位置、使用性质、开发强度等规划条件，作为国有土地使用权出让合同的组成部分；

（2）未确定规划条件的地块，不得出让国有土地使用权；

（3）建设单位在取得建设项目的批准、核准、备案文件和签订国有土地使用权出让合同后，向城市、县人民政府城乡规划主管部门领取建设用地规划许可证。

3. 划拨用地规划许可

在城市、镇规划区内以划拨方式提供国有土地使用权的建设项目，规划许可程序为：

（1）建设项目需要有关部门批准或者核准。建设单位在报送有关部门批准或者核准前，应当向城乡规划主管部门申请核发选址意见书。

（2）经有关部门批准、核准、备案后，建设单位应当向城市、县人民政府城乡规划主管部门提出建设用地规划许可申请。

（3）城市、县人民政府城乡规划主管部门依据控制性详细规划核定建设用地的位置、面积、允许建设的范围，核发建设用地规划许可证。

（4）建设单位在取得建设用地规划许可证后，方可向县级以上地方人民政府土地主管部门申请用地，经县级以上人民政府审批后，由土地主管部门划拨土地。

4. 乡村建设规划许可

（1）在乡、村庄规划区内进行乡镇企业、乡村公共设施和公益事业建设，规划许可程序为：

❶建设单位或者个人应当向乡、镇人民政府提出申请；

❷乡、镇人民政府报送市、县人民政府城乡规划主管部门核发乡村建设规划许可证；

❸建设单位或者个人在取得乡村建设规划许可证后，方可办理用地审批手续。

（2）在乡、村庄规划区内使用原有宅基地进行农村村民住宅建设的规划管理办法，由省、自治区、直辖市制定。（《村庄和集镇规划建设管理条例》第18条第1款第2项规定，使用原有宅基地、村内空闲地和其他土地的，由乡级人民政府根据村庄、集镇规划和土地利用规划批准）

（3）上述两种情形，均不得占用农用地；确需占用农用地的，应当在依法办理农用地转用审批手续后，由城市、县人民政府城乡规划主管部门核发乡村建设规划许可证。

（4）上述两种情形，建设单位或者个人在取得乡村建设规划许可证后，方可办理用地审批手续。

（5）法律责任。在乡、村庄规划区内未依法取得乡村建设规划许可证或者未按照乡村建设规划许可证的规定进行建设的，由乡、镇人民政府责令停止建设、限期改正；逾期不改正的，可以拆除。

知识点 512　工程规划许可★

1. 建设工程规划许可

在城市、镇规划区内进行建筑物、构筑物、道路、管线和其他工程建设的，规划许可程序为：
(1) 建设单位或者个人应当申请办理建设工程规划许可证；
(2) 县级以上地方人民政府城乡规划主管部门对建设工程是否符合规划条件予以核实；
(3) 未经核实或者经核实不符合规划条件的，建设单位不得组织竣工验收。

2. 临时建设规划许可
(1) 进行临时建设的，应当经城市、县人民政府城乡规划主管部门批准；
(2) 临时建设影响近期建设规划或者控制性详细规划的实施以及交通、市容、安全等的，不得批准。

3. 违章建设的处理
(1) 由城市、县人民政府城乡规划主管部门责令限期拆除，可并处罚款；
(2) 城乡规划主管部门作出责令停止建设或者限期拆除的决定后，当事人不停止建设或者逾期不拆除的，建设工程所在地县级以上地方人民政府可以责成有关部门采取查封施工现场、强制拆除等措施。

4. 建设规划的变更
(1) 建设单位应当按照规划条件进行建设。确需变更的，必须向城市、县人民政府城乡规划主管部门提出申请。
(2) 变更内容不符合控制性详细规划的，城乡规划主管部门不得批准。

三、不动产登记法律规则

不动产，是指土地、海域以及房屋、林木等定着物。
不动产登记，是指不动产登记机构依法将不动产权利归属和其他法定事项记载于不动产登记簿的行为。

知识点 513 不动产登记的机构

1. 国家实行不动产统一登记制度。所有的不动产都必须在一个登记体系下进行登记和公示。
2. 不动产权利人已经依法享有的不动产权利，不因登记机构和登记程序的改变而受到影响。
3. 跨县级行政区域的不动产登记，由所跨县级行政区域的不动产登记机构分别办理。不能分别办理的，由所跨县级行政区域的不动产登记机构协商办理；协商不成的，由共同的上一级人民政府不动产登记主管部门指定办理。（先分别办，后协商办，再指定办）

知识点 514 不动产登记的对象★

不动产权利类型如下：

	应当登记的权利	不予登记的权利
所有权	(1) 集体土地所有权。 (2) 房屋等建筑物、构筑物所有权；森林、林木所有权。	依法属于国家所有的自然资源，所有权可以不登记。

续表

	应当登记的权利	不予登记的权利
使用权	（1）建设用地使用权； （2）宅基地使用权； （3）海域使用权。	有下列情形之一的，不动产登记机构应当不予登记，并书面告知申请人： （1）违反法律、行政法规规定的； （2）存在尚未解决的权属争议的； （3）申请登记的不动产权利超过规定期限的； （4）法律、行政法规规定不予登记的其他情形。
土地承包经营权	耕地、林地、草地等土地承包经营权。	
其他权利类型	（1）地役权； （2）抵押权； （3）法律规定需要登记的其他不动产权利。	

知识点 515 不动产登记的种类 ★★

不动产物权的设立、变更、转让和消灭，应当依照法律规定登记。不动产登记的类型包括:[1]

类型	概念	举例
首次登记	（1）首次登记，是指不动产权利第一次登记； （2）未办理不动产首次登记的，不得办理不动产其他类型登记，但法律、行政法规另有规定的除外。	申请国有建设用地使用权首次登记。（应当提交下列材料：土地权属来源材料；权籍调查表、宗地图以及宗地界址点坐标；土地出让价款、土地租金、相关税费等缴纳凭证；等等）
变更登记	权利人、不动产、不动产权利等发生变化，不动产权利人可以向不动产登记机构申请变更登记。	(1) 权利人：姓名、名称、身份证明类型或者身份证明号码发生变更的；同一权利人分割或者合并不动产的。 (2) 不动产：坐落、界址、用途、面积等状况变更的；权期限、来源等状况发生变化的；共有性质发生变更的。 (3) 抵押担保：范围、主债权数额、债务履行期限、抵押权顺位发生变化的。
转移登记	不动产权利转移的，当事人可以向不动产登记机构申请转移登记。	①买卖、互换、赠与不动产的；②以不动产作价出资（入股）的；③不动产分割、合并导致权利发生转移的；④继承、受遗赠导致权利发生转移的；⑤因主债权转移引起不动产抵押权转移的。
更正登记	权利人、利害关系人认为不动产登记簿记载的事项有错误，可以申请更正登记。	
异议登记	利害关系人认为不动产登记簿记载的事项错误，权利人不同意更正的，利害关系人可以申请异议登记。	
查封登记	人民法院要求不动产登记机构办理查封登记。	

---

[1] 法条依据：《不动产登记暂行条例实施细则》（2024年5月9日修正）。

续表

预告登记	（1）有下列情形之一的，当事人可以按照约定申请不动产预告登记：①商品房等不动产预售的；②不动产买卖、抵押的；③以预购商品房设定抵押权的；④法律、行政法规规定的其他情形。 （2）预告登记生效期间，未经预告登记的权利人书面同意，处分该不动产权利申请登记的，不动产登记机构应当不予办理。
注销登记	有下列情形之一的，当事人可以申请办理注销登记：①不动产灭失的；②权利人放弃不动产权利的；③不动产被依法没收、征收或者收回的；④人民法院、仲裁委员会的生效法律文书导致不动产权利消灭的；⑤法律、行政法规规定的其他情形。

易错：更正登记 VS. 变更登记

（1）更正登记是事后纠错程序，如果登记时记载的内容或状况与真实的内容或状况不符，则应通过更正程序予以纠正，恢复到登记时的真实权利状况；

（2）变更登记是在登记行为发生之后，权利人和不动产自然状况发生了变化，登记机构根据权利人的申请，对发生变化的内容进行记载，作出相应变更登记，不涉及登记内容纠错。

知识点 516 不动产登记簿 ★

1. 不动产物权的设立、变更、转让和消灭，依照法律规定应当登记的，自记载于不动产登记簿时发生效力。

2. 不动产权属证书记载的事项，应当与不动产登记簿一致；记载不一致的，除有证据证明不动产登记簿确有错误外，以不动产登记簿为准。

（1）不动产权属证书是权利人享有该不动产物权的证明。

（2）不动产登记簿由不动产登记机构永久保存。任何人不得损毁不动产登记簿，除依法予以更正外不得修改登记事项。

（3）不动产物权的设立、变更、转让和消灭等合同，除法律另有规定或者当事人另有约定外，自合同成立时生效。未办理物权登记的，不影响合同效力。

知识点 517 登记程序 ★★★

1. 申请程序

（1）共同申请。因买卖、设定抵押权等申请不动产登记的，应当由当事人双方共同申请。

[例] 甲在离婚协议中商定将其名下一套住房给其配偶乙，但没有办理房屋过户手续。离婚半年后，甲不幸意外死亡。乙依据离婚协议到不动产登记机构申请办理房屋过户。乙的过户请求能否得到支持？（不能。甲、乙属于协议转让，应当由甲、乙双方共同申请办理过户手续。但因甲去世无法共同申请，所以不能以离婚协议为依据为乙办理过户手续。）

（2）单方申请。下列情形之一的，可以由当事人单方申请：①尚未登记的不动产首次申请登记的；②继承、接受遗赠取得不动产权利的；③人民法院、仲裁委员会生效的法律文书或者人民政府生效的决定等设立、变更、转让、消灭不动产权利的；④权利人姓名、名称或者自然状况发生变化，申请变更登记的；⑤不动产灭失或者权利人放弃不动产权利，申请注销登记的；⑥申请更正登记或者异议登记的；⑦法律、行政法规规定可以由当事人单方申请的其他情形。

（3）撤回申请。不动产登记机构将申请登记事项记载于不动产登记簿前，申请人可以撤回登记申请。

（4）禁止重复提交信息。不动产登记机构能够通过实时互通共享取得的信息，不得要求不动产登记申请人重复提交。

2. 受理程序。不动产登记机构收到不动产登记申请材料，应当分别按照下列情况办理：

（1）受理

❶不动产登记机构未当场书面告知申请人不予受理的，视为受理；

❷属于登记职责范围，申请材料齐全、符合法定形式，或者申请人按照要求提交全部补正申请材料的，应当受理并书面告知申请人；

❸申请材料存在可以当场更正的错误的，应当告知申请人当场更正，申请人当场更正后，应当受理并书面告知申请人。

（2）不予受理

❶申请材料不齐全或者不符合法定形式的，应当当场书面告知申请人不予受理并一次性告知需要补正的全部内容；

❷申请登记的不动产不属于本机构登记范围的，应当当场书面告知申请人不予受理并告知申请人向有登记权的机构申请。

3. 查验、实地查看、信息查询

（1）查验事项。不动产登记机构受理不动产登记申请的，应当按照下列要求进行查验：①不动产界址、空间界限、面积等材料与申请登记的不动产状况是否一致；②有关证明材料、文件，与申请登记的内容是否一致；③登记申请是否违反法律、行政法规规定。

（2）实地查看。属于下列情形之一的，不动产登记机构可以对申请登记的不动产进行实地查看：①房屋等建筑物、构筑物所有权首次登记；②在建建筑物抵押权登记；③因不动产灭失导致的注销登记；④不动产登记机构认为需要实地查看的其他情形。

> **萱姑点睛**
>
> 点睛 ▶ 实地查看：一生一死一抵押。

（3）登记信息查询：①权利人、利害关系人可以依法查询、复制不动产登记资料，不动产登记机构应当提供；②有关国家机关可以依照法律、行政法规的规定查询、复制与调查处理事项有关的不动产登记资料。

49 常考角度总结——SUMMARIZE

1. 不动产登记的申请、受理和查看程序。
2. 城乡规划的种类及具体内容。
3. 不同建设用地规划许可的具体程序。

14 第十四讲 环境资源法

专题 50 环境保护法律制度

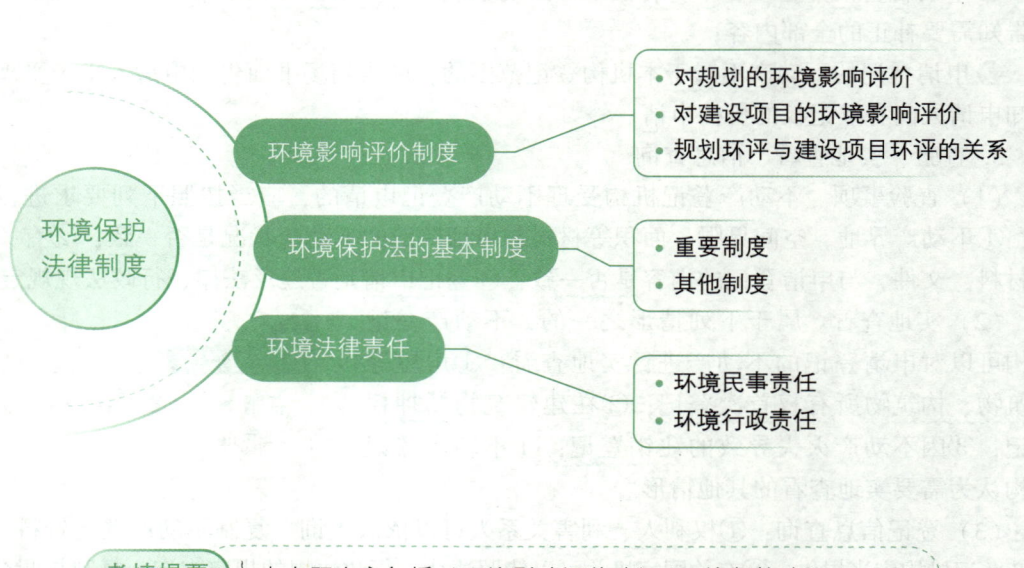

环境保护法律制度
- 环境影响评价制度
  - 对规划的环境影响评价
  - 对建设项目的环境影响评价
  - 规划环评与建设项目环评的关系
- 环境保护法的基本制度
  - 重要制度
  - 其他制度
- 环境法律责任
  - 环境民事责任
  - 环境行政责任

考情提要 | 本专题内容包括《环境影响评价法》《环境保护法》。

一、环境影响评价制度

环境影响评价，是指对规划和建设项目实施后可能造成的环境影响进行分析、预测和评估，提出预防或者减轻不良环境影响的对策和措施，进行跟踪监测的方法与制度。

知识点 518 对规划的环境影响评价

《环境影响评价法》规定了"总体规划""专项规划"两类规划的环境影响评价。

1. 总体规划
（1）内容：包括对土地利用的有关规划，区域、流域、海域的建设、开发利用规划。（简称"一地三域"）
（2）程序
❶规划编制机关应当在总体规划编制过程中组织进行环境影响评价，编写该规划有关环境影响的篇章或者说明，一并报送规划审批机关；
❷未编写有关环境影响的篇章或者说明的规划草案，审批机关不予审批。

2. 专项规划
（1）内容：工业、农业、畜牧业、林业、能源、水利、交通、城市建设、旅游、自然资源开发的有关专项规划。（十类专项规划）
（2）程序
❶在专项规划草案上报审批前，规划编制机关应当组织进行环境影响评价，提出环境影响报告书。
❷专项规划的编制机关对可能造成不良环境影响并直接涉及公众环境权益的规划，应当在该规划草案报送审批前，举行论证会、听证会。
❸专项规划的编制机关在报批规划草案时，应当将环境影响报告书一并附送审批机关审查；未附送环境影响报告书的，审批机关不予审批。
❹审批机关在审批专项规划草案时，应当将环境影响报告书结论以及审查意见作为决策的重要依据。（审批机关：设区的市级以上人民政府或省级以上人民政府有关部门）

3. 共同规定
对环境有重大影响的规划实施后，编制机关应当及时组织环境影响的跟踪评价，并将评价结果报告审批机关。

知识点 519 对建设项目的环境影响评价 ★★★

1. 分类管理
国家根据建设项目对环境的影响程度，对建设项目的环境影响评价实行分类管理。
建设项目的环境影响评价分类管理名录，由国务院生态环境主管部门制定并公布。
分类管理，具体是指：

	环评文件	举 例
可能造成重大环境影响	应当编制环境影响报告书，对产生的环境影响进行全面评价。	（1）要建设一个大型制药厂、化工厂，环评文件类型是"环评报告书"；
可能造成轻度环境影响	应当编制环境影响报告表，对产生的环境影响进行分析或者专项评价。	（2）要建设一个图书馆，环评文件类型是"环评登记表"。
对环境影响很小	不需要进行环境影响评价的，应当填报环境影响登记表。	

2. 环境影响评价文件的报批阶段
（1）在建设项目可行性研究阶段，建设单位应当报批或者备案环境影响评价文件；

（2）建设单位应当在报批建设项目环境影响报告书前，举行论证会、听证会，或者采取其他形式，征求有关单位、专家和公众的意见；

（3）建设项目可能对水环境造成影响、可能产生环境噪声污染的，环境影响报告书中应该有该建设项目所在地单位和居民的意见。

3. 三项禁止行为

（1）审核、审批建设项目环境影响报告书、报告表以及备案环境影响登记表，不得收取任何费用；

（2）为建设项目环境影响评价提供技术服务的机构，不得与负责审批建设项目环境影响评价文件的生态环境主管部门或者其他有关审批部门存在任何利益关系；

（3）建设项目的环境影响评价文件未依法经审批部门审查或者审查后未予批准的，建设单位不得开工建设。

4. 环境影响评价文件的审批机构

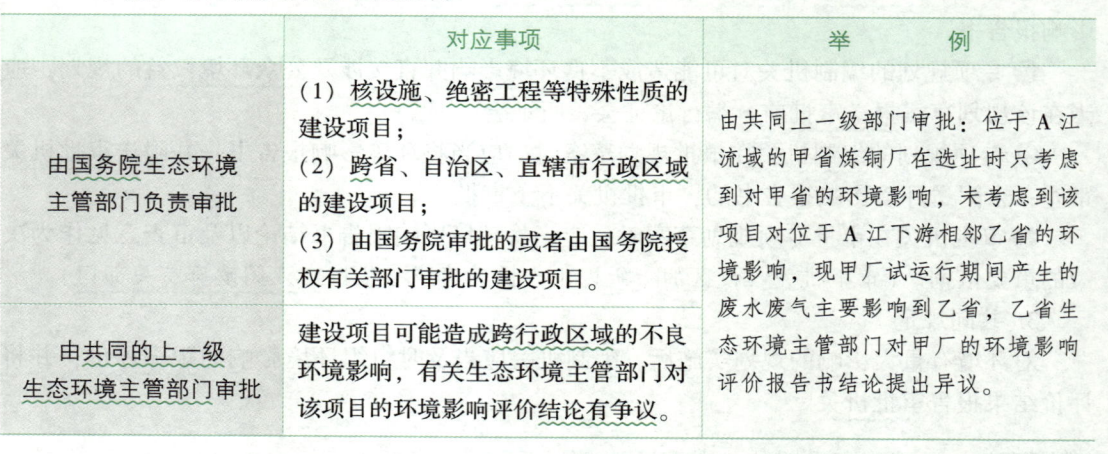

	对应事项	举 例
由国务院生态环境主管部门负责审批	（1）核设施、绝密工程等特殊性质的建设项目； （2）跨省、自治区、直辖市行政区域的建设项目； （3）由国务院审批的或者由国务院授权有关部门审批的建设项目。	由共同上一级部门审批：位于A江流域的甲省炼铜厂在选址时只考虑到对甲省的环境影响，未考虑到该项目对位于A江下游相邻乙省的环境影响，现甲厂试运行期间产生的废水废气主要影响到乙省，乙省生态环境主管部门对甲厂的环境影响评价报告书结论提出异议。
由共同的上一级生态环境主管部门审批	建设项目可能造成跨行政区域的不良环境影响，有关生态环境主管部门对该项目的环境影响评价结论有争议。	

5. 环境影响评价文件的变更

	情 形	举 例
后评价	（1）在项目建设、运行过程中产生不符合经审批的环境影响评价文件的情形的，建设单位应当组织环境影响的后评价，采取改进措施，并报原环境影响评价文件审批部门和建设项目审批部门备案； （2）原环境影响评价文件审批部门也可以责成建设单位进行环境影响的后评价，采取改进措施。	某化工厂建设期限为8年，在建设过程中，国家环保标准发生变化，导致该化工厂不符合经审批的环评文件。该例中，某化工厂本身未发生变化，故进行"后评价"。
再评价	建设项目的环境影响评价文件经批准后，建设项目的性质、规模、地点、采用的生产工艺或者防治污染、防止生态破坏的措施发生重大变动的，建设单位应当重新报批建设项目的环境影响评价文件。	重庆某饮用水源的水库和A省相邻，该处地貌为喀斯特地貌，地下暗河交错相通。相邻A省新建一个铜矿冶炼工厂，但该炼铜厂选址时没有考虑污水会经过地下暗河污染重庆水库，也未考虑到相应的生态保护措施，则应当对A省炼铜厂项目进行重新评价。

续表

	情　　形	举　　例
重新审核	建设项目的环境影响评价文件自批准之日起超过5年，方决定该项目开工建设的，其环境影响评价文件应当报原审批部门重新审核。	（略）

知识点 520　规划环评与建设项目环评的关系★★

1. 建设项目的环境影响评价，应当避免与规划的环境影响评价相重复。
2. 作为一项整体建设项目的规划，按照建设项目进行环境影响评价，不进行规划的环境影响评价。
3. 一项已经进行了环境影响评价的规划包含具体建设项目的：
（1）规划的环境影响评价结论应当作为建设项目环境影响评价的重要依据；
（2）建设项目仍然要进行环境影响评价，但该建设项目环境影响评价的内容应当根据规划的环境影响评价审查意见予以简化。

[例1] 甲市要建一个大型物流基地（建设项目），该物流基地分为三期建设，就每一期规划无需进行环评。

[例2] 某市甲区规划为"中央商务区"，该区规划的环评已经通过。若在甲区内又引入A、B两个企业（建设项目），则A、B企业均要进行环评，但A、B企业的环评应当简化。

二、环境保护法的基本制度

知识点 521　重要制度★★★

1. 环保税制度
（1）对象：大气污染物、水污染物、固体废物和噪声四类污染物；
（2）措施：由税务部门征收环保税。
2. 总量控制制度
（1）对象：重点污染物排放的地区和流域。
（2）措施
国务院下达重点污染物排放总量控制指标→省级政府分解落实→企业事业单位遵守分解落实到本单位的总量控制指标。
（3）对超过国家重点污染物排放总量控制指标的处理

超标地区	暂停审批	对超过国家重点污染物排放总量控制指标或者未完成国家确定的环境质量目标的地区，省级以上生态环境主管部门应当暂停审批其新增重点污染物排放总量的建设项目环境影响评价文件。
超标企业	限产、停产	县级以上生态环境主管部门可以责令其采取限制生产、停产整治等措施。
	停业关闭	情节严重的，报经有批准权的人民政府批准，责令停业、关闭。

3. 环境标准制度

环境标准按照制定主体，可以分为国家环境标准、地方环境标准、行业环境标准。

环境标准按照内容，可以分为环境质量标准和污染物排放标准。

第1类 国家环境标准、地方环境标准（按主体划分）

	制定机关	关系
国家标准	由国务院生态环境主管部门制定	（1）对国家标准中未作规定的项目，可制定地方标准； （2）对已作规定的项目，可以制定严于国家标准的地方标准；
地方标准	由省级政府制定	（3）地方标准报国务院生态环境主管部门备案。

第2类 环境质量标准、污染物排放标准（按内容划分）

	概念	目的	关系
环境质量标准	其指环境中所允许含有有害物质或因素的最高限额。	是确认环境是否被污染，以及排污者承担相应民事责任的主要根据。	（1）环境质量标准是核心； （2）根据国家环境质量标准和国家经济、技术条件，制定国家污染物排放标准。
污染物排放标准	其指允许排污企业排放污染物或有害环境的能量的最高限额。	是认定排污行为是否合法，以及排污者是否承担行政法律责任的主要根据。	

📖 **易错**：两类地方标准的区别

食品安全标准：对地方特色食品可制定地方标准，但如果有国家标准，该地方标准即行废止。

环境标准：无国家标准可制定地方标准，即使有国家标准，仍可制定更严格的地方标准。

4. 生态保护制度

（1）国家在重点生态功能区、生态环境敏感区和脆弱区等区域划定生态保护红线，实行严格保护。

（2）国家指导受益地区和生态保护地区人民政府通过协商或者按照市场规则进行生态保护补偿。

[例] 新安江发源于安徽黄山，流入浙江杭州千岛湖。2012年，皖浙新安江流域水环境生态补偿试点实施（皖浙对赌协议），约定若水质不达标，安徽补偿浙江；若水质达标，浙江补偿安徽。十多年来，安徽年年实现水质达标的承诺，获得了57亿元的补偿资金，新安江每年向下游千岛湖输送近70亿立方米干净水。这是按照市场规则进行生态保护补偿。

（3）国家加大对生态保护地区的财政转移支付力度。

（4）引进外来物种以及研究、开发和利用生物技术，应当采取措施，防止对生物多样性的破坏。

[例] 植物"水葫芦"、牛蛙、福寿螺等常见外来物种，因在当地没有天敌，会大规模迅速繁殖，破坏当地的生物多样性。所以，外来物种并非多多益善。

知识点 522 其他制度

1. "三同时"制度
（1）建设项目主体工程和防治污染的设施，应当同时设计、同时施工、同时投产使用（包括同时投入试运行、同时竣工验收）；
（2）防治污染的设施不得擅自拆除或者闲置。
2. 信息公开和公众参与

重点排污单位	应当如实向社会公开其主要污染物的名称、排放方式、排放浓度和总量、超标排放情况，以及防治污染设施的建设和运行情况，接受社会监督。
编制环境影响报告书的建设项目	建设单位应当在编制时向可能受影响的公众说明情况，充分征求意见。
负责审批建设项目环境影响评价文件的部门	（1）在收到建设项目环境影响报告书后，除涉及国家秘密和商业秘密的事项外，应当全文公开； （2）发现建设项目未充分征求公众意见的，应当责成建设单位征求公众意见。

3. 环境信息的发布
（1）国务院生态环境主管部门统一发布国家环境质量、重点污染源监测信息及其他重大环境信息；
（2）省级以上生态环境主管部门定期发布环境状况公报。
4. 城乡建设统筹（污固废，要统筹）
（1）污水处理设施及配套管网；
（2）固体废物的收集、运输和处置等环境卫生设施；
（3）危险废物集中处置设施、场所以及其他环境保护公共设施。
5. 农村环境综合治理
（1）禁止将不符合农用标准和环保标准的固体废物、废水施入农田；
（2）施用农药、化肥等应采取措施，防止重金属和其他有毒有害物质污染环境。

三、环境法律责任

知识点 523 环境民事责任★★★

因污染环境、破坏生态发生的侵权纠纷，根据《民法典》、民事诉讼法的规则解决。
1. 侵权人
（1）因污染环境、破坏生态造成他人损害的，不论有无过错，侵权人都应当承担侵权责任。
（2）行为人应当就法律规定的不承担责任或者减轻责任的情形及其行为与损害之间不存在因果关系承担举证责任。
（3）由于不可抗力造成水污染损害的，排污方不承担赔偿责任；法律另有规定的除外。
［例］若甲化工厂能够证明张某的鱼苗是因为一种传染病大批死亡，而非甲化工厂排污导

致鱼苗死亡，则甲化工厂证明了"排放的污染物没有造成该损害的可能"，也就是证明了"不存在因果关系"，甲化工厂无需承担民事责任。

2. 其他责任主体

（1）因第三人的过错污染环境、破坏生态的，被侵权人可以向侵权人请求赔偿，也可以向第三人请求赔偿。侵权人赔偿后，有权向第三人追偿。

（2）中介机构（包括环境影响评价机构，环境监测机构，以及从事环境监测设备和防治污染设施维护、运营的机构）在有关环境服务活动中弄虚作假，对造成的环境污染和生态破坏负有责任的，应当与造成环境污染和生态破坏的其他责任者承担连带责任。

3. 被侵权人

被侵权人要证明：①侵权人排放了污染物或者破坏了生态；②被侵权人的损害；③侵权人排放的污染物或者其次生污染物、破坏生态行为与损害之间具有关联性。

> **萱姑点睛**
> 易错 ▶ 侵权人要证明"不存在因果关系"，被侵权人要证明"关联性"。

[例] 被侵权人张某证明了自己果园离排污钢铁厂的距离越近，果树叶子上污染物浓度越高；距离越远，果树叶子上污染物浓度越低。则张某完成了"距离-污染物浓度"之间具有关联性的举证。

4. 诉讼时效

（1）请求侵权人停止侵害、排除妨碍、消除危险的，不受时效期间的限制；

（2）提起环境损害赔偿诉讼的时效期间为3年，从当事人知道或者应当知道其受到损害时起计算。

5. 环境公益诉讼

对污染环境、破坏生态，损害社会公共利益的行为，符合下列条件的社会组织可以向法院提起诉讼：①依法在设区的市级以上人民政府民政部门登记；②专门从事环境保护公益活动连续5年以上且无违法记录。

提起诉讼的社会组织不得通过诉讼牟取经济利益。

[例] 甲市芙蓉区民政局登记的"绿色家园"环保组织，不可提起环境公益诉讼。但甲市民政局登记的"红嘴鸥保护协会"环保组织、北京市民政局登记的"大自然之友"环保组织、民政部登记的"中华环保联合会"，均可提起环境公益诉讼。

知识点 524 环境行政责任 ★

1. 构成要件

（1）行为人主观上有过错；

（2）行为违法；

（3）行为产生了危害后果；

（4）违法行为和危害后果之间有因果关系。

> **萱姑点睛**
> 易错 ▶ 污染企业承担民事责任不要求主观上有过错。

随堂小测

甲化工厂和乙造纸厂排放污水，造成某村农作物减产。当地生态环境主管部门检测认定，甲化工厂排污中的有机物超标3倍,是农作物减产的原因;乙造纸厂排污未超标,但其中的悬浮物仍对农作物减产有一定影响。

问:当地生态环境局是否可以追究甲化工厂和乙造纸厂的行政责任?

答:①可追究甲化工厂的行政责任,因为其超标排污;②不可追究乙造纸厂的行政责任,因为乙造纸厂是达标排污。

2. 查封、扣押

(1) 适用对象:企业事业单位和其他生产经营者违反法律法规规定排放污染物,造成或者可能造成严重污染;

(2) 措施:县级以上生态环境主管部门和其他负有环境保护监督管理职责的部门,可以查封、扣押造成污染物排放的设施、设备。

3. 按日连续处罚制度

(1) 适用对象:企业事业单位和其他生产经营者违法排放污染物,受到罚款处罚,被责令改正,拒不改正;

(2) 措施:依法作出处罚决定的行政机关可以自责令改正之日的次日起,按照原处罚数额按日连续处罚;

(3) 地方性法规可以根据环境保护的实际需要,增加按日连续处罚的违法行为的种类。

50 常考角度总结 SUMMARIZE

1. 建设项目的环评机构和程序。
2. 规划环评与建设项目环评的关系。
3. 环境保护制度的内容及违反的处理。
4. 环境侵权的诉讼规则。

致努力中的你

你无法游向新的地平线,
直到你有勇气告别海岸。

专题 51 森林和矿产资源法律制度

森林和矿产资源法律制度
- 森林法律制度
  - 立法理念和制度支持
  - 森林资源权属制度
  - 森林资源保护制度
  - 森林资源管理制度（分类经营管理）
- 矿产资源法律制度
  - 矿产资源的国家所有权
  - 矿产资源督察
  - 矿业权的出让
  - 矿业权的物权登记
  - 矿业权人的权利
  - 矿业权的期限
  - 矿产资源的压覆管理
  - 勘查、开采的具体要求
  - 矿业用地制度
  - 矿区生态修复
  - 法律责任

考情提要：《森林法》和《矿产资源法》年均考查 1 题。
特别提示：《矿产资源法》于 2024 年 11 月 8 日修订，修改部分是今年备考的重点。

一、森林法律制度

知识点 525　立法理念和制度支持

1. 立法理念：绿水青山就是金山银山。
2. 原则：尊重自然、顺应自然，坚持生态优先、保护优先、保育结合、可持续发展的原则。
3. 制度支持
（1）国家建立森林生态效益补偿制度。
（2）完善重点生态功能区转移支付政策，指导受益地区和森林生态保护地区人民政府通过协商等方式进行生态效益补偿。

（3）金融支持：国家通过贴息、林权收储担保补助等措施，鼓励和引导金融机构开展涉林抵押贷款、林农信用贷款等符合林业特点的信贷业务，扶持林权收储机构进行市场化收储担保。国家支持发展森林保险。

知识点 526 森林资源权属制度 ★

1. 森林资源属于国家所有，由法律规定属于集体所有的除外。
2. 农村居民在房前屋后、自留地、自留山种植的林木，归个人所有。
3. 城镇居民在自有房屋的庭院内种植的林木，归个人所有。
4. 国有林地：国有林地和林地上的森林、林木的使用权，经批准可以转让、出租、作价出资等。
5. 集体林地

实行承包经营	未实行承包经营
（1）承包方享有林地承包经营权和承包林地上的林木所有权，合同另有约定的，从其约定； （2）承包方可以依法采取出租（转包）、入股、转让等方式流转林地经营权、林木所有权和使用权。	（1）由农村集体经济组织统一经营； （2）经本集体经济组织成员的村民会议2/3以上成员或者2/3以上村民代表同意并公示，可以通过招标、拍卖、公开协商等方式依法流转林地经营权、林木所有权和使用权。

6. 权属争议的处理

该类权属争议处理的关键是："先政府处理-再行政诉讼"。

（1）单位之间发生的林木、林地所有权和使用权争议，由县级以上人民政府依法处理；

（2）个人之间、个人与单位之间发生的林木所有权和林地使用权争议，由乡镇人民政府或者县级以上人民政府依法处理；

（3）当事人对有关人民政府的处理决定不服的，可以自接到处理决定通知之日起30日内，向法院起诉；

（4）权属争议解决前，除因森林防火、林业有害生物防治、国家重大基础设施建设等需要外，当事人任何一方不得砍伐有争议的林木或者改变林地现状。

知识点 527 森林资源保护制度 ★

1. 总原则：严格控制林地转为非林地，实行占用林地总量控制，确保林地保有量不减少。
2. 重点林区按照规定享受国家重点生态功能区转移支付等政策。
3. 在典型森林生态地区、珍贵动物和植物生长繁殖的林区、天然热带雨林区和具有特殊保护价值的其他天然林区，建立以国家公园为主体的自然保护地体系。

4. 国家实行天然林全面保护制度，严格限制天然林采伐，逐步提高天然林生态功能。

5. 临时用地的管理：①应当经县级以上人民政府林业主管部门批准；②使用期限一般不超过2年；③不得在临时使用的林地上修建永久性建筑物；④临时使用林地期满后1年内，用地单位或者个人应当恢复植被和林业生产条件。

6. 采伐许可证制度

我国实行林木的所有权、使用权和采伐权相分离的制度，不能因对林木拥有所有权、使用权而不经有关部门批准并领取采伐许可证进行采伐。具体包括下列要点：

（1）采伐林地上的林木应当申请采伐许可证，并按照采伐许可证的规定进行采伐。

（2）采伐自然保护区以外的竹林，不需要申请采伐许可证，但应当符合林木采伐技术规程。

（3）农村居民采伐自留地和房前屋后个人所有的零星林木，不需要申请采伐许可证。

（4）农村居民采伐自留山和个人承包集体林地上的林木，由县级人民政府林业主管部门或者其委托的乡镇人民政府核发采伐许可证。

（5）有下列情形之一的，不得核发采伐许可证：①采伐封山育林期、封山育林区内的林木；②上年度采伐后未按照规定完成更新造林任务；③上年度发生重大滥伐案件、森林火灾或者林业有害生物灾害，未采取预防和改进措施。

7. 禁止滥伐、盗伐森林或者其他林木

"滥伐"的认定[1]
❶ 未取得采伐许可证，或者违反采伐许可证规定的时间、地点、数量、树种、方式，任意采伐本单位或者本人所有的林木的；
❷ 在采伐许可证规定的地点，超过规定的数量采伐国家、集体或者他人所有的林木的；
❸ 林木权属存在争议，一方未取得采伐许可证擅自砍伐的，以滥伐林木论处。

VS

"盗伐"的认定[2]
❶ 主观上以非法占有为目的。
❷ 行为包括：未取得采伐许可证，擅自采伐国家、集体或者他人所有的林木的；在采伐许可证规定的地点以外采伐国家、集体或者他人所有的林木的。

知识点 528 森林资源管理制度（分类经营管理）★★

国家对公益林和商品林实行分类经营管理。

1. 公益林：根据生态保护的需要，将森林生态区位重要或者生态状况脆弱，以发挥生态效益为主要目的的林地和林地上的森林划定为公益林。

范围	生态区位重要	①重要江河源头汇水区域；②重要江河干流及支流两岸、饮用水水源地保护区；③重要湿地和重要水库周围；④沿海防护林基干林带。
	生态状况脆弱	①森林和陆生野生动物类型的自然保护区；②荒漠化和水土流失严重地区的防风固沙林基干林带；③未开发利用的原始林地区。

---

[1] 参见《最高人民法院关于审理破坏森林资源刑事案件适用法律若干问题的解释》第5条。

[2] 参见《最高人民法院关于审理破坏森林资源刑事案件适用法律若干问题的解释》第3条。

续表

保护措施	（1）国家对公益林实施严格保护。 （2）中央和地方财政分别安排资金，用于公益林的营造、抚育、保护、管理和非国有公益林权利人的经济补偿等，实行专款专用。 （3）公益林只能进行抚育、更新和低质低效林改造性质的采伐。但因科研或者实验、防治林业有害生物、建设护林防火设施、营造生物防火隔离带、遭受自然灾害等需要采伐的除外。 （4）可以合理利用公益林林地资源和森林景观资源，适度开展林下经济、森林旅游等。

2. 商品林：未划定为公益林的林地和林地上的森林。

范围	国家鼓励发展下列商品林： （1）以生产木材为主要目的的森林； （2）以生产果品、油料、饮料、调料、工业原料和药材等林产品为主要目的的森林； （3）以生产燃料和其他生物质能源为主要目的的森林； （4）其他以发挥经济效益为主要目的的森林。
保护措施	（1）由林业经营者依法自主经营； （2）在不破坏生态的前提下，可以采取集约化经营措施，合理利用森林、林木、林地，提高商品林经济效益； （3）商品林应当根据不同情况，采取不同采伐方式，严格控制皆伐面积，伐育同步规划实施。

二、矿产资源法律制度

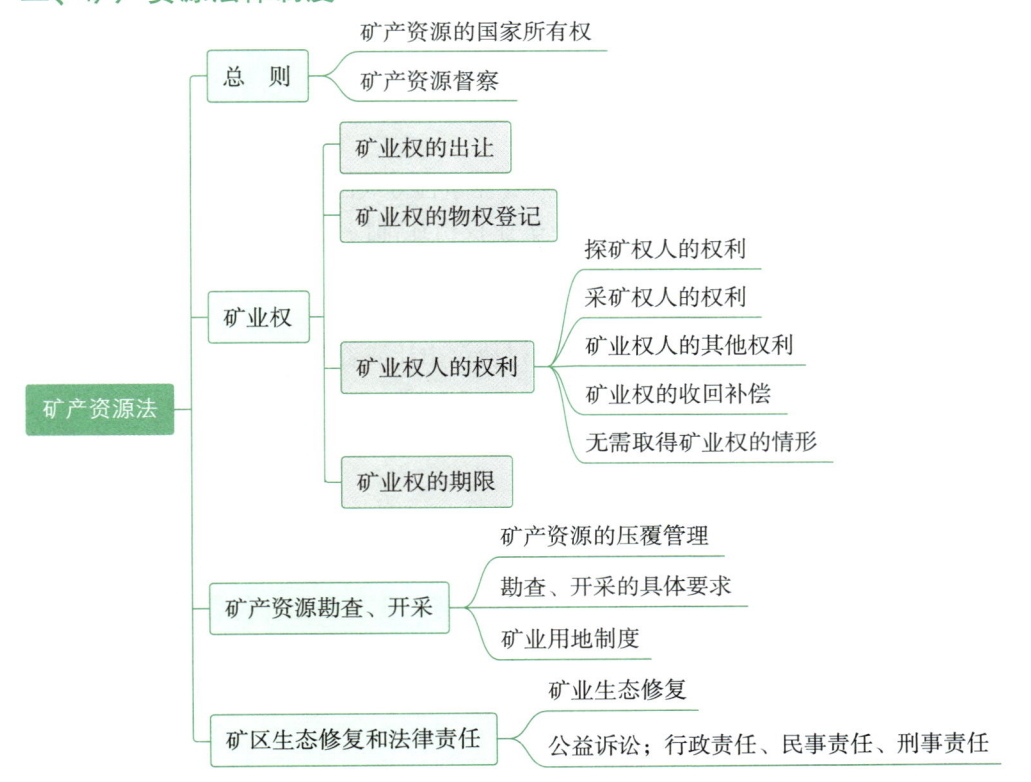

矿产资源法
├── 总则
│   ├── 矿产资源的国家所有权
│   └── 矿产资源督察
├── 矿业权
│   ├── 矿业权的出让
│   ├── 矿业权的物权登记
│   ├── 矿业权人的权利
│   │   ├── 探矿权人的权利
│   │   ├── 采矿权人的权利
│   │   ├── 矿业权人的其他权利
│   │   ├── 矿业权的收回补偿
│   │   └── 无需取得矿业权的情形
│   └── 矿业权的期限
├── 矿产资源勘查、开采
│   ├── 矿产资源的压覆管理
│   ├── 勘查、开采的具体要求
│   └── 矿业用地制度
└── 矿区生态修复和法律责任
    ├── 矿业生态修复
    └── 公益诉讼；行政责任、民事责任、刑事责任

（一）总则

知识点 529 矿产资源的国家所有权

矿产资源，是指由地质作用形成、具有利用价值的，呈固态、液态、气态等形态的自然资源。

1. 矿产资源属于国家所有，由国务院代表国家行使矿产资源的所有权。
2. 地表或者地下的矿产资源的国家所有权，不因其所依附的土地的所有权或者使用权的不同而改变。
3. 禁止任何单位和个人以任何手段侵占或者破坏矿产资源。

知识点 530 矿产资源督察

1. 督察的主体：国务院授权的机构。
（1）国务院自然资源主管部门会同有关部门负责全国矿产资源勘查、开采和矿区生态修复等活动的监督管理工作；
（2）县级以上地方人民政府自然资源主管部门会同有关部门负责本行政区域内矿产资源勘查、开采和矿区生态修复等活动的监督管理工作。
2. 督察的对象：省、自治区、直辖市人民政府。
3. 督察的内容：对矿产资源开发利用和监督管理情况进行督察。

（二）矿业权

探矿权、采矿权统称矿业权。国家实行探矿权、采矿权有偿取得的制度。

知识点 531 矿业权的出让

1. 通过竞争性方式出让矿业权
（1）矿业权应当通过招标、拍卖、挂牌等竞争性方式出让；
（2）通过竞争性方式出让矿业权的，矿业权出让部门（自然资源主管部门）不得以不合理的条件对市场主体实行差别待遇或者歧视待遇。
2. 通过其他方式出让矿业权
法律、行政法规或者国务院规定可以通过协议出让或者其他方式设立的，可以通过该方式出让矿业权。
3. 出让矿业权的，矿业权出让部门应当与依法确定的受让人以书面形式签订矿业权出让合同。

知识点 532 矿业权的物权登记

1. 设立矿业权的，应当向矿业权出让部门申请矿业权登记。符合登记条件的，矿业权出让部门应当将相关事项记载于矿业权登记簿，并向矿业权人发放矿业权证书。
2. 矿业权的设立、变更、转让、抵押和消灭，经依法登记，发生效力；未经登记，不发生效力，法律另有规定的除外。

3. 矿业权可以依法转让或者出资、抵押等。（国家另有规定或者矿业权出让合同另有约定的除外）

4. 矿业权转让的，矿业权出让合同和矿业权登记簿所载明的权利、义务随之转移。（国家另有规定或者矿业权出让、转让合同另有约定的除外）

知识点 533　矿业权人的权利

1. 探矿权人的权利

（1）探矿权可以转化为采矿权

❶探矿权人在登记的勘查区域内，享有勘查有关矿产资源并依法取得采矿权的权利。

❷上述规定表明，取得采矿权是探矿权人依法享有的权利内容之一。只要探矿权人探明了储量，就必然能获得采矿权，而不再将开采方案的审批作为设立采矿权的前置要件。

（2）探矿权保留

❶为了公共利益的需要，或者因不可抗力或者其他特殊情形，探矿权暂时不能转为采矿权的，探矿权人可以申请办理探矿权保留，原矿业权出让部门应当为其办理；

❷探矿权保留期间，探矿权期限中止计算。

2. 采矿权人的权利

采矿权人在登记的开采区域内，享有开采有关矿产资源并获得采出的矿产品的权利。

3. 矿业权人的其他权利

（1）矿业权人有权依法优先取得登记的勘查、开采区域内新发现的其他矿产资源的矿业权，具体办法由国务院自然资源主管部门制定；

（2）在已经登记的勘查、开采区域内，不得设立其他矿业权，国务院和国务院自然资源主管部门规定可以按照不同矿种分别设立矿业权的除外。

4. 矿业权收回补偿

（1）矿业权期限届满前，为了公共利益的需要，原矿业权出让部门可以依法收回矿业权；

（2）矿业权被收回的，应当依法给予公平、合理的补偿。

5. 无需取得矿业权的情形

无需取得探矿权的情形	无需取得采矿权的情形
（1）国家出资勘查矿产资源； （2）采矿权人在登记的开采区域内为开采活动需要进行勘查； （3）国务院和国务院自然资源主管部门规定的其他情形。	（1）个人为生活自用采挖只能用作普通建筑材料的砂、石、黏土； （2）建设项目施工单位在批准的作业区域和建设工期内，因施工需要采挖只能用作普通建筑材料的砂、石、黏土； （3）国务院和国务院自然资源主管部门规定的其他情形。

知识点 534　矿业权的期限

1. 探矿权的期限：5 年。期限届满可以续期，续期最多不超过 3 次，每次期限为 5 年。
2. 采矿权的期限：结合矿产资源储量和矿山建设规模确定，最长不超过 30 年。采矿权期限届满，登记的开采区域内仍有可供开采的矿产资源的，可以续期；法律、行政法规另有规定的除外。
3. 期限届满未申请续期或者依法不予续期的，矿业权消灭。

（三）矿产资源勘查、开采

知识点 535　矿产资源的压覆管理

1. 编制国土空间规划应当合理规划建设项目的空间布局，避免、减少压覆矿产资源。
2. 建设项目论证时，建设单位应当查询占地范围内矿产资源分布和矿业权设置情况。
3. 建设项目确需压覆已经设置矿业权的矿产资源，对矿业权行使造成直接影响的，建设单位应当在压覆前与矿业权人协商，并依法给予公平、合理的补偿。
4. 战略性矿产资源原则上不得压覆；确需压覆的，应当经国务院自然资源主管部门或者其授权的省、自治区、直辖市人民政府自然资源主管部门批准。

知识点 536　勘查、开采的具体要求

1. 矿业权物权登记与矿产资源勘查、开采许可相分离
（1）矿业权人取得矿业权后，进行矿产资源勘查、开采作业前，应当编制勘查方案、开采方案，报原矿业权出让部门批准，取得勘查许可证、采矿许可证；未取得许可证的，不得进行勘查、开采作业。
（2）上述规定表明，我国实行"矿业权物权登记"与"矿产资源勘查、开采许可"相分离的制度。作为物权证书的矿业权证书，与作为行政许可证书的勘查许可证、采矿许可证具有完全不同的法律属性。

2. 油、气矿产资源实行探采合一
石油、天然气等矿产资源勘查过程中发现可供开采的石油、天然气等矿产资源的，探矿权人依法履行相关程序后，可以进行开采，但应当在规定的期限内依法取得采矿权和采矿许可证。

3. 开采矿产资源的特殊要求
（1）应当采取合理的开采顺序、开采方法，并采取有效措施确保矿产资源开采回采率、选矿回收率和综合利用率达到有关国家标准的要求；
（2）应当采取有效措施保护地下水资源，并优先使用矿井水；
（3）采矿权人在开采主要矿种的同时，对具有工业价值的共生和伴生矿产应当综合开采、综合利用；
（4）采矿权人应当在矿山闭坑前或者闭坑后的合理期限内采取安全措施、防治环境污染和生态破坏。

4. 勘查、开采的禁止行为

任何单位和个人不得实施下列行为：①进入他人的勘查、开采区域勘查、开采矿产资源；②扰乱勘查、开采区域的生产秩序、工作秩序；③侵占、哄抢矿业权人依法开采的矿产品；④其他干扰、破坏矿产资源勘查、开采活动正常进行的行为。

知识点 537 矿业用地制度

1. 编制国土空间规划应当考虑矿产资源勘查、开采用地实际需求。
2. 多种方式供应矿业用地

01	02	03
矿业权人依法通过出让、租赁、作价出资等方式使用土地。	开采战略性矿产资源确需使用农民集体所有土地的，可以依法实施征收。	勘查矿产资源可以依法临时使用土地：①露天开采战略性矿产资源占用土地，具备边开采、边复垦条件的，经批准可以临时使用土地；②临时使用农用地的，还应当及时恢复种植条件、耕地质量或者恢复植被、生产条件。

3. 勘查、开采矿产资源用地的使用期限最长不超过矿业权期限。采取该规定的目的是确保矿地期限一致。

（四）矿区生态修复和法律责任

知识点 538 矿区生态修复

1. 责任主体：采矿权人
（1）采矿权人的生态修复义务不因采矿权消灭而免除；
（2）采矿权转让的，由受让人履行矿区生态修复义务，国家另有规定或者矿业权出让、转让合同另有约定的除外。

2. 建立矿区生态修复方案编制制度
（1）开采矿产资源前，采矿权人应当编制矿区生态修复方案，随开采方案报原矿业权出让部门批准。矿区生态修复方案应当包括尾矿库生态修复的专门措施。
（2）编制矿区生态修复方案，应当在矿区涉及的有关范围内公示征求意见，并专门听取矿区涉及的居民委员会、村民委员会、农村集体经济组织和居民代表、村民代表的意见。

知识点 539 法律责任

1. 公益诉讼
违反《矿产资源法》规定，破坏矿产资源或者污染环境、破坏生态，损害国家利益、社会公共利益的，人民检察院、法律规定的机关和有关组织可以依法向人民法院提起诉讼。

2. 法律责任

违反《矿产资源法》规定，造成他人人身财产损害或者生态环境损害的，依法承担民事责任；构成违反治安管理行为的，依法给予治安管理处罚；构成犯罪的，依法追究刑事责任。

51 常考角度总结——SUMMARIZE

1. 公益林的范围和保护措施。
2. 矿产资源的国家所有权。
3. 保护性开采的具体措施。

致努力中的你

没有一劳永逸，
永远要重新开始，
重新寻找，
重新赢得欢喜。

声　明	1. 版权所有，侵权必究。
	2. 如有缺页、倒装问题，由出版社负责退换。

图书在版编目（CIP）数据

理论卷·商经法 51 专题 / 鄢梦萱编著. -- 北京 : 中国政法大学出版社, 2025. 1. -- ISBN 978-7-5764-1801-9

Ⅰ．D923.990.4；D922.290.4

中国国家版本馆 CIP 数据核字第 20245RW747 号

出 版 者	中国政法大学出版社	
地　　址	北京市海淀区西土城路 25 号	
邮寄地址	北京 100088 信箱 8034 分箱　邮编 100088	
网　　址	http://www.cuplpress.com（网络实名：中国政法大学出版社）	
电　　话	010-58908285(总编室) 58908433（编辑部）58908334(邮购部)	
承　　印	三河市华润印刷有限公司	
开　　本	787mm×1092mm　1/16	
印　　张	27.5	
字　　数	665 千字	
版　　次	2025 年 1 月第 1 版	
印　　次	2025 年 1 月第 1 次印刷	
定　　价	87.00 元	

厚大法考 2025 年师资团队简介

民法主讲老师

张翔	西北政法大学教授、博士生导师，清华大学法学博士。学术上的"大咖"，学生口中的"民法萌叔"，文风简练、语言幽默。拥有二十多年司考（法考）培训经验，深研命题，以精准直击考点的风格闻名；"理论、法条、实例"三位一体教学方法的倡导者，注重体系性思考；强调"听考点做训练"，擅长以生活实例解析民法原理；课堂互动性强，提高应试技巧和培养法律思维双管齐下。
杨烁	中山大学法学博士。具有深厚的民法理论功底、丰富的教学与实践经验，首创"法考三杯茶"理论，将枯燥的民法法条融会贯通于茶与案例之中，深入浅出。游刃于民法原理与实务案例之间，逻辑清晰、层层递进，其课堂有润物细无声的效果，让考生分析案件时才思彦涌，顺利通关！
崔红玉	厚大新锐讲师。武汉大学民商法学专业出身，法律功底扎实，拥有多年教学实践经验，对民法有独特的感悟。擅长体系化和启发式教学，帮助学生用逻辑将琐碎的知识点串成整体，让学生知其所以然。
李妍	厚大新锐讲师。长期负责一线带班工作，了解学生痛点，授课针对性强；善于运用生活中的鲜活案例帮助学生更快、更深地理解知识点。

刑法主讲老师

罗翔	中国政法大学教授、博士生导师，北京大学法学博士。荣获多届中国政法大学"最受本科生欢迎的十位老师"称号，被誉为普法"段子手"。2020年度"法治人物"、2020~2024年度B站百大UP主之一。拥有22年司考（法考）培训经验，深度参与过司法部司考题库设计和供题；善于将晦涩法条融入"法外狂徒张三"的例子，并导入朴素的正义观以破题；风趣睿智，在解惑中透视刑法背后的哲学原理，入木三分。
张宇琛	刑法学博士，法考培训名师，有多年的高校教学经验和刑法学培训经验。讲义编排错落有致、一目了然，讲课条理清晰。擅长归纳总结和分析，既帮助考生建立刑法学的宏观体系，又能够针对具体考点条分缕析，将深邃的刑法学理论化为润物细无声的春雨，融入考生心田并转化为准确解题的能力。
陈橙	厚大新锐讲师。本、硕、博分别就读于华东政法大学、北京大学、清华大学，从事法考培训多年。善于概括总结知识点，将繁琐的知识点简单化，方便学生记忆；善于把握真题和最新试题动向；注重与学生互动，语言幽默。
卢杨	厚大新锐讲师。刑事法学研究生毕业，理论功底扎实。对命题趋势把握得当，条理清晰。有着丰富的授课经验，擅长将抽象的刑法理论具体化为生活中的案例，课堂氛围非常好，深受考生喜爱。

行政法主讲老师

魏建新	法学博士，天津师范大学行政法治发展与评价研究中心主任、教授；政治学博士后，中国行政法学研究会理事、人大立法咨询专家、政府法律顾问。被称为行政法"扫地僧"、"最有安全感"的实力讲师，讲课抑扬顿挫、激情澎湃。拥有19年法考（司考）培训经验，连续数年押中考题，考生心目中名副其实的"押题王"；深谙法考命题风格和思路，一切从应试出发归纳重点、突破难点，以案释法；善用思维导图构建知识体系、点拨考点，图表化归纳识记。
兰燕卓	中国政法大学法学博士，政治学博士后。具有丰富的法考培训经验，考点把握精准，擅长将繁杂考点系统化、明晰化，有效挖掘考点的关联性；授课重点突出，知识体系清晰，课堂气氛轻松活跃，有效提高备考效率。
李年清	中国政法大学法学博士，福州大学法学院硕士生导师，厚大法考行政法授课教师。首创"相声法考"，听他的课犹如听相声，"说学逗唱"说来就来。他的基础精讲课，不带片纸，一个话筒、全程游走、脱稿授课。授课逻辑分明，直击考点，欢乐有趣。
张燕	厚大新锐讲师。宪法与行政法专业研究生毕业，对行政法重难点把握得当，授课逻辑清晰严谨，帮助学生将琐碎的知识点串联成体系化的知识框架，迅速带领学生将专业知识转化为应试能力。

民诉法主讲老师

刘鹏飞	南开大学法学院副教授、硕士生导师，民诉法专业博士，执业律师；天津市法学会诉讼法学分会理事，2015~2017年度天津市"131"创新型人才。江湖人称"小飞侠"，功底扎实，民诉法年轻一代培训教师中的领军式人物。拥有15年司考（法考）培训经验，以明确区分低频与高频考点的授课体系独树一帜；把枯燥的知识点编成生动案例和诙谐段子，提高学习兴趣和效率；以口诀串联知识点，风趣、关联又结构清晰，有效克服背诵难题。
郭翔	清华大学法学博士，北京师范大学副教授。具有多年法考培训经验，深知命题规律，了解解题技巧，对考试内容把握准确，授课重点明确、层次分明、条理清晰，将法条法理与案例有机融合，强调综合，深入浅出。

张 佳	厚大新锐讲师。华东政法大学毕业，法学理论功底扎实。授课思路清晰，逻辑性强。富有激情，从应试的角度帮助学员夯实基础，梳理框架。
杨 洋	中国政法大学诉讼法学博士，西北政法大学副教授，法考辅导专家，从业10年。深谙法考诉讼法学科的命题特点和规律，精通民诉与刑诉两大学科。授课富有激情，讲解明晰透彻。授课风格自带加速，使得学生能够迅速把握做题技巧，提升得分能力。

刑诉法主讲老师

向高甲	厚大教育专职讲师、执业律师，刑诉法应试培训界的领航者。是被称为"口诀帝""最会唱歌的法考老师""旅行甲"的传说中的斜杠青年；与学生以"师徒"亲切相称，授课充满活力与激情，幽默风趣，极富感召力。拥有16年法考（司考）培训经验，将刑诉法的精髓剖析得淋漓尽致；创新教授形式，独创的"刑诉口诀"小绿本+串讲记忆法，化繁为简，开启记忆窍门；善于洞察命题思路和出题陷阱，快速提升考生的解题技能。
李 辞	中国政法大学博士，高校副教授、硕士生导师。深谙法考重视综合性、理论性考查的命题趋势，善于搭建刑诉法学科体系架构，阐释法条背后的原理、立法背景与法条间的逻辑关系，通过对知识点的对比串联强化记忆。
赵 嫚	厚大新锐讲师。多年一线辅导及授课经验，了解学生在刑诉法备考过程中的痛点、难点、易错点。授课方面注重刑诉法学科的框架体系和背后法理，应试性强。注重对学生学习方法的培养，授人以渔。
柳子亮	厚大新锐讲师。熟悉刑诉法学科的法考命题规律和解题技巧。授课条理清晰，强调应试，直击重点。在教学实践中以耐心、细致、负责的态度深受学员喜爱。

商经知主讲老师

鄢梦萱	法学博士，厚大教育专职讲师，曾任中国政法大学《政法论坛》副编审。学生口中的"萱姑""姑姑"，亲切感十足，口碑爆棚，江湖人称"商经一姐"。拥有22年丰富的法考（司考）培训经验，内功深厚，熟悉每一个考点、每一道真题；掌控备考的每一个阶段、每一项计划，课程体系完备，授课循序渐进、条理清晰；擅长通过表格、思路图和考查角度总结应试重难点，逻辑缜密而通透；精准把握命题规律和答题技巧，讲解抽丝剥茧，重举一反三。
赵海洋	中国人民大学法学博士，法学博士后，商经法新锐名师。"命题人视角"授课理念的提倡者，"考生中心主义"讲授模式的践行者。授课语言诙谐，却暗蕴法理，让复杂难懂的商经法"接地气"。注重法理与实务相结合，避免"纯应试型"授课，确保考生所学必有所用。独创"盲目自信法"和"赵氏科学蒙猜法"，真正做到"商经跟着海洋走，应试实务不用愁"。
文 君	厚大新锐讲师。多年一线辅导及授课经验，熟悉法考考试重点以及命题规律，深知考生学习中的痛点和难点。授课逻辑清晰，帮助考生准确理解考点，提升记忆速度，协助考生将知识点转化为具体的做题能力。
吕延秀	厚大新锐讲师。民商法学研究生毕业，理论功底扎实，授课思路清晰、逻辑性强。善于概括总结知识点，从应试的角度帮助学员将繁琐的商经法知识点体系化，方便学员理解记忆。

三国法主讲老师

殷 敏	上海政法学院教授、博士生导师、"一带一路"安全研究院副院长，美国休斯敦大学和中国人民大学访问学者，2019年度上海市浦江人才，中国国际经济法学会理事、中国法学会世界贸易组织法研究会理事等。学生眼中的"三国法女神"，秀外慧中，独具细腻生动、春风化雨的亲和力。拥有14年司考（法考）培训经验，风格以直击考点、干货满满为鲜明特点；精准把握考点，干脆利落，多次押中法考考点、考题。

理论法主讲老师

白 斌	中央财经大学法学院副教授、硕士生导师，浙江大学法学博士。自号"竹西君"，被学生尊称为"大白"，嗓音浑厚而有磁性，感染力极强。拥有15年司考（法考）培训经验，授课风格以轻松活泼生动、激情澎湃著称；对科目重点、难点、热点把握准确，多次命中法考客观题和主观题考点；善用生动的例子将复杂原理化繁为简，擅长用大白话讲透大道理；独特的教学风格和方式，使理论法的记忆不再成为难题。
高晖云 (廖峻)	成都大学法学院副教授，中南财经政法大学法学博士，中央电视台CCTV-12"法律讲堂"主讲人。自2004年起执教高校，讲授法理学、宪法学、中外法律史等多门课程，授课幽默风趣，风格轻松流畅，善于以扎实的理论功底打通理论法学脉络，独创"抠字眼、讲逻辑"六字真言，让考生穿透题面，直击考点，斩获高分。
李宏勃	法学教授，硕士生导师。讲课深入浅出、条理清晰，能够将抽象的法学原理、宪法条文与鲜活的社会生活相结合。在传授法律知识与应试技巧的同时，强调培养学员的法律思维与法治理念。
赵逸凡	人称"安扣赵""赵宝库""赵小娟"。中国人民大学法学硕士，复旦大学法学博士，主讲法考理论法、法硕法学综合，独创"风火轮"高速带背。

2025厚大法考客观题学习包

专属学习平台
学习中心——学情监控,记录你的学习进度

全名师阵容
厚大学院派名师领衔授课,凝聚智慧力量,倾情传授知识

32册图书700+课时
独家精编图书覆盖全程,免费高清视频,教学精准减负,营养增效

专业答疑服务
高分导学师,专业答疑解惑

更多过关学员选择
备受法考小白零基础及在校/在职考生信赖

贴心带学服务
学习包学员专享,全程带学,不负每一位学员

八大名师

民法|张翔　　刑法|罗翔　　民诉|刘鹏飞　　刑诉|向高甲

行政|魏建新　　商经|鄢梦萱　　三国|殷敏　　理论|白斌

全套图书

《理论卷》8本　　《真题卷》8本　　《背诵卷》8本　　《金题卷》8本

请打开手机淘宝扫一扫
厚大教育旗舰店

扫码下载官方APP
即可立即听课